sammlung
dialog 77

Psychoanalyse
Selbstdarstellung einer Wissenschaft

Herausgegeben und eingeleitet von
Jürgen vom Scheidt

Nymphenburger Verlagshandlung

Gesamtherstellung: Graph. Werkstätten Kösel, Kempten
Umschlagentwurf: Gerhard M. Hotop
ISBN 3-485-03077-5
Printed in Germany

Inhalt

Einleitung des Herausgebers[1]

Sigmund Freud war 30 Jahre alt, als er 1885/86, während seines Studienaufenthalts bei Jean M. Charcot in Paris, den gewaltigen Schritt vom physikalisch-physiologischen Weltbild zum psychologischen machte. Weitere sechs Jahre später – er hatte inzwischen mit dem Kokain und der Hypnose experimentiert – begann er sich allmählich seiner eigentlichen Entdeckung, der psychoanalytischen Methode, zu nähern. Im Fall »Elisabeth von R.« (1892 publiziert) wendete er bei der Patientin Druck auf die Stirn als Erinnerungshilfe an *(Drücken)* und gab ihr die Anweisung, sich zu *konzentrieren.* Drei Jahre später entdeckte er die *freie Assoziation.* Am 24. Juli 1895 analysierte er das erste Mal in aller Ausführlichkeit ein Stück eigener Vergangenheit, den »Traum von Irmas Injektion«. Um diese Zeit verfaßte er, zusammen mit seinem Kollegen Josef Breuer, die »Studien über Hysterie«.

Im Sommer 1897 begann er in Aussee die eigentliche Selbstanalyse. Es folgte die Niederschrift der »Traumdeutung«, die als sein Hauptwerk gelten darf. Die ersten Schüler fanden sich ein ...

Heute, 1975, ist die Psychoanalyse nicht nur eine Theorie des menschlichen Seelenlebens und eine Behandlungsmethode für psychosoziale Störungen, sondern sie ist ein komplexes soziales System von Arbeits- und Forschungsgruppen, die ihre internationalen Kongresse abhalten und, mit mehreren tausend Mitgliedern, in der »International Psychoanalytic Association« (IPA) zusammengeschlossen sind. Sicher, es gibt Dutzende von Ablegern, Gegenbewegungen und Parallelentwicklungen der Psychoanalyse und andere psychotherapeutische Verfahren (wie die Verhaltenstherapie und die Janovsche Primärtherapie), die nur noch wenig Gemeinsamkeiten mit der ursprünglichen Freudschen Methode und Lehre aufweisen. Aber man kann ohne Übertreibung sagen, daß die in der IPA vereinigten Analytiker die geschlossenste und auch etablierteste Gruppe unter den Therapeuten darstellen. Diese *orthodoxen*

Freudianer haben die längste Tradition und berufen sich ausdrücklich auf das Werk Sigmund Freuds. Die Autoren dieses Bandes darf man alle dieser Gruppierung zuzählen.

Was bedeutet in diesem Falle »orthodox«? Wahrscheinlich kann man es damit auf einen gemeinsamen Nenner bringen, daß man sagt, Freuds Trieblehre, seine Annahme der grundlegenden Bedeutung des Sexual- und des Aggressionstriebes für die Entwicklung der menschlichen Psyche, ist der Grund, auf dem die Autoren wie alle orthodoxen Freudianer stehen. Es sei in diesem Zusammenhang allerdings an den von Ludwig Binswanger überlieferten Ausspruch Freuds erinnert: »Die Menschheit hat ja gewußt, daß sie Geist hat; ich mußte ihr zeigen, daß es auch Triebe gibt.« Freilich hat er 1936 in einem Brief an Binswanger dieser Anerkennung des geistigen Bereichs auf seine aggressiv-nüchterne Art gewissermaßen den Boden wieder unter den Füßen weggezogen, als er schrieb: »Ich habe mich immer nur im Parterre und Souterrain des Gebäudes aufgehalten. – Sie behaupten, wenn man den Gesichtspunkt wechselt, sieht man auch ein oberes Stockwerk, in dem so distinguierte Gäste wie Religion, Kunst u. a. hausen. Sie sind nicht der einzige darin, die meisten Kulturexemplare des Homo natura denken so. Sie sind darin konservativ, ich revolutionär. Hätte ich noch ein Arbeitsleben vor mir, so getraute ich mich auch jenen Hochgeborenen eine Wohnstatt in meinem niedrigen Häuschen anzuweisen.« (Binswanger 1956, S. 115)

Besonders den Religionen gegenüber war Freud immer der materialistische Skeptiker, der »infidel jew«, wie er einmal sagte. Der Glaube an einen Gott in der Transzendenz war für ihn eine Projektion infantiler Sehnsüchte nach einem starken und allmächtigen Vater. In seinem Buch »Der Mann Moses und die monotheistische Religion« (1937a) hat er es sogar unternommen, den Stifter der jüdischen Religion und Lebensgemeinschaft als Nicht-Juden, als Ägypter zu entlarven. Er hat seine Identität als Urheber dieser Schrift anfänglich nicht offengelegt. Wir wissen inzwischen, daß er sich stark mit Moses identifizierte (wie auch mit dem biblischen Traumdeuter Josef). Warum deshalb plötzlich diese Zweifel an der Identität des Vorbilds?

Wir können und wollen es hier nicht ergründen. Auffällig ist nur, daß seit etwa einem Jahrzehnt, 20 bis 30 Jahre nach Freuds Tod, in den Reihen der Psychoanalytiker eine Art »Identitätskrise« ausgebrochen zu sein scheint, die nur noch nicht an den Fundamenten der Freudschen Lehre selbst rüttelt. Das liegt nicht zuletzt darin begründet, daß die Analytiker mit zunehmender Akzeptierung durch die Umwelt (speziell in den USA, wo *Psychiatrie* und *Psychoanalyse* zeitweilig schon Synonyme waren) zu einer Art *Anpassungs-Agenten* des sozialen Systems geworden sind. Besonders unter den nachwachsenden Analytikern, den jungen Ausbildungs-Kandidaten, scheint dies Unbehagen und Zweifel ausgelöst zu haben. Einige Aufsätze in diesem Band artikulieren diese Gefahr des *Heulens mit den Wölfen* sehr deutlich auch aus der Sicht der älteren, längst etablierten Analytiker (Waelder, Gitelson, Ziferstein, Redlich, Klüwer).

Allgemein wird auch beklagt, daß irgendwie der *Schwung* nachgelassen hat, mit dem Freud und seine unmittelbaren Schüler sowohl in der alltäglichen klinischen Kleinarbeit wie auch in gewagten theoretischen Höhenflügen ihr imposantes Gedankengebäude aufrichteten. In der Tat zeigt ein Blick in die Spalten der Fachzeitschriften, daß die eigentlichen Innovateure selbst – und gerade – im *Gelobten Land* der Psychoanalyse, in den USA, durchwegs zu einer Gruppe gehörten, die im unmittelbaren Einfluß Freuds aufwuchsen und fast alle aus dem jüdischen Milieu des Wien der Jahrhundertwende stammen. An wirklich originellen Ideen ist aus anderer Quelle, gerade aus den Reihen des Nachwuchses, bisher wenig zu erblicken. Es scheint so, als hätte die Psychoanalyse zur Zeit an Anziehungskraft gerade bei den Kreativen sehr verloren: Liegt denn nicht das ganze Lehrgebäude schon fertig vor?

Der strenge Ausbildungsmodus innerhalb der Psychoanalytischen Gesellschaft ist zwar verständlich angesichts einer überkritischen akademischen Umwelt – aber er bevorzugt von vorneherein die gut angepaßten, eher zwanghaft-depressiven, gut funktionierenden Kandidaten. Es drängt sich die Frage auf, ob nicht eine ganze Reihe der einfallsreichsten Denker in der psychoanalytischen Geschichte beim heutigen Stand der Dinge gar nicht mehr für die Ausbildung akzeptiert würden. Es sei nur an Erik H. Eriksons Bekenntnis erinnert, er habe an einer Art Jugendpsychose laboriert, die ihn jahrelang in Europa herumvagabundieren ließ, ehe er bei Freud allmählich eine geistige Heimat fand (Erikson 1973). Und ob man Freud selber akzeptiert hätte, der sich mit so schlimmen Dingen wie Hypnose und Kokain befaßte? (Immerhin nahm er vier Jahre lang ganz erkleckliche Mengen dieses hochwirksamen Rauschgifts zu sich und versorgte auch seine ganze Umgebung damit! – vom Scheidt 1973). Hierzu paßt auch eine Beobachtung, daß die Behandlungen immer länger dauern – und desgleichen die Ausbildungszeiten. Lehranalysen mit 600 Stunden und Therapien mit 700 Stunden und mehr, nicht selten bei mehreren Analytikern hintereinander und sechs, sieben Jahre hindurch sind finanziell und personell im Grunde genommen eine Zumutung. Auf lange Sicht dürfte deshalb die herkömmliche Einzelanalyse, wie Freud sie einführte, vor allem Ausbildungs- und Forschungszwecken vorbehalten bleiben. Ansonsten wird man die Kurz- oder Fokal-Therapie (Balint 1973) und vor allem die Gruppentherapie weiterentwickeln. Und mehr noch als bisher wird man sich auf Anwendungen der Psychoanalyse in anderen Wissenschafts- und Lebensbereichen konzentrieren. Peter Dettmerings Aufsatz über die »Psychoanalyse als Instrument der Literaturwissenschaft« und K. R. Eisslers kulturhistorischer und -kritischer *Offener Brief* »Zur Notlage unserer Zeit« sind hierfür glänzende Beweise, desgleichen Heinz Kohuts Rede über den »Psychoanalytiker in der Gemeinde der Wissenschaftler«. (Leider konnten zwei Studien über die Zukunft der Psychoanalyse von Eissler, 1969, und Kohut, 1973b, aus technischen Gründen nicht mit abgedruckt werden, in denen dieser Aspekt ebenfalls sehr klar herausgearbeitet wird.)

Die übrigen Arbeiten von Emilio M. Rodrigué, Helmut Thomä, John Klauber, Rolf Klüwer und Paula Heimann befassen sich mehr oder minder intensiv mit dem Verständnis, das der Analytiker von sich selbst, seiner Arbeit und seiner Rolle als moderner *Seelsorger* hat. Arbeiten über die Identität des Analytikers in dieser Art hat es bis vor einigen Jahren in der Geschichte der Analyse nicht gegeben. Sigmund Freud verfaßte einige kurze Aufsätze über die Aufgaben des Therapeuten, seine Voraussetzungen und Ausbildung (Freud 1905, 1912, 1913, 1926, 1937a). Aber erst zwei Jahrzehnte nach seinem Tod werden, gewissermaßen über Nacht, überall Aufsätze publiziert, in denen sich die Verfasser Gedanken über ihre eigene Rolle und die Rolle der Psychoanalyse machen. Gewiß, als Karen Horney und die anderen *Renegaten* das *orthodoxe* Lager verließen, ging dem ebenfalls eine Art »Identitätskrise« (Erikson 1970) voraus und die Trennung vom Hauptstrom der Psychoanalyse wurde stets von entsprechenden Bekenntnis-, Rechtfertigungs- und Abrechnungsschriften begleitet. Nicht immer ging es dabei so banal und ungebildet zu, wie bei Arthur Janov, der die Freudschen Wurzeln seiner Primärtherapie schlicht leugnet oder sich einfach nie entsprechend informiert hat. Und auch schon wesentlich früher hat es sehr schmerzhafte Ablösungsprozesse gegeben, als sich C. G. Jung, Alfred Adler und Wilhelm Reich von Freud trennten und ihre eigenen Schulen begründeten. Was jedoch neu ist an den von uns erwähnten Identitäts-Reflexionen ist die Tatsache, daß sie von Analytikern stammen, die sich als Freudianer verstehen und auf dem Boden der Analyse argumentieren. Das erste deutliche Signal, daß da einiges rumort, war die Studie von Maxwell Gitelson »On the Identity Crisis in American Psychoanalysis« (1964), bald gefolgt von den Aufsätzen, die anläßlich des 50. Jubiläums des »International Journal of Psycho-analysis« 1969 (Heft 4) veröffentlicht wurden und denen die Aufsätze von Therese Benedek und Emilio Rodrigué entnommen sind. K. R. Eissler ging im selben Heft[2] in seinen »Unehrerbietigen Bemerkungen über Gegenwart und Zukunft der Psychoanalyse« ziemlich pessimistisch dem *Anliegen* der Analyse und dem bisher von ihr Geleisteten auf den Grund. Er schätzt die Möglichkeiten der Anwendung auf anderen Gebieten sehr hoch ein, ja betrachtet diese Arbeit noch nicht einmal als richtig begonnen; auf der anderen Seite sieht er die führende Rolle der Analyse in jener von Freud angestrebten umfassenden »Akademie der Menschheit« weniger denn je verwirklicht. »Ihr Ziel wäre es, eine Metapsychologie von Sprache, Kunst, Literatur, Musik, Religion, Geschichte – kurz, all der verschiedenen Zweige der Geisteswissenschaften – zu schreiben, die dann in einer Metapsychologie der Kultur gipfelt. Die Bausteine, aus denen ein solches Gebäude zu errichten wäre – oder vielmehr: die Fragmente der Bausteine –, liegen jetzt um uns herum, und es fehlt nur der Architekt, der sie zu einer großartigen Struktur zusammenfügt. Eine solche Akademie wäre dann der Schlußstein des Gewölbes, dessen Anfänge in der *Akademie* des Aristoteles lagen.«

Eissler wendet sich dann dem eigentlichen Instrument der Psychoanalyse zu, der *freien Assoziation:* »Diese Methode ist eine der großartigsten Erfindungen, die sich ohne weiteres mit Galileos Teleskop messen kann, welches bewies, daß die Oberfläche des Mondes gebirgig und nicht glatt ist (eine Entdeckung, die die Christenheit mehr schockierte als die heliozentrische Theorie des Kopernikus), ebenso wie sie sich mit van Leuwenhoeks Linsen messen kann, die die winzigsten Organismen für den Menschen sichtbar machten. Freuds Methode der *freien Assoziation* hatte die Wirkung dieser beiden Erfindungen im Gebiet des psychischen Kosmos. Sie machte gewisse Strukturen sichtbar, die vorher noch kein menschliches Wesen erblickt hatte – entweder, weil sie von der Oberfläche der Persönlichkeit zu weit entfernt waren, oder wegen ihrer mikroskopischen Kleinheit.« (Eissler 1969, S. 462)

Eisslers Bücher sind übrigens ein eklatanter Beweis dafür, welcher Aderlaß die deutschsprachige Kultur durch die Vertreibung ihrer jüdischen Bürger während der Nazi-Barbarei erlitten hat: Noch nicht eine einzige seiner Arbeiten – großartig im psychoanalytischen Denken wie in der sprachlichen Formulierung und im umfassenden geistigen Hintergrund – wurde bislang ins Deutsche, seine ursprüngliche Muttersprache, übersetzt, weder die zweibändige Goethe-Biographie (1963), noch die Studien über »Hamlet« (1971) und Leonardo da Vinci (1961), noch sein »Psychiatrist and the dying Patient« (1955). Das euphemistische Wort »Emigration«, hinter dem sich so viel persönliches Leid verbirgt, findet sich nicht nur in Eisslers Vita, sondern auch in der von Therese Benedek, Maxwell Gitelson, Paula Heimann, John Klauber, Heinz Kohut, Fritz C. Redlich, Robert Waelder und Isidore Ziferstein, also bei neun von dreizehn Autoren dieses Bandes. Die anderen Analytiker, die vom selben Schicksal betroffen wurden, sind Legion: allen voran Sigmund Freud selbst und seine Tochter Anna, sodann Franz Alexander, Michael Balint, Erik H. Erikson, Paul Federn, Martin Grotjahn, Heinz Hartmann, Melanie Klein, Ernst Kris, Werner Muensterberger, Hermann Nunberg, Max Schur, René Spitz – die vollständige Liste umfaßt so ziemlich alle Forscher, die der Psychoanalyse ihre heutige Gestalt gegeben haben. Das Ergebnis dieser Vertreibung ist es auch gewesen, daß diese ursprünglich deutsch Sprechenden gezwungen wurden, in einer anderen Sprache, vorwiegend dem Angloamerikanischen, zu denken und zu schreiben.

Der Analytiker als Guru

Was macht der Mensch, wenn um ihn herum die Kultur und damit so manche geistige Stütze zerfällt, wie wir es in unseren Tagen erleben? John Klauber hat in einem anderen Aufsatz (1966) beschrieben, wie die Situation jener Leute aussah, die um die Jahrhundertwende in die Wartezimmer Freuds und seiner Schüler zu drängen begannen: Die Analytiker waren im Grunde genommen Ersatz für unglaubwürdig gewordene Priester. Vom *Guru* mit dem naturwissenschaftlichen Wortschatz und Gedankengebäude versprach man sich mehr Seelenheil. Es ist sicher nicht übertrieben, wenn man rückblickend feststellt, daß Freud nicht zuletzt für seine Anhänger ein *Moses* war, der ihnen wieder eine geistige Richtung gab und sie lehrte, das neue Instrument der psychoanalytischen Selbst- und Fremderkenntnis zu gebrauchen – und danach zu handeln. Eriksons autobiographische Skizze zur Identitätskrise zeigt deutlich, welcher rettende Anker dieser geniale Gelehrte, Arzt und Psychologe in der Wiener Berggasse Nr. 19 war, der eine ganz neue Wissenschaft vom Menschen in vier Jahrzehnten nahezu aus dem Nichts heraus entwickelte und bei seinem Tod genug Material hinterließ, um ganze Generationen von Schülern mit Denkstoff zu versorgen.

Aber jetzt scheint diese »Aufräumungs- und Kärrner«-Arbeit getan. Und jetzt fragt man sich offenbar allenthalben, wie es weitergehen soll. Der große Guru ist für die meisten nur noch Legende, von den lebenden Analytikern haben ihn nur noch eine Handvoll selbst erlebt, geschweige denn bei ihm persönlich gelernt. Geradezu rührend ist es, bei Heinz Kohut (1973) nachzulesen, wie er, hinter einer Säule des Wiener Bahnhofs vor der herumschnüffelnden Gestapo versteckt, die Emigration des greisen Sigmund Freud und seiner Tochter Anna beobachtete, wie er das Antlitz des schon zum Mythos gewordenen Gründers der Psychoanalyse hinter dem Abteilfenster sah – zum ersten und letzten Mal.[3] Heute ist Kohut, damals gerade 25 Jahre alt, selbst schon im siebten Lebensjahrzehnt. Er betont in seinem Buch über den »Narzißmus« (1973a), wie wichtig der Anblick des »Glanzes im Auge der Mutter« für die Entwicklung des kleinen Kindes sei – vielleicht war der »Anblick des Glanzes im Auge des Vaters Freud« für ihn der entscheidende

Augenblick, der den schöpferischen Funken überspringen ließ? Kohuts Arbeiten über das Selbst und den Narzißmus sind wahrscheinlich derzeit – neben Eriksons Studien über das verwandte Thema der Identität (1958, 1968, 1970) – die einzige wirklich neue Entwicklungslinie innerhalb der Analyse. Ob es Zufall ist, daß das von ihm so benannte »Größen-Selbst« sehr nahe an die Jungsche Archetypenlehre herankommt[4], daß also gewissermaßen der einst von Freud gegangene Weg der Reduktion des religiösen Bereichs auf quasi Pathologisches (der C. G. Jung 1912/13 zur Trennung veranlaßt hatte) nunmehr revidiert wird? Die Frage der Bewertung des Narzißmus scheint derzeit das zentrale Problem innerhalb der psychoanalytischen Forschung und Theorie zu sein. Kohut vertritt dabei eine eher optimistische Ansicht, die bestimmte Formen des Narzißmus bejaht, ja für lebenswichtig hält (»libidinöse Besetzung des Selbst« als Vorstufe der libidinösen Besetzung von Objekten). Der Kreis um die 1960 verstorbene Melanie Klein (1974) hingegen, die vor allem in England und Südamerika viele Anhänger hat, neigt zu der eher pessimistischen Ansicht und siedelt den Narzißmus dicht beim *Todestrieb* an.[5] Es könnte gut sein, daß sich hier eines Tages eine unüberbrückbare Kluft auftut zwischen den Anhängern dieser beiden Richtungen. Es ist vielleicht bezeichnend, daß bei diesen Diskussionen der Bereich, um den es wahrscheinlich letzten Endes geht, nämlich die religiösen Bilder, Phantasien, Vorstellungen, Ideen, Gefühle – daß dieser zentrale Bereich menschlicher Existenz dabei ständig umkreist, aber gleichzeitig vorsichtig ausgespart wird.

Die Psychoanalyse hat ja, solange sie sich als Wissenschaft versteht, Gesetzescharakter, und Freud rückt damit tatsächlich als Begründer dieser Wissenschaft zum *Moses* der Psychoanalytiker und ihrer Patienten auf, denen er nicht nur eine neue Wissenschaft (= Lehre) gegeben hat, sondern zugleich auch eine neue Identität in einer orientierungslosen Umwelt. Der Mensch braucht solche Gesetzgeber, solche Gurus. Und der englische Anthropologe Goffrey Gorer hat 1958 zu recht den unschätzbaren positiven Einfluß Freuds auf unsere gesamte westliche Kultur gelobt: »Hauptsächlich durch seinen überall sich unmerklich verbreitenden Einfluß hat Freud unsere ... Haltung gegenüber Kindern, der Kinderpflege, der Erziehung, gegenüber den Kranken, den Verbrechern, den Geistesgestörten tiefgehend verändert. Weil Freud gelebt und gearbeitet hat, werden die Schwachen und Unglücklichen oft mit einer Sanftmut und Barmherzigkeit, mit einem Versuch zum Verständnis behandelt, die eine der wenigen Veränderungen im Gefühlsklima unseres Jahrhunderts darstellen, deren man sich nicht zu schämen braucht.«

Freud war gewiß ein großer Mann, eines der wenigen Genies, die wirklich diese Bezeichnung verdienen. Kein Wunder, daß er seine Zeitgenossen faszinierte und ihnen mit seiner geistigen Strahlungskraft half, die eigene Persönlichkeit zu entfalten und neue psychosoziale Ziele in einer verwüsteten Welt zu finden. Aber Freud selbst konnte bei aller Glaubenslosigkeit im religiösen Sinne doch ganz verläßlich auf jener anderen Religion aufbauen, die er ganz ausdrücklich einmal mit der (Natur)Wissenschaft identifiziert hat. In ihrer Untersuchung »Die permissive Gesellschaft und das Überich« haben Henry und Yela Lowenfeld 1970 darauf verwiesen, daß diese existentielle Basis den nachfolgenden Generationen kaum mehr zur Verfügung steht: »Die Entwicklung in den letzten Jahrzehnten ist zu komplex, um sie in ihren mannigfachen Ursachen zu verstehen. Aber ein Aspekt scheint von größter Bedeutung, wenn wir die Entwicklung der Überich-Probleme beobachten. Die Generationen von Vätern, die ihre Grundsätze aus der Religion bezogen, also im Namen göttlicher Gesetze sprechen konnten, hatten in der Erziehung der Nachkommen eine ganz andere Kraft zur Verfügung als die späteren Generationen. Es war auch leichter für das Kind, das religiös fundierte Überich zu ertragen, wenn der Vater seine Forderungen nicht von sich aus, aus eigener Willkür stellte, sondern im Namen eines Höheren, dem er ebenso unterworfen war wie das Kind. Dann folgten ein oder zwei Generationen, die ein Überich entwickelten, das noch von der Identifizierung mit einem unerschütterten Vater seine Stärke bezog. So konnten der Atheist Freud und seine Generation sagen: das Moralische versteht sich von selbst. Dieser Satz ist heute offenbar nicht mehr gültig.« (S. 180)

Freud konnte ja noch im Namen »göttlicher Gesetze« sprechen: im Namen der Naturgesetze und Naturkräfte, von denen er selber einige neue entdeckte. Vor allem aber konnte er aus tiefster Überzeugung auf die Naturwissenschaft bauen. Der Mißbrauch dieser

Wissenschaften (nicht zuletzt auch der Psychoanalyse!) in Werbung, psychologischer Kriegführung, ganz allgemein bei der Manipulation der entwurzelten Massen unserer Tage, dürfte so manchen Analytiker in tiefe Zweifel gestürzt und die professionelle »Identitätskrise« sicher mit ausgelöst haben.

Der Heimatverlust durch die Emigration während der 30er Jahre (bei den älteren Analytikern) wurde wahrscheinlich bis zum Tode Freuds deshalb nicht zu einem Identitätsverlust, weil dessen imposante Figur, die der Analytiker im Laufe seiner Ausbildung und späteren Arbeit zwangsläufig zu einem Teil seiner Überich-Struktur macht, genügend neue Stabilisierungskräfte freisetzte. Nach Freuds Tod Ende 1939 war man dann bereits intensiv mit dem Aufbau der neuen Existenz in einem fremden Land beschäftigt. Man mußte sich eine fremde Sprache und eine neue Kultur zu eigen machen – mußte dies weit mehr tun als andere Emigranten, weil die Analyse von der Sprache lebt. Eine ganze Generation nach Freuds Ableben, in den 60er Jahren, setzt dann massiv die Reflexion über die *verlorene* Identität ein. An die Stelle des Schöpfers der Analyse waren die – naturgemäß rigideren und lebloseren – Verwalter des Erbes getreten: die *Psychoanalytischen Gesellschaften.* Es ist kein Wunder, daß Robert Waelders Überlegungen von 1955 zuerst bei diesen *Societies* ansetzten und kritisch neben den Aufgaben und Chancen dieser Institutionen auch ihre »Gefahren« sahen. Therese Benedeks Aufsatz über die Lehranalyse wurde dem vorangestellt, weil die Lehranalyse gewissermaßen die Matrix des Psychoanalytiker-Lebens ist: Während dieser Prozedur erhält der Ausbildungskandidat seine Identität als Analytiker, schlüpft er allmählich in seine Berufsrolle und wird auch intensiver als je zuvor als Individuum dem analytischen Kollektiv konfrontiert.

Zunächst hat man sich theoretisch mit Fragen der *Identität* (Erikson) und mit dem eng verwandten Begriff des *Selbst* (Hartmann 1950) befaßt (s. auch Stein 1974). Beide Ansätze waren wahrscheinlich die ersten echten nach-Freudschen Weiterentwicklungen, bei denen der *Ahnherr* seine Dominanz verlor und eigene schöpferische Impulse frei wurden. Es ist sicher kein Zufall, daß dies eine Entwicklung vom abstrakt-metapsychologischen Denken [6] weg hin zu einem konkreteren Erfassen der lebendigen Wirklichkeit war.[7] In der Reflexion über die eigene Identität des Analytikers haben sich diese Gedanken erst später niedergeschlagen. 1942 im ersten tastenden Versuch von Robert Fließ, der über die »Metapsychologie des Analytikers« nachdachte, und dann dezidierter in den Aufsätzen dieses Bandes, die durchwegs nach 1963 erschienen (der von Waelder ausgenommen). Die Tendenz zur Selbstbesinnung ist deutlich erkennbar auch in anderen Aufsätzen, die leider aus Raumgründen nicht berücksichtigt werden konnten. 1970 fragte Margarete Mitscherlich-Nielsen, »Was macht einen guten Analytiker aus?« Heinz Kohut stellte gar die Frage, ob das »Studium des menschlichen Innenlebens heute noch relevant« sei (1971). Stavros Mentzos überlegte, ob die Psychoanalyse »Hermeneutik oder Erfahrungswissenschaft« ist (1973). Klaus Horn sprach vom »überraschten Psychoanalytiker« (1974)...

Allenthalben kann man seit einigen Jahren Versuche beobachten, die Psychoanalyse – und damit sich selbst als Analytiker – neu einzuordnen. Die 14 Arbeiten dieses Bandes, die ja nur eine Auswahl aus diesen zunehmenden Versuchen sein können, sprechen für sich selbst. Sie zeigen dieses Ringen um Selbstverständnis bei denen, die *hinter* der Couch sitzen. Dem ist nichts hinzuzufügen, denn es geschieht mit kritischer Distanz (ganz anders freilich Tilman Moser in seinen ziemlich fragwürdigen »Lehrjahren auf der Couch«, 1974). Freilich sieht man überall noch, daß da ganz gewaltige Konflikte erst eben angerührt werden. Zur Auseinandersetzung mit ihnen zwingt schon der klinische Alltag, der in zunehmendem Maße Patienten mit Identitätsstörungen (»narzißtische Persönlichkeitsstörungen« nennt Kohut sie) anbietet, deren depressiver Nihilismus und deren schizoide Tendenz zum *Ausflippen* enorme Ich-Leistungen und ein sehr stabiles *(kohärentes)* Selbst beim Analytiker voraussetzen.

Das Ziel der Analyse ist, darauf wies schon Freud hin, das gleiche wie bei jeder anderen Arbeit mit Menschen: ihnen helfen, sich selbst zu verwirklichen. Keine andere moderne psychosoziale Technik ist dabei bislang so weit gekommen wie die Psychoanalyse. Da der Seelenführer in der eigenen Entwicklung immer weiter fortgeschritten sein sollte als der ihm anvertraute Mensch, muß hier schon ein erkleckliches Stück Arbeit am eigenen Selbst geleistet worden sein und auch weiterhin geleistet werden – deshalb Freuds Aufforderung zu »unendlicher Analyse« (1937a).

Analytiker sind im Grunde (fast?) so unvollkommen wie ihre Patienten, sind wie alle anderen Menschen beeinflußt von ihren Trieben, von der Gier nach Macht und Geld, von Ängsten und Phantasien, von Regressionstendenzen und Abwehrmechanismen. Daß sie über all dies theoretisch besser Bescheid wissen, mag helfen – aber es nimmt die menschlichen Unzulänglichkeiten deshalb nicht fort. Die Aufsätze in diesem Band betonen dies immer wieder. Das macht sie so sympathisch.

Die Religionen haben es hier leichter. Manchmal freilich hat man den Eindruck, daß es sich die Analyse selbst schwerer macht als nötig, daß sie vor allem unter dem verinnerlichten Erbe ihres depressiven Schöpfers und seinem (wie jede Wissenschaft naturgemäß rigiden, zwanghaften) Gedankengebäude mehr leidet als nötig. Manchmal habe ich den Eindruck, daß die Psychoanalyse vor allem ein moderner Versuch ist, wieder einmal des *Todestriebes* Herr zu werden, vielleicht sogar eine Art gigantischer Abwehrmechanismus gegen Selbstzerstörungstendenzen ist. Die Besten unter den Analytikern scheinen dies zu wissen und auch zu erleiden. Sie sind umgeben von einer tragischen Düsternis, die schon Freud bei aller Menschlichkeit ausstrahlte und der man in seinen Schriften, vor allem in seinen Alterswerken, auf Schritt und Tritt begegnet. Die Religionen hingegen (vor allem die christliche), von den Analytikern ihrerseits gerne als Abwehrmechanismus interpretiert, huldigen den Lebenstrieben.

Das hat freilich nicht verhindert, daß die Religionen, das Christentum allen voran (genauer: die infantil gebliebenen unter ihren Anhängern), Ströme von Menschenblut vergossen und unendliches Leid über die Welt gebracht haben. Die Psychoanalyse ist in diesem Punkt vielleicht selbstkritischer. Das ist mir nie so deutlich geworden wie in einem Aufsatz von Ralph R. Greenson über den »Niedergang und Verfall der 50-Minuten-Stunde« (1974), worin er erschüttert berichtet, daß Ausbildungskandidaten und selbst gestandene Analytiker und Lehranalytiker (!) in den USA ihre Patienten in zunehmendem Maße zeitlich so dicht hintereinander folgen lassen, daß für echte analytische Arbeit eigentlich kaum mehr Platz ist. Was unterscheidet dann den Analytiker noch vom gehetzten Allgemeinpraktiker mit seiner »Fünf-Minuten-Sprechstunde«?

Nur vier von 29 Analytikern ließen schon 1938 bei einer Umfrage von Edward Glover zwischen den einzelnen Analysestunden einen Spielraum von etwa zehn Minuten frei. Um sich selbst neu zu ordnen und sich die Chance zu geben, dem nächsten Patienten unbefangen und offen gegenüber zu treten (schon dies ist wenig genug als Schutz vor Fließband-Analyse!). Greenson geht diesem Verhalten mit seinem psychoanalytischen Werkzeug auf den Grund. Er nennt das Motiv klar und unverblümt: Geldgier.

»Du kannst mehr Patienten in deinen Arbeitstag quetschen, wenn es zwischen den einzelnen Patienten keine zeitliche Lücke gibt.« (S. 7) Die Konsequenz?

»Ich glaube, daß der Niedergang der 50-Minuten-Stunde symptomatisch ist für einen materialistischen Trend in der psychoanalytischen Praxis, der auf Kosten der humanistischen und wissenschaftlichen Gesichtspunkte geht. Es ist offensichtlich, daß diese Art, Patienten für Patienten nach dem Fließbandprinzip durchzuschleusen, ein Akt der Feindseligkeit ist, so kaum merklich und unbewußt er auch sein mag. Die Beendigung jeder Stunde bringt stets ihr Stück Verletzung mit sich – aber die Fließbandmethode fügt dem ein unnötiges Stück Herabsetzung des Patienten hinzu.«

Grund genug für ständige Selbstbesinnung. Mögen die Aufsätze dieses Bandes deshalb auch für die praktizierenden Analytiker eine Anregung dazu sein, sich gelegentlich einmal wieder selbst in Frage zu stellen. Möge es ihnen dabei eine Mahnung sein, daß ein *Programm* und selbst das persönliche Vorbild des Schöpfers einer neuen Lehre immer in größter Gefahr ist, von den Nachfolgern verwässert, verzerrt und schließlich gar auf den Kopf gestellt zu werden. Je umfangreicher die *Bibliotheken* werden, um so größer wird diese Gefahr.

München, Ostern 1975 *Jürgen vom Scheidt*

Anmerkungen

1 Hochgestellte Ziffern beziehen sich auf Anmerkungen, die jeweils nach den einzelnen Beiträgen zusammengefaßt sind. Daran schließt sich eine alphabetisch nach Autorennamen geordnete Bibliographie an (die bei dieser Einleitung besonders umfangreich ausfällt, weil sie möglichst vollständig alle Beiträge zum Thema des Buches anführt).

2 Die anderen Aufsätze zu unsrem Thema stammen von Anna Freud, Edward Glover, Ralph R. Greenson, Léon Grinberg, Sandor Lorand, S. Nacht, John D. Sutherland, Helmut Thomä, R. S. Wallerstein und Neil J. Smelser.

3 »Es war 1938, an einem sonnigen Tag in Wien, als ich zum Bahnhof ging, denn ich hatte erfahren, daß Freud unsere Stadt verlassen würde... Ich war ein junger Mann, die Welt, die ich gekannt hatte, die Kultur, in der ich aufgewachsen war, war zerfallen – es gab nichts, woran man sich festhalten konnte. Doch da war dieses symbolische Ereignis: ein alter Mann verließ die Stadt meiner Eltern, und ich, ein junger Mann, zog meinen Hut, als der Zug ihn davonführte... Genau wie dieser Augenblick auf dem Bahnhof, der zum Ausgangspunkt meiner beruflichen und wissenschaftlichen Zukunft wurde...« (Kohut 1973b).

4 Der Hauptunterschied zwischen Kohuts und Jungs Auffassungen besteht nach meiner Meinung darin, daß Kohut das Auftauchen des *Größenselbst* bzw. der *idealisierten Elternimagos* in Phantasien und Träumen der Patienten als Übertragung narzißtischer Inhalte auf den Therapeuten deutet – während Jung seine *Archetypen* als autonome psychische Strukturen betrachtet. Letzten Endes läuft die Entscheidung, wer von beiden die Sachlage richtig beurteilt, auf die »Gretchenfrage« hinaus: »Wie hältst du's mit der Religion?«

5 Die Analytiker werden in diesem Punkt erstaunlich »christlich«: Der katholische Exeget Herbert Haag schreibt (1969): »Wo Menschen sind, ist auch Sünde. Wo Sünde ist, ist auch Tod.« (S. 62) Und kurz davor heißt es: »Die Sünde schafft Trennung, Entfremdung, Einsamkeit. Sie zerstört das Leben und bewirkt den Tod.« Und: *»Sünde ist das Gegenteil von Liebe.* Liebe heißt Gemeinschaft. Sünde ist das Weggehen vom Nächsten zum eigenen Ich, das Hinausgehen aus der Gemeinschaft in die Einsamkeit« – Sünde ist, mit den Worten des Analytikers, »narzißtisches Verhalten«, aber hier nun in wirklich pathologischer Form.

6 Es, Ich und Überich sind Abstrakta, theoretische Konstrukte, Repräsentanzen einer angenommenen inneren Realität, denen man in der Wirklichkeit nie begegnet – ganz im Gegensatz zu den Triebäußerungen.

7 Selbst und Identität werden verstanden als das Ganze der Persönlichkeit, mit dem ein anderer Mensch vor einen hintritt.

Bibliographie

(IJPA = International Journal of Psycho-analysis)

Alexander, F. und Ross, H. (Hrsg.) (1953): *Twenty Years of Psychoanalysis,* New York (W. W. Norton).

Ammon, G. (1970): »Zur psychoanalytischen Theorie und Praxis von Anpassung und Emanzipation«, *Dynamische Psychiatrie 3,* S. 4–15.

Balint, A. und M. (1939): »On Transference and Counter-transference«, *IJPA 20.*

Balint, M. (1936): »The final Goal of Psychoanalytic Treatment«, *IJPA 17*, S. 206–216.

– (1969): *Die Urformen der Liebe und die Technik der Psychoanalyse*, Frankfurt a. M. (Fischer Bücherei), darin besonders die Kapitel XIII, XV, XVI, XVII, XIX, XX.

Balint, M., Ornstein, P. H. und E. Balint (1972): *Focal Therapy*, London (Tavistock-Publ.). (deutsch: *Fokaltherapie*, Frankfurt a. M. 1973; Suhrkamp).

Binswanger, L. (1956): *Erinnerungen an Sigmund Freud*, Bern (Franke).

Committee for the Study of Social Issues (1951): »The Dilemma of the Analyst in a troubled World – A Reply«, *Bulletin of the American Psychoanalytic Association 7*, Nr. 1.

Dorn, R. M. (1966): »The Role of the Psychoanalyst in Community Mental Health«, *Community Mental Health Journal 2*, Nr. 1, S. 6.

Eissler, R. K. (1955): *The Psychiatrist and the Dying Patient*, New York (Intern. Univ. Press).

– (1961): *Leonardo da Vinci – psychoanalytic Notes on the Enigma*, New York (Intern. Univ. Press).

– (1963): *Goethe – A psychoanalytic Study*, 2 Bände, Detroit (Wayne State Univ. Press).

– (1965): *Medical Orthodoxy and the Future of Psychoanalysis*, New York (Univ. Press).

– (1969): »Irreverent Remarks on the Present and the Future of Psychoanalysis«, *IJPA 50*, S. 461–471.

– (1971): »Über Psychoanalyse«, *Österreichische Ärztezeitung 26*, 1971, S. 1390–1397.

Erikson, E. H. (1958): *Der junge Mann Luther*, München (Sczcesny).

– (1968): *Kindheit und Gesellschaft*, 3. Aufl. 1968, Stuttgart (Klett).

– (1970): *Jugend und Krise*, Stuttgart (Klett).

– (1973): »Autobiographisches zur Identitätskrise«, *Psyche 27*, S. 793 bis 831.

Fleming, J. (1961): »What analytic Work requires of an Analyst: a Job Analysis«, *Journal of the American Psychoanalytic Association 9*, S. 719–729.

Fließ, R. (1942): »The Metapsychology of the Analyst«, *Psychoanalytic Quarterly 11.*

Freud, A. (1969): »Remarks on the fiftieth Birthday of the International Journal of Psychoanalysis«, *IJPA 50*, S. 473–474.

Freud, S. (1904): »Die Freudsche psychoanalytische Methode«, *G.W. 5.*

– (1905): »Über Psychotherapie«, *G.W 5.*

– (1910): »Über Psychoanalyse«, *G.W.* 8.

– (1910): »Über ›wilde‹ Psychoanalyse«, *G.W. 8.*

– (1910): »Die zukünftigen Chancen der psychoanalytischen Therapie«, *G.W. 8.*

– (1912): »Ratschläge für den Arzt bei der psychoanalytischen Behandlung«, *G.W. 8.*
– (1912): »Zur Dynamik der Übertragung«, *G.W. 8.*
– (1913): »Zur Einleitung der Behandlung«, *G.W. 8.*
– (1925): »Die Widerstände gegen die Psychoanalyse«, *G.W. 14.*
– (1926): »Die Frage der Laienanalyse«, *G.W. 14.*
– (1937a): »Die endliche und unendliche Analyse«, *G.W. 16.*
– (1937b): »Der Mann Moses und die monotheistische Religion«, *G.W. 16.*
Gitelson, M. (1944): »Intellectuality in the Defense Transference«, *Psychiatry 7,* S. 73–86.
– (1951): »Psychoanalysis and Dynamic Psychiatry«, *American Medical Association, Archives of Neurology and Psychiatry 66,* S. 280–288.
– (1952): »The emotional Position of the Analyst in the Psychoanalytic Situation«, *IJPA 33.*
– (1956): »Psychoanalyst, USA, 1955«, *American Journal of Psychiatry 112,* S. 700–705.
– (1962a): »Communication from the President about the Neoanalytic Movement«, *120. Bulletin of the International Psychoanalytic Association,* Beiheft des *International Journal of Psychoanalysis 43.*
– (1962b): »Curative Psychoanalysis«, *International Journal of Psychoanalysis 43,* S. 194–205.
– (1964): »On the Identy Crisis in American Psychoanalysis«, *Journal of the American Psychoanalytic Association 12,* S. 451–476.
Glover, E. (1969): »In praise of ourselves«, *IJPA 50,* S. 499–502.
Gorer, G. (1958): »Freud's Influence«, *The Encounter,* November-Heft, zit. nach Waelder (1969).
Greenson, R. R. (1969): »The Origin and Fate of new Ideas in PA«, *IJPA 50,* S. 503–515.
– (1973): *Theorie und Praxis der Psychoanalyse,* Stuttgart (Klett), darin besonders die Kapitel 3.5, 3.6, 3.9, 3.10, 4.2, 4.3.
– (1974): »The Decline and Fall of the 50 Minute Hour«, Vortrag auf dem Jahrestreffen der *American Psychoanalytic Association* am 7. Mai 1974 in Honolulu (unveröffentlicht).
Gregg, A. (1953): »The Place of Psychoanalysis in Medicine«, in: Alexander und Ross (1953).
Grinberg, L. (1960): »Relations between Psychoanalysts«, unveröffentlichter Vortrag auf dem *Dritten Lateinamerikanischen Psychoanalytischen Kongreß,* Santiago de Chile.
Grinberg, L. (1969): »New Ideas: Conflict and Evolution«, *IJPA 50,* S. 517–528.
Haag, H. (1969): *Abschied vom Teufel,* Köln (Benziger).
Habermas, J. (1973): »Psychoanalyse und Gesellschaftstheorie«, in: *Erkenntnis und Interesse,* Frankfurt a. M. (Suhrkamp).
Hartmann, H. (1950): »Comments on the Psychoanalytic Theory of the Ego«, *The Psychoanalytic Study of the Child 5;* (deutsch: in: *Ich-Psychologie,* Stuttgart 1970, Klett, Kap. 7).

Heimann, P. (1950): »On Countertransference«, *IJPA 31*, S. 81–84.
Hoffer, W. (1961): »The Therapeutic Illusion«, *Jahrbuch für Psychoanalyse 2*, S. 248.
Holt, R. und L. Luborsky (1958): *Personality Patterns of Psychiatrists*, New York (Basic Books).
Horn, K. (1974): »Der überraschte Psychoanalytiker«, *Psyche 28*, S. 395 bis 430.
Horney, K. (1939): *New Ways in Psychoanalysis*, New York (Norton). Deutsch: *Neue Wege in der Psychoanalyse*, München 1972 (Kindler, *Geist und Psyche* Bd. 2090).
Kächele, H., Schaumburg, C. und H. Thomä (1973): »Verbatimprotokolle als Mittel in der psychotherapeutischen Verlaufsforschung«, *Psyche 27*, S. 902–927.
Kakar, S. (1974): »Indische Kultur und Psychoanalyse«, *Psyche 28*, S. 635 bis 650.
Klauber, J. (1966): »Freuds Ansichten zur Religion aus der heutigen Sicht«, *Psyche 20*, S. 50–57.
Klein, G. (1966): »Perspective to Change in Psychoanalytic Theory«, Vortrag gehalten auf der *Conference of Psychoanalysts of the Southwest*, Galveston/Texas.
Klein, M. und J. Riviere (1974): *Seelische Urkonflikte*, München (Kindler).
Kohut, H. (1960): »Beyond the Bounds of the Basic Rule – some Recent Contributions to Applied Psychoanalysis«, *Journal of the American Psychoanalytic Association 8*, S. 567–586.
- (1971): »Ist das Studium des menschlichen Innenlebens heute noch relevant?«, *Psyche 25*, S. 298–322.
– (1971): »Forschung in der amerikanischen Psychoanalytischen Vereinigung – ein Memorandum«, *Psyche 25*, S. 738–757.
– (1973a): *Narzißmus. Eine psychoanalytische Theorie zur Behandlung narzißtischer Persönlichkeitsstörungen*, Frankfurt a. M. (Suhrkamp).
– (1973b): »The Future of Psychoanalysis«, Grußadresse am 2. Juni 1973 in Chicago während des Banketts nach dem Symposion »Psychoanalyse und Geschichte«; (deutsch in: Kohut, *Die Zukunft der Psychoanalyse*, Frankfurt a. M. 1975, Suhrkamp).
– (1975): *Die Zukunft der Psychoanalyse*, Frankfurt a. M. (Suhrkamp).
Kris, E. (1947): »The Nature of Psychoanalytic Propositions and their Validations«, in: *Freedom and Experience. Essays*, Ithaca, N. Y. (Cornell University Press).
Kubie, L. S. (1950): »The Dilemma of the Analyst in a troubled World«, *Bulletin of the American Psychoanalytic Association 6*, Nr. 4.
– (1953): (Psychoanalysis as a Basic Science«, in: Alexander und Ross (1953).
Kuiper, P. C. (1975): *Psychoanalyse – zeitgemäß oder veraltet?* Stuttgart (Klett).
Levine, J. M. (1967): »Through the Looking Glass: an Examination of

some Critiques of Freudian Psychoanalysis«, *Journal of the American, Psychoanalytic Association 15*, S. 166–212.
Lewin, B. D. und H. Ross (1960): *Psychoanalytic Education in the United States*, New York (W. W. Norton).
Limentani, A. (1972): »The Assessment of Analysability: a mayor Hazard in Selection for Psychoanalysis«, *IJPA 53*, S. 351–361.
Little, M. (1957): »›R‹ – the Analyst's total Response to his Patient's Needs«, *IJPA 38*.
Lorand, S. (1969): »Reflections on the Development of Psychoanalysis in New York from 1925«, *IJPA 50*, S. 589–595.
Loch, W. (1974): »Der Analytiker als Gesetzgeber und Lehrer – legitime oder illegitime Rollen?«, *Psyche 28*, S. 431–460.
Lowenfeld, H. und Y. (1970): »Die permissive Gesellschaft und das Überich«, in: Scheidt, J. vom (1972).
Menninger, W. C. (1947): »The Role of Psychiatry in the World today«, *The American Journal of Psychiatry 104*, S. 158.
Mentzos, S. (1973): »Psychoanalyse – Hermeneutik oder Erfahrungswissenschaft?«, *Psyche 27*, S. 832–849.
Mitscherlich-Nielsen, M. (1970): »Was macht einen guten Analytiker aus?«, *Psyche 24*, S. 577–599.
Moser, T. (1974): *Lehrjahre auf der Couch*, Frankfurt a. M. (Suhrkamp).
Nacht, S. (1969): »Reflections on the Evolution of psychoanalytic Knowledge«, *IJPA 50*, S. 597.
Poser, E. G. (1966): »The Effects of Therapists Training on Group Therapeutic Outcome«, *Journal of Consultive Psychology 30*, S. 3.
Rapaport, D. (1960): *The Structure of Psychoanalytic Theory – A systematizing Attempt, Psychological Issues* Vol. 2, Nr. 2, Monograph Nr. 6. (Deutsch: *Die Struktur der psychoanalytischen Theorie*, Stuttgart 1961, Klett).
Reich, A. (1951): »On Countertransference«, *IJPA 32*.
Reik, Th. (1948): *Listening with the Third Ear*, New York (Farrar Strauss).
Sachs, H. (1947): »Observations of a Training Analyst«, *Psychoanalytic Quarterly 16*, S. 157–168.
Scharfenberg, J. (1973): »Narzißmus, Identität und Religion«, *Psyche 27*, S. 949–966.
Scheidt, J. vom (1972): *Drogenabhängigkeit*, München (Nymphenburger).
– (1973): *Freud und das Kokain*, München (Kindler).
– (Hrsg.) (1964): *Der unbekannte Freud*, München (Kindler).
Schmidbauer, W. (1972): »Zur Frage der Lehranalyse«, *Dynamische Psychiatrie 5*, S. 22–34.
Segal, H. (1974): *Melanie Klein*, München (Kindler).
Sonnemann, U. (1973): »Monade und Polis: Zur Selbstkritik der Psychoanalyse«, *Psyche 27*.
Stein, H. (1974): »Zur Entwicklung der psychoanalytischen Selbst-Psychologie«, *Psyche 28*, S. 984–1002.

Stern, M. M. (1972): »Trauma, Todesangst und Furcht vor dem Tod in psychoanalytischer Theorie und Praxis«, *Psyche 26*, S. 901–928.
Stone, L. (1961): *Die psychoanalytische Situation*, Frankfurt a. M. 1973 (S. Fischer).
Sutherland, J. D. (1969): »Psychoanalysis in the post-industrial Society«, *IJPA 50*, S. 673–682.
Thomä, H. (1969): »Some Remarks on Psychoanalysis in Germany, Past and Present«, *IJPA 50*, S. 683–692.
Thomä, H. und H. Kächele (1973): »Wissenschaftstheoretische und methodologische Probleme der klinisch-psychotherapeutischen Forschung«, *Psyche 27*, S. 205–236, 309–355.
Ticho, E. A. (1971): »The Effects of the Psychoanalyst's Personality and psychoanalytic Treatments«, *Psychoanalytic Forum 4*, S. 135–151.
Waelder, R. (1963): »Historical Fiction (a Critique of Erich Fromm et al.)«, *Journal of the American Psychoanalytic Association 11*, S. 628 bis 651.
– (1969): *Die Grundlagen der Psychoanalyse*, Frankfurt a. M. (Fischer Bücherei).
Wallerstein, R. S. und N. J. Smelser (1969): »Psychoanalysis and Sociology: Articulations and Applications«, *IJPA 50*, S. 693–710.
Wheelis, A. (1956): »The Vocational Hazards of Psycho-analysis«, *IJPA 37*, S. 171–184.
Whitman, R. M., Kramer, M. und B. J. Baldridge (1969): »Dreams about the Patient«, *Journal of the American Psychoanalytic Association 17*, S. 702–727.
Winnicott, D. W. (1947): »Hate in the Counter-Transference«, in: *Collected Papers*, London 1958 (Tavistok).

Emilio M. Rodrigué
Der Fünfzigtausend-Stunden-Patient*

Bitte folgen Sie mir bei einer kleinen Addition. Seit fünfundzwanzig Jahren übe ich die Analyse aus. Nehmen wir an, ich arbeite, grob geschätzt, zehn von zwölf Monaten im Jahr, wenn man den Arbeitsausfall durch Urlaub und Grippe abzieht. Mein ungesunder Arbeitsplan geht selten unter fünfzig Stunden klinischer Arbeit je Woche. So kommen wir zu 25 mal 10 mal 4 mal 50, und das Resultat sind fünfzigtausend Stunden. Fünfzigtausend Stunden lang Reden und vor allem Patienten Zuhören, mit analytischer Einstellung und analytischem Gehör.

Mein Gehör hat sich im Laufe der Zeit geändert, ebenso auch meine Patienten. Das ist das eine Anliegen meines Berichts, doch zunächst möchte ich die Fünfzigtausend-Stunden-Periode als Gesamtheit verstanden wissen, als riesengroße Einheit klinischer Tätigkeit. Natürlich will ich mit dieser Summe mehr ausdrücken als nur den Anspruch auf eine lange Erfahrung. Ich möchte diese Zeitanhäufung in eine Einheit, ein Konstrukt, umwandeln, dem ich den Namen ›Fünfzigtausend-Stunden-Patient‹ (oder kurz: ›Der Patient‹) geben will. Der ›Patient‹ soll in meinem Versuch, über die Analyse zu sprechen, als Anschauungsmittel dienen.

Was habe ich von ihm gelernt?

Zuerst fühlte ich mich unwohl mit dieser Summe. Ich hatte das Gefühl, als könnte ich mich an nichts mehr erinnern, und die Zeitspanne, in der Millionen von Wörtern gesagt worden waren, wurde ein himmelhoher Babylonischer Turm. Der Vergleich ist keineswegs übertrieben, denn mein ›Patient‹ spricht viele Sprachen: er ist ein Kind, ein Mann, eine Frau, ein alter Mann, eine Gruppe, eine

---

* Erstmals erschienen in *International Journal of Psycho-analysis* (Jg. 50), 1969, S. 603–613 unter dem Titel »The Fiftythousand Hour Patient«. Aus dem Englischen von Robert Bergmann. Abdruck mit freundlicher Genehmigung des Autors.

Gemeinschaft.[1] Und alle sprechen mit einer sich ständig verändernden Person: mit mir. Und doch lassen sich einige allgemein gültige Rückschlüsse von dem ›Patienten‹ gewinnen.

Zunächst eine klinische Feststellung. Nur einmal in diesen fünfzigtausend Stunden wurde ich wirklich von einem Patienten verletzt. Ich meine hier nicht verärgert, aufgebracht oder erzürnt, sondern wirklich verletzt. Irgend jemand sagte zur unechten Zeit das unrechte Wort. Und wenn man bedenkt, wie viele Achillesfersen wir Analytiker haben, dann mag es erstaunen, daß ich nicht öfter verletzt wurde. Doch abgesehen von diesen schwachen Stellen bringt uns das Leben in Situationen, in denen wir besonders leicht verwundbar sind: so kann zum Beispiel jemand, den wir lieben, sterben, und der Patient weiß es, – oder, was fast noch schlimmer ist, er weiß es nicht und macht im gewohnten Trott weiter. Bei solchen Gelegenheiten überraschte mich wiederholt die grundsätzliche Bereitschaft der meisten Patienten zum *Fair Play*. Das offenbart sich immer dann, wenn die behandelnden Analytiker in Trauer sind. Daraus möchte ich die allgemeine Schlußfolgerung ziehen, daß die Menschen während einer Analyse mitfühlender sind, als man annehmen möchte. Doch soviel nur als vorläufige Feststellung: ich werde das Mitgefühl noch indirekt behandeln, wenn ich im Schlußkapitel meines Berichts auf einen Zustand zu sprechen komme, der mit positiver Übertragung verwandt ist.

Von meinem ›Patienten‹ läßt sich ein weiterer Rückschluß ziehen, und das ist die Art, wie er zur Selbsteinsicht gelangt. Er gewinnt sie meist außerhalb der Sitzungen. Ich studierte Jahre lang die Matrix, in der analytische Entdeckungen gemacht werden (meist handelt es sich dabei um Kinderanalysen: Rodrigué 1955, Rodrigué und Rodrigué 1966), und dabei wurde mir eines klar: Deutungen sind selten Erleuchtungen in dem Sinne »Ich sah das Licht!«. Wir sind noch meilenweit davon entfernt, frohlockend in Heurekas auszubrechen.

Doch damit kommen wir zur dritten Schlußfolgerung. Aus der Wechselwirkung zwischen den Assoziationen des Patienten und unseren Deutungen entwickelt sich eine ganz besondere gegenseitige Erfahrung zweier Menschen, – wahrscheinlich der ehrlichste systematisch geführte Dialog, den es je gab. Man würde niemals vermuten, daß solch ein außergewöhnlicher Dialog innerhalb der vier Wände eines Behandlungszimmers stattfindet, wenn man die gegenwärtige analytische Literatur oder die meisten Krankheitsberichte liest, mit den Ausnahmen von *Dora*, dem *Kleinen Hans*, dem *Rattenmann* usw.

Eine weitere Absicht dieses Berichts ist es somit, die tiefe Kluft zu überbrücken, die zwischen der unmittelbaren, noch ›couchwarmen‹ klinischen Praxis und den klinischen Berichten besteht, die man in Zeitschriften liest und neuerdings sogar im Fernsehen sieht. Nach Reichenbach (1938) besteht die Kluft zwischen dem ›Kontext der Entdeckung‹ und dem ›Kontext der Begründung‹. Ich glaube, diese Kluft ist in der Analyse größer als in jeder anderen wissenschaftlichen Disziplin. Der Kürze wegen werde ich sie im Folgenden einfach ›Lücke‹ nennen.

Ich nenne jetzt einen weiteren Grund für meinen früheren Vergleich mit dem Babylonischen Turm. In einem Bericht wie dem vorliegenden, in dem wir Inventur machen und das goldene Jubiläum feiern sollten, wird die Aufgabe, meine fünfzigtausend Stunden in eine Abhandlung zu pressen, die in weniger als einer Stunde gelesen sein sollte, zu einem aufregenden und gefährlichen Unterfangen. Es gibt so vieles, worüber ich sprechen möchte: bitte, liebe Methodenfanatiker, haben Sie Nachsicht mit mir. Bedenken Sie bitte, daß ich mich einer ›Kurzschrift des stillschweigenden Einverständnisses‹ bediene und daher oft gezwungen bin, über kleinliche Unterscheidungen und kleinere logische Ungereimtheiten hinwegzugehen.

Ich möchte diese Einführung mit einem Vergleich aus der Luftschiffahrt beschließen. Fünfzigtausend Stunden können sehr verschiedene Bedeutungen haben, je nachdem ob wir von den Piloten oder von den Flugzeugen sprechen. Im ersten Fall haben wir einen kampferprobten Veteran, auf den wir uns verlassen können. Im zweiten Fall dagegen haben wir ein Museumsstück oder, was noch wahrscheinlicher ist, verrostete Metallteile auf einer Schrotthalde. Wenden wir das Beispiel auf die natürliche Abnützung der Analyse an: wieviel unvermeidlicher Rost hat sich dann wohl auf unsere Kampferprobtheit abgesetzt?

Die Frage leitet zum nächsten Thema über.

Und dann hörte die Analyse auf, jung zu sein

Es stellt sich jetzt das Problem, wie man aus subjektiver Sicht über ›Realitäten‹ sprechen soll. Ich will es auf gut Glück versuchen und sagen, daß sowohl die Analyse als auch ich aufgehört haben, jung zu sein. Mein ›Patient‹ sagt vielleicht, daß ich hier etwas projiziere, und tatsächlich erkenne ich, daß viel von mir in ihm steckt. Zu den fünfzigtausend Stunden kommen noch alle jene Stunden, die ich mit Kollegen verbrachte. Ist das vielleicht der Grund, weshalb ich es so schwer finde, in zwangloser Weise über Psychoanalyse zu schreiben?

Die Analyse wurde alt und ist jetzt angesehen. Doch etwas Wichtiges ging bei dieser Veränderung verloren: die Analyse verlor ihre revolutionären Ziele und ihre revolutionäre Gesinnung. Ich meine damit nicht die naive Idealvorstellung, die Analyse könnte die Welt verändern. Heute klingt die Traumvorstellung von einer ›Analystokratie‹ lächerlich, obwohl auch mir der Verlust leid tut.

Als ich mit der Analyse begann, hielt ich meine Berufung für revolutionär. Ich war bereit, die Gesellschaft mit Hilfe der Psychoanalyse zu verändern, und ich fühlte, daß ich Ideen hatte, die explosiv genug waren, die Gesellschaft zu sprengen. Politiker, Priester und Soldaten würden in dieser Situation erleuchtet werden, eine Wende herbeiführen oder gar zugrunde gehen. – Außerdem war ich bereit, jedermann zu beraten und heilen, der in die Reichweite meiner Couch kam. Damals galt ganz allgemein die Auffassung, daß eine neue systematische Erforschung des Menschen im Entstehen war. Lassen wir diese gar nicht so einfältige und naive Idealvorstellung beiseite, dann bleibt das Problem: was an der Analyse ist revolutionär?

Man könnte sagen, es sei die Rolle des Unbewußten im bewußten Verstand oder, noch besser: im bewußten Menschen. Gut, aber diese Formulierung genügt nicht. Sie ist zu unbestimmt. Die Wörter sind zu abgenutzt, um noch etwas zu besagen. Es gibt aber auch noch etwas anderes, das an der Psychoanalyse revolutionär ist, und das man in Susan Langers treffende Worte fassen könnte: »Freud fand heraus, daß jede Handlung eine Geste ist.« (1946) Auf diese Weise gewann die Gesamtheit menschlichen Verhaltens an Ausdruck, das heißt, sie begann zu ›sprechen‹: Versprechen, ein gelähmter Arm, eine Ketzerei, Leonardo, Moses, Anna O., ein Kind, das mit einem Reifen spielt, eine griechische Tragödie, ein Traum, – alle hatten eins gemeinsam: sie konnten sich in einer neuen Geheimsprache ausdrücken, die Freud entschlüsselt hatte.

Schließlich gibt es noch einen weiteren revolutionären Aspekt, der sich zum Teil aus den eben gemachten Behauptungen ableitet. Er kann in Freuds rhetorischer Frage zusammengefaßt werden: »Erhebt nicht gerade unsere Theorie den Anspruch, einen Zustand herzustellen, der im Ich spontan nie vorhanden ist und dessen Neuschöpfung den wesentlichen Unterschied zwischen dem analysierten und dem nicht analysierten Menschen ausmacht?« (G. W. 16, S. 71)

Dies ist die grundsätzliche Frage: das Vorhandensein eines ›wesentlichen Unterschieds‹ zwischen analysierten und nichtanalysierten Menschen; ich nehme an, die meisten heutigen Analytiker glauben und glauben auch wieder nicht an diesen Ausspruch. Freud spricht hier von einem ›Zustand‹ und meint damit eine neue Bedingung als Gegenteil zu etwas bereits Bestehendem, das besser, weiter und schärfer gefaßt werden könnte. Er bejaht die Möglichkeit, den Menschen umwandeln zu können. Doch können wir im Menschen wirklich so einen neuen Zustand schaffen?

Meiner Meinung nach können wir es, aber wir tun es nicht. Vielleicht ist die Analyse revolutionär, die Analytiker jedenfalls sind es nicht. Warum haben wir versagt? Warum hat die Analyse des Jahres 1970 aufgehört, jung zu sein?

Ich glaube nicht an die Fabel von der natürlichen Überalterung von Theorien. Ideen verschwinden nicht einfach am Ende ihrer Lebensspanne, voller nostalgischer Weisheit, – sie werden entweder von neuen Ideen umgebracht oder sie begehen Selbstmord. Wie dem auch sei, durch die Feststellung eines natürlichen Alterns jeder Theorie gewinnt man keine neuen Kenntnisse über jenen spezifischen Faktor, der die Theorie der Analyse behindern oder einschränken könnte. Ich werde daher das Veralten der Analyse wie ein Symptom behandeln, das man versteht und das modifiziert werden kann.

Es wurde viel Literatur (sowohl innerhalb als auch außerhalb der Analytikerkreise) über den Verrat von Freuds Nachfolgern geschrieben. Pontalis (1957) und die französischen Kritiker übten sehr scharfe und fundierte Kritik. Ihre Methode ist soziologisch orientiert: in einer Überflußgesellschaft, für die die Vereinigten Staaten als Modell angesehen werden, neigen die Analytiker dazu, Konformisten zu werden, und schaffen sich analytische Institutionen, die sich jeder Veränderung widersetzen. Sie führen die schillernde Bezeichnung ›Anpassung‹ nicht nur als regulatives Prinzip, sondern auch als Ziel in die Therapie ein und enden in einem »übervereinfachten und moralisierenden Humanismus, von dem viele glauben, er könne aus der Analyse extrahiert werden«. (Pontalis 1957, S. 75)

Ich glaube an diesen Verrat an Freud und unterschreibe das, was Pontalis sagt. Doch meine Absicht, die eine soziologische Methode ergänzen könnte, besteht darin, mögliche Widersprüche innerhalb der Analyse selbst aufzudecken, Widersprüche, die wie eingebaute negative Faktoren wirken und die das Altern der Analyse und der Analytiker zur Folge haben. Doch zuvor möchte ich noch zwei allgemeine Bemerkungen machen:

1. Viele zeitgenössische Analytiker bemerken nicht, daß ihre Arbeit im Hauptstrom herkömmlichen psychoanalytischen Denkens verläuft (Erikson, Bion, G. Klein, Pichon, Riviere).[2]

2. Man befaßt sich gegenwärtig zu viel mit Methodenlehre, Neudefinitionen, den Methoden der Validierung und ähnlichem. Natürlich sind das schätzenswerte Unternehmungen, doch ich stimme mit Langer (1942) überein, daß sie in einem Augenblick erscheinen, in dem die schöpferische Idee ihren ursprünglichen Schwung verloren hat und bald brach liegen wird.

Wie ich bereits oben erwähnte, beabsichtige ich, einige Störfaktoren in der Analyse (Widersprüchlichkeiten, Unsicherheiten, Widerstände) aufzuzeigen. Ich denke dabei hauptsächlich an jene Faktoren, die am analytischen *Verfahren*, an den analytischen *Zielen* und an der analytischen *Theorie* beteiligt sind.

Fragen des *Verfahrens* sind heikel, denn sie berühren Probleme, die möglicherweise nicht lösbar sind. Sie könnten aber der Preis sein, den wir zu entrichten haben, um als Analytiker zu bestehen. So erklären zum Beispiel alle Analytiker ausnahmslos, für den angehenden Analytiker bedeute es eine *conditio sine qua non*, sich zuerst einer persönlichen Analyse zu unterziehen, – je gründlicher, umso besser. Niemand wird das in Frage stellen, doch sollte man nicht vergessen, daß diese besondere Ausbildung ihren Preis kostet.

Der Preis aber besteht darin, daß praktisch niemand unter vierzig Jahren mit Autorität innerhalb der analytischen Bewegung über die Analyse sprechen kann. Es mag seltsam anmuten, daß ich mit sechsundvierzig Jahren noch immer als ›jugendliches‹ Mitglied der IPA angesehen werde.[3] Vielversprechende Analytiker sind in ihren vierziger Jahren. Berühmte Spitzenanalytiker, die die heutige Theorie bestimmen, sind in den Fünfzigern und darüber. Für die meisten von ihnen ist die ›Krise der Lebensmitte‹ eine Epoche, an die sie mit Nostalgie zurückdenken. Jacques (1965) weist mit Recht auf die Unterschiede in der »Art und Weise des Arbeitens« und im »Gehalt der Arbeit« vor und nach jener Halbzeit-Krise hin: »Die Kreativität der zwanziger und frühen dreißiger Jahre ist meist eine Heiß-vom-Herd-Kreativität. Sie ist intensiv, spontan und frischgebacken.« (S. 503)

Ich möchte damit nicht sagen, daß diese Denkart Revolutionen anstrebt; das wäre eine zu romantische Vorstellung. Doch die jüngere Generation spricht eine neue Sprache, die wir nicht verstehen, und umgekehrt hat das, was wir ihnen zu sagen haben, offenbar wenig Bedeutung für sie.[4]

Der zweite heikle Punkt des Verfahrens betrifft die analytische Praxis selbst. Alle Analytiker unterziehen sich einer Lehranalyse, die sich mühelos über fünf und mehr Jahre erstrecken kann. In dieser Zeit erhalten sie auf ihre Fragen fast immer die stereotype Antwort: »Ja, aber...« Etwas von diesem »Ja, aber« verbirgt sich in den meisten unserer Deutungen. Es ist unvermeidlich, da wir den Patienten mit einer psychischen Realität, der er sich widersetzt, konfrontieren wollen. Doch ich glaube, wir denken zu wenig an den zermürbenden Effekt dieser Einschränkung auf unseren Patienten in der Analyse. Mein ›Patient‹ hat sicherlich darunter gelitten: er seufzt oft, wenn ich zu sprechen beginne. Jahrelang habe ich versucht, das Problem zu lösen, indem ich ›taktvoll‹ war, (wahrscheinlich sogar allzu ›taktvoll‹); doch das ist natürlich nicht die Lösung. Ich weiß bis heute keine Antwort darauf.[5]

Die Tatsache, daß man die Analyse wie ein Instrument für den späteren Beruf erlernt, kann eine berufsmäßige ›Charakterologie‹ hervorrufen. Vielleicht sieht man diese Einstellung dort für wertvoll und gut an, wo man ›Denken‹ grundsätzlich für gut hält, während das ›Agieren‹ immer am Rande des »Aus-agierens‹ steht.

Doch sollte man auch an den Woche für Woche ausgeübten Einfluß eines schweigenden Analytikers denken oder eines Analytikers, der versessen darauf ist, eine ›saubere‹ Sitzung abzuhalten. Dabei denke ich nicht an Extremfälle wie jene Analytiker, die immer dieselbe Krawatte tragen, sondern an diejenigen, die strikt nicht – und das heißt: niemals – die Sprechstunde eines Patienten verschieben oder die niemals den Patienten außerhalb der Sitzung treffen, wobei die Betonung auf ›niemals‹ liegt. Meiner Meinung nach schafft das rigide Reglement eine abnorme analytische Charakterologie, die die Abneigung gegen Veränderungen fördert.

Ich habe den zu schweigsamen und zu rigorosen Analytiker erwähnt, weil seine technischen Methoden durchaus vereinbar sind mit der Verrichtung von ausgezeichneter Arbeit. Es versteht sich von selbst, daß der ›prozedurale‹ Einfluß dogmatischer, unethischer oder schlichtweg dummer Analytiker weit größeren Schaden anrichten kann.

Eine andere Konsequenz des langen Ausgeliefertseins eines Patienten an die Analyse ist der natürliche Verschleiß der Wörter. Ich meine hier nicht technische Ausdrücke, die die Analytiker nur selten in den Sprechstunden gebrauchen, und auch nicht Alltagswörter, sondern eine gewisse Kategorie von Wörtern, die dazwischen liegen, wie ›Liebe‹, ›Schuld‹, ›zusammen mit mir‹, ›Penis‹, ›in Ihnen‹. Diese Wörter neigen dazu, ihre Bedeutung zu verlieren und leere Wiederholungen zu werden.[6] Vielleicht erklärt das die Tatsache, warum neue Wörter so in Mode kommen. Wir sehnen uns nach neuen Wörtern wie ›Träumerei‹ oder ›Encounter‹, denn sie bedeuten eine Zeitlang etwas. Das ist zwar eine Abweichung von meinem Thema, doch vielleicht erfordert die Art, wie unser Gehirn arbeitet, unausgesetzt neue Wörter, um ›sich selbst‹ zu verstehen. Mehr davon später.

Ich fasse zusammen: in Verbindung mit meiner Untersuchung über das Verfahren habe ich einige unvermeidbare Faktoren herausgehoben, die wahrscheinlich einen hemmenden Einfluß auf den praktizierenden Analytiker ausüben: dieser hat längst die ›Krise der Lebensmitte‹ hinter sich, ist gedrillt in jahrelangen »Ja, aber . . .«, ist argwöhnisch gegenüber dem Handeln und voreingenommen gegen jede Veränderung.

Die nächste Quelle der Unsicherheit liegt in den analytischen

Zielen. Das erste Ziel leitet sich von der Auffassung der Analyse als Therapie ab. Die Mediziner schicken Patienten zu uns, damit wir sie heilen. Aber wir können ihnen sicherlich nicht jene Art von Heilung anbieten, wie sie der Patient oder der Arzt von uns erwarten. Auch mein ›Patient‹ ist betrogen worden. Er kam zu mir in der Erwartung, geheilt zu werden, und er fand nur meine Hoffnung, in ihm einen Zustand zu schaffen, »der nie spontan im Ich entsteht«. Unsere Ziele sind verschieden: sein ausgesprochenes Ziel ist, gesund zu werden, meines dagegen besteht darin, die Wahrheit zu finden und einen Menschen umzuwandeln. Wenn ein künftiger Patient die Frage stellt: »Werde ich auch bald gesund, Herr Doktor?«, dann geben wir ihm, selbst wenn wir noch so vorsichtig sind, eine irreführende Antwort, wenn wir sagen: »Ich weiß es nicht; das hängt von uns beiden ab und wird einige Zeit dauern«. In unserer Antwort setzen wir stillschweigend voraus, daß wir seinen Wunsch im Sinn haben. In Wirklichkeit aber haben wir ihn nicht im Sinn. Vielleicht überlappen sich unsere Zielvorstellungen, doch das muß nicht notwendigerweise zutreffen.

Ich glaube, unsere Unsicherheit in der Therapie läßt sich zurückverfolgen bis zu Freuds widersprüchlichen Anschauungen auf diesem Gebiet. Die Widersprüchlichkeit wird in der »Endlichen und unendlichen Analyse« offenbar. Der Behauptung, daß ein wesentlicher Unterschied zwischen analysierten und nicht-analysierten Menschen bestehe – sie stammt aus dieser Abhandlung –, folgen verschiedene widersprüchliche Aussagen. Freud erklärte (1937), daß der Unterschied zwischen analysierten und nicht-analysierten Menschen vielleicht doch nicht so tiefgehend sei, wie ursprünglich angenommen: »Demnach würde es der Analyse zwar manchmal gelingen, den Einfluß der Triebverstärkung auszuschalten, aber nicht regelmäßig. Oder ihre Wirkung beschränkte sich darauf, die Widerstandskraft der Hemmungen zu erhöhen, so daß sie nach der Analyse weit stärkeren Anforderungen gewachsen wären als vor der Analyse oder ohne eine solche.« (G. W. 16, S. 72)

In dieser Darstellung betont Freud den quantitativen Faktor (der Analyse gelingt es, den Einfluß der Triebverstärkung auszuschalten) und erreicht das Angleichen an die Wirklichkeit durch eine Erhöhung der »Widerstandskraft der Hemmung.«[7] Ich glaube, hier betrog Freud sich selbst. Sein Ziel, den Menschen umzuwandeln, ging verloren. Uns aber bleibt die Aufgabe, den Menschen der Gesellschaft anzupassen, ihm zu helfen, damit er dem quantitativen Faktor des anwachsenden Instinkts gewachsen ist. Ich halte es mit jenem Freud, der die Analyse als Mittel zur Veränderung begreift, – ein Mittel, das über medizinische Therapie und Anpassung an die Gesellschaft hinausgeht.[8]

Ein weiterer Widerspruch in den Zielvorstellungen der Analyse ergibt sich aus der Analyse als Forschungsgebiet. Ich denke dabei an die Bezeichnung der Analyse als ›quasi-experimentelle Situation‹, die man etwa in folgender Weise beschreiben könnte: *Soweit es ein analytisches Setting gibt, das eine Kontinuität von Ort und Zeit bietet, und soweit es ein analytisches Verfahren gibt, das Störungen auf ein Mindestmaß reduziert, wird die Anzahl der an einem klinischen Phänomen beteiligten Variablen bis zu dem Punkt reduziert, wo eine quasi-experimentelle Situation erreicht wird.* Ich glaube, das eben Gesagte ist nur als Analogie zu verstehen. Tatsächlich gibt es sehr viele beteiligte Variable, selbst wenn wir ihre Anzahl bei sehr zuverlässigen Bedingungen auf die Hälfte reduzieren können. Auch ist der Zusammenhang in einer experimentellen Situation wesentlich enger als in einer wirklichen Situation des Lebens, wo Tausende von Imponderabilien hinzukommen. G. Klein (1966), der zugleich Analytiker und Experimentalpsychologe ist, bestätigt diese Ansicht: »Ich muß bekennen, die traurigsten Klischees, die ich in psychoanalytischen Kreisen gehört habe, sind jene Ansichten, daß das Ausüben der Therapie Forschung sei und die verwandte, daß Behandlung Experimentieren sei.«

Klein behauptet weiter: »Experimentieren ist die vernünftige Kontrolle von Bedingungen und die Handhabung vorgeblich kausativer Variablen – in keinem Falle eine leichte Aufgabe, von der die therapeutische Situation ausgenommen bleibt.«

Der Glaube an die Analyse als Experiment ist nicht nur Quelle für Verwirrung, er nährt im Analytiker auch die Tendenz, seine eigenen Entdeckungen aus dem klinischen Bereich in eine überkultivierte, metapsychologische Domäne zu verlagern, in der man Begriffe wie Energien, Kräfte, Besetzungen und dergleichen für mehr ›experimentell‹, das heißt wissenschaftlich versteht. Und damit kommen wir zum nächsten Unsicherheitsfaktor in der Analyse, der die *Theorie* betrifft.

Metapsychologie gegen klinische Theorie

Im Folgenden werde ich mich auf verschiedene Autoren beziehen, besonders auf Baranger und G. Klein. G. Klein (1966) behauptet, die Psychoanalyse sei die einzige Wissenschaft, die zwei Theorien aufzuweisen habe: eine klinische Theorie, die meist als gesichert angesehen wird, und eine metapsychologische Theorie, die wir in gewisser Weise für ›noch theoretischer‹ halten. Ich zitiere G. Klein im vollen Wortlaut: »Indem er diese Ebene [die Ebene eines quasithermodynamischen Energiesystems] anstrebte, glaubte Freud, und seine Ansicht findet sich bei den meisten analytischen Theoretikern von heute wieder, die fundamentalste Ebene der Erklärung gefunden zu haben. Die besonderen Umstände der klinischen Situation liegen weit hinter uns und wir befinden uns im Fabelreich einer hypothetischen Triebeigenschaft. Wir erklären, wie unsere Phänomene diese oder jene Veränderung der ›Triebenergie‹ als Zustände der ›Verschmelzung‹, ›Diffusion‹ und ›Neutralisation‹ hervorriefen und in welcher Weise Spuren mit dieser hypothetischen Energiequantität erforscht wurden.«

Diese Abhandlung sollte in Verbindung mit Barangers (1968) entschiedener Kritik am ›ökonomischen Aspekt der Psychoanalyse‹ gelesen werden (Unsicherheit in der Konzeption; negative Auswirkungen auf die Theorie; praktische Implikationen).

G. Klein stellt der metapsychologischen Theorie eine klinische Theorie gegenüber. Einige Analytiker behandeln analytische Begriffe, als seien sie eher Phänomene der Beobachtung als Theorien.

»Jene Analytiker scheinen manchmal – wobei sie Klein folgen – die Ansicht zu vertreten, daß klinische Begriffe, da sie der psychoanalytischen Situation näher sind, weniger theoretisch und mehr deskriptiv sind. Hier handelt es sich meiner Meinung nach um einen schwerwiegenden Irrtum, der für die weitere Entwicklung der Psychoanalyse ebenso schädlich ist wie die Vorstellung, sie sei eine mindere Art von Theorie. Klinische Konzepte sind nicht weniger abstrakt und theoretisch als die Metapsychologie und sie sind auch nicht weniger offen für Modifikationen. Allerdings unterscheiden sie sich in einem Punkt: ihre Begriffe liegen näher bei der aktiven klinischen Beobachtung und näher beim Brennpunkt der Intentionen des Analytikers. Sie reagieren eher auf den Druck, der von den klinischen Daten ausgeübt wird, und sind von daher eher für eine systematische Modifikation geeignet.« [9]

Ich stimme völlig mit G. Kleins Hauptaussage überein [10], wonach Arbeiten nach einer klinischen Theorie ein respektvolles Unterfangen darstellt, das fruchtbarere experimentelle Resultate erbringt als das höchst faszinierende metapsychologische Spiel.

Doch ich gerate in Schwierigkeiten, wenn ich definieren soll, was ein *klinisches Konzept* ist. Ist zum Beispiel ›Widerstand‹ ein klinisches Konzept? Er scheint es wohl zu sein, besonders in Freuds frühen Schriften, wo er als Kraft oder Hindernis erscheint, das man überwinden muß, um das zu erreichen, was traumatisch oder verteidigt oder verdrängt war. Doch dann erhielt ›Widerstand‹ eine weitere Bedeutung. Freud unterschied (1926) fünf Typen des Widerstands: drei gehören zum Ich (Verdrängung, Übertragung und sekundärer Gewinn), einer gehört zum Es (die zentripetale Anziehungskraft, die es ausübt) und einer zum Überich. Die Vorstellung einer *unbewußten Anziehungskraft des Es als Widerstand* hat aufgehört, klinisch zu sein.

Was ich betonen möchte, ist, daß klinische Konzepte mit metapsychologischen Vorstellungen vermischt werden. Das gilt für die Theorie der Psychosexualität (Fixierungsstellen, erogene Zonen usw.), für die Theorie der Angst, für die Theorie des Narzißmus oder für jede andere spezielle Theorie. Im Grunde besitzen wir keine klinische Theorie, die man der metapsychologischen Theorie gegenüberstellen könnte. Ich glaube, G. Klein würde mit mir darin übereinstimmen, daß wir keine zusammenhängende, in sich stimmige klinische Theorie besitzen. Unsere Aufgabe ist es, eine solche Theorie zu bauen – beginnend mit einer Neuformulierung der ›klinischen Prinzipien‹ und mit einer Überprüfung unserer klinischen Arbeit. Folgende allgemeine Feststellung von G. Klein kann meiner Meinung nach als Zielsetzung dienen: »Die wesentlichen klinischen Lehrsätze, die die Motivation betreffen, haben nichts zu tun mit der Verminderung einer hypothetischen Spannung. Sie sind Interferenzen von gerichteten Gradienten des Verhaltens und von Objektbeziehungen, die an diesen Richtungen mitwirken. Sie beschreiben Relationen, die bewußt oder unbewußt gesucht werden, wie sie erlebt werden und wie sie erfüllt werden durch wahrnehmbare Begegnungen, Konzepte, Symbole und Handlungen. Die

Schlüsselfaktoren der Motivation, betrachtet vom klinischen Standpunkt der Psychoanalyse, sind Erfordernisse der Beziehung, der Begegnungen, Krisen, Dilemmas, Entschlüsse und erreichten Ziele – aber keine hypothetische ›Spannungsreduktion‹.«

Klein begegnet Klein. Das ist mehr als nur ein Wortspiel, es ist im wahren Sinne des Wortes gemeint. Wenn man Kleins Erklärungen der Absicht liest, dann kommt einem der *Klang* der Ausführungen in den Sinn, die Melanie Klein zu diesem Thema machte. Sie beschrieb Objektbeziehungen in einer Sprache dramatischer ›Begegnungen‹, in der Liebe, Mitleid, Haß und Verachtung mit Deutungen erklärt werden, bei denen man *spürt*, daß sie klinisch bedeutsam sind. Das Hauptverdienst von Melanie Kleins Werk (1948) liegt darin, daß es die am meisten klinisch orientierte Theorie enthält, die wir bis heute besitzen.[11] Es würde eine systematische kritische Durchleuchtung verdienen, die bis heute noch aussteht.[12] Ich möchte sagen, daß Kleins Theorie am ergiebigsten ist, wenn sie Natur, Funktion und *Reichweite* der Phantasien in einem gegebenen Konflikt beschreibt. Dagegen ist diese Theorie am wenigsten fruchtbar, wenn die frühe Entwicklungsstufe mit Begriffen des Todestriebs oder der Rolle des angeborenen Neids im frühen Konflikt erklärt wird. In diesem zweiten Aspekt der Theorie erblicke ich so etwas wie eine ›Kleinsche Metapsychologie‹, die auf ihre Theorie dieselbe Auswirkungen hatte wie das Modell des ›quasi-thermodynamischen energetischen Systems‹ auf Freuds Theorie.

Ich möchte eine kritische Untersuchung über den Entwicklungszyklus der Kleinschen Theorie anregen, angefangen von der Kinderanalyse bis zur Vorstellung des angeborenen Neids. So eine Studie könnte in verdichteter Form die Schwierigkeiten und Widersprüchlichkeiten wiederholen, die sich bei Freuds Theorie ergaben. Abgesehen von der kürzeren Zeitspanne, die Kleins Theorie umfaßt, bietet sie zwei Vorteile:

1. Sie ist eine wesentlich einfachere Theorie (im Sinne von weniger umfassend);

2. man kann sie, mit Aussicht auf Erfolg, objektiver studieren als Freuds Theorie.

Ich messe jener Kritik große Bedeutung bei, die behauptet, daß eine auf einem mechanistischen Modell basierende Metapsychologie die Entwicklung hemmt: sie entfernt sich zu weit von der klinischen Erfahrung und orientiert sich nicht an beobachtbaren Daten. Es könnte sehr wohl sein, daß der Freud der ›Quantitäten‹ den klinischen Freud verriet. Und zufällig wendet sich die Forschungsrichtung unserer *Society* im letzten Jahrzehnt wieder Freud zu – beiden Freuds, sollte ich wohl besser sagen, jedoch mit geschärftem Bewußtsein für seinen Reichtum und seine Widersprüche.

Vielleicht laufen wir Gefahr, die Metapsychologie zum Sündenbock aller inneren Widersprüche in unserer Theorie zu machen, aber sie ist nun einmal der verdächtigste Angeklagte. Das scheint die Folge davon zu sein, wenn die ›Hexe‹, wie Freud einmal die Metapsychologie nannte (G.W. 16, S. 69), zu einem Dogma gezähmt wird. Und in Verbindung mit diesem Problem kommt mir ein pessimistischer Gedanke: Vielleicht neigt jeglicher psychologischer Fortschritt dazu, durch Wiederholung an Bedeutung zu verlieren. Erkenntnisse verschlechtern sich zu Dogmen. So richtet sich auch meine hauptsächliche Kritik an der Kleinschen Theorie gegen ihren Dogmatismus. Es verändert sich gar vieles, wenn Klein kleinianisch und schließlich kleinianistisch wird.

Ich fasse wieder zusammen: Der junge Analytiker ist ein Mensch jenseits der Krise der Lebensmitte. Er wurde gedrillt in Jahren einer reichen, aber aufreibenden Berufspraxis, in der sich ›Verbesserungen‹ mit einer ›statischen‹ Charakterologie verbunden haben. Er muß mit einer regellosen, verwirrenden Theorie (die eigentlich aus zwei Theorien besteht) zurechtkommen und in einer Wissenschaftsdisziplin ohne klar umrissene Ziele arbeiten (die weder *wirklich* Therapie noch *wirklich* Forschung ist). Ich fange an, diesen Analytiker zu bemitleiden. Doch meine Zeit wird knapp.

Der hemmende Effekt der Metapsychologie (besonders der ökonomische Aspekt) kann an weiteren Einzelheiten studiert werden. Für mein gegenwärtiges Anliegen möchte ich sagen, daß die ›Hexe‹ besonderen Schaden durch die Erweiterung der Generationenlücke anrichtet. Unser vordringlichstes Problem bleibt, wie wir die Lücke zwischen praktischer und schriftlicher Analyse überbrücken. Viele Analytiker sind der Meinung, daß ihre Schriften ›psychoanalytischer‹ sind als das, was in ihrem Sprechzimmer passiert. Ich glaube, das Gegenteil trifft zu. Gerade in unserem eigenen ›Kontext der Rechtfertigung‹ wirkt unsere Fachsprache gestelzt, wodurch das natürliche Aroma unserer klinischen Erlebnisse verfliegt.

»Die Menschen in unserer *Society* sprechen verschiedene Sprachen«, klagt Home, und er betrachtet dieses Nichtverstehen als »erschreckende Bankrotterklärung der intellektuellen Verantwortung«, denn: »Wenn die Teilnehmer einer Diskussion nur zu jenen sprechen, die bereits ihrer Meinung sind, und wenn Analytiker vor und nach einer wissenschaftlichen Konferenz eine gewöhnliche Sprache, während der Konferenz jedoch eine Geheimsprache sprechen, dann sind wir allerdings durch den Spiegel gegangen.« (S. 43)

Auf der Rückseite des Spiegels aber liegen Engherzigkeit, Stagnation und der vereinsamte, skeptische Analytiker. Ein trauriger Ort zum Leben.

Der Fünfhundertundeine-Stunden-Patient

Bitte verfolgen Sie mit mir einen klinischen Fall aus meiner Praxis, an dem die ›Lücke‹ sichtbar wird.

Seit drei Jahren behandle ich einen Patienten, einen sehr einsamen und verbitterten Mann. Er ist hochbegabt und weiß sehr wohl, daß er den Großteil seines Talents vergeudet. Ich halte ihn für einen guten Patienten, gut im besten Sinne des Wortes: Er bemüht sich sehr zu verstehen, was mit ihm geschieht. Unsere Hauptschwierigkeit liegt bei den Wörtern. Wörter sind für ihn leer (das heißt: bedeutungslos), oder sie höhlen ihn aus (das heißt: er verausgabt sich völlig beim Sprechen über sich selbst). Mein Patient ist, ich wiederhole es, ein einsamer Mensch. In schlaflosen Nächten muß er mit seiner Einsamkeit fertig werden.

Mein Patient bezweifelt den Wert der Analyse: sie sei zu wenig durchgreifend, um die Art und Weise seines Lebens zu verändern. Nach einer erfolgreichen Sitzung fühlt er sich oft betrogen, wie ein hungriger Mensch, dem der Speisenduft in die Nase steigt.

Ich werde nun über eine Folge von Sitzungen berichten, in denen eine entscheidende Wende eintrat. Ich verfolge die Reihe zurück bis zu einer Sitzung, in der mein Patient mehr als gewöhnlich über den Zwang klagte, zu sich selbst sprechen zu müssen (laut vor sich hin zu ›nörgeln‹), – besonders wenn er spät in der Nacht durch die Straßen ging. Ich sagte ihm meine Meinung dazu: daß er mit seinem lauten Nörgeln sich wie ein Kind verhalte, das jemandem seine Lebensgeschichte erzählt, obwohl dieser sie gar nicht hören will. Das war eine neue Art, seine ›Nörgeleien‹ zu erklären. Der Patient nickte und erinnerte sich an Spiele des ›Geschichten-Erzählens‹ aus seiner Kindheit. Er sprach nun lauter und interessierter. Später sagte er: »Ja, ich weiß nun, worum es geht. Ich habe das Gefühl, als würde ich zu Ihnen sprechen und Sie würden mir antworten. Sie sind ein Mensch, ich bin ein Mensch, und wir unterhalten uns.« Er wollte wissen, ob ich diese neue Empfindung verstehen könnte. Er erklärte mir auch, daß das Verhältnis von ›zwei sich unterhaltenden Personen‹ gerade entgegengesetzt war zum ›Sprechen zu sich selbst‹ (das heißt: die Wörter waren nicht leer und höhlten ihn auch nicht aus). Ich pflichtete ihm bei. Zuletzt fügte er noch hinzu, daß dieser neue Zustand dann begonnen habe, als er erkannte, daß ich zu ihm sprach.

»Warum gerade ich?«, wollte ich wissen.

Der Patient gab eine Reihe von ausweichenden Antworten und sagte schließlich, ich scheine ihm ein Mensch zu sein, der denken würde und der Zweifel habe. Damit war die Sitzung beendet, und ich war verärgert, denn es schien sich hier trotz allem um den weiteren Fall eines Patienten zu handeln, der etwas mit falschen Gründen aus den Deutungen herausgreift (nicht wegen dem, was ich gesagt hatte, sondern *wie* ich es gesagt hatte). Trotzdem wußte ich jetzt, daß der Vorfall mit den ›zwei sich unterhaltenden Personen‹ von Bedeutung gewesen war und daß er weitere Beachtung verdiente.

In den ersten zwanzig Minuten der nächsten Sitzung sprach der Patient wieder in seiner üblichen verbitterten Art, und ich konnte keinen Hinweis auf das Geschehen der letzten Sitzung entdekken, – mit einer Ausnahme: er erwähnte, er hätte eine *vermeidende* Haltung gehabt, in einem Satz, in dem diese Wörter keinen richtigen Sinn ergaben.

Ich hatte bisher nur wenig gesagt. Nun erklärte ich ihm, daß meiner Vermutung nach die Erinnerung an die ›zwei sich unterhaltenden Personen‹ auch heute eine Rolle spielte; er habe gesprochen und gesprochen, als ob dieser Umstand nicht existiert hätte, mit der möglichen Ausnahme der ›vermeidenden‹ Haltung.

Der Patient gab zu, daß er die gestrige Sitzung vollkommen vergessen habe; nicht die leiseste Erinnerung sei ihm geblieben. Er erzählte mir das in einer Art, als wollte er sagen: »Glauben Sie mir, Herr Doktor, mir kam in Ihrer Abwesenheit keine solche Erinnerung.« Ich antwortete ihm, daß er vielleicht fürchtete, ich wolle heute die Stimmung von gestern neu schaffen.

Er war nicht ganz meiner Meinung, doch der Ausdruck ›neu schaffen‹, den ich benutzt hatte, rief einige Wirkung hervor. Nach einer Pause fügte er hinzu: »Ich erinnere mich jetzt wieder, daß ich mir auf dem Weg hierher einhämmerte: ›Sei nicht wieder so ein Narr und verdirb nicht alles mit deinen Reden!‹« Ich erklärte ihm darauf, daß er Angst habe, ein Zustand könne verdorben werden, den er für bedeutsam hielt. Dann zählte ich die Hauptmerkmale jenes Zustands auf, den wir ›zwei sich unterhaltende Personen‹ nannten. Ich führte verschiedene Gründe an, weshalb eine gute Erfahrung der Vergangenheit zur Quelle von Angst werden könne.

»Hm«, sagte er, »da könnten Sie was Richtiges sagen.« Er war überrascht, als ich ihm die Hauptpunkte der vorausgegangenen Sitzung ins Gedächtnis rief, und betrachtete sie als etwas Neues. Auch eine andere Deutung (ich habe vergessen, was es war), empfand er als neu. So konnte ich ihm an drei Beispielen beweisen, daß er meine Mitteilungen für neu hielt und daß der Grund dafür in seinem Widerstand lag: er hielt meine Worte für neu, um nicht das wirklich Neue an seinem Zustand zu erkennen.

Der Patient antwortete mit einem entschiedenen »Ja« und machte den Eindruck eines Menschen, der sich über seine augenblicklichen Gefühle totale Rechenschaft gibt. Schließlich erklärte er mir, daß die Sitzung wohl etwas mit dem gestrigen Vorfall gemein habe. »Aber gestern«, so fuhr er fort, »war unser Gespräch spontan und wirklich, während es heute eher erkünstelt wirkt.«

Ich erinnerte ihn, daß er vorhin meinen Ausdruck ›neu schaffen‹ aufgegriffen hatte: er habe damit das Problem berührt, wie man etwas zum zweiten Mal erleben könne, ohne dabei das Gefühl zu haben, daß das zweite Mal erkünstelter sei als das erste. Dieses Problem gehört eher zum ›Geschichten erzählenden Du‹ (der Mann, der zu sich selbst spricht), als zu der Person, die sich mit einer anderen unterhält.

Er pflichtete mir bei und sagte eine Art »Ja«, bei dem man die »Gesammelten Werke« Freuds dafür verpfänden konnte, daß es aufrichtig gemeint war. Dann begann der Patient den Unterschied zu erläutern, wenn zwei Menschen zueinander und nicht *über*einander sprechen. »Es ist ein Dialog, in dem Gedanken wichtiger sind als Gefühle.«

In den nächsten fünf Minuten schloß sich ein fruchtbares Gespräch an, in dem wir die vergangenen und eben eingetretenen Geschehnisse nach allen Richtungen hin untersuchten und uns dabei auf eine genauere Definition konzentrierten, was der Zustand der ›zwei sich unterhaltenden Personen‹ eigentlich bedeutete. So formulierten wir zum Beispiel: »Es ist ein Gespräch zwischen zwei Erwachsenen, und es ist dabei gleichgültig, ob einer der beiden wie ein Kind empfindet.«

Doch dann zögerte der Patient und verfiel in Schweigen. Als er wieder zu sprechen begann, stotterte er etwas. Ich sagte ihm, daß auch das Schweigen bedeutsam sein könne, wenn zwei Menschen sich unterhielten, doch sei es schwierig zu schweigen, wenn man sich nicht darauf verlassen könne, daß der andere die Bedeutung des Schweigens auch verstehe.

Der Patient antwortete mir, daß auch er das ›Schweigen‹ für richtig halte, aber ich würde ihn zum Sprechen treiben.

Ich war versucht, ›Projektion‹ zu interpretieren, aber irgendwie paßte es nicht zu den Umständen der Sitzung. Mir gefiel die Art, wie er gesagt hatte, *ich würde ihn zum Sprechen treiben.* Ich interpretierte, er habe Angst, von dem Zustand der ›zwei sich unterhaltenden Personen‹ zu abhängig zu werden. Daher fühlte er sich gezwungen zu sprechen, sobald ich sprach. Er konnte sich nicht in eine Situation versetzen, in der ich sprach und er schwieg. Diese Tatsache bestätigte er mit einem zweiten *Gesammelte Werke-Ja.*

Dann folgte etwas Seltsames. Er versuchte mehrere Male zu sprechen, aber anstelle von Wörtern kam nur ein beginnendes Hüsteln (ein Zwitter zwischen Husten und Räuspern). Mit jedem neuen Versuch wurde das Geräusch wortähnlicher, bis zuletzt der Patient lachte und sagte: »Es wird mir allmählich klar, daß ich zur gleichen Zeit schweigen und sprechen will.« Er bemerkte, daß er sich wie ein Kind fühle – aber wie ein Kind, das sich freut. Ich gab ihm eine ›Ja, aber‹-Deutung: er wolle nicht sprechen, werde aber durch den Geschichtenerzähler in ihm dazu getrieben. »Sie sind nun, wie Sie wissen, der Anführer«, sagte er, »und ich habe nichts dagegen.«

Ein neuer kurzer Dialog freier Assoziationen schloß sich an, in dem zum zweiten Mal in dieser Sitzung Querverbindungen zwischen Träumen, Phantasien und letzten Erlebnissen gezogen wurden (der Leser kann diesen Querverbindungen wahrscheinlich nicht folgen, da er nicht diesen Brocken von fünfhundert Stunden mit uns teilt). Das zog sich eine Weile hin, bis der Patient wieder ängstlich wurde. Ich erklärte ihm, daß die Erfahrung der ›zwei sich unterhaltenden Personen‹ sich mit Gefühlen der Liebe vereinige und daß er sich aus diesem Grunde beunruhigt fühlte. Ich benutzte dabei den Ausdruck »liebender Zustand«, der in der spanischen Umgangssprache gebräuchlich ist.

Die Verwendung des Wortes ›Liebe‹ irritierte meinen Patienten beträchtlich. »Nun ist wieder alles vorbei«, sagte er. Nach einer kurzen Pause wechselte er das Thema. Er versuchte herauszubekommen, welche Art von technischem Bezugsrahmen ich wohl benutzt hätte und kam dabei zu der Ansicht, ich hätte mich hier offensichtlich mit ›Objektbeziehungen‹ beschäftigt. Er war nun sarkastisch.

Ich deutete ›Homosexualität‹. Sein Interesse an meiner Technik konnte verstanden werden als Verdacht, ich würde durch ihn sexuell erregt. Von Liebe zu sprechen bedeutete für ihn, die Erfahrung zu beschmutzen.

»Warum sprechen Sie über Liebe, Herr Doktor, nachdem Sie doch wissen, daß ich nicht verstehe, was Liebe bedeutet?« Hier wollen wir Schluß machen. Ich möchte nur noch hinzufügen, daß es die beste Sitzung seit Monaten war.

Es stellt sich jetzt die Frage, was wir mit diesem Fragment eines Krankheitsberichts anfangen können. Doch zunächst muß ich ein logisches Argument aufbauen, das auf drei Annahmen beruht:

1. Ich nehme an, daß die wesentlichen Merkmale dieser Sitzung in meinem Bericht festgehalten wurden.

2. Ich bin ziemlich sicher, daß der Patient der schriftlichen Aufzeichnung als ›echt nachempfunden‹ zustimmen würde, falls er sie je lesen sollte.

3. Ich glaube, der Leser konnte *ungewöhnlich gut* mitverfolgen, was sich in den Sitzungen abspielte; wahrscheinlich hatte er gelegentlich Mitgefühl mit mir oder dem Patienten oder uns beiden.

Sollte das der Fall sein, dann kann ich den nächsten Schritt tun:

die Transkription folgt unmittelbar aus der Art, wie ich arbeite. Oder, anders formuliert: *die Art, wie ich arbeite, ist dazu geeignet, ohne ernsthaften Bedeutungsverlust zu Papier gebracht zu werden.* Das ist wichtig, denn auf diese Weise finde ich ein Forum und eine Bühne, auf denen ich über die Analyse als klinische Erfahrung sprechen kann. Denn eine Tatsache steht fest: es ist gleichgültig, ob meine Deutungen gut oder schlecht, tiefgehend oder oberflächlich, zeitgemäß oder unzeitgemäß sind; wichtig ist, daß meine Annahme sich wahrscheinlich bestätigt, die Deutungen könnten für die meisten Analytiker einen klinischen Sinn ergeben.[13] Ich hoffe, auf diese Weise die ›Lücke‹ etwas verengt zu haben.

Bei der Niederschrift meiner Erfahrungen mit dem Patienten hatte ich ganz offensichtlich die Absicht zu zeigen, *wie eine klinische Theorie aufgebaut werden könnte.* Mein Material kann als nutzbringendes Beispiel für die früher genannten Gründe genommen werden. Es gibt auch emotionale Gründe: die gute Absicht, Freuds Tradition fortzusetzen, die dramatischen Qualitäten von Verhaltensweisen zu respektieren und zu bewahren.

Sicher ist dies weder die richtige Zeit, noch der richtige Ort, um eingehender darzustellen, wie meine ›persönliche‹ klinische Theorie wohl aussehen würde[14], doch möchte ich noch einen Schritt weitergehen.

Welche klinischen Grundsätze hatte ich im Sinn, als ich meinen Patienten analysierte? Ich möchte die klinischen Bestandteile in der ›Küche‹ der Deutung näher beschreiben. Ich wählte die Bezeichnung ›Küche‹ auch deshalb, weil sie als Jargon der Künstlersprache zugleich Ideen, Phantasien, Gefühle, Theorien und technische Gesichtspunkte enthält, die alle in den Mutterboden einer möglichen Deutung eingehen (manchmal erscheint die ›Küche‹ in der Struktur einer bedeutenden Deutung). Dabei denke ich an die folgenden Bestandteile:

(1) Ich bemerkte den *Widerstand* des Patienten. Ich konnte sehr gut seine Bestürzung erkennen, als er den Zustand der ›zwei sich unterhaltenden Personen‹ erreichte. Es war für mich offenbar, daß der Patient den Höhepunkt seines Widerstands gerade dann erreichte, bevor er in jenen Zustand ›fiel‹, oder wenn ich das Wort ›Liebe‹ gebrauchte.

(2) Ich entdeckte einige Verteidigungsmechanismen, die jenem

Widerstand verwandt waren: zum Beispiel *Verdrängung*, als er sich nicht an die vorangehende Sitzung erinnern konnte; *Projektion*, als er in meinen Worten etwas ›Neues‹ erblickte; *Übertragung als Widerstand*, als er fühlte, ich würde ihn zum Sprechen zwingen usw.

(3) Ich entdeckte Momente von *positiver Übertragung* (»Sie sind der Anführer, aber...«), die ich aus der Situation der ›zwei sich unterhaltenden Personen‹ heraushalten möchte, und Momente einer *negativen Übertragung* als Folge von Verfolgungsgefühlen.

(4) Ich stellte fest, daß die Krux der Sitzung in jenem Zustand lag, den wir als ›zwei sich unterhaltende Personen‹ definiert hatten. Ich wußte, daß es sich dabei um einen sehr labilen Zustand handelte, der oftmals kam und ging (millionenmal bei meinem ›Patienten‹) und daß seine Anwendung den Verlauf der Behandlung während der nächsten Woche beeinflussen würde. Ich erkannte zwei Aspekte in diesem Zustand: einer hatte mit der Technik zu tun, die man anwenden mußte, um ihn zu erhalten (die meisten festgehaltenen Interpretationen zeigen es); der andere Aspekt betrifft die Art des Materials, das in diesem Zustand auftauchte, – nämlich ein beträchtliches Stück Arbeit freier Assoziationen auf der Seite des Patienten im Zusammenwirken mit einem beträchtlichen Stück ›freischwebender‹ Eingriffe auf meiner Seite.

(5) In Verbindung mit Punkt (4) hatte ich erhebliche Schwierigkeiten, eine *Disposition* – mir fällt keine bessere Bezeichnung ein – einzuführen, die in der ›Küche‹ stattfand, als der Zustand der ›zwei sich unterhaltenden Personen‹ eingeschaltet wurde. Jene Disposition betraf eine *Überzeugung*, hervorgerufen durch (oder auch verwandt mit) jene affektive Gemütsverfassung, in der ich sicher war, daß alles, was ich sagen wollte, vom Patienten wohlwollend aufgenommen wurde, während dieser sich umgekehrt darauf verlassen konnte, daß ich seine Aussagen günstig aufnahm. Die Folge dieser Stimmung war eine besondere Sprache, gekennzeichnet durch den taktvollen Gebrauch von Schlüsselworten, um weitläufige, komplizierte Erlebnisse zu bezeichnen, und durch die Möglichkeit, lästige gegenseitige Erklärungen zu ersparen. Ein höchst fruchtbarer Dialog ergab sich innerhalb dieses Zustandes. Meiner Meinung nach gehört diese Disposition zur Situation der *Übertragungsliebe*, so wie sie von Freud definiert wurde. Mein Widerwil-

len, sie hier zu zitieren, rührt daher, weil die Art der Übertragung, auf die ich mich beziehe, sehr unwissenschaftlich wirkt. Doch sie ist eine Tatsache, obwohl vielleicht insofern verwirrend, als sie die Gegenübertragungsliebe mit einbezieht.

Doch zurück zu meiner ausgesprochenen Absicht, klinisches Material zu bringen: Ich denke, ich habe die Grundlage geschaffen, um auf sinnvolle Weise psychoanalytische Probleme zu diskutieren. Ich möchte an dieser Stelle eines dieser Probleme herausgreifen: den Begriff der Übertragungsliebe; das bedeutet zugleich einen Rückgriff auf Freud und ein Neubesinnen auf eine Vorstellung, die ungebräuchlich geworden ist.

Halten wir zunächst fest, wie wir heute Übertragung definieren würden. Übertragung ist die Wiederbelebung der Vergangenheit in der Gegenwart. Diese Fehlrepräsentation ist weithin verbreitet, doch die analytische Situation schafft einen Zusammenhang (hauptsächlich durch die Stellung des Analytikers), in dem positive und negative Übertragungserscheinungen deutlicher entdeckt und aufgehellt werden; erst dadurch wird ihre Berechtigung möglich. Obwohl zuerst als Widerstand angesehen, erkannte Freud sehr bald den therapeutischen Wert dieser Wiederbelebung, denn hier beschreibt der Patient nicht nur ein Erlebnis, hier wird er vielmehr durch sein Sprechen aktiv an einem Konflikt beteiligt, der sich vor unseren Augen abspielt. Eine gute (wirksame, Veränderung schaffende) Deutung sollte daher eine Übertragungs-Deutung sein.

Die meisten Analytiker werden diese Feststellung bestätigen, obwohl viele der Ansicht sind (ich rechne mich dazu), daß eine Übertragungs-Deutung auch ohne Erwähnung des Namens des Analytikers gegeben werden kann (»und gewöhnlich sind dies die besten« [15]). Meiner Meinung nach vernachlässigt die zur Zeit verbreitete Theorie eine weitere Art der Übertragung, nämlich eine Abart der positiven Übertragung, die Freud der stürmischen erotischen Übertragung gegenüberstellte und die er zärtliche Übertragung nannte. Hier seine Beschreibung: »Man hatte ja die Anzeichen einer zärtlichen Übertragung bei der Patientin längst bemerkt und durfte ihre Gefügigkeit, ihr Eingehen auf die Erklärungen der Analyse, ihr ausgezeichnetes Verständnis und die hohe Intelligenz, die sie dabei erwies, gewiß auf Rechnung einer solchen Einstellung gegen den Arzt zu schreiben.« (1915, G.W. 10, S. 310)

Hier und an anderen Stellen behauptet Freud in der Tat, daß die zärtliche Übertragung Hintergrund und Bedingung für die freie Assoziation ist. Das Gegenteil aber tritt ein, wenn diese Übertragung stürmisch wird. Freud fährt fort: »Nun ist das alles wie weggefegt, die Kranke ist ganz einsichtslos geworden, sie scheint in ihrer Verliebtheit aufzugehen.«

Dann haben wir den ruhigen, Widerstand leistenden Patienten, der dazu neigt, zu handeln, statt zu sprechen (und das ist gerade der Augenblick, an dem Freud die Übertragung erklärt). Die befreiende zärtliche Übertragung ist das Gegenteil der Widerstand leistenden Übertragung [16], in der das Denken durch erotische Liebe aufgezehrt wird. Demnach haben wir eine Übertragungsart, die Worte hervorruft, und daneben eine zweite, entgegengesetzte Art, die die Wiederholung durch Handlung bewirkt. Doch dann gerät Freud meiner Meinung nach in einen Widerspruch. Auf der einen Seite sagt er, die zärtliche Übertragung sei sanft (als Gegensatz zur stürmischen erotischen Übertragung), während er auf der anderen Seite behauptet, daß diese sanfte Übertragung unser wichtigster therapeutischer Einfluß sei.

»In diesem Punkte scheint die Übertragungsliebe hinter keiner anderen zurückzustehen; man hat den Eindruck, daß man alles von ihr erreichen könnte.« (a.a.O., S. 317)

Sicherlich kann das kein milder Effekt sein. Was geschah? Ich glaube, Freud wurde durch die Vorstellung der ›Suggestion‹ und der offenkundigen Verbindung zwischen der Übertragungsliebe und diesem Phänomen verwirrt. Das hinderte ihn daran, den Begriff der Übertragung als Bahnungsfaktor weiter zu erforschen.

Wie würden wir ›Suggestion‹ heute definieren?, – hauptsächlich wohl mit Begriffen der Interaktion. Nicht der Doktor suggeriert dem Patienten, sondern es findet ein komplexer Austausch statt, den man am besten in Eriksons Worte (1962) fassen kann. Erikson definiert Wirklichkeit als »die Welt der Teilnahme, erreicht durch ein Minimum an Verteidigungsmaßnahmen und ein Maximum an gegenseitiger Aktivierung«.

Gegenseitige Aktivierung ist der richtige Ausdruck, um jenen Zustand zu beschreiben, den ich als ›zwei sich unterhaltende Personen‹ definierte. Er ist tatsächlich das Gegenteil von dem, was man für ›Suggestion‹ hält. Beachten Sie bitte die folgende Feststellung Eriksons: »Gegenseitige Aktivierung ist das Kernproblem unseres Gegenstands; denn die Stärke des menschlichen Ichs, das mit allen zur Verfügung stehenden Mitteln versucht, die Wirklichkeit zu erproben, hängt, von Phase zu Phase, vom Netzwerk gegenseitiger Beeinflussungen ab, in dem die Person andere beeinflußt und in gleichem Maß von anderen Personen beeinflußt wird, ferner auch davon, wie weit sich jene Person von aktiven Eigenschaften inspirieren läßt, so wie auch sie andere inspiriert.« (S. 463)

Ich glaube, daß die durch Übertragungsliebe und Gegenübertragungsliebe erreichte gegenseitige Aktivierung einen Zustand bewirkt, dem man eine zentrale Bedeutung im analytischen Verfahren beimessen muß. Rückblickend komme ich zu der Feststellung, daß mein ›Patient‹ mir Vorwürfe machen könnte, weil ich nicht öfter die Bedingungen schuf, in denen die gegenseitige Aktivierung frei zur Wirkung kommen kann. Die Erfahrung mit meinem Fünfhundert-Stunden-Patienten wird allgemein von Nutzen sein. Jenes Erlebnis der gegenseitigen Aktivierung, das dann eintritt, wenn zwei Menschen wirklich zueinander sprechen und ihre Worte in einer *konzentriert* geführten Sitzung lebendig werden, – jenes Erlebnis ist die wichtigste analytische Erfahrung, die es überhaupt gibt. Nur in ihrem Rahmen können jene tiefgreifenden Veränderungen, die ich früher revolutionär nannte, auf den psychoanalysierten Menschen einwirken. Gegenseitige Aktivierung wird zu gegenseitiger Inspiration. Unser Denkvermögen wird weit über seine gewohnten Grenzen ausgedehnt. Es ist ein eigentümlicher Zustand: Er ist in hohem Grade emotional, und doch streben beide Partner Objektivität an. Die Liebe (und es ist eine sehr alte Liebe) spielt in diesem Prozeß eine Schlüsselrolle, und doch bin ich versucht, sie als nicht-übertragend anzusehen.

Ich finde es sehr aufschlußreich und zugleich befriedigend, daß mich die Beschäftigung mit meinem einsamen Patienten vom klinischen Ausgangsmaterial wieder zurück zu Freud führte. Könnte es sich nicht bei unseren Überlegungen herausstellen, daß wir Freud als den *jüngsten* aller Analytiker wiederentdecken? Ich bin sicher, er ist es.

Anmerkungen

1 Ich meine im wahrsten Sinne des Wortes eine Gemeinschaft, denn ich arbeitete zweieinhalb Jahre mit einem Forschungsstipendium über die *Therapeutic Community of Austen Riggs Center* (Rodrigué 1965).

2 Lacan wäre der Extremfall, denn er gehört nicht der »International Psychoanalytical Association« an.

3 Ein sekundärer Gewinn des Besuchs von Internationalen Psychoanalytischen Kongressen besteht darin, daß man sich wirklich *jugendlich* fühlt!

4 Ich denke da an so junge Kontrastfiguren wie John Lennon von den Beatles und Cohn-Bendit. Aber ich glaube auch, daß zwischen dem Ausbildungskandidaten und dem Lehranalytiker eine ›Generationenlücke‹ besteht. In unseren Gesellschaften diskutieren die Kandidaten über neue Probleme, und unsere Gefahr liegt darin, daß wir Neues als »rebellisches Ausagieren« fehlinterpretieren.

5 Vielleicht liegt es in der Richtung von Libermanns Arbeiten (1962). Libermann untersuchte die Art der Sprache, die der Analytiker bei der Behandlung von autistischen, hysterischen und zwanghaften Kranken anwenden sollte. Ich glaube, G. de Rodrigué (1957) versuchte auf indirekte Weise, das Problem bei einer besonderen Art eines ›negativistischen‹ Patienten zu lösen.

6 Alvarez de Toledo schrieb eine Abhandlung über den ›Gebrauch der Wörter‹. (1954) Die Arbeit verdient es, übersetzt zu werden, denn sie ist meiner Meinung nach die wichtigste Studie auf diesem Gebiet.

7 Es wird nicht deutlich, was Freud mit »Widerstandskraft der Hemmungen erhöhen« sagen will. Ich nehme an, daß es sich auf die folgende Seite bezieht, auf der Freud von der »Absicht, die undichten Verdrängungen durch zuverlässige, ichgerechte Bewältigungen zu ersetzen«, spricht.

8 Im Gegensatz zu einer weitverbreiteten Ansicht glaube ich, daß die Lehranalyse eine weniger unsichere Aufgabe ist als die therapeutische Analyse (und daß sie daher auch mehr befriedigt). Das Ziel unserer Aufgabe ist klar definiert: es ist die Ausbildung des Analytikers.

9 Isaacs (1952) trifft eine ähnliche Feststellung, führt sie aber nicht im einzelnen aus.

10 Mit der möglichen Ausnahme des Wortes *Abstraktion*. Sind *metapsychologische Begriffe* Abstraktionen? Wenn ja, dann ist die Metapsychologie abstrakter. In der Nachfolge meiner Lehrerin Susan Langer würde ich eher von einer *Generalisierung* sprechen.

11 Bei der Besprechung einer Arbeit von Segal (1967) über die Kleinsche Theorie schrieb ich vor einigen Jahren: »In ihrem frühen Werk machte Melanie Klein viele Beobachtungen mit einem neuen Arbeitsinstrument: sie nahm die Spielanalyse ernst (eine Technik, in der das benützte Spielzeug als Traumelement interpretiert wurde). Dieser frühen Forschungsstufe von Melanie Klein verdanken wir: a) eine Technik,

die weiterführende Versuche erlaubte, und b) Ergebnisse, die auf diese Weise gefunden wurden.« Weiter schrieb ich: »Das Leben gab mir die Möglichkeit, meine Arbeit mit vielen Analytikern, die sehr abweichende Ansichten hatten, zu diskutieren. Dabei machte ich die Feststellung, daß die Analytiker der Klein-Schule meist phantasievoller waren und daß sie sich mehr an das unmittelbar klinische Tatsachenmaterial hielten. Ich habe mit Absicht das Wort ›phantasievoll‹ gewählt, denn es stellt für mich eine äußerst wünschenswerte Eigenschaft des Analytikers dar. Ich liebe nicht die abgedroschenen Interpretationen, und Kleinianer machen sie selten. Für einen Kleinianer muß jede Sitzung eine Bedeutung haben, und Interpretationen werden in dieser Forschungsrichtung zu wirksamen Hypothesen.« (Rodrigué 1967)

12 Mit Ausnahme von Guntrips ausgezeichneter Studie (1961). Ich stimme mit dem Autor überein, wenn er sagt: »Leider aber überwand Melanie Klein, ebensowenig wie Freud, nicht die atomistische Impuls-Theorie, und sie erreichte keine wirkliche Vereinigung der Impuls-Theorie mit der Theorie der Ich-Struktur. Frau Klein hat einen neuen Flicken auf ein altes Gewand genäht, indem sie Freuds Triebtheorie und seine besondere Terminologie für die innerpsychische Struktur beibehielt. Es und Ich blieben ihrer Natur nach grundsätzlich unvereinbar, und so konnte bisher keine wirkliche Theorie des *ganzen* psychischen Selbst oder des Menschen als individuelles Wesen entstehen.« (1961, S. 355).

13 In meiner logischen Konstruktion verbirgt sich ein kleiner Kunstgriff. Bitte fragen Sie mich nicht danach, und glauben Sie mir, es ist ein verzeihlicher Trick.

14 Die Schrift »Contexto del Proceso Analítico« (Rodrigué und Rodrigué 1966) kann als erster, noch unsicherer Schritt in diese Richtung verstanden werden. Übrigens glaube ich, daß klinische Beispiele wie das von mir geschilderte für Psychoanalytiker, die in der Psychoanalyse praktizieren, geeigneter sind als die von G. Klein geförderte Methode. Klein bezieht sich auf einen Aufsatz von Luborsky über »Momentary Forgetting during Free Associations«, in welchem der Autor für das Studium des ›plötzlichen Vergessens‹ 155 Beispiele dieser Erscheinung an neunzehn Patienten in mehr als 2000 Sitzungen sammelt. Und ich beklagte mich und wollte mit meinem ›Patienten‹ angeben! Was wäre geschehen, wenn ich alle seine Aussagen auf Band aufgenommen hätte? Ich respektiere Luborskys Arbeit, aber ich mißtraue seiner Methode. Ich befürchte folgenden Umstand: wenn Daten, die man aus Überspielen von tausend auf Band aufgezeichneten Sitzungen gewinnt, die Bausteine einer neuen klinischen Theorie werden sollten, dann könnte die ›Hexe‹ sehr leicht durch die Hintertür zurückkommen, denn die Versuchung, Luborskys Daten quantitativ zu messen, ist in der Tat sehr groß.

15 Barangers Bemerkung zu einer früheren Fassung dieses Aufsatzes.

16 Auf diese Weise ist die Übertragungsliebe als Befreierin das Gegenteil der Übertragung als Widerstand. Das Gegenteil der Übertragung *insgesamt* ist nicht, wie allgemein angenommen, die *Wirklichkeit*, sondern die *Wesenheit*. Übertragung ist *Wirklichkeit*, und die ›ideale‹ Welt der Nichtübertragung bildet eine *Wesenheit*.

Bibliographie

Alvarez de Toledo, L. G. (1954): »El análisis del asociar, del interpretar y de las palabras«, in: *Revista Psicoanálitica 11*, S. 267–313.

Baranger, W. (1968): »El enfoque económico de Freud a Melanie Klein«, in: *Revista Psicoanálitica 25*, S. 297–344.

Erikson, E. H. (1962): »Reality and Actuality: an Address«, in: *Journal of the American Psychoanalytic Association 10*, S. 451–474.

Freud, S. (1915): »Observations on Transference-Love«, in: *Standard Edition* 20 (deutsch: »Bemerkungen über die Übertragungsliebe«, G.W. 10).

– (1926): »Inhibitions, Symptoms and Anxiety«, *S.E. 20* (deutsch: »Hemmung, Symptom und Angst«, *G.W. 14*).

– (1937): »Analysis terminable and interminable«, *S.E. 23* (deutsch: »Die endliche und die unendliche Analyse«, *G.W. 16*).

Guntrip, H. (1961): *Personality Structure and Human Interaction*, London (Hogarth Press).

Home, H. J. (1966): »The Concept of Mind«, in: *International Journal of Psycho-analysis 47*, S. 42–49.

Isaacs, S. (1952): »The Nature and Function of Phantasy«, in: J. Riviere (Hrsg.), *Developments in Psycho-analysis*, London (Hogarth Press).

Jaques, E. (1965): »Death and the Mid-life Crisis«, in: *International Journal of Psycho-analysis 46*, S. 502–514.

Klein, G. (1966): »Perspective to Change in Psychoanalytic Theory«, Vortrag gehalten auf der *Conference of Psychoanalysts of the Southwest*, Galveston/Texas.

Klein, M. (1948): *Contributions to Psycho-analysis*, London (Hogarth Press).

Langer, S. (1942): *Philosophy in a new Key*, London (Oxford University Press).

Liberman, D. (1962): *La Communicación en Terapéutica Psicoanalitica*, Buenos Aires (Eudeba).

Pontalis, J. B. (1957): *Vigencia de Sigmund Freud*, Buenos Aires (Siglo XX).

Reichenbach, H. (1938): *Experience and Prediction*, Chicago (University of Chicago Press).

Rodrigué, E. (1955): »The Analysis of a three-year old mute Schicophrenic«, in: M. Klein et al. (Hrsg.), *New Directions in Psycho-analysis*, London (Tavistock Publications).

– (1965): *Biografia de una Communidad Terapéutica,* Buenos Aires (Eudeba).
– (1967): Beitrag zur Diskussion »Melanie Klein's Technique«, in: *Psychoanalytic Forum 2*, S. 215–217.
– und G. T. de Rodrigué (1966): *El Contexto del Proceso Analitico,* Buenos Aires (Paidos).
Rodrigué, G. T. de (1957): »Consideraciones sobre la formulación de la interpretatión«, in: *Revista Psicoanálitica 14*, S. 39–46.
Segal, H. (1967): »Melanie Klein's Technique«, in: *Psychoanalitic Forum 2*, S. 197–227.

Helmut Thomä

Zur Rolle des Psychoanalytikers in psychotherapeutischen Interaktionen*

Übersicht: Beim gegenwärtigen Stand der psychoanalytischen Forschung (»Aufräumungs«- und »Kärrner«-Arbeiten, wie sie auf die Stiftung eines revolutionären Paradigmas folgen) kann die Neuinterpretation der therapeutischen Situation mit Hilfe von nicht-analytischen Theorien über Interaktion und Kommunikation, Rolle und Selbst hilfreich sein. Unter dem Eindruck von Freuds Spiegel-Gleichnis wurde die Bedeutung der realen Person des Therapeuten im therapeutischen Prozeß lange Zeit unterschätzt. Das Verhältnis von Berufsrolle (»Spiegel«) und Selbst beim Psychoanalytiker bedarf neuer Analyse. Der steigende Bedarf nach »Anwendungen« der Psychoanalyse bedeutet für den Therapeuten ein steigendes Risiko der Rollendiffusion.

Zunächst möchte ich die Begriffe Interaktion und Rolle erläutern. Danach werde ich einige bisher zu wenig berücksichtigte Seiten der psychoanalytischen Situation beleuchten. Das Thema ›der Psychoanalytiker als Person‹ wird hierbei im Mittelpunkt stehen. Schließlich werde ich einige Gedanken zur sogenannten psychoanalytischen Identität zur Diskussion stellen.

Im Thema kommt verschiedenes zum Ausdruck: Es ist weit gespannt und erlaubt, auseinanderliegende Bereiche, in denen heute Psychoanalytiker in psychotherapeutische Interaktionen verwikkelt sind, unter ein Dach zu bringen. Nachdem wir in Deutschland innerhalb erstaunlich kurzer Zeit ein gutes Stück des durch zwanzigjährige Entwicklungsstagnation bedingten Erkenntnisverlustes aufgeholt haben, stehen wir mit entsprechender Verzögerung nun auch vor einer Ausdehnung der Anwendung der Psychoanalyse.

---

* Vortrag anläßlich der Tagung der Deutschen Psychoanalytischen Vereinigung in Ulm am 30. 11. 1973. Erstmals erschienen in *Psyche* (Jg. 28), 1974, S. 381–394. Abdruck mit freundlicher Genehmigung des Autors.

Gerade die Vielfalt der Rollen, die Psychoanalytiker in der Psychotherapie, in der psychosomatischen Medizin und in der Psychiatrie übernehmen – um nur einige medizinische Bereiche zu nennen –, muß uns veranlassen, nach der jeweils funktionsgerechten Operationalisierung psychoanalytischen Wissens zu suchen. Wenn es darum geht, psychoanalytische Erkenntnisse umzusetzen, z. B. in der Gruppenpsychotherapie, in der Kurzpsychotherapie oder in Balint-Seminaren, wird der Psychoanalytiker ein anderes Rollenverhalten als in der klassischen Technik übernehmen. Die auftauchenden Probleme haben uns veranlaßt, auch vermehrt über die Rolle des Psychoanalytikers in der ihm besonders vertrauten psychoanalytischen Situation nachzudenken. Die außerhalb gewonnenen Erfahrungen haben uns hellsichtiger für die ungeklärten Probleme in der psychoanalytischen Technik selbst gemacht. Es ist in der Tat erstaunlich, daß sich das praktische und wissenschaftliche Interesse in den letzten Jahrzehnten gerade der psychoanalytischen Situation zuwandte, also dem Ort der Entdeckungen Freuds. Wenn es zutrifft, daß die Person des Psychoanalytikers bisher zugunsten seiner Rolle in der Weise vernachlässigt wurde, wie es Anna Freud feststellte, können wir durchaus mit neuen Erkenntnissen über die kurativen Faktoren im Behandlungsverlauf rechnen.

Aus prinzipiellen Gründen können in der Psychoanalyse nur die jeweiligen Dyaden klinisch betrachtet oder wissenschaftlich theorieprüfend ausgewertet werden. Hier haben wir in Ulm besondere Anstrengungen unternommen. Es ist keine geringe Genugtuung, feststellen zu können, daß quer durch alle psychotherapeutischen Richtungen hindurch klar zu werden scheint, daß Einzelfallstudien, d. h. Untersuchungen der jeweiligen Dyade – und hierbei wiederum mit besonderem Augenmerk auf dem Tun des Psychotherapeuten –, die unserem Fach besonders angemessenen wissenschaftlichen Untersuchungen darstellen (vgl. Bergin und Strupp, 1972).

Auch anhand von Begriffen, die nicht der psychoanalytischen Praxis oder Theorie entstammen, aufs neue das therapeutische Geschehen zu betrachten, scheint uns aus verschiedenen Gründen zweckmäßig zu sein. Es ist vorteilhaft, sich solcher Begriffe wie der Interaktion und der Kommunikation zu bedienen, weil sie weit gefaßt sind; so weit, daß wir mit C. F. Graumann sagen können: »Wo immer zwei oder mehr Individuen sich zueinander verhalten, sei es im Gespräch, in Verhandlungen, in Spiel oder Streit, in Liebe oder Haß, sei es um einer Sache oder um ihrer selbst willen, sprechen wir von sozialen Interaktionen oder zwischenmenschlicher Kommunikation« (Graumann, 1969, Seite 1109). So fallen Prozesse, die in der Psychoanalyse unter anderem Namen thematisiert worden sind, immer auch unter die Begriffe der Interaktion und Kommunikation. Die Hinzufügung »psychotherapeutische Interaktion« bringt eine Einschränkung aus einer bestimmten Zielsetzung mit sich, nämlich auf jene Interaktionsformen, die sich als hilfreich, als therapeutisch wirksam erwiesen haben. Hier sind jene unspezifischen Faktoren zu nennen, die wahrscheinlich konstitutiv für ein günstig verlaufendes Gespräch sind, nämlich Wärme, Echtheit und Empathie, eine Trias von Eigenschaften, die besonders in der nichtdirektiven Psychotherapie Carl Rogers als Therapeutenvariable untersucht wurde (vgl. Kächele et. al., 1973). Aber wie, so wird man sofort gerade im Hinblick auf Therapievergleiche fragen, werden diese therapeutischen mitmenschlichen Qualitäten denn vermittelt? Und wird nicht durch die Ausdehnung des Verstehens auf ein scheinbar grenzenloses Einfühlen eine Illusion im Patienten gefördert, die der Realität, die nicht nur dem Verstehen, sondern auch dem Verzeihen Grenzen setzt, nicht standzuhalten vermag? Um den Titel der philosophischen Studie von Karl Loewith zu variieren: Der Psychotherapeut ist in seiner mitmenschlichen Rolle eingeschränkt, und der Psychoanalytiker hat, indem er eine Technik ausübt, eine der Funktion entsprechende Rollendefinition.

Unter den Psychoanalytikern hat Ernst Kris 1947 die Aktionsbzw. die Interaktionsforschung als die der Psychoanalyse angemessene wissenschaftliche Fragestellung bezeichnet. Phänomene und Sachverhalte, in der Psychotherapie und Psychoanalyse seit langem als wissenschaftliche Probleme bekannt, werden in ihrem »interaktionalen und kommunikativen« Charakter neu beobachtet, analysiert und interpretiert. Die binnen kurzem zum Schlagwort gewordenen Bezeichnungen Interaktion und Kommunikation signalisieren in den Sozialwissenschaften, wie C. F. Graumann nachgewiesen hat, eine Zentrierung des praktischen und wissenschaftlichen Interesses auf das »Zwischenmenschliche« (M. Buber, 1954).

Nun ist psychotherapeutische Interaktion jeder Provenienz zweifellos wechselseitige Einwirkung, aber das Tun des einen ist nicht auch das Agieren des anderen; zumindest all jene Psychotherapieformen, die via Einsicht zu Verhaltensänderungen, Eigensteuerung und Selbstkontrolle und zur Auflösung von Zwängen – von Wiederholungszwängen führen, schränken den Aktionsspielraum in der therapeutischen Situation ein. Insbesondere sind die Reaktionen auf seiten des Therapeuten durch Reflexion, durch Nachdenken über die intendierten, erwünschten, erwarteten und befürchteten Reaktionen, die der Patient auslösen möchte, partiell aufgehoben 1., weil im Sinne Freuds das Denken, das Nachdenken in der psychotherapeutischen Situation, ein Probehandeln ist, und 2., weil die affektiven Auslöser unvermeidlich irgendeine Wirkung auch in der professionellen Beziehungsperson tun. Es gehört gewiß zu den Schwierigkeiten des Psychoanalytikers, hoch sensibel für die vom Patienten ausgehenden Reize zu sein, ohne gereizt zu reagieren. Die seit etwa zwei Jahrzehnten intensiv geführte Diskussion über die Gegenübertragung, auf die ich noch zu sprechen komme, kennzeichnet einige theoretisch und praktisch ungelöste psychoanalytische Interaktionsprobleme.

Es wäre nun lohnend, zu untersuchen, welche der Interaktionstheorien besonders ergiebig in der Nutzanwendung auf die psychoanalytische Psychotherapie zu sein scheinen. Nennen möchte ich wenigstens die Theorie der symbolischen Interaktion von G. H. Mead, die den platten Behaviorismus in der Auseinandersetzung mit Watson ebenso überwindet wie einen Interaktionismus, der nur Austauschprozesse, nicht aber die zugrunde liegenden innerseelischen Voraussetzungen des Interagierens sieht. Ich komme nun zur Rolle des Psychoanalytikers.

In der Umgangssprache rückt das Rollenspielen in die Nähe des Theaters, und von diesem Verständnis der Rolle her möchten wir unser berufliches Tun in seiner menschlichen Ernsthaftigkeit nicht eingestuft sehen. Immerhin muß es zu denken geben, daß das Bühnenmodell etwa von Habermas zur Interpretation der psychoanalytischen Situation herangezogen wird. Tatsächlich sprechen wir in der klinischen Diskussion oft ganz naiv davon, welche Rolle wohl der Psychoanalytiker jetzt in der Übertragung des Patienten spiele. Damit kennzeichnen wir gleichzeitig, daß er oder sie, nämlich Psychoanalytiker oder Psychoanalytikerin, so in Wirklichkeit gar nicht seien, sondern ihnen nur qua Übertragung eine Rolle, z. B.

die Rolle der verwöhnenden Mutter oder die des bestrafenden Vaters etc., zugeschrieben werde.

Ich glaube, daß ich auf einige Aspekte der Rollentheorie eingehen sollte, bevor wir bestimmte Entwicklungstendenzen der Psychoanalyse betrachten.

Ich stütze mich dabei auf die umfassenden Übersichten von Manfred Sader (1969) und früher Sarbin (1954). Dort heißt es: »Der Begriff ist zur Beschreibung und Erklärung bestimmter Verhaltensweisen des Menschen in Alltagsleben und Umgangssprache geläufig. In einer Gesellschaft, deren Mitglieder durchweg in mehreren Funktionen beansprucht werden und in diesen zu handeln genötigt sind, liegt es nahe, bestimmtes Handeln und Verhalten als durch eben diese Funktionen bestimmt zu beschreiben und/oder zu erklären« (Sader, Seite 204). Der Begriff der Rolle beinhaltet demnach »das Gesamt der Erwartungen, die an den Inhaber einer Position gerichtet werden, und sein dazugehöriges Rollenverhalten, das aus der Übernahme der jeweils thematisierten Position resultiert« (Sader, Seite 227). Schon in der ersten systematischen Darstellung der Rollentheorie durch Sarbin (1954) wird klar ausgesprochen, daß der Begriff der Rolle einen komplementären Begriff quasi herausfordert.

Es ist nicht überraschend, daß besonders Sarbin als Gegenbegriff zur Rolle das Selbst eingeführt hat, ja, seine Handbuch-Darstellung mit Hinweis auf George Herbert Mead, geradezu um die These organisiert: »Das Selbst und die Rolle in der Interaktion« (The Self and Role-in-Interaction, Sarbin, 1954, Seite 223). Historisch ist übrigens am Rande bemerkenswert, daß diese Spannung der Sache nach schon gegeben war, bevor sich die empirisch-psychologische, sozialpsychologische und kulturanthropologische Forschung etwa ab 1940 des Rollenkonzepts bediente. Darauf weist Manfred Sader hin, wenn er sagt, daß unter den Vorläufern der Rollentheorie, etwa bei William James, der Sache nach zwischen einem Selbst und einem Nicht-Selbst bzw. zwischen einem unmittelbar aus dem Selbst und einem nicht unmittelbar aus dem Selbst stammenden Verhalten unterschieden werde.

In der Rollentheorie ist der Begriff eines *Selbst* nach Sader zumindest in zwei Funktionen erforderlich und auch ständig impliziert: a) als allgemeiner Gegenbegriff zur Rolle und b) als Bezeichnung eines phänomenalen Sachverhalts, nämlich der erlebnismäßig repräsentierten Identität des Individuums« (Seite 215). Tatsächlich ist es auch so: »Wenn von Rolle die Rede ist, von Rollenverhalten und Rolleneigenschaften, so ist dabei der Gegenbegriff der Nichtrolle, des Nicht-Rollen-Verhaltens, der Nicht-Rollen-Eigenschaft immer mitgedacht« (Seite 215).

Es liegt also eine geradezu spürbare Spannung in der begrifflichen Polarität von Rollen und Selbst, wenn wir die Begriffsinhalte sozusagen in Leben umsetzen.

Mit den gegebenen Definitionen hoffe ich eine ausreichende Basis der Verständigung geschaffen zu haben. Denn ich möchte nunmehr von der Rollentheorie her einen Blick auf die psychoanalytische Situation werfen und einige wichtige Themen skizzieren. Wir geraten auf den verschiedenen Diskussionsebenen in unserem Fach in ein Spannungsfeld, das durchaus jenem ähnlich zu sein scheint, das wir zwischen Rolle und Selbst annehmen: In der Theorie der Technik ist zur Übertragungsbeziehung zwischen Psychoanalytiker und Patient der komplementäre Begriff des Arbeitsbündnisses (Greenson, 1967) hinzugetreten. Damit wird die Frage nach der therapeutischen Funktion der Person dieses konkreten Psychoanalytikers gestellt, der gerade nicht mit seiner ihm zugeschriebenen »Übertragungsrolle« identisch ist, sondern die neurotischen, psychosomatischen oder psychotischen Symptome nur anhand der Übertragung durcharbeitet. Seit Freud wissen wir, daß die Übertragungsneurose nicht aus sich heraus eine therapeutische Veränderung anstrebt, sofern sich nicht die leise Stimme der Vernunft, d. h. die normalen Ichanteile des Patienten Gehör verschaffen. Es kann dann wohl auch nicht die »Gegenübertragung« – jedenfalls nicht in der engeren Fassung des Begriffs – sein, über die der Psychoanalytiker seine Hilfe vermittelt. Tut er es etwa qua Person, und wie wird er bei der Transformierung der Übertragungsneurose wirksam? Es ist vielleicht so abwegig nicht, einen inneren Zusammenhang anzunehmen zwischen dem wachsenden Interesse für das Selbst und den Narzißmus des Patienten und für die Person des Psychoanalytikers als konstituierendem Bestandteil der therapeutischen Interaktion, als Voraussetzung für Entstehung und Form, aber auch als Bedingung der Überwindung der Übertragungsneurose.

In den letzten Jahrzehnten wurde mit Gewinn für Technik und

Theorie aufs neue die psychoanalytische Situation betrachtet und dabei geriet der Psychoanalytiker selbst und das, was er in der Therapie sagt und tut, ins Blickfeld. In diesem Zusammenhang sind Ausführungen von Anna Freud zu Stones Unterscheidung zwischen wirklicher persönlicher Beziehung von Analytiker und Patient und der Übertragungsbeziehung von Interesse. »Wir sehen einen Patienten, der bei Beginn der Analyse eine realitätsgerechte Einstellung zum Analytiker hat. Dann gewinnt die Übertragung an Vormacht, bis sie in der voll ausgebildeten Übertragungsneurose ihren Gipfel erreicht. Nach psychoanalytischer Durcharbeitung taucht die Figur des Analytikers wieder auf, und zwar reduziert auf ihren tatsächlichen ›Status‹ (Größe, Bedeutung). Aber, und das scheint mir besonders wichtig zu sein, insoweit der Patient gesunde Persönlichkeitsanteile hat, ist die wirkliche Beziehung zum Analytiker niemals ganz verschwunden. Mit allem gebührenden Respekt für die notwendigerweise strikteste Handhabung und Interpretation der Übertragung, meine ich, daß wir Raum lassen sollten für die Erkenntnis, daß Analytiker und Patient zwei Menschen sind, in gleicher Weise erwachsen, die sich in einer realen persönlichen Beziehung zueinander befinden. Ich frage mich, ob unsere zu Zeiten völlige Vernachlässigung dieser Seite der Sache nicht für einige der aggressiven Reaktionen verantwortlich ist, die wir bei unseren Patienten auslösen, und die wir möglicherweise nur als ›Übertragungen‹ betrachten« (Anna Freud, 1954, Seite 618).

Daß es zu diesem, wie Anna Freud im englischen Text sagt, »at times complete neglect« dieser Seite der psychoanalytischen Situation kommen konnte, möchte ich mit auf die nachhaltige Wirkung von Freuds Spiegelgleichnis zurückführen. Freuds Empfehlung, der Psychoanalytiker solle sich seinem Patienten gegenüber so verhalten wie ein Spiegel, der nur reflektiere, muß auf dem Hintergrund des damaligen wissenschaftlichen Zeitgeistes und des seinerzeitigen Standes der psychoanalytischen Technik verstanden werden. Sie stellt eine Aufforderung dar, den Patienten weder mit eigenen persönlichen Problemen noch mit den eigenen Weltanschauungen zu belasten. Insbesondere stellte das Spiegelgleichnis eine Aufforderung dar, die eben entdeckte Gegenübertragung zu beachten. Sie dient insoweit dem Besten der Patienten und hat in diesem eingeschränkten Sinn bleibende Geltung. In ihr kommt aber auch das

Wissenschaftsideal des experimentierenden Forschers zum Ausdruck, der seine Methode von der Person völlig unabhängig machen möchte. Das genaue Zitat und sein Kontext begründen diese Annahme: »Der Arzt soll undurchsichtig für den Analysierten sein und wie eine Spiegelplatte nichts anderes zeigen, als was ihm gezeigt wird« (Freud, 1912, Seite 384). Freud möchte die psychoanalytische Methode von allen unerwünschten Zutaten reinigen, genaugenommen von allen persönlichen Zutaten. Es ist klar, daß diese Aufforderung nie wörtlich befolgt werden konnte. Würde der Psychoanalytiker sich nur wie ein Spiegel verhalten und dem Gezeigten nichts hinzufügen, könnte der psychoanalytische Prozeß gar nicht erst in Gang kommen. Stone hat dies in seinem Buch über die psychoanalytische Situation (1961) besonders klar ausgesprochen: Würde man nämlich diese Empfehlung, wie sie in der Spiegelanalogie enthalten ist, in prinzipieller und wörtlicher Weise anwenden, geriete man in einen unauflösbaren Widerspruch hinein, weil das wörtliche Verständnis mit dem Wesen der Psychoanalyse unvereinbar ist (Stone, 1961). Stone betont, daß durch unsere interpretative Methode, die auf einer Theorie ruht, die geistige Aktivität des Analytikers zum Ausdruck gebracht wird, was zu einer subjektiven Transformation dessen führe, was der Patient gezeigt habe. Die Übertragungsneurose in ihrer je einmaligen Gestalt, abhängig und entstanden in dieser speziellen Dyade, ist eine Transformation, die ganz gewiß nicht identisch ist mit der Arzt-Patient-Beziehung. Sonst hätten wir ja nichts anderes vor uns als einen kompletten Wiederholungszwang, aus dem kein Weg herausführen würde. Gerade das sogenannte Durcharbeiten im psychoanalytischen Prozeß hängt von all den neuen und genuinen Elementen der Arbeitsbeziehung ab, die außerhalb der neurotischen oder psychotischen Übertragung liegen.

Bei Freud werden diese Aspekte der psychoanalytischen Situation begrifflich kaum differenziert und nur als leistungsfähige Übertragung oder ordentlicher Rapport (Freud, 1913, Seite 473) bezeichnet.

Die Bereicherung unseres begrifflichen Repertoires erweitert zweifellos auch unser Verständnis des psychoanalytischen Prozesses, sie kompliziert aber zugleich die wissenschaftliche Beweisführung im Bereich der Theorie der Technik. Ähnlich verhält es sich mit der Gegenübertragung. Zur professionellen Rolle des Psychoanalytikers gehört, daß er sensibel sowohl für die Emotionen des Patienten als auch für die eigenen Affekte ist, ohne sie – und dies ist ja das Wesentliche bei der sogenannten Kontrolle der Gegenübertragung – in Aktion umzusetzen. In der Erweiterung des Konzepts der Gegenübertragung durch Paula Heimann (1950, Seite 81) werden die affektiven Signale im Psychoanalytiker zu wesentlichen Elementen des psychologischen Erkenntnisprozesses – ebenso wie in Michael Balints Theorie der Technik. Zunächst glaubte man einer Utopie nachstreben zu müssen, bei der in Freuds Empfehlung der Chirurg, der sich während der Operation durch nichts aus der Ruhe bringen läßt, zum Vorbild genommen wurde. Demgemäß wurde die Gegenübertragung negativ bewertet, als wäre sie und jedes affektive Mitschwingen in nuce bereits ein Vergehen gegen die Abstinenzregel, also eine Art von Verunreinigung des »aseptischen Operationsfeldes«. Ich will den Vergleich nicht überstrapazieren, sondern nun auf die wesentlichen Verschiedenheiten bei der Bewältigung der affektiven Beunruhigung, auf welche es allein ankommt, hinweisen. Gerade wenn wir konsequent psychoanalytisch denken und handeln, müssen wir, um Freuds Hinweis auf das Vorbild des Chirurgen abzuwandeln, unsere geistigen Kräfte auch auf die Erkenntnis der eigenen Affekte einsetzen, denn unsere Instrumente, unsere Interpretationen sind ein mixtum compositum, wie es nicht anders sein kann, wenn beim Verbalisieren Unbewußtes bewußt gemacht werden soll. Indem der Psychoanalytiker interpretiert, erfüllt er seine berufliche Rolle und läßt sie zugleich hinter sich. Denn in seiner Sprache enthüllt sich sein Denken und damit er selbst auch dann, wenn er nur zu einem winzigen Detailproblem eines Patienten deutend Stellung nimmt und meint, sich selbst völlig zurückgenommen zu haben. Ich glaube, daß Stone gerade dies im Sinn hat, wenn er von der Transformation durch die geistige Aktivität des Psychoanalytikers spricht. Der sich vollziehende Austausch bleibt indes auf der Ebene der Gedanken, und man muß deshalb der Frage nachgehen, welche Unterschiede in der gleichermaßen seelischen Realität von Übertragungs- versus Realbeziehung liegen.

Im Zuge unserer Verlaufsuntersuchungen sind wir darauf gestoßen, wie sehr die in Interpretationen gewählte grammatikalische

Form zur Realitätsprüfung bzw. Realitätsverkennung im Sinne der Übertragungsneurose beiträgt. So bezog sich die berechtigte Kritik eines Patienten darauf, daß ich sehr häufig Deutungen im Konjunktiv, in Potentialform gab. Der sehr selbstunsichere Patient bestand darauf, wirklich und wie er selbst nun einmal sei, von keinem Menschen je gern gehabt worden zu sein oder werden zu können. Soweit er Zuneigung oder Liebe erfahren habe, habe diese nicht dem gegolten, der er sei, sondern gerade jenem Scheinbild seiner selbst. Wie sich herausstellte, trug ich durch die Konjunktivform dazu bei, in einer Behandlungsphase Übertragungsphantasien zu wecken, als es dem Patienten darum ging, gerade von der Unbestimmtheit loszukommen und indikativisch zu leben, zum Beispiel, wenn ich etwa sagte: ›Könnte es nicht sein, daß der andere Sie gern hat, wie Sie tatsächlich sind?‹ Demgemäß wurde es diesem Patienten wesentlich, eine Diskrepanz zwischen meinen Worten und meinem Verhalten zu entdecken, denn das vage ›könnte es nicht sein?‹ erschwerte ihm die Realitätsprüfung und erhöhte die Verunsicherung. In diesem Zusammenhang ist auch zu erwähnen, daß es nicht nur für schwerkranke Patienten wichtig ist, sich der Person des Psychoanalytikers im Gegenübersitzen zu versichern, sondern daß auch Patienten die übliche Anordnung gerade dann aufgeben, wenn sie dabei sind, den Psychoanalytiker als reale Person stärker zu erfassen und im Sinne des von Anna Freud stammenden, vorhin angeführten Zitats auf seine tatsächliche Bedeutung zu reduzieren. Selbstverständlich sind diese Vorgänge nicht von den äußeren Umständen als solchen abhängig, aber es ist kein Zweifel, daß die psychoanalytische Situation die Entstehung der Übertragungsneurose mehr fördert als die realistische Seite der Beziehung. Wir können meines Erachtens erwarten, daß die weitere Erforschung der psychoanalytischen Situation und insbesondere die Objektivierung dessen, was der Psychoanalytiker denkt, sagt und tut, und welche Konsequenzen dies für die intendierten Verhaltensänderungen hat, die Psychoanalyse rascher als bisher auf einem normal-wissenschaftlichen Weg weiterbringen wird. Nachdem Sigmund Freud eine wissenschaftliche Revolution eingeleitet und – im Sinne des Wissenschaftshistorikers Thomas Kuhn – ein »Paradigma« geschaffen hatte, befinden wir uns heute in unserem Fach, wiederum mit Kuhn (1967, Seite 45) zu reden, in der Phase der normal-wissenschaftlichen Forschung, die auf die Verdeutlichung der vom Paradigma bereits vertretenen Phänomene und Theorien ausgerichtet ist. Als Paradigma bezeichnet Kuhn, »daß einige anerkannte Beispiele für konkrete wissenschaftliche Praxis – Beispiele, die Gesetz, Theorie, Anwendung und Hilfsmittel einschließen – Modelle abgeben, aus denen bestimmte festgefügte Traditionen wissenschaftlicher Forschung erwachsen« (Seite 28/29). Daß die Psychoanalyse für all jene Wissenschaften exemplarische Bedeutung hat, die menschliche Verhaltensweisen und ihre psychosozialen Motivationen im zwischenmenschlichen Feld untersuchen, sowie die Rolle des Beobachters und seine interpretative Entwicklung auf die Untersuchungssituation als zentralen Faktor zu berücksichtigen haben, ist ebenso gewiß, wie es sicher ist, daß uns das Paradigma noch viel von jener »Aufräumarbeit« übrig läßt, die – wie wir mit Kuhn meinen – faszinierend sein kann. »Aufräumarbeiten sind das, was die meisten Wissenschaftler während ihrer gesamten Laufbahn beschäftigt, und sie machen das aus, was ich hier normale Wissenschaft nenne« (Kuhn, Seite 45). [In keiner Weise sei es das Ziel der normalen Wissenschaft, neue Phänomene zu finden (Seite 45).] Ähnlich und unabhängig von Kuhn argumentierte einer der renommiertesten Psychoanalytiker, Kurt Eissler, im Hinblick auf den Status der Psychoanalyse als Wissenschaft. Er vertritt die Meinung, daß die durch die psychoanalytische Technik in der psychoanalytischen Situation zu erzielenden großen Entdeckungen (molare Erkenntnisse) gemacht seien, und daß es nun darum gehe, das molekulare Wissen zu erweitern, da Freud nur im Bereich des Traumes, des Witzes und der Fehlleistung eine vollkommene molekulare Theorie psychischer Phänomene gegeben habe. Immerhin räumt Eissler ein, daß eine Revision des molaren Teils der Theorie im Lichte neuer Ergebnisse der molekularen Forschung notwendig werden könne (Eissler, 1965, Seite 7).

Nun kann man gewiß bezweifeln, ob in der Psychoanalyse die ihr gemäße normal-wissenschaftliche Forschung schon in jenem Umfang und mit jener Subtilität realisiert wird, daß sich daraus Änderungen und Verbesserungen bzw. Erweiterungen des Paradigmas, also von Methoden und Theorien ergeben. So wird beispielsweise die wissenschaftliche Kärrnerarbeit eher noch komplizierter, wenn wir die von Freud eingeleitete wissenschaftliche Revolution konsequent fortführen und den Einfluß des teilnehmenden Beobachters auf die Situation in vollem Gewicht in die Praxis und die wissenschaftliche Methodologie unseres Faches hineintragen (vgl. Thomä und Kächele, 1973). Sollte es zutreffen, daß wir unter dem Eindruck der Spiegel- bzw. Chirurgen-Analogie die Bedeutung der Person des Psychoanalytikers für die Gestaltung der Situation und den Verlauf zu wenig berücksichtigt haben, können wir meines Erachtens durch eine darauf gerichtete Forschung originelle Ergebnisse erwarten.

Damit bin ich wieder bei der Rolle des interpretierenden Psychoanalytikers angelangt und möchte nun abschließend zu der häufig gestellten Gretchen-Frage nach der »Identität des Psychoanalytikers« einige Überlegungen beisteuern:

Wir sind bei unseren methodologischen und empirischen Untersuchungen zum Verifikations- und Falsifikationsproblem von Interpretationen auf Themen gestoßen, die zum Identitätsproblem eine innige, wenn auch verdeckte Verbindung haben. Wir stehen hier vor der u. E. zentralen Fragestellung der theoriebezogenen, klinisch-psychoanalytischen Forschung einerseits, aber auch vor dem ›hic Rhodos, hic salta‹ des Psychoanalytikers. Nicht ohne Hintergedanken möchte ich an die Herkunft dieses Spruches erinnern. In der Fabel »Der prahlerische Fünfkämpfer« des Äsop rühmt sich jemand, er habe in Rhodos einst einen gewaltigen Sprung getan, und beruft sich auf die Zeugen, die es dort mit angesehen hätten. Einer der Umstehenden antwortete ihm: »Freund, wenn's wahr ist, brauchst du keine Zeugen. Hier ist ein Rhodos, hier springe« (zit. nach Büchmann, Seite 360). In der Tat: Durch unsere Deutungen zeigen wir, wes Geistes Kinder wir sind und welche Wirkungen wir beabsichtigen oder erzielen. Deutungen sind die Werkzeuge des Psychoanalytikers schlechthin, aber als solche niemals in jener Weise von ihm als Person losgelöst vorstellbar, wie es etwa das Messer des Chirurgen ist. In den vielen Versuchen und Irrtümern des verstehenden Erklärens, wie es durch Deutungen in der Interaktion instrumentalisiert wird, spiegelt sich nur zum Teil auch der Patient; so haben wir beispielsweise in einer Arzt-Patient-Dyade durch ein einfaches Verfahren rein quantitativ bestimmen können, daß vom Psychoanalytiker wenigstens ein Drittel der neuen Informationen in das Gespräch eingebracht werden. Unter qualitativen

Gesichtspunkten dürfte es noch beträchtlich mehr sein. Auf jeden Fall aber erkennen wir daran, daß wir keineswegs nur spiegeln, sondern selbst in unseren persönlichen Eigenarten, Anschauungen und Theorien in Erscheinung treten. Bei der Diskussion über die Gegenübertragung und beim Nachdenken über die affektiven Vorgänge in der psychoanalytischen Situation blieb nur allzu lange ausgeklammert, daß unsere Interpretationen nicht nur durch emotionale Signale, also durch Fremd- und Selbstwahrnehmungen, zustande kommen, sondern in hohem Maße theoriegesteuert sind. Nun gehört zu unserer Theorie auch das Realitätsprinzip. Es wird instrumentalisiert, indem wir bei Übertragungsdeutungen auf die persönliche Wirklichkeit des Psychoanalytikers verweisen. Wir scheinen uns hierin allzu sehr darauf zu verlassen, daß sich Hand in Hand mit der Analyse die Synthese von selbst vollziehe, sozusagen ohne unser Dazutun. Auf der anderen Seite kennen wir die Bedeutung positiver Identifikationen mit dem Psychoanalytiker. Auch wenn wir mit Hoffer eine Identifikation mit dem therapeutischen Prozeß als solchem, nämlich mit der Idee der unendlichen Analyse für möglich halten, so dürfte hierfür doch das persönliche Beispiel Voraussetzung sein, wie wir es auch in der Lehranalyse erfahren. Klar hervorheben möchte ich, daß ich die Person des Psychoanalytikers nicht neben seine professionelle Rolle stellen möchte, so als ob sozusagen nach getaner Arbeit Menschlichkeit als deus ex machina die Therapie kröne.

Es gibt wahrscheinlich keinen Beruf, bei dem persönliche Lebenserfahrung und klinisch-ärztliche Kenntnisse eine so enge Legierung mit der Person eingehen und gleichzeitig das Junktim mit der Theorie durch denselben Träger fortlaufend hergestellt bzw. verworfen sind. Auch die künstlichen begrifflichen Isolierungen von Rolle und Selbst, die wir benötigen, sind sozusagen in der Person aufgehoben. Ob man eine Rolle spielt und ob man mehr oder weniger selbst hinter ihr steht, scheint – psychoanalytisch ausgedrückt – vom Grad der innerseelischen Besetzung möglicherweise derselben Repräsentanzen abzuhängen.

Rolle und Selbst, Funktion und Person, Theorie und Praxis sind im Psychoanalytiker in eigenartiger Weise miteinander verbunden. Daraus ergibt sich ein besonderer Lernprozeß bei der Aneignung von Wissen, der es ermöglicht, eine professionelle Rolle auszufüllen.

Diese traditionelle Rolle – im Zerrbild: der unpersönliche Spiegel – ist durch die Entdeckungen in der psychoanalytischen Situation fragwürdig geworden: Vernachlässigte Seiten der Interaktion rückten im Laufe der letzten Jahrzehnte in den Blickpunkt: das Arbeitsbündnis, die Person des Psychoanalytikers. Die normalwissenschaftliche Kärrner- und Aufräumarbeit am revolutionären Paradigma Freuds bringt eine produktive Unruhe. Soweit braucht uns nicht bange zu sein. Im Gegenteil: Die Ausdehnung der Psychoanalyse wurde und wird von Psychoanalytikern getragen, die auch auf die Entwicklung der psychoanalytischen Technik und Theorie konstruktiven Einfluß genommen haben. Man könnte gewiß am Beispiel namhafter Psychoanalytiker nachweisen, daß die Übernahme anderer Funktionen – als Leiter von Balint-Seminaren, als Psychiater in klinischen Einrichtungen, als Gruppenpsychotherapeuten etc. – die professionelle Rolle in der psychoanalytischen Situation wesentlich bereicherte. Im übrigen war diese Rolle einerseits niemals eng definiert, andererseits besteht innerhalb psychotherapeutischer und psychoanalytischer Gruppen ein bemerkenswerter »Narzißmus der kleinen Differenzen« (Freud, 1930, Seite 473) mit einem gruppenbedingten Hang zu Intoleranz und – um einen Begriff aus der Rollentheorie zu verwenden – zu »Sanktionen«. Die Frage nach der Identität kann also hierbei auch zum Sanktionsmittel werden, um die eigene enge Definition der Rolle gegen eine Veränderung zu schützen.

Auch diese Seite der Identitätsfrage ist ernst zu nehmen, weil sie Unfrieden bringt und Produktivität bindet. Aber der Ernst der Sache steckt anderswo – dort, wo Maxwell Gitelson (1964) Anlaß hatte, einer tiefgründigen Abhandlung den Titel »Identity Crisis in American Psychoanalysis« zu geben. Der praktische und wissenschaftliche Fortschritt in unserem Fach hängt von der beschriebenen mühevollen Integration in einer Person ab. Es ist unerläßlich, die Entwicklung der psychoanalytischen Identität als personifizierte handlungsorientierte Theorie gegen Rollendiffusion zu schützen. Von hier aus gesehen reduziert sich das große Wort von der Identität auf eine simple lerntheoretische Kapazitätsfrage: Wie viele Rollen kann ein Psychoanalytiker mit ausreichender Beteiligung seines Selbst gleichermaßen gut realisieren? Darauf eine empirisch gut begründete Antwort zu geben, maße ich mir nicht an. Mir scheint es aber wichtig zu sein, die Identitätsfrage auf eine empirische Ebene zu bringen. Die psychoanalytische Technik ist, wie ich zu zeigen versuchte, in besonderer Weise hoch spezialisiert. Sie kann nicht mit halbem Herzen oder mit der linken Hand betrieben werden. Es ist eine Regel, daß im Maße der Spezialisierung in Krankenversorgung und Forschung der Spielraum für die Übernahme anderer Rollen sich einengt. Die Psychoanalyse ist indes neben ihrer speziellen Technik Grundlagenwissenschaft. So ist es folgerichtig, daß viele Psychoanalytiker Fünf- und Zehnkämpfer und auch Mannschaftskämpfer sind, ohne ihrem Herzen zu schaden. In der Spannung von Einseitigkeit in der Spezialisierung und Vielseitigkeit der Anwendung liegt eine große Zahl von praktischen und theoretischen Problemen, zu deren Lösung ich durch diese Ausführungen beitragen möchte.

Bibliographie

Balint, M. (1957): *Primary Love and Psychoanalytic Technique,* London (Tavistock). Deutsch: *Die Urformen der Liebe und die Technik der Psychoanalyse,* Bern und Stuttgart 1966 (Huber/Klett).

Bergin, A. E. und Strupp, H. H. (1972): *Changing Frontiers in the Science of Psychotherapy,* Chicago (Aldine-Atherton).

Buber, M. (1954): »Elemente des Zwischenmenschlichen«, in: *Die Schriften über das dialogische Prinzip,* Heidelberg.

Eissler, K. R. (1965): *Medical Orthodoxy and the Future of Psychoanalysis,* New York (International Universities Press).

Freud, A. (1954): »The widening Scope of Indications for Psychoanalysis: Discussion«, *Journal of the American Psychoanalytical Association 2,* S. 607–620.

Freud, S. (1912): »Ratschläge für den Arzt bei der psychoanalytischen Behandlung«, *G.W. 8.*

– (1913): »Zur Einleitung der Behandlung«, *G.W. 8.*

– (1930): »Das Unbehagen in der Kultur«, *G.W. 14.*

Graumann, C. F. (1969): »Interaktion und Kommunikation«, in: *Handbuch der Psychologie,* Bd. VII *Sozialpsychologie* (Hrsg. C. F. Graumann), Göttingen (Hogrefe).

Greenson, R. R. (1967): *The Technique and Practice of Psychoanalysis,* New York (International Universities Press). Deutsch: *Technik und Praxis der Psychoanalyse,* Bd. I, Stuttgart 1973 (Klett).

Habermas, J. (1968): *Erkenntnis und Interesse,* Frankfurt a. M. (Suhrkamp).

Heimann, P. (1950): »On Countertransference«, *International Journal of Psycho-analysis 31*, S. 81–84; (deutsch: *Psyche 18*, S. 483–493).
Hoffer, W. (1961): »The Therapeutic Illusion«, *Jahrbuch für Psychoanalyse 2*, S. 248.
Kächele, H., Schaumburg, C. und Thomä, H. (1973): »Verbatimprotokolle als Mittel in der psychotherapeutischen Verlaufsforschung«, *Psyche 27*, S. 902–927.
Klauber, J. (1967): »Der Psychoanalytiker als Person«, *Psyche 21*, S. 745 bis 768, sowie in diesem Band.
Kris, E. (1947): »The Nature of Psychoanalytic Propositions and their Validations«, in: *Freedom and Experience. Essays*, Ithaca, N. Y. (Cornell University Press).
Kuhn, Th. S. (1967): *Die Struktur wissenschaftlicher Revolutionen*, Frankfurt a. M. (Suhrkamp).
Loewith, K. (1928): *Das Individuum in der Rolle des Mitmenschen*, München.
Mitscherlich, A. (1966): »Das soziale und das persönliche Ich«, *Kölner Zeitschrift für Soziologie und Sozialpsychologie 18*, S. 21.
Sader, M. (1969): »Rollentheorie«, in: *Handbuch der Psychologie*, Bd. VII *Sozialpsychologie* (Hrsg. C. F. Graumann), Göttingen (Hogrefe).
Sarbin, T. (1954): »Role Theory«, in: *Handbook of Social Psychology* (Hrsg. Gardner Lindzey), Cambridge (Edison & Weeley).
Stone, L. (1961): *Die psychoanalytische Situation*, Frankfurt a. M. 1973 (S. Fischer).
Thomä, H. und Kächele H. (1973) »Wissenschaftstheoretische und methodologische Probleme der klinisch-psychotherapeutischen Forschung«, *Psyche 27*, S. 205–236, 309–355.
Ticho, E. A. (1971): »The Effects of the Psychoanalyst's Personality and psychoanalytic Treatments«, *Psychoanalytic Forum 4* (1972), S. 135–151.

John Klauber
Der Psychoanalytiker als Person*

Es soll hier nicht vom Charakter des Psychoanalytikers die Rede sein, wie er sich in seinem Privatleben äußert. Vielmehr soll betrachtet werden, welche von der Persönlichkeit des einzelnen Psychoanalytikers diktierte Variante in das Verständnis des Arztes für seinen Patienten hineingetragen wird und wie diese Variante in der Theorie der psychoanalytischen Technik berücksichtigt wird. Die Diskussion bedient sich der Sprache der Psychoanalyse, dürfte aber auch für andere Formen der Psychotherapie nicht ganz unerheblich sein.

Die Hauptzüge derjenigen psychoanalytischen Technik, die am häufigsten praktiziert wird, wurden von Freud formuliert und erfuhren durch Anna Freuds Arbeit »Das Ich und die Abwehrmechanismen« (1936) eine wichtige Systematisierung. Freud betrachtete als wesentliches Merkmal der psychoanalytischen Technik die Analyse der Übertragung. In der Lehranalyse erwirbt sich der Psychoanalytiker einen ausreichenden Grad sekundärer Autonomie in seiner beruflichen Funktion, so daß er, in Freuds Gleichnis aus dem Jahre 1912, wie ein Spiegel die emotionalen Reaktionen seines Patienten auffangen kann, und zwar auf eine Weise, daß diese Reaktionen auf den Analytiker zur Beleuchtung der Beziehungen benützt werden können, die der Patient zu anderen Menschen hat.

Die gedanklichen Operationen des Psychoanalytikers in jeder Behandlungsstunde könnten folgendermaßen schematisch dargestellt werden: Aus den verbalen Assoziationen und dem sie begleitenden Verhalten des Patienten zieht der Analytiker gewisse vorläufige Schlüsse. Er benutzt diese erstens, um die Quelle seiner Angst zu lokalisieren; danach beobachtet er, wie der Patient ver-

---

* Erstmals erschienen in: »Psyche« (Jg. 21) 1967, S. 745–757. Aus dem Englischen von Käte Hügel. Abdruck mit freundlicher Genehmigung des Autors.

sucht, sich gegen diese Angst durch Abwehrmaßnahmen zu schützen; dann schließt er auf die Art der nach Abfuhr strebenden dahinterliegenden Triebe; er sieht, wie der Kampf zwischen Trieb und Angst sich in der Beziehung zum Analytiker manifestiert; und schließlich macht er dem Patienten eine Mitteilung, die sich in erster Linie auf die Natur seiner Angst bezieht, aber alle übrigen Erwägungen mitberücksichtigt. Die Milderung der Triebangst ermöglicht es dem Patienten, sich gegenüber dem Analytiker freier auszudrücken, was wiederum dazu führt, daß die Ursprünge der Angst verständlicher werden. Eine Deutung gilt als »bestätigt«, wenn der Patient neues, sie stützendes Material bringt, besonders eine Erinnerung, deren Inhalt einem vom Analytiker vermuteten Ereignis entspricht. Dieses Schema ist als ein Modell zu betrachten, das gegebenenfalls vom Analytiker in der Praxis durch verschiedene bewußte oder vorbewußte Erwägungen modifiziert wird, etwa im Hinblick auf Bedürfnisse eines akut gestörten Patienten usw.

Über die Folgerungen, die in sorgfältiger Arbeit in diesem Sinne abgeleitet wurden, herrscht unter den fachkundigen Beurteilern ziemlich weitgehende Übereinstimmung. Im Laufe eines halben Jahrhunderts konnten mit Hilfe dieser Methode Gesetzmäßigkeiten formuliert werden (z. B. über die Verschiebung von Triebimpulsen auf andere Ziele, über die Beziehung der Symptome zu vergessenen Erlebnissen), die uns meines Erachtens berechtigen, für die Psychoanalyse den Status einer wissenschaftlichen Disziplin zu beanspruchen. Eine natürliche Folge aus dieser Ansicht scheint uns zu sein, daß Freuds Leistung, die wissenschaftliche Methode in nie dagewesenem Umfang zur Erhellung des Innenlebens zu verwenden, zu einem Wendepunkt der Menschheitsgeschichte werden könnte.

Ein Wesenszug dieser Disziplin ist jedoch in seiner Wichtigkeit unterschätzt worden. Einer der Hauptartikel der Psychoanalyse ist das Gesetz der Überdeterminierung, d. h. der mehrfachen psychischen Wurzeln des einzelnen Ausdrucks seelischen Erlebens. Eine theoretische Folge aus diesem Gesetz ist, daß der Psychoanalytiker bei seinen Deutungen jedesmal die Wahl unter mehreren Möglichkeiten hat. Während es sich bei den Gesetzmäßigkeiten, die er ableitet, um einheitliche Erklärungen für verschiedene Erscheinungen handelt, hat er in der aktuellen Technik der Psychoanalyse aus mehreren Erklärungen des Einzelphänomens die Wahl zu treffen. Er gibt nicht nur Deutungen, die dazu dienen sollen, mehrere Phänomene zu erklären; er muß auch komplizierte Akte des Abschätzens der Beziehung der Phänomene und ihrer Determinanten zueinander vornehmen. Dann muß er über ihre relative Bedeutung für die Ätiologie der Symptome und die Technik der Deutung entscheiden. Hinsichtlich der Orientierung zur Vergangenheit ist seine Aufgabe oft mit der des Historikers verglichen worden. Aber bei aller Schwierigkeit historischer Studien und der verschiedenen Ansichten von Historikern über das Gewicht eines Ereignisses, wird doch selten bestritten, daß es möglich sei, einen gewissen die historischen Studien rechtfertigenden Grad von Verständnis und Objektivität bei der Rekonstruierung zu erreichen. In der Geschichte stellt man nicht infrage, daß eine Vielfalt der Determinanten in Betracht gezogen werden muß, etwa soziale, politische, ökonomische und psychologische Faktoren. Aus der Wahlfreiheit des Psychoanalytikers zwischen mehreren möglichen Deutungen scheint jedoch zu folgen, daß wie bei historischen Erzählungen der Weg der analytischen Rekonstruktion ganz erheblich verschieden verlaufen kann, je nachdem, wie Persönlichkeit und Kultur des Analytikers den »Rahmen« bestimmen. Es soll hier die Behauptung aufgestellt werden, daß die durch die Persönlichkeit des Psychoanalytikers determinierte Wahl des Deutungsweges bisher nicht genügend untersucht und bewertet und auch in der Theorie der psychoanalytischen Technik nicht ausreichend berücksichtigt worden ist.

Das Thema der durch die Persönlichkeit des Analytikers eingeführten Variante ist wohl mehrfach aufgegriffen worden. Freud hat es unter dem Gesichtspunkt der eigenen emotionalen Schwierigkeiten und vom Standpunkt des Ichs des Psychoanalytikers her diskutiert. Im Jahre 1910 bemerkte er, es sei deutlich, »daß jeder Psychoanalytiker nur so weit kommt, als seine eigenen Komplexe und inneren Widerstände es gestatten«.

1933 kam er bei der Diskussion analytischer Kontroversen zu dem Schluß, daß es mit diesen Problemen nach dem Satz gehe: »Quot capita tot sensus«. 1939 wurden die individuellen Unterschiede im technischen Vorgehen von Alice und Michael Balint ausführlicher erörtert. Sie stellten fest: »Während früher so fest an die absolute Gültigkeit der Spiegel-Haltung geglaubt wurde, daß

Einwände dagegen für eine Art Fahnenflucht galten«, werde heute sogar die Möglichkeit »einer solchen Spiegel-Haltung infrage gestellt«. Sie schlossen jedoch, daß »unsere Patienten, mit sehr wenigen Ausnahmen, imstande sind, sich an ... diese individuellen Klimata anzupassen und mit ihrer eigenen Übertragung fast ungestört durch die Gegenübertragung des Analytikers zu verfahren.« Nach dem Kriege zog die persönliche Reaktion des Psychoanalytikers auf seinen Patienten wieder die Aufmerksamkeit auf sich und führte zu einer Reihe wichtiger Arbeiten. Beiträge von D. W. Winnicott (1947), Paula Heimann (1950 und 1960), Maxwell Gitelson (1952) und Margaret Little (1957) beschäftigten sich, jeder auf seine Weise, mit der emotionalen Position des Psychoanalytikers. Seine persönlichen Reaktionen, sofern sie der Kontrolle seiner Selbstbeobachtung unterstanden, waren nicht länger mehr einfach Abstrahlungen von der polierten Spiegeloberfläche; sie konnten dazu verwendet werden, den Spiegel auf einen Brennpunkt einzustellen. Gitelson und Heimann hoben hervor, daß schon vom ersten Kontakt mit dem Patienten an Anzeichen dafür vorhanden sein könnten, daß die Arbeit mit einem anderen Analytiker besser vonstatten gehen würde; sie sahen diese Schwierigkeiten hauptsächlich mit dem Wechselspiel von Übertragung und Gegenübertragung verknüpft. Heimann stellt fest, daß der Patient den Analytiker wegen seiner beruflichen Fähigkeiten aufsucht, aber sie hebt mit Recht hervor, daß diese berufliche Fähigkeit in Wahrheit aufs innigste und verwickeltste mit seiner Persönlichkeit verknüpft sei. Winnicott und Margaret Little betonten, wie wichtig es für den Patienten sei, den Psychoanalytiker als eine Person zu erleben, die zu einer echten gefühlsmäßigen Reaktion ihm gegenüber fähig sei. Und was für unser jetziges Thema besonders relevant ist, Winnicott war der Meinung, daß »die persönlichen Eigenheiten und Neigungen des Analytikers, die von seiner eigenen Lebensgeschichte bestimmt sind ... und seine Arbeit in Qualität und Stil von der anderer Analytiker unterscheiden«, etwas anderes sei als die Gegenübertragung des Psychoanalytikers.

Ich möchte auf den Unterschied zwischen der individuellen Form und den Besonderheiten des Charakters des Analytikers und den emotionalen Reaktionen, die er gegenüber den einzelnen Patienten in sich fühlt, jetzt näher eingehen. Winnicott nahm in seiner Klarstellung implizit die Unterscheidung zwischen der Persönlichkeitsstruktur und den Triebreaktionen wieder auf, die seit Freuds Arbeit über »Das Ich und das Es« (1923) von den Psychoanalytikern mit so großem Nutzen beobachtet worden war.

Eine verallgemeinernde Sympathiehaltung oder umgekehrt mangelnde Sympathie des Analytikers für den Patienten sind höchstwahrscheinlich mit Charakterzügen verbunden, die auf seinen »permanenten neurotischen Schwierigkeiten« (Anni Reich) beruhen, die man daher ohne weiteres als Gegenübertragung bezeichnen könnte. Aber damit sind nicht alle Reaktionen des Psychoanalytikers beschrieben. Analytiker und Patient stehen sich nicht nur als solche gegenüber; sie sind auch Individuen mit hochgradig geprägten und in weitem Ausmaß unveränderlichen Wertsystemen, und ihrer beider Einstellung zueinander drückt nicht nur Übertragung und Gegenübertragung aus, sondern auch Ansichten, die, wenn der Betreffende über sie nachdenkt, ich-synton bleiben und aufrechterhalten werden. Eine Theorie der Technik, die den enormen Einfluß des Wertsystems von Patient wie Analytiker auf die Behandlung ignoriert, übersieht eine grundlegende psychische Realität hinter jeder psychoanalytischen Partnerschaft. Man muß unbedingt in Rechnung stellen, was die Griechen das Ethos des Patienten beziehungsweise des Analytikers genannt haben würden – das Wort bedeutet ursprünglich einen gewohnten Sitzplatz –, gegenüber dem Pathos beweglicherer Reaktionen. Zwar hat die Notwendigkeit, daß zwischen Patient und Analytiker eine charakterliche Entsprechung bestehen müsse, einige formale und etwas mehr inoffizielle Anerkennung gefunden, aber in der psychoanalytischen Literatur scheint nicht viel Forschungsarbeit hinsichtlich der technischen und metapsychologischen Bedeutung dieser Forderung enthalten zu sein. Möglicherweise ist die geringe Bedeutung, die man der Persönlichkeit des Analytikers beigemessen hat, zum Teil auf die Furcht zurückzuführen, man könnte daraus etwas Abträgliches für den Wert der Psychoanalyse als einer objektiven Methode konstruieren.

Seit langem wird von seiten der Psychoanalytiker auf die Bedeutung des »therapeutischen Arbeitsbündnisses«, d. h. des Bündnisses zwischen dem Ich des Patienten und dem Ich des Analytikers hingewiesen, im Unterschied zu der durch die Übertragung angeregten regressiven Abhängigkeit. Das Konzept des therapeutischen Bündnisses besagt dem Namen nach die Kooperation zweier Individuen, von denen jede eine relative Autonomie des Ichs in der analytischen Funktion bewahren kann. Was weniger oft betrachtet wird, ist die Veränderlichkeit der analytischen Funktion in Abhängigkeit vom Einfluß der individuellen Charakterzüge des Psychoanalytikers. Freuds Gleichnis vom Spiegel bleibt gültig: das Wesen des analytischen Einflusses ruht in der Fähigkeit des Analytikers, in neutralen, nicht-moralisierenden Worten zu deuten, was der Patient ihm mitzuteilen versucht, aber nicht aussprechen kann. Aber wie revolutionär für das Erleben des Patienten und wie therapeutisch eingreifend diese Haltung des Analytikers auch ist, das Spiegelgleichnis verlangt nach weiterer Untersuchung. Wo soll der Analytiker den Spiegel halten? Und auf welchen Persönlichkeitsausschnitt des Patienten kann der Psychoanalytiker diesen Spiegel von der Stelle aus, an der er steht, richten? Manchmal fühlt der Analytiker, daß es ihm gelungen ist, die Ängste des Patienten besonders exakt zu formulieren. Der Patient bestätigt die Deutung durch vorbehaltlose Zustimmung und Lieferung verdrängter Erinnerungen, die den Inhalt ausweiten. Aber eine Diskussion mit Kollegen, auch wenn sie der Deutung zustimmen, zeigt, daß man immer eine Anzahl ebenfalls an das Material anknüpfender, aber alternativer Erklärungen finden könnte. Das ist die unvermeidliche Folge der Unterschiede in der Persönlichkeit der einzelnen Psychoanalytiker im Wechselspiel mit der psychischen Überdeterminiertheit der Mitteilungen des Patienten.

Wenn der Patient den Psychoanalytiker zu einer Konsultation aufsucht, bildet nicht nur der Analytiker sich ein Urteil über den Patienten; auch der Patient versucht, den Analytiker zu beurteilen. Obwohl die Übertragung, die ja schon vor der Konsultation sich zu formen beginnt, einen wichtigen Anteil an den folgenden Reaktionen des Patienten hat, ist die Ich-Funktion des Patienten, sich ein Urteil zu bilden, nicht ausgeschaltet, wie die Analyse später oft zeigt. Genauso, wie der Psychoanalytiker seinen Bericht über einen Patienten damit beginnt, daß er beschreibt, wie er aussieht, wie er sich bewegt und sich kleidet, steht auch der Patient vor einer Reihe von Eindrücken: wie der Analytiker antwortet und auf ihn eingeht, welche Geschmacksrichtung und persönliche Einstellung er hat, wie es sich z. B. aus den Bildern ergibt, die an der Wand hängen. Manche Psychoanalytiker scheinen dies als ungünstig zu betrachten und versuchen, einen möglichst »neutralen« Rahmen zu schaffen. Ich glaube, daß diese letztere Einstellung der menschlichen Intelligenz und dem Unbewußten zu wenig Spielraum läßt. Eine Frau, die eindeutig an paranoischen Tendenzen litt, begründete ihre Weigerung, sich von einem bestimmten Psychoanalytiker behandeln zu lassen, damit, daß sie sich auf keinen Fall von jemandem analysieren lassen könne, der sein Behandlungszimmer mit so schlechten Bildern ausstattete. Die Patientin selber hatte ein sehr feines Gefühl für Werke der visuellen Kunst und hatte sich einige geschmackvolle Kunstwerke gekauft. Ein Psychoanalytiker erwähnte die Weigerung dieser Patientin als einen Beweis ihrer anmaßenden Unvernunft. Ein anderer meinte jedoch, daß die Feinfühligkeit, die ihren Charakter auszeichnete, vielleicht in manchem durch ihre paranoiden Tendenzen etwas verschärft, sie rasch überzeugt haben könnte, daß ein Analytiker mit dieser Geschmacksrichtung große Schwierigkeiten haben würde, eine Affinität zu ihrer eigenen Persönlichkeit zu finden und sie zu verstehen. Welche Kriterien kann man also anlegen, um zu entscheiden, welche Reaktion die realistischere war, die der Patientin, die eine grundlegende Sympathie in Geschmack und Kultur für eine conditio sine qua non der Behandlung betrachtete, oder die des Analytikers, der glaubte, solche Schwierigkeiten könnten durch technische Kompetenz und durch Deuten der Übertragung gelöst werden? Wenn es sich um einen Patienten aus einer fernen Kultur, z. B. einen Japaner, handeln würde, bei dem man die Bedeutung und Ratsamkeit einer möglichen Intervention abschätzen müßte, wäre dieses Problem der Einfühlung ganz offenbar. Auch die Probleme und der Zeitverbrauch, die damit verbunden wären, den Rahmen, den der Psychoanalytiker durch sein Wertsystem innerhalb einer bestimmten Kultur bereit hält, den Voraussetzungen anzupassen, die ein Patient aus einer anderen Lebensform mitbringt, können erheblich sein.

Jeder einzelne, ob Psychoanalytiker oder Patient, hält sein Wertsystem hoch und versucht es zu bewahren, denn es spiegelt ja die Anpassungsversuche des Ichs und Ideal-Ichs an die zwischen Trieb und primitiver Abwehr gefundenen Kompromisse wider, die erworbene Dauerstrukturen sind. Solche Ideale können Formen annehmen, die mit den Idealen des einzelnen Psychoanalytikers mehr oder weniger verträglich sind: die Neigung zu kargem oder luxuriösem Lebensstil, Konformität oder Nonkonformismus in bezug auf die allgemeinen Normen der Berufswahl oder sogar der Kleidung, die vom einen Psychoanalytiker als Symptom, vom anderen toleranter beurteilt werden. Zum Beispiel könnte ein erfolgreicher Akademiker sich danach sehnen, Maler zu werden. Die Wahl beider Berufe hatte mit ambivalenten Identifikationen zu tun. Nun könnte man behaupten, daß die Persönlichkeitsentwicklung des Patienten innerhalb einer systematischen Analyse schließlich zu einer endgültigen Berufswahl führen würde. Aber wenn man das Wort »schließlich« benutzt, könnte es so scheinen, als ob alles, was in der Zwischenzeit geschieht, nicht so wichtig sei. In der Praxis ist es für den Analytiker, wenn er mit dem Patienten vor der Aufgabe einer Entscheidung steht, schwer zu vermeiden, daß sein eigenes Wertsystem sich einmischt. Ein weiteres Beispiel: Eine Frau mit Sexualhemmungen ist mit einem erfolgreichen Geschäftsmann verheiratet, der aber sowohl in seinen Sexualfunktionen wie in verschiedenen Charakterzügen sehr unzuverlässig ist. Ihre erste Analyse in einem anderen Lande hatte dazu geführt, daß sie selber eine größere Freiheit in ihrem Sexualverhalten gewann, aber von ihrem Ehemann keine Befriedigung erhalten konnte, so daß sie ein Liebesverhältnis mit einem Mann aus niedrigeren Sozialverhältnissen anfing. Die Deutungen des ersten Psychoanalytikers waren darauf ausgerichtet gewesen, sie zur Aufgabe dieses Liebesverhältnisses zu bewegen, das er mit Recht als Ausagieren von Übertragungsphantasien betrachtete. In diesem Moment mußte das Ehepaar aus beruflichen Gründen nach England übersiedeln. Die Patientin begann dort eine zweite Analyse und gab schon ziemlich zu Anfang zu verstehen, daß die Ansicht ihres zweiten Analytikers über ihr Liebesverhältnis ganz anders sei als die des ersten. Dieser zweite Analytiker meinte zwar auch, daß ihre Liaison Übertragungsphantasien ausdrückte, bestätigte aber in seinen Deutungen, daß sie zugleich mit der Milderung ihrer Sexualhemmungen eine größere Entscheidungsfreiheit ihres Ichs gewonnen habe, und hatte Verständnis für ihr Bedürfnis nach sexueller Erfüllung.

Beide Analytiker hatten für ihre Einstellung gewisse Rechtfertigungen, und wenn sie sich miteinander in Verbindung gesetzt hätten, würde wohl jeder von ihnen die Gründe des anderen für seine Deutungen verstanden haben. »Schließlich« würden beide fast mit Sicherheit beide Aspekte anerkannt haben. Aber die mitunter vertretene Behauptung, daß das Ergebnis einer Analyse in jedem Falle dasselbe sein würde, ist unmöglich zu beweisen. Man übersieht dabei den Ablauf der Zeit und die Entwicklungen, die dank der Haltung des Analytikers und der dadurch induzierten Handlungen beim Patienten eintreten können; selbst der Zufall kann mit hineinspielen. In jedem Fall wird der Weg, den die Analyse einschlägt, dadurch beeinflußt sein. Ein Patient, der ohne sein Verschulden drei verschiedene Analytiker gehabt hatte, drückte die negative Seite dieses Umstandes kurz und bündig aus: »Es ist außerordentlich lehrreich«, sagte er, »auf welchen persönlichen Gewohnheiten von unsereinem der einzelne Analytiker besonders herumreitet.« Wenn die Psychoanalyse überhaupt eine Wirkung hat, muß sie das Leben des Patienten auf ganz verschiedene Weise beeinflussen, je nach der Einstellung, die der Analytiker hinsichtlich irgendeines Konfliktes hat.

Diese dauernde Ausrichtung des Ichs des Analytikers, die die Qualität seiner Arbeit und auch die Grenzen seines Verständnisses bestimmt, beruht zum Teil auf »Komplexen und Widerständen«, aber auch auf legitimen Abwehrmechanismen. Wir deuten die Phantasien der Patienten, daß ihr Charakter durch die Analyse völlig geändert werden könne, als Allmacht der Gedanken; dasselbe gilt auch für den Analytiker. Die Unterschiede in den Abwehrmechanismen des Ichs zeigen sich schon in dem Spektrum von Patienten, die von den einzelnen Analytikern zur Behandlung angenommen werden: der eine verlangt eine gewisse Höhe der Intelligenz, ein zweiter wird von Depressionen angesprochen, deren Tiefe anderen Angst bereiten würde; einige Analytiker behandeln Kriminelle, andere Blinde, eine Arbeit, die für andere wieder sehr schwer zu bewältigen wäre. Ich bin mir klar darüber, daß die Grenze zwischen Es- und Ich-Reaktionen verschwimmt. Aber man muß zugeben, daß dauerhafte, gut integrierte Systeme der Entscheidung die Ichstruktur nicht weniger reflektieren als die Konflikte, die der schließlichen Haltung des Ichs zugrundeliegen mögen.

Auch die Kraft des Ichs des Patienten, dem Zug der emotionalen Regression in der Übertragung zu widerstehen, könnte von der

Persönlichkeit des Analytikers beeinflußt sein, wie sie sich in seiner Auffassung von Umfang und Richtung, welche die Deutung haben sollte, offenbart. Nach der klassischen Technik sollte die Regression in der Übertragung das Ich des Patienten so weit intakt lassen, daß er zwar einwilligt, die Deutungen zu erwägen, jedoch nicht der Suggestion erliegt, sie zwangsläufig zu übernehmen. Deutungen sind niemals endgültige Formulierungen, und der Prozeß des analytischen Durcharbeitens könnte auch als allmähliche Modifikation der Deutungen in Zusammenarbeit beider Partner bis zur beiderseitigen Zufriedenheit definiert werden. Es ist jedoch zuzugeben, daß bei einer spontanen klinischen Reaktion der von Edward Glover 1939 ausgesprochene Verdacht, daß in manchen Fällen eine richtige Deutung vom Patienten wie ein Ersatzsymptom angenommen wird, nicht von der Hand zu weisen ist; obwohl es sich nach einer Analyse oder in einer weiteren Analyse zeigen kann, daß das Ich durchaus funktioniert hat, läßt sich manchmal auch nicht übersehen, daß die Ich-Fähigkeit, eine unzutreffende Deutung abzulehnen, zeitweilig suspendiert gewesen sein kann.

Die Abhängigkeit des Patienten von des Analytikers Beherrschung der Technik muß bedeuten, daß die Richtung der Analyse von gewissen Bevorzugungen im Wertsystem des Psychoanalytikers beeinflußt ist: seiner Vorliebe für rationales Denken oder seiner Faszination durch das Unbewußte. Dies zeigt sich z. B. in seiner Methode, immer erst die genaue Einstellung im Ich des Patienten zu einem bestimmten Problem festzustellen, oder zuerst die regressiven Phantasien des Patienten zu deuten, in seiner Neigung, analysefeindliche Widerstände (Zuspätkommen, Schweigen) als Zeichen von Angst oder Aggression zu deuten usw. Bei alledem spielt natürlich auch eine Rolle, ob der Analytiker männlichen oder weiblichen Geschlechts ist. Ferner kommt es auf seine Haltung gegenüber Entscheidungen an, die der Patient während der Analyse treffen will, seine Einstellung zur Ehe als einer Institution usw. Es kann sogar sein, daß die Spielart der Wertsysteme durch Bildung einer psychoanalytischen Schule soziale Struktur annimmt, so daß die Unterschiede zwischen den Persönlichkeitstypen und Kulturen eine sekundäre Kodifizierung in theoretischen Glaubensrichtungen erfahren.

Der analytische Prozeß wurde bisher im Durcharbeiten der Widerstände gesehen. Der Begriff des Widerstandes bezieht sich auf die Haltung des Ichs gegenüber den abgewehrten unbewußten Triebimpulsen. Widerstände galten als besonders dramatische Phänomene, solange die Deutung sich in erster Linie mit der Aufdekkung von Triebabkömmlingen befaßte und die Icheinstellungen noch kaum beachtet wurden, was erst seit der Entwicklung der Charakteranalyse durch Wilhelm Reich (1928) und bald darauf der Abwehranalyse durch Anna Freud Aufnahme fand. Die moderne analytische Technik hat die Art der Reaktionen der Patienten zutiefst verändert, so daß die runde Zurückweisung einer Deutung eine verhältnismäßig geringe Rolle spielt. Aber in die klinische Theorie sind die Folgerungen aus der detaillierten Analyse der Ichreaktionen nie ganz eingegangen. Das Problem, zwischen dem Widerstand des Patienten und seinem Widerspruch zu unterscheiden, wenn er mit seinem Analytiker nicht übereinstimmt, weil er sich etwa nicht verstanden fühlt, kann in der Analyse in eine Sackgasse führen, aus der oft schwer herauszufinden ist. Die Tatsache, daß in einer Diskussion unter Analytikern über einen vorgetragenen Fall fast jeder Teilnehmer auf einen anderen Wesenszug der Behandlung Wert legt, läßt doch darauf schließen, daß eine Übereinstimmung über das, was am wichtigsten ist, zwischen Psychoanalytiker und Patient auch nicht zuverlässig erreicht werden kann. Wo aber die Kriterien fehlen, welche Reaktionen beim Patienten als »Widerstand« zu klassifizieren sind, und welche Haltungen auf einem Meinungsunterschied zwischen Patient und Analytiker beruhen, da muß die Beurteilung der Lage zweifellos jedem Psychoanalytiker vorbehalten bleiben. Vielleicht wird von uns Psychoanalytikern noch nicht genügend erkannt, daß das, was wir dem »Widerstand« des Patienten zurechnen, manchmal auch darauf zurückzuführen ist, daß der Analytiker seinerseits die Bedürfnisse des Patienten nicht richtig versteht oder angemessen auf sie eingeht. Zum Beispiel wird der Patient die Analyse anders erleben, wenn seine Persönlichkeitsstruktur es ihm ermöglicht, den Grund und die Art der vom jeweiligen Analytiker angebotenen Intervention anzunehmen, als wenn diese Struktur ihm gerade das verbietet. Die Patienten rühmen oder bedauern gewisse Seiten des Temperaments ihres Analytikers, und es ist natürlich richtig, daß der Analytiker die Übertragungsbedeutung dieser Haltungen untersucht.

Aber die Anmerkungen von Paula Heimann und Maxwell Gitelson über eine möglicherweise bestehende Unvereinbarkeit von Patient und Analytiker deuten darauf hin, daß ein Rest von Temperamentsunterschieden bestehen bleiben kann, der nicht völlig aufzulösen ist.

Mit einer Theorie, die nur die Technik in Betracht zieht, können Probleme der Behandlung anscheinend nicht ausreichend geklärt werden. Aus einer solchen Theorie müßte man ja folgern, daß die Persönlichkeit des Psychoanalytikers relativ leicht zu modifizieren und jeder technischen Empfehlung anzupassen wäre. Es ist gewiß ebenso wahr, daß jeder Psychoanalytiker die Technik modifizieren muß, um sie seinen Persönlichkeitsbedürfnissen anzupassen; etwa seinem Bedürfnis, sich deutlich zu machen, eine Kommunikation herzustellen, Humor auszudrücken, oder seiner Passivität oder Neigung zum Rationalisieren.

Die Theorie des psychoanalytischen Prozesses, welche allein die analytische Funktion betont und den Einfluß der Persönlichkeit des Analytikers außer acht läßt, ignoriert auch das Wesen der Introjektion des Analytikers durch den Patienten. Neben dem durch die Übertragung entstellten Bild des Analytikers, das in der Behandlung modifiziert wird, geht doch auch eine erhebliche realistische Wahrnehmung der Eigenschaften des Analytikers einher mit dem Resultat, daß der Patient sich mit der wirklichen Persönlichkeit des Analytikers und seinem Wertsystem identifiziert. Die Schicksale dieser Identifikationen nach der Analyse sind meist schwer zu beurteilen, außer wenn der Analysand beruflich mit der Psychoanalyse oder ähnlichen Berufen zu tun hat, aber bei diesen ist ihre Bedeutung kaum zu bezweifeln.

Daß der Charakter des einzelnen Psychoanalytikers einen ständigen Einfluß auf Verlauf und Ergebnis der Analyse ausübt, ergibt sich auch aus der Natur der Psyche selbst. Das Unbewußte kann nicht direkt gedeutet werden; es kann nur aus Zeichen erschlossen werden, die von seinen bewußten oder vorbewußten Abkömmlingen geliefert werden. Solche Schlüsse können nur auf Grund einer laufenden Wertung der Bedeutung des Geschehens im täglichen Leben des Patienten und seiner geistig-seelischen Aktivitäten gezogen werden. Die Bewertung des Vorbewußten umfaßt also eine ins einzelne gehende Erörterung der Einstellung des Patienten zu den

Problemen, vor die er gestellt ist. Um das zu tun, muß der Psychoanalytiker eine Reihe von Beurteilungen vornehmen, und zwar nicht nur in bezug auf den Patienten, sondern auch auf dritte Personen. Um ein Beispiel zu nennen: Ein Sohn beschreibt die starre, unvernünftige Haltung seines Vaters in überzeugenden Einzelzügen. Wenn der Psychoanalytiker jetzt nur die Rivalität und Aggression des Sohnes im Sinne des Ödipuskomplexes deutet, wird die Deutung für den Patienten keinerlei Überzeugungskraft besitzen. Erst wenn der Analytiker die einzelnen Anklagen des Sohnes untersucht und mit ihm bespricht, kann er ihm, bei Anerkennung berechtigter Klagen auch die irrationalen Motive aus der Kindheitssituation überzeugend demonstrieren. Aber das umfaßt eine Reihe komplizierter Werturteile über die reale Situation sowohl bezüglich des Verhaltens des Patienten außerhalb der Analyse wie auch bezüglich eines dritten, des Vaters. Oder ein anderes Beispiel: Ein jungverheirateter Mann spricht über ein eigenartiges Erleben. Er ist nach harter Arbeit am Abend müde, aber seine Müdigkeit fühlt er erst in dem Moment, wo er den Schlüssel in seine Wohnungstür steckt. Der Analytiker fragt, ob diese Müdigkeit etwas mit dem Heimkommen zu tun haben könnte, und der Patient antwortet mit einer Reihe von Erlebnissen, die zeigen, wie sehr seine Frau ihn zu kontrollieren versucht. Es scheint nun für den Analytiker eine schwierige Aufgabe zu sein, mit dem Patienten über seine Unzufriedenheit zu sprechen und zugleich nicht durchblicken zu lassen, daß er wenigstens manchen der realistischen Beschwerden des Patienten persönlich zustimmt. Der Grad, bis zu welchem die Analyse bewußter und vorbewußter Einstellungen bei der Diskussion der Probleme durchscheinen darf, hängt von der theoretischen Einstellung des Psychoanalytikers ab. Denjenigen Analytikern, die ihre Deutungen an das Ich richten, scheint es zur richtigen Klarstellung des unbewußten Konflikts unvermeidlich, daß die bewußten und vorbewußten Abkömmlinge des Unbewußten voll erforscht werden. Andere Psychoanalytiker könnten bestreiten, daß solche Probleme des Patienten erörtert werden müssen, weil sie das als eine Degradierung der psychoanalytischen Technik betrachten. In jedem Falle scheint es, daß die vom Patienten für den Analytiker empfundenen Gefühle durch den Grad, in welchem der Psychoanalytiker sich mit ihm realistisch auf die Erörterung seiner Probleme einläßt, zutiefst beeinflußt werden müssen. Daß die Theorie auf die Analyse des Vorbewußten so wenig eingeht, scheint ein weiterer Beweis dafür zu sein, daß die psychoanalytische Theorie die intimeren und persönlichen Aspekte der Technik außer acht gelassen hat, obwohl die Analyse des Vorbewußten in der Technik der meisten Analytiker größeren Raum einzunehmen scheint (meines Erachtens zu Recht) als die Deutung des Unbewußten im eigentlichen Sinne. Auf die Gefahr, daß eine solche Diskussion vom Patienten auf eine Weise verstanden werden kann, die dann ein weiteres Stück Analyse der unbewußten Übertragung auf allen Entwicklungsstufen erfordert, braucht kaum hingewiesen zu werden.

Zum Schluß soll noch die Frage erörtert werden, ob es irgendein Kriterium gibt, mit welchem der Erfolg der persönlichen Interaktion von Patient und Psychoanalytiker beurteilt werden kann. Obwohl ich zu zeigen versucht habe, daß die Persönlichkeit des Analytikers unvermeidlich die Richtung beeinflussen muß, in welcher die Analyse gehen wird, erstreckt sich der analytische Prozeß, der im Ich des Patienten ausgelöst wird, über den persönlichen Kontakt mit dem Analytiker hinaus auf sein Leben außerhalb der Analyse. Genauso wie man den Erfolg eines Lehrers daran messen kann, ob seine Schüler imstande sind, sich unabhängig weiterzuentwickeln, ist es vielleicht auch ein Kriterium der erfolgreichen persönlichen Interaktion zwischen Analytiker und Patient, in welchem Grade der Patient sich fähig zeigt, seine eigene Synthese zustande zu bringen – d. h. zum Teil seine eigene Analyse durchzuführen und den Ertrag daraus ins Leben hineinzunehmen. Dies wird nicht nur zutage treten, solange der Kontakt zwischen Patient und Psychoanalytiker besteht, sondern vor allen Dingen nach Beendigung der Analyse.

Inwiefern weicht dieses Kriterium erfolgreicher Interaktion nun von der These ab, daß nicht die Persönlichkeit des Psychoanalytikers, sondern seine analytische Funktion ausschlaggebend sei? Das Kriterium unterscheidet sich, wenn man es beschreibt, vielleicht gar nicht von den allgemein anerkannten Kriterien, die eine erfolgreiche Analyse anzeigen. Was ich zu zeigen versucht habe, ist jedoch, daß die psychoanalytische Funktion nicht unabhängig von der Persönlichkeit des Psychoanalytikers, der sie ausübt, begriffen werden kann, und wenn man den Einfluß seiner Persönlichkeit leugnet, muß es zur Verleugnung von Realitäten des psychoanalytischen Prozesses kommen, für die der Patient mindestens durch Verlust an Zeit zu bezahlen haben wird. Wenn die Psychoanalyse dieses Problem ignoriert, lockert sich ihr Griff in der Praxis, aber auch in der Theorie ihres Verfahrens.

Bibliographie

Balint, A. und M. (1939): »On Transference and Countertransference«, *International Journal of Psycho-analysis 20.*

Freud, A. (1936): *Das Ich und die Abwehrmechanismen,* Wien (Psychoanalytischer Verlag). Neudruck München 1964 (Kindler).

Freud, S. (1910): »Die zukünftigen Chancen der psychoanalytischen Therapie«, *G.W. 8.*

– (1912): »Zur Dynamik der Übertragung«, *G.W. 8.*

– (1912): »Ratschläge für den Arzt bei der psychoanalytischen Behandlung«, *G.W. 8.*

– (1923): »Das Ich und das Es«, *G.W. 13.*

– (1933): *Neue Folge der Vorlesungen zur Einführung in die Psychoanalyse, G.W. 15.*

Gitelson, M. (1952): »The Emotional Position of the Analyst in the psycho-analytic Situation«, *International Journal of Psycho-analysis 33.*

Heimann, P. (1950): »On Counter-Transference«, *International Journal of Psycho-analysis 31.*

– (1960): Beitrag zum »Symposion on Counter-Transference«, *British Journal of Medical Psychology 33,* S. 1.

Little, M. (1957): »›R‹ – the Analyst's total Response to his Patient's Needs«, *International Journal of Psycho-analysis 38.*

Reich, A. (1951): »On Counter-Transference«, *International Journal of Psycho-analysis 32.*

Winnicott, D.W. (1947): »Hate in the Counter-Transference«, in: *Collected Papers,* London 1958 (Tavistock).

Rolf Klüwer

Anmerkungen zum Selbstverständnis des Psychoanalytikers*

Übersicht: Es wird der Vorrang der psychoanalytischen Erkenntnis gegenüber ihrer therapeutischen Nutzanwendung betont. Der (dem Lustprinzip entsprechenden) Tendenz, Leidensersparnis auf Kosten von Erkenntnisfortschritten zu erzielen, die für den einzelnen Therapeuten eine starke Versuchung ist, wirkt die vereinsmäßige Organisation der Psychoanalytiker entgegen (die freilich nicht nur den Primat der Erkenntnis konserviert). Psychoanalyse müßte so gelehrt werden, daß sie vom künftigen Psychoanalytiker nicht nur angewendet, sondern auch weiterentwickelt werden kann. Die gegenwärtige Rezeption der Psychoanalyse ist durch auf Mißverständnissen beruhende, uneinlösbare Erwartungen gekennzeichnet, deren Nichterfüllung Haß und Abwehr auslöst.

In den letzten Jahren hat das allgemeine Interesse an der Psychoanalyse in unerwartetem Umfang zugenommen. Zahlreiche Umstände haben den Wandel der Einstellung zu ihr herbeigeführt: ein sich veränderndes öffentliches Bewußtsein gegenüber sozialen Problemen und damit auch psychischen Störungen aller Art; die öffentliche Anerkennung der Psychoanalyse durch Einbeziehung in die Pflichtleistungen der Krankenkassen; Erwartungen auf Unterstützung in politischen Auseinandersetzungen, vornehmlich von studentischer Seite; die sich durchsetzende Erkenntnis, daß Psychoanalyse bei der Bewältigung zahlreicher psychischer und sozialer Probleme einen Beitrag leisten könnte, wie sie im Rahmen der Erziehung, der Rechtsprechung, des Strafwesens, der Seelsorge, der Sozialarbeit begegnen, um einige der wichtigsten zu nennen. Schließlich wird der Mangel an qualifizierten Psychotherapeuten, die die

---

* Alexander Mitscherlich zum 65. Geburtstag. Erstmals erschienen in *Psyche* (Jg. 27), 1973, S. 1077–1089. Abdruck mit freundlicher Genehmigung des Autors.

Versorgung der psychisch Kranken übernehmen könnten, vielerorts beklagt.

Die rasch angewachsene enorme Nachfrage läßt es angemessen erscheinen, sich wieder einmal daran zu erinnern, was Psychoanalyse eigentlich ist. Freud stellte 1926 in »Die Frage der Laienanalyse« fest: »Der Gebrauch der Analyse zur Therapie der Neurosen ist nur eine ihrer Anwendungen; vielleicht wird die Zukunft zeigen, daß sie nicht die wichtigste ist« (G.W. 14, Seite 285). Hier ist ein Sachverhalt benannt, der ständig in Vergessenheit zu geraten droht, so daß Mißverständnisse über Psychoanalyse resultieren.

Da Psychoanalyse eine spezifische Verwurzelung in der Praxis hat, viele Interessierte jedoch an ihrer Praxis nicht unmittelbar, sondern nur mittelbar teilnehmen können, ist die Entstellung ihrer Essenz ein ernst zu nehmendes Phänomen. Die Beobachtung kann darum auch nicht überraschen, daß Patienten, Kandidaten der Psychoanalyse, die Öffentlichkeit und nicht zuletzt Psychotherapeuten oft etwas suchen oder bekämpfen, das sie Psychoanalyse nennen, das aber nicht Psychoanalyse ist.

1. Psychoanalyse in der Krankenbehandlung

Psychoanalyse wird von Psychoanalytikern praktiziert. Sie behandeln Patienten, d. h. sie sind therapeutisch tätig. Ihre Berufsidentität ist so sehr mit der Praxis der Krankenbehandlung verbunden, daß es fraglich erscheint, ob und wie ein Analytiker ohne diese Tätigkeit seine analytische Identität aufrechterhalten kann. Zur Erlernung der Befähigung muß eine Ausbildung absolviert werden, deren Grundlage die eigene Lehranalyse ist. Ihr schließen sich kontrollierte Krankenbehandlungen an. Bis heute existiert kein überzeugendes Alternativmodell, das das Erlernen der psychoanalytischen Theorie und Technik zur Krankenbehandlung entbehrlich machte und dennoch in der Lage wäre, die Entwicklung einer vergleichbaren analytischen Identität zu gewährleisten.

(Bedürfnisse nach Alternativen liegen vor. Man denke etwa, um ein aktuelles Beispiel aufzugreifen, an die mit der Resozialisation von Strafgefangenen verknüpften Probleme, zu denen die Psychoanalyse ohne Frage wichtige theoretische und praktische Beiträge liefern könnte. Strafgefangene sind keine Patienten; kriminelles, unsoziales oder verwahrlostes Verhalten ist Ausdruck einer anderen inneren Struktur als neurotisches Verhalten. Die Ausbildung des Analytikers ist auf die Behandlung von Neurosen ausgerichtet, die hierbei erlernten behandlungstechnischen Konzepte sind nicht ohne weiteres auf andere Strukturen übertragbar. Ein auf dem Gebiet der Resozialisation von Kriminellen arbeitender Analytiker könnte einen Ausbildungsgang absolvieren, der von Anfang an auf das spezifische Anwendungsgebiet ausgerichtet wäre. Die Gründe, warum ein derartiger denkbarer Ausbildungsgang bis heute nicht konzipiert ist, werden durch die hier vorgelegten Überlegungen mitbeleuchtet.)

Wir stehen vor der Tatsache, daß im Gesamtfeld der Psychoanalyse das größte Gewicht der Krankenbehandlung zufällt. Die überwiegende Zahl der ausgebildeten Analytiker bleibt ihr treu. Der Analytiker findet in dieser Tätigkeit einen angemessenen Lebensunterhalt und eine große Patientennachfrage. Doch ist das keine zureichende Erklärung, warum in der Analyse die Krankenbehandlung einen derart hohen Rang einnimmt und andere Anwendungsmöglichkeiten so sehr im Hintergrund geblieben sind. Wir fragen darum nach den der Analyse immanenten Gründen, die dazu geführt haben.

Die psychotherapeutische Tätigkeit ist zunächst einmal der Ort der Praxis. Psychoanalyse ist ohne Praxis nicht erfahrbar, nicht kontrollierbar, und sie kann auch nur in der Praxis evident werden [1]. Die psychoanalytische Wissenschaft ist in ihrer Entwicklung von dieser Erfahrungsgrundlage abhängig. Die Krankenbehandlung bildet ferner den geeigneten Anlaß für die Herstellung der »analytischen Situation«, die sich von der alltäglichen Kommunikationssituation strukturell unterscheidet. Freud nannte sie eine »Konstruktion«. Während die alltägliche Kommunikationssituation im Dienste wechselseitiger Befriedigung von Triebwünschen und Interessen steht, stellt die Konstruktion der »analytischen Situation« die Bedingung für die Entwicklung, Aufrechterhaltung und Beendigung des analytischen Prozesses dar.

In der Not seiner Krankheit ist der Patient bereit, sein inneres Erleben aufzudecken. Er gibt sein Einverständnis, sich selbst zum Objekt der Untersuchung zu machen und deutend angesprochen zu werden. Damit setzt er sich dem Prozeß eines inneren Geschehens aus, der in Alltagssituationen nicht systematisch zustande kommen kann. In dem sich entfaltenden Prozeß werden durch die Deutungsarbeit die Motive zugänglich, die die Konflikte des Patienten bedingen und unterhalten. Patient und Analytiker erfahren, wie die Aufdeckung der Zusammenhänge der Neurose die Grundlage entzieht und der Herrschaftsbereich des Ichs sich erweitert.

Im Rahmen dieses Prozesses werden die Arbeitsweise der unbewußten Vorgänge und deren Auswirkungen auf die Gestaltung von Beziehungen durch die Übertragungsgeschehnisse beobachtbar und nachweisbar. So ist die »analytische Situation« die Voraussetzung der analytischen Praxis. Sie ist zudem abhängig von geeigneten Patienten, die auch eine ausreichende Motivation haben, um aus dem mühsamen Verfahren einen entsprechenden Gewinn ziehen zu können.

Die Frage nach den Gründen für die einseitige Betonung der Krankenbehandlung im Bewußtsein von Patienten wie Therapeuten im Bereich der Psychoanalyse führt also zunächst darauf, daß die therapeutische Praxis die beste Voraussetzung für die Herstellung der »analytischen Situation« ist, ohne die die Psychoanalyse nicht ausgeübt werden kann.

Sodann ist die therapeutische Tätigkeit die unabdingbare Voraussetzung für die Entwicklung der Identität des Therapeuten. Das Erlernen der analytischen Wahrnehmungseinstellung, das Vertrautwerden mit der konkreten Anschauung psychischer Vorgänge, das Betroffensein vom Konflikt des Patienten, das Ertragen hoher kritischer Spannungen, ohne kurzschlüssigen Lösungswünschen nachzugeben, die Klärung und Auseinandersetzung mit der eigenen Gegenübertragung – alle diese inneren Abläufe können nur im Rahmen der therapeutischen Tätigkeit entwickelt und verfeinert werden.

Zu den genannten Gründen tritt ein weiterer: die Untersuchung pathologischer Phänomene ermöglicht oft erst den Einblick in Funktionsweise, Dynamik und Struktur der gesunden Psyche.

2. Psychoanalyse und Psychotherapie

Da der Psychoanalyse als therapeutischer Methode ein so großes Gewicht zufällt, ist das Verhältnis von Psychoanalyse und Psychotherapie begrifflich zu klären.

Wegen der Komplexität der Beziehungen der beiden Bezeichnungen zueinander sind Bedeutungsunklarheiten und Verständigungsschwierigkeiten naheliegend. Freud legte zu verschiedenen Zeiten mindestens zwei Begriffsbestimmungen fest, deren Abweichungen voneinander im Zusammenhang mit der Gesamtentwicklung der Psychoanalyse stehen.

Im Jahre 1913 nannte er die Psychoanalyse »... ein ärztliches Verfahren, welches die Heilung gewisser Formen von Nervosität (Neurosen) mittels einer psychologischen Technik anstrebt« (Freud, 1913, Seite 390). Zehn Jahre später formulierte er differenzierter: »Psychoanalyse ist der Name 1) eines Verfahrens zur Untersuchung seelischer Vorgänge, welche sonst kaum zugänglich sind; 2) einer Behandlungsmethode neurotischer Störungen, die sich auf diese Untersuchung gründet; 3) einer Reihe von psychologischen, auf solchem Wege gewonnenen Einsichten, die allmählich zu einer neuen wissenschaftlichen Disziplin zusammenwachsen« (Freud, 1923, Seite 211).

Im ersten Zitat erscheint Psychoanalyse als eine neue Form einer psychotherapeutischen Methode, die neben anderen, anerkannten psychotherapeutischen Methoden (etwa der Hypnose) ihren Daseinsanspruch erhebt. In diesem weitesten Sinn wird »Psychotherapie« auch heute noch als ein Oberbegriff verstanden, dem sich die »Psychoanalyse« als eine unter anderen Formen unterordnet. Im zweiten Zitat findet eine Umkehrung statt: innerhalb der Begriffsbedeutung »Psychoanalyse« wird die Therapie zur Folge eines psychoanalytischen Untersuchungsverfahrens. Die therapeutische Bedeutung ist der psychoanalytischen jetzt untergeordnet. Weitere Zitate unterstreichen diese neue Auffassung, etwa:

»Man lasse sich durch die Möglichkeit ihrer Anwendung zu medizinischen Zwecken nicht irreführen, auch die Elektrizität und die Röntgenstrahlen haben Verwendung in der Medizin gefunden, aber die Wissenschaft von beiden ist doch die Physik« (G.W. 14, Seite 289). Oder auch: »Aus praktischen Gründen haben wir, auch für unsere Publikationen, die Gewohnheit angenommen, eine ärztliche Analyse von den Anwendungen der Analyse zu scheiden. Das ist nicht korrekt. In Wirklichkeit verläuft die Scheidungsgrenze zwischen der wissenschaftlichen Psychoanalyse und ihren Anwendungen auf medizinischem und nichtmedizinischem Gebiet« (G.W. 14, Seite 295).

Eissler macht darauf aufmerksam, daß Freud im »Abriß der Psychoanalyse« (1940) die Psychoanalyse noch einmal als therapeutische Disziplin darstellt und von Behandlung nicht im Sinne einer Anwendung der Analyse spricht. Dennoch berechtigt diese letzte Fassung nicht zu der Annahme, daß Freud die vorgängige Differenzierung wieder aufgegeben habe (Eissler, 1965, Seite 85 f.)

Man kann sich nun schwer des Eindrucks erwehren, daß die differenzierte Bedeutungserweiterung der Bezeichnung »Psychoanalyse« nur wenig in das Verständnis von Psychoanalytikern aufgenommen wurde. Es kann nicht als Selbstverständlichkeit gelten, daß Psychoanalyse und die Anwendung der Psychoanalyse im ärztlichen Bereich zu therapeutischen Zwecken nicht deckungsgleich sind. Hierauf wird noch ausführlicher einzugehen sein.

Auf einer anderen begrifflichen Ebene sind weitere Bedeutungen gängig, die sich auf die Anwendung als Behandlungsmethode beziehen. Wir sprechen von der psychoanalytischen Behandlung im Unterschied zur psychoanalytischen Psychotherapie, grenzen von letzterer wiederum weitere psychotherapeutische Formen ab, etwa stützende oder begleitende Psychotherapie. Ferner sprechen wir von »therapeutischer Analyse« im Unterschied etwa zu »Lehranalyse« oder »informatorischer Analyse«; Freud unterschied einmal zwischen »therapeutischen und Charakteranalysen« (G.W. 16, Seite 96). Schließlich sprechen wir von der »therapeutischen Funktion« der psychoanalytischen Behandlung.

Diese Bedeutungen werden hier mehr der Vollständigkeit wegen genannt, ohne daß im einzelnen auf die Kriterien eingegangen werden soll, was eine psychoanalytische Behandlung im Sinne einer therapeutischen Analyse von einer analytischen Psychotherapie unterscheidet. Diese Frage (die für bestimmte Behandlungstechniken wie etwa die Fokaltherapie besonders interessant ist) bedarf eingehenderer Untersuchungen über den analytischen bzw. therapeutischen Prozeß und seine Handhabung. Mit Sicherheit läßt sich aber sagen, daß nicht die äußere Anordnung, wie etwa die Dichte, Dauer und Anzahl der Stunden ausschlaggebend sein kann, obwohl in der Praxis oft gerade diese Merkmale als Kriterien dienen. Tatsächlich bleibt die entscheidende Frage noch unbeantwortet, was unter den jeweiligen Bedingungen geschieht.

3. Das Junktim von Heilen und Forschen in der Psychoanalyse

Eissler hat sich sehr eingehend mit dem Problem der Anwendung der Psychoanalyse im ärztlichen Bereich beschäftigt (Eissler, 1965, insbesondere Kap. 4). Er zitiert Freud:
»... der Kranke hat nicht viel davon, wenn das therapeutische Interesse beim Arzt affektiv überbetont ist. Für ihn ist es am besten, wenn der Arzt kühl und möglichst korrekt arbeitet« (G.W. 14, Seite 291). Eissler präzisiert diese Position: »Ich glaube jedoch, daß sogar bei fehlender Übersetzung einer therapeutischen Absicht die bloße Tatsache des Wunsches des Therapeuten, den Patienten zu heilen statt ihm Einsicht zu vermitteln, einen schlechten Dienst für ihn darstellt ... Für die Patienten ist offensichtlich die beständige Haltung eines ›Was sind die Gründe für ...?‹ therapeutisch wirksamer als eine Haltung, die von der Frage geleitet ist, ›Wie sollte ich ... behandeln?‹« (71). Er fährt fort: »Ich denke, der therapeutische Aspekt der Psychoanalyse wird ganz allgemein mißverstanden. Psychoanalyse ist nicht eine Art therapeutisches Agens, vergleichbar jenen, die in der inneren Medizin verwendet werden.« Auch Freud hat diese Position mehrfach zum Ausdruck gebracht: »In der Psychoanalyse bestand von Anfang ein Junktim zwischen Heilen und Forschen, die Erkenntnis brachte den Erfolg, man konnte nicht behandeln, ohne etwas Neues zu erfahren, man gewann keine Aufklärung, ohne ihre wohltätige Wirkung zu erleben. Unser analytisches Verfahren ist das einzige, bei dem dies kostbare Zusammentreffen gewahrt bleibt« (G.W. 14, Seite 293).

Eissler stellt hierzu fest: »... die Schlußfolgerung wird unausweichlich, daß keine logische Trennung zwischen Forschung und Behandlung in der psychoanalytischen Situation aufgestellt werden kann« (Seite 65). Freud hat keinen Zweifel daran gelassen, daß er die Bezeichnung »Psychoanalyse« mit einem besonderen Anspruch verbindet: »Die in kurzer Zeit zu einem günstigen Ausgang führenden Analysen werden für das Selbstgefühl des Therapeuten wertvoll sein und die ärztliche Bedeutung der Psychoanalyse dartun; für die Förderung der wissenschaftlichen Erkenntnis bleiben sie meist belanglos. Man lernt nichts Neues aus ihnen. Sie sind ja nur darum so rasch geglückt, weil man bereits alles wußte, was zu ihrer Erledigung notwendig war. Neues kann man nur aus Analysen erfahren, die besondere Schwierigkeiten bieten, zu deren Überwindung man dann viel Zeit verbraucht. Nur in diesen Fällen erreicht man es, in die tiefsten und primitivsten Schichten der seelischen Entwicklung herabzusteigen und von dort die Lösungen für die Probleme der späteren Gestaltungen zu holen. Man sagt sich dann, daß, streng genommen, erst die Analyse, welche soweit vorgedrungen ist, diesen Namen verdient« (G.W. 12, Seite 32).

Nur eine oberflächliche Betrachtung kann zu der Auffassung gelangen, es handele sich um einen Streit um Worte. Tatsächlich bemüht sich Freud, den Anspruch, der mit der Tätigkeit des Analytikers verknüpft ist, zu unterstreichen.

Den Zitaten kann entnommen werden, daß dieser Anspruch nicht immer gewährleistet ist, wo psychotherapeutische Arbeit als psychoanalytische ausgegeben wird. Es wurde darauf hingewiesen, daß »Anwendung der Psychoanalyse« in zweifacher Weise verstanden werden kann: als Anwendung der psychoanalytischen Untersuchungsmethode auf einen Patienten und als Anwendung gesicherten analytischen Wissens auf einen Patienten. Keine der beiden Bedeutungen ist entbehrlich. Der Analytiker wird auch kaum von dem, was die wissenschaftliche Analyse zutage gefördert hat, absehen können. Und doch liegt eine leicht irritierende Interferenz der beiden Bedeutungen von Anwendung vor. Unversehens gleitet der Analytiker, je mehr er analytisches Wissen anwendet, aus einer aufklärend forschenden in eine therapeutische Zielsetzung. In gewisser Weise muß man die Möglichkeit zur Nutzbarmachung der wissenschaftlichen psychoanalytischen Ergebnisse in der Krankenbehandlung als eine Gefahr der Schwächung und Entschärfung der »streng genommenen« Psychoanalyse verstehen. Eine Schwächung erfährt dabei das psychoanalytische Untersuchungsinstrument, ohne daß diese Schwächung von einem der Beteiligten bemerkt werden muß. Sie schlägt sich ja nicht in negativen therapeutischen Resultaten nieder und tritt eventuell erst nach sehr langer Zeit wieder ins Bewußtsein. Eissler weist darauf hin, daß »viele, die für ihre meisterhafte Handhabung der klassischen analytischen Technik bekannt sind, in der Therapie eher ungeschickt sind« (Seite 389). Sicher gilt auch das Umgekehrte, daß eine hervorragende therapeutische Geschicklichkeit ohne Einsatz der analytischen Untersuchungsmethode des Zuspruchs sicher sein kann. Welch eminent praktische Bedeutung diese Gedanken haben, stellt Eissler beispielhaft an einer Gruppe angesehener amerikanischer analytischer Psychotherapeuten wie Alexander, French, Oberndorff u. a. dar. Ein Verlust an »streng genommener« Psychoanalyse ist dort nachweislich eingetreten und hat einen starken Einfluß auf das gesamte therapeutische Feld ausgeübt.

Die Arbeiten der Alexanderschen Schule sollen hier nur beispielhaft erwähnt werden, um zu verdeutlichen, daß psychoanalytische Praxis tendenziell dieser Schwächung ständig ausgesetzt ist. Das Erkenntnisinteresse der Psychoanalyse muß sich gegen den Druck eines therapeutischen Interesses ständig behaupten. Die Aufrechterhaltung des analytischen Erkenntnisanspruchs ist fraglos der mühsamere Weg. Da der Patient in der Regel in der Erwartung des therapeutischen Erfolges die Mühen der Analyse auf sich nimmt, muß sich der Analytiker häufig gegen die mitunter sehr versteckten Verführungen wehren, Leidensersparnis auf Kosten eines Erkenntnisfortschritts zu erzielen.

Diesem unterschwelligen, aber stetigen Druck ist es wohl zuzuschreiben, daß der vereinzelte Analytiker der Analyse in der Regel verloren geht. Die auffällige Gesellung der Analytiker hat vielschichtige Gründe; einer der wichtigsten scheint das Wissen um die Gefährdung des analytischen Anspruchs, der durch den Kontakt der Analytiker untereinander besser geschützt ist [2].

In diesem Zusammenhang sei an eine Empfehlung Freuds erinnert: »Jeder Analytiker sollte periodisch, etwa nach Verlauf von fünf Jahren, sich wieder zum Objekt der Analyse machen, ohne sich dieses Schrittes zu schämen« (G.W. 16, Seite 96). Der sachlich unnötige Zusatz – »ohne sich dieses Schrittes zu schämen« – verdient Beachtung. Denn Freud unterstellt – infolge entsprechender Erfahrungen wohl mit Recht –, daß Analytiker sich schämen, diesen Schritt zu tun. Diese Scham kann nur da entstehen, wo eine unzulängliche Aufklärung bzw. ein therapeutisches Vorverständnis der Psychoanalyse vorliegt. Diese Scham ist wohl Ausdruck einer infantilen Größenphantasie, endlich einmal groß und fertig zu sein. Sie verrät fehlendes Verständnis für die Eigengesetzlichkeit unbewußter Vorgänge, die zu erneuter Verdrängung tendieren und den Weg der höchsten Lustbefriedigung und Sicherheit suchen. Die Vorstellung, Analytiker seien infolge ihrer Lehranalyse anderen Gesetzen unterworfen, kann nur als ein unaufgeklärter Rest infantiler Phantasien verstanden werden. Und natürlich sind es insbesondere unaufgelöste Reste infantiler Phantasien, die den Weg zum Verständnis der »streng genommenen« Psychoanalyse verstellen. Die Gesetzmäßigkeiten unbewußter Vorgänge bleiben für den Analytiker in gleicher Weise gültig wie für den Patienten. Der Analytiker hat es aber noch schwerer als der Patient, sich zu sich selbst analytisch einzustellen. Er ist für seine Arbeit mit dem Patienten auf ein bestimmtes Maß solider Stabilität seines Selbst angewiesen, so daß erneute Störungen seiner Sicherheit in ihm Befürchtungen auslösen müssen, seine analytische Potenz zu gefährden.

Während wir oben feststellen mußten, daß Psychoanalyse ohne die therapeutische Praxis nicht lebensfähig ist, müssen wir nun sagen, daß die Anwendung der Analyse auf dem medizinischen Feld vom Vergessen dessen bedroht ist, was sie ausmacht: Aufklärung und Erkenntnis. Psychoanalyse müßte darum so gelehrt werden, daß sie vom zukünftigen Analytiker nicht nur angewendet, sondern auch entwickelt werden kann. Je umfangreicher ihr wissenschaftlicher Bestand wird, um so schwerer scheint es der Kandidat zu haben, damit in angemessener Weise zu verfahren. Ob unsere Ausbildungssysteme der Entwicklung des psychoanalytischen Anspruchs gerecht werden, ist eine dringliche Frage.

4. Wie Psychoanalyse mißverstanden werden kann

Wir haben die Anwendung der Analyse im therapeutischen Bereich zu beleuchten versucht und uns mit der Arbeit des einzelnen Analytikers in der psychoanalytischen Situation beschäftigt. Psychoanalyse ist jedoch nicht nur Privatangelegenheit zwischen Analytiker und Patient; sie ist eine wissenschaftliche Disziplin, somit öffentlich zugänglich und in Wechselwirkung mit der Gesellschaft.

Die Veröffentlichungen der Psychoanalyse wirkten in ihrer Anfangszeit wie eine schonungslose Aufklärung und erregten entsprechenden Widerstand. Freud schrieb: »Die Gesellschaft ... muß sich im Widerstand gegen uns befinden, denn wir verhalten uns kritisch gegen sie; wir weisen ihr nach, daß sie an der Verursachung der Neurosen selbst einen großen Anteil hat. Wie wir den einzelnen durch die Aufdeckung des in ihm Verdrängten zu unserm Feinde machen, so kann auch die Gesellschaft die rücksichtslose Bloßlegung ihrer Schäden und Unzulänglichkeiten nicht mit sympathischem Entgegenkommen beantworten« (G.W. 8, Seite 111).

Wenn wir auch heute nicht von einem sympathischen Entgegenkommen der Gesellschaft sprechen können, so hat sich doch die Szene völlig verändert (vgl. Mitscherlich, 1963, 1968).

a) Die psychoanalytische Aufklärung über die Sexualität führte zu einer triebfreundlicheren Einstellung. Gesellschaftlich verankerte unmäßige Überich-Ansprüche wurden in ihrer Autorität erschüttert. An Stelle einer Stärkung der Eigenverantwortlichkeit des Ichs gegenüber seinen Triebansprüchen wird jedoch die triebfreundliche Position als Erlaubnis zur Triebbefriedigung mißverstanden. Der Überich-Anspruch wird dabei nicht unter die Kontrolle des bewußten Ichs gestellt, sondern verdrängt. Das Ich bleibt nach wie vor vom Überich geleitet, ist aber infolge der Verdrängung seines Schutzes beraubt und fühlt sich zunehmend Triebansprüchen ausgeliefert. Eine regressive Tendenz setzt sich durch. Vermeintlich gesteigerte Triebbefriedigung verkehrt sich in Unfähigkeit, die Triebansprüche angemessen kontrollieren zu können. Zunehmend muß das Ich Außeninstanzen für das Nichtgelingen der intendierten Selbstverwirklichung verantwortlich machen; sie sollen Sorge tragen für die ausbleibende Befriedigung und Sicherheit. Als eine derartige Instanz wird dann wiederum die Psychoanalyse bemüht. Da sie einen nachweislichen Beitrag für einen Zuwachs von Triebbefriedigung und menschlicherem Dasein lieferte, richten sich erhöhte Erwartungen auf sie, in gleicher Weise fortzufahren. Im Zuge der erfolgten Regression nehmen die Ansprüche Formen an, die nur mehr eine omnipotente Instanz erfüllen könnte. Da Psychoanalyse diesem nicht gerecht werden kann, erscheint sie als Versager, wird gehaßt und fallengelassen.

Hier beruhte die begierige Aufnahme der Psychoanalyse auf einem Mißverständnis. Mißverstanden wird ferner das Verhältnis zwischen Überich-Zwängen und den durch die Realität gesetzten Grenzen. Der tragische Aspekt der Realität (Schafer, 1972) wird verleugnet, paradiesische Erwartungen treten auf.

b) Psychoanalytische Literatur hat in den letzten Jahren eine auffallende und zunehmende Publizität erlangt. Es ist zu vermuten, daß die Leser sehr unterschiedliche Interessen verfolgen: das wissenschaftliche, das nach Information und das praktische. Neben denen, die primär im Hinblick auf persönliche Probleme nach analytischer Literatur greifen, suchen immer mehr Menschen Hilfe für ihre spezifischen Berufsprobleme. Die Erfahrung des Versagens tradierter Kommunikationsstile setzt vor allem die Berufe, die unmittelbar mit Menschen umgehen müssen (Ärzte, Lehrer, Erzieher, Juristen, Pfarrer, Sozialarbeiter u. a.), einem Druck aus, der zur Suche nach neuen Konzepten führt. Gerade diese möchten, was sie aus analytischer Literatur lernen können, auch anwenden. Wenige nur haben Gelegenheit, Psychoanalyse durch Vermittlung von Analytikern, etwa in Balintgruppen, kennenzulernen. Wie oben beschrieben, ist Psychoanalyse in der Praxis der analytischen Situation verwurzelt. Deren Bedingungen mobilisieren psychische Arbeit in Richtung auf Strukturveränderung durch Einsicht. Der Rahmen der analytischen Situation gibt Gewähr für ein angemessenes Verstehen und die Aufarbeitung ständig reproduzierter Mißverständnisse, denn die Übertragung ist ja nichts anderes als das Mißverstehen der Gegenwart im Sinne einer internalisierten konflikthaften Vergangenheit.

So sind den Bedürfnissen nach Anwendung ohne erlernte eigene analytische Praxis sehr enge Grenzen gesetzt. Intellektuelle Verkürzung analytischen Verstehens und agierender Umgang mit analytischem Wissen werden durch die Publizität der Analyse und das Bedürfnis nach Berücksichtigung der analytischen Konzepte begünstigt.

Wir stehen vor einem Dilemma: Obwohl es fraglos wünschenswert ist, soviel wie möglich zu verstehen und zu wissen, kann Teilwissen bekanntlich schädlicher sein als Nichtwissen. Verhängnisvoll kann sich das Mißverständnis auswirken, man könne durch Lesen die Anwendung der Analyse erlernen. Nicht selten ist zu beobachten, wie solche Anwendungsversuche zu chaotischen Situationen führen, die dann nicht mehr bewältigt werden können. Ressentiments gegenüber der Analyse, die nicht hält, was sie scheinbar versprach, sind dann unausweichlich.

c) Die Angriffe, die in den letzten Jahren von seiten der Verhaltenstherapie – vornehmlich von J. Eysenck – bezüglich der therapeutischen Effizienz gegen die Analyse vorgebracht wurden, betrafen die Psychoanalyse als Psychotherapie. Psychoanalyse wurde als eine Symptombeseitigungstechnik mißverstanden. So legitim Erfolgskontrollen sind, so sehr zeigte sich in der anschließenden wissenschaftlichen Diskussion, wie der Fetisch der Zählbarkeit das Verständnis von Psychoanalyse und dem, was sie tatsächlich leisten kann, erschwert.

d) Schließlich sei das politische Mißverständnis erwähnt, das in seiner Vielschichtigkeit hier nicht ausreichend behandelt werden kann. Der politische Beitrag der Psychoanalyse kann nur darin bestehen, daß sie ihr Erkenntnisinteresse reflektiert, indem sie sich kritisch auf den Anspruch der »streng genommenen Psychoanalyse« besinnt. Hier wird Psychoanalyse zwangsläufig »politisch«, insofern sie nicht nur die Strukturen individueller Pathologie verständlich macht, sondern damit zugleich die historischen, gesellschaftlich relevanten Verformungen des menschlichen Daseins aufdeckt. Sie kann sich jedoch keinem unmittelbaren politischen Handlungsinteresse verschreiben, nicht einmal dem, gesund zu machen.

Nicht nur die Psychoanalyse übt ihre Wirkung auf die Gesellschaft aus, sondern die sich verändernde Gesellschaft wirkt umgekehrt auch auf das berufliche Selbstverständnis der Analytiker ein. Die Psychoanalyse ist vermutlich enger mit dem jeweiligen beruflichen Selbstverständnis derer, die sie ausüben, verbunden und abhängig, als das bei anderen Wissenschaften der Fall ist. Die Gesellschaft meldet heute nachdrücklich ihr Interesse an der Analyse an und möchte ihre wohltätige, hilfreiche Wirkung in Anspruch nehmen. Die Befolgung dieser auch honorierten Ansprüche könnte die Psychoanalyse von ihrer wissenschaftlichen Forschungsaufgabe ablenken. Die eingangs erwähnte weitgehende Gleichsetzung der Psychoanalyse mit Psychotherapie, auch im Bewußtsein vieler Analytiker, ist ein deutliches Symptom dafür.

Vielen wird das psychoanalytische Erkenntnisziel als ein Luxus erscheinen, vielleicht als eine Frage persönlicher Neigungen und Wertungen. Dabei wird aber übersehen, daß nur die »streng genommene Psychoanalyse« das methodische Instrument ist, das *auf die Dauer* die Existenz der Psychoanalyse – und damit auch der von ihr abgeleiteten therapeutischen Verfahren – erhalten kann.

Überall wo Psychoanalyse praktiziert wird, ist die Veränderung der Psychopathologie aufgefallen. Die »klassischen« Bilder treten zurück, andersgeartete Pathologien erscheinen, die in keinem psychoanalytischen Lehrbuch zu finden sind. Unter anderem hat die Psychoanalyse selbst zu diesem Wandel durch ihre Aufklärung beigetragen, so daß sich psychische Krankheit nicht mehr in bereits durchschaubar gewordene Formen kleiden kann. Bedeutender aber sind die auf Grund veränderter und sich beständig verändernder Sozialisationsbedingungen entstehenden neuen Strukturen, die neue Formen von Psychopathologie produzieren. So wie sich das *Verständnis* von Psychoanalyse therapeutisch verkürzt, verengt sich auf die Dauer zwangsläufig ihre therapeutische Anwendungsmöglichkeit. Sie verliert dann aber auch die Möglichkeit, den ihr zustehenden Beitrag für das Verständnis der jeweiligen historischen gesellschaftlichen Verformungen des Menschen zu leisten.

Die Anwendung der Psychoanalyse in anderen Bereichen als der Krankenbehandlung, wie etwa in der Sozialwissenschaft, Sprachwissenschaft, Literaturwissenschaft, Ethnologie, Religionswissenschaft und vielen anderen, sowie die fruchtbare Zusammenarbeit zwischen Psychoanalytikern und Wissenschaftlern dieser Gebiete kann nur dann zustandekommen, wenn ein unverkürztes Verständnis von Psychoanalyse gewahrt bleibt.

Freuds Beschreibung der Psychoanalyse aus dem Jahr 1923 wird ihr wohl am ehesten gerecht. Sie ist nicht Praxis und nicht Theorie, nicht Anwendung und nicht Untersuchungsmethode allein, sie ist je das eine mittels des anderen. Diese gegenseitige Bedingtheit ihrer Bedeutungen erinnert an die analytische Haltung der gleichschwebenden Aufmerksamkeit: Auch die Essenz der Analyse ist gewissermaßen nur in der Schwebe zu erhalten. Der Zugang zum Unbewußten bleibt nur offen, wenn dem natürlichen Drang zur bewußten Oberfläche ein bewußter Widerstand entgegengesetzt wird. So könnte man auch sagen, daß alle Versuche, die Psychoanalyse auf eine Orthodoxie zu fixieren, sich einem Mißverständnis nähern, da die Psychoanalyse am ehesten als Paradoxie lebendig bleibt. Aber als Paradoxie bleibt sie ein stetes Ärgernis.

Anmerkungen

1 Damit soll nicht behauptet werden, daß die Möglichkeit zur Arbeit an und mit psychoanalytischer Theorie unumgänglich die persönliche praktische Erfahrung mit dem psychoanalytischen Verfahren zur Voraussetzung habe.

2 Während die auffallende Gesellung der Analytiker in Gruppen die Analyse – und die Analytiker – in der genannten Weise schützt, soll doch auch eine mögliche negative Auswirkung erwähnt werden: Gruppen dieser Art entwickeln ein »Gruppendenken«, das innovatorische Ansätze sehr erschwert.

Bibliographie

Alexander, F. (1956): *Psychoanalysis and Psychotherapy*, New York.

Eissler, K. (1965): *Medical Orthodoxy and the Future of Psychoanalysis.* New York (International Universities Press).

Freud, S. (1910): »Die zukünftigen Chancen der psychoanalytischen Therapie«, *G.W. 8.*

– (1913): »Das Interesse an der Psychoanalyse«, *G.W. 8.*

– (1914): »Zur Geschichte der psychoanalytischen Bewegung«, *G.W. 10.*

– (1918): »Aus der Geschichte einer infantilen Neurose«, *G.W. 12.*

– (1923): »Psychoanalyse und Libidotheorie«, *G.W. 8.*

– (1926): »Psycho-Analysis«, *G.W. 14.*

– (1927): »Nachwort zur ›Frage der Laienanalyse‹«, *G.W. 14.*

– (1937): »Die endliche und die unendliche Analyse«, *G.W. 16.*

– 1940): »Abriß der Psychoanalyse«, *G.W. 17.*

Mitscherlich, A. (1963): *Auf dem Weg zur vaterlosen Gesellschaft,* München (Piper).

– u. M. Mitscherlich-Nielsen (1968): *Die Unfähigkeit zu trauern,* München (Piper).

Schafer, R. (1972): »Die psychoanalytische Anschauung der Realität«, *Psyche 26,* S. 881–898 u. 952–973.

Paula Heimann

Gedanken zum Erkenntnisprozeß des Psychoanalytikers*

Übersicht: Im Erkenntnisprozeß des Psychoanalytikers werden drei Positionen unterschieden, die sich durch besondere Ich-Konfigurationen auszeichnen.
Die erste Position des Analytikers ist die des teilnehmenden, zuhörenden Beobachters; der Erkenntnisprozeß ist durch das Primat der freibeweglichen Aufmerksamkeit mit den dazugehörigen Ichfunktionen bestimmt. Diese Aufmerksamkeit erfaßt das weite Gebiet der verbalen und nichtverbalen Mitteilungen des Patienten vom unwillkürlichen Hinweis bis zur absichtlichen Aussage und erlaubt dem Analytiker, darauf mit kognitiven Handlungen zu reagieren.
Wenn der Analytiker in die zweite Position hinüberwechselt, in welcher er zum aktiven Partner seiner Patienten wird, ist seine Ich-Konfiguration durch das Primat derjenigen Ichfunktionen determiniert, die zur Herstellung eines verbalen Rapports dienen und die Erkenntnisprozesse in gesprochene Worte, die Probedeutungen in definitive Deutungen überführen.
In der dritten Position findet der Erkenntnisprozeß des Analytikers ohne direkten Kontakt mit dem Patienten statt, nämlich in der Zeit zwischen den analytischen Behandlungsstunden. Der Denkvorgang besteht in der Erforschung dessen, was sich in der Sitzung oder den Sitzungen ereignete, und die Ich-Konfiguration des Analytikers steht unter dem Primat der Ichfunktionen des Erinnerns, wobei die Bewertungen immer wieder vom Gedächtnis kontrolliert werden müssen.

Einleitung

Der vorliegende Versuch, die Arbeit des Analytikers im einzelnen zu erforschen, geht auf viele Anregungen erfreulicher Art, aber auch Bedenken zurück, von denen ich einige wenige erwähnen möchte.

---

* Professor Alexander Mitscherlich zum 60. Geburtstag gewidmet. Erstmals erschienen in *Psyche* (Jg. 23), 1969, S. 2–24. Abdruck mit freundlicher Genehmigung der Autorin.

An erster Stelle nenne ich das Projekt der Validierung der Deutungsaktion, das seit Jahren am Sigmund-Freud-Institut in Frankfurt am Main verfolgt wird, und an dem ich im Winter 1967/68 für leider nur kurze Zeit teilnehmen konnte (Thomä und Houben 1967). Es drängte mich, die dort geführte Diskussion auf meine Art weiterzutreiben.

Zu den erfreulichen, positiven Anregungen gehören weiter viele psychoanalytische Arbeiten, in denen fruchtbare Ansätze zum Verständnis der Arbeit des Analytikers zu finden sind. Auf zwei dieser Arbeiten werde ich später eingehen.

Es finden sich in der psychoanalytischen Literatur aber auch Arbeiten, die unter verschiedenen Gesichtspunkten und von verschiedenen Ausgangspunkten her das hier angeschnittene Thema behandeln, zu denen ich Bedenken anzumelden hätte. Auch Maxwell Gitelson hat in seinen letzten Arbeiten (1963, 1964) das bei Analytikern anzutreffende Bestreben untersucht, die Zustimmung der Welt dazu zu erlangen, daß die Psychoanalyse als eine anständige, respektable Wissenschaft zu betrachten sei. Er wies auf die unbewußten, emotionellen Motive unwissenschaftlicher Natur hin, die oft solchen Strebungen zugrunde liegen, und schlug gleichzeitig eine wissenschaftliche Betrachtungsweise vor. In Übereinstimmung mit seiner Auffassung möchte ich einige einfache Punkte hinzufügen. Wenn der wissenschaftliche Charakter der Psychoanalyse zur Diskussion gestellt wird, müssen die Kriterien, an denen sie gemessen wird, dem Wesen der Psychoanalyse gerecht werden. Um nur einige Beispiele anzuführen: Die Kriterien müssen die Existenz und Kraft der unbewußten psychischen Prozesse, die Überdeterminierung eines psychischen Vorgangs, die Einzigartigkeit und Unwiederholbarkeit in Einzelheiten jeder psychoanalytischen Situation berücksichtigen.

Mein eigenes Streben richtet sich weniger auf Anerkennung der Psychoanalyse als Wissenschaft als vielmehr auf Kommunikation und Verständigung mit allen denen, die sich mit menschlichen Problemen befassen, auf den Versuch, Brücken zu bauen und sie zu benutzen.

Mit der Wissenschaft (wie auch nach dem englischen Sprichwort mit der Mildtätigkeit) aber sollten wir zuhause anfangen. In der psychoanalytischen Literatur finden sich gar nicht selten magischmystische Elemente und eine Idealisierung des Analytikers als Person wie auch des analytischen Prozesses. Ich glaube, daß dies auf einer unerkannten Rückkehr religiöser Bedürfnisse beruht. Die Tatsache, daß die Analyse nicht nur eine Wissenschaft, sondern auch eine Kunst ist, enthebt uns nicht der Forderung nach rigoros diszipliniertem Denken.

Ich habe an anderer Stelle (1966) die Auffassung vertreten, daß die psychoanalytische Situation aus zwei Komponenten sich zusammensetzt, die ich das »psychoanalytische Milieu« und das »psychoanalytische Arbeitsteam« nannte[1]. Diese begriffliche Trennung ist notwendig, um die praktischen Ergebnisse der Analyse richtig zu bewerten. So kann die Rolle der Deutung, die ja das wichtigste Einzelwerkzeug des Analytikers darstellt, nicht ohne die Wirkung des umfassenderen Faktors des psychoanalytischen Milieus verstanden werden und umgekehrt. Ferner schützt Klarheit über die Komponenten des Gesamts vor Illusionen über den analytischen Prozeß.

Innerhalb einer spezifischen Forschung aber, in welcher die erwähnten Zusammenhänge ständig mitbeachtet werden – wie die Kulissen auf der Bühne –, ist es ein legitimes Verfahren, eine gewisse Zeit hindurch eine Komponente aus dem Gesamt zu isolieren und zu verfolgen. Meine gegenwärtigen Betrachtungen betreffen das psychoanalytische Arbeitsteam und wählen aus diesem speziell die Arbeit des Analytikers, d. h. seinen Erkenntnisprozeß, aus. Wie geht er vor in seinem Versuch, seinen Patienten zu verstehen und ihm solches Verständnis zu vermitteln?

Einige Bemerkungen zur Literatur

In den Arbeiten, die Beiträge zum gegenwärtigen Problem liefern, fällt auf, wie oft der Begriff der Empathie zur Erklärung für die Funktion des Analytikers herangezogen wird. Meines Erachtens wird das Phänomen der Empathie überbetont, es wird ihm mehr zugeschrieben, als gerechtfertigt ist; schlimmer, es wird nicht selten mit einem Heiligenschein umgeben, ein Kult wird mit ihm getrieben auf Kosten klarer Definitionen dessen, was gemeint ist. Damit schleicht sich ein unwissenschaftliches Element in die Erforschung des Erkenntnisprozesses des Analytikers ein.

Soweit mir bekannt ist, war es nur Waelder (1962), der an dieser Sonderstellung des Begriffs der Empathie Kritik übte, und ich stimme ihm bei. Er sondert die Fähigkeit, in Kontakt mit anderen Menschen zu kommen und psychische Manifestationen zu verstehen, von jener seltenen Begabung ab, die zur unmittelbaren Entdeckung tief verborgener unbewußter Prozesse führt. So wie ein Farbenblinder nicht für den Beruf eines Malers oder Kunstkritikers geeignet ist, so kann niemand ohne die erstgenannte Fähigkeit Analytiker werden. Ob aber die besondere Begabung der unmittelbaren Erfassung unbewußter Vorgänge für einen Analytiker so wertvoll sei, bezweifelt Waelder. Sehr rasche Anfangserfolge verführen leicht zur Vernachlässigung der sorgfältigen, mühevollen Kleinarbeit und erschweren die Bereitschaft des Analytikers, seine Irrtümer zu erkennen und zu korrigieren.

Was ich an Waelders Ausführungen besonders schätze, ist die Klarheit, mit der er der Tendenz einer mystisch-magischen Einstellung zur Empathie entgegentritt. Die Fähigkeit, um die es sich nach Waelder bei der zweiten Art von Empathie (oder Intuition) handelt, ist die Gabe, »unendlich kleine Anzeichen« wahrzunehmen. (Aber für den, der sie sehen kann, sind diese Anzeichen eben doch nicht »unendlich« klein.)

Zwei Autoren, Fließ (1942) und Greenson (1960), die vom Phänomen der Empathie ausgehen, haben sehr Interessantes zum Problem des Erkenntnisprozesses des Analytikers beigetragen. Auffallend ist, daß die beiden Autoren das Phänomen verschieden definieren. Fließ beschreibt Empathie als etwas, was volkstümlich als »sich in jemand hineinversetzen«, »in die Schuhe eines anderen steigen« oder »ihm unter die Haut kriechen« bezeichnet wird. Diese Popularisierung des Phänomens verkehrt den wirklichen Vorgang ins Gegenteil. In Wahrheit handelt es sich um eine Introjektion der anderen Person (oder eines wichtigen Aspektes von ihr), und diese Introjektion führt zur Identifizierung des Subjekts mit dem Objekt. Um seinen Patienten zu verstehen, muß der Analytiker eine bewußte, kurzdauernde Identifizierung mit ihm zustande bringen. Im Zusammenhang mit einer Reihe anderer Prozesse kommt der Analytiker dahin, ein »Arbeits-Ich« zu entwikkeln, demzufolge er »während der Arbeit mit seinem Patienten zu einer ungewöhnlichen Person wird« und dadurch die vielfältigen, schwierigen Aufgaben seines Berufs leisten kann. Fließ betont, daß dieses Arbeits-Ich, das den Analytiker zu einem Ausnahmewesen stempelt, nur für die begrenzte analytische Situation existiert. Ich werde später auf den Beitrag des Über-Ichs zur Bildung des Arbeits-Ichs, den Fließ beschreibt, eingehen.

Greenson illustriert seine Auffassung vom Phänomen der Empathie an einem klinischen Beispiel, in welchem seine Empathie ihn im Stich ließ, so daß er seine Patientin nicht verstand. Sein Beitrag zum Erkenntnisprozeß des Analytikers ist sein Begriff eines »Arbeitsmodells vom Patienten« (»the working model of the patient«), das der Analytiker im Laufe der Analyse aufbaut und an dem er sein Verständnis der aktuellen psychischen Prozesse im Patienten mißt und kontrolliert. Im Aufbau dieses Modells spielt die Empathie eine wichtige Rolle. Die Begriffe »Arbeits-Ich« des Analytikers und »Arbeitsmodell vom Patienten«, mit welchen die Aktivität des Analytikers von den beiden entgegengesetzten Seiten untersucht wird, sind für das Verständnis der Funktionsweise des Analytikers sehr hilfreich.

Bevor ich meine eigenen Vorstellungen entwickle, möchte ich noch einmal auf meine Einstellung zum Phänomen der Empathie zurückkommen. In einem privaten Gespräch machte Dr. Bruin Tammes (London) mich darauf aufmerksam, daß die holländische Sprache zwei bessere Ausdrücke besitzt, die sich leicht ins Deutsche übersetzen lassen, nämlich »mitfühlen« und »mitleiden«. In der Tat ziehe ich die Auffassung, die in diesen Bezeichnungen im Holländischen und im Deutschen enthalten ist, derjenigen vor, die mit dem Begriff »Empathie« vertreten wird. Wenn wir mitfühlen oder mitleiden, behalten wir unsere eigene Identität und damit die für uns spezifischen Funktionen bei. Wir halten die Beziehung zu einem anderen Individuum aufrecht, an dessen Gefühlen, Leiden oder Freuden oder sonstigen mannigfaltigen Affekten, Phantasien, Einstellungen usw. wir teilnehmen. Sicherlich kommt es vor, daß der Analytiker seinen Patienten introjiziert und sich so mit ihm identifiziert. Was dabei im Spiele ist, Übertragung oder Gegenübertragung, wird dem Analytiker erst bewußt, wenn er die Identifizierung überwunden hat. Solange sie besteht, ist er in seiner Funktion behindert – obwohl er vorübergehend einen therapeutischen Effekt auf seinen Patienten ausüben kann. Dieser Effekt jedoch ist an sich nicht fördernd für das Ich des Patienten, er ist eher von der Art der »emotional corrective experience« (Alexander), die ich nicht als spezifisch für die psychoanalytische Therapie ansehe. Fließ betont, daß die Identifizierung des Analytikers mit seinem Patienten nur kurz sein darf, um ihn zu verstehen und eine wirksame Deutung vorzubereiten.

Freud sprach davon, daß das Unbewußte eines Menschen das Unbewußte eines anderen versteht, und vielleicht ist mit »empathischem Verständnis« gemeint, daß nicht nur bewußte, sondern auch vorbewußte und unbewußte Prozesse beim Analytiker in seiner Arbeit am Werke sind. Diese Prozesse aber sollten meiner Ansicht nach nicht mit Identifizierung gleichgesetzt werden. Ich halte es für gefährlich, die ungünstigen Wirkungen der Identifizierung zu unterschätzen; sie kann zu einer *folie-à-deux*, zu unbewußter Absprache und zu Sackgassen im Denken führen. Aus der Erkenntnis, daß solche und ähnliche Störungen am Werke waren, und aus der inneren Analyse dieser Störungen kann der Analytiker zwar wertvolle Schlüsse auf den psychoanalytischen Prozeß ziehen, aber es ist besser, sie zu vermeiden.

Ich zweifle nicht daran, daß der Analytiker ein lebendiges Gefühl für die Vorgänge in seinem Patienten haben muß – ein nur intellektuelles Verstehen ist kein wirkliches Verständnis. Ich werde später darauf zurückkommen.

Ich-Konfigurationen im Erkenntnisprozeß des Analytikers

Meiner Beobachtung nach nimmt der Psychoanalytiker in seiner Arbeit drei verschiedene Positionen ein, die sich jeweils durch eine besondere Konfiguration seiner Ichfunktionen voneinander unterscheiden. Eine solche Ich-Konfiguration entsteht dadurch, daß eine bestimmte Ichfunktion oder eine Reihe innerlich eng verbundener Ichfunktionen das Primat übernimmt, analog dem spezifischen Triebprimat in den Entwicklungsphasen.

Zwei dieser Ich-Konfigurationen sind in der psychoanalytischen Situation selbst am Werk und alternieren miteinander. Die dritte ergibt sich nach der analytischen Stunde, wenn der Analytiker versucht festzuhalten, was sich in der Stunde ereignet hat.

Für das Ordnen meiner Gedanken über den Erkenntnisprozeß

im Analytiker erwies sich die Sammelbesprechung von Robert R. Holt von verschiedenen Büchern über kognitive Psychologie (1964) als sehr anregend und hilfreich. In der Tat bietet die Psychologie eine Definition des Erkenntnisprozesses an, die, mit gewissen Ergänzungen, für die Erforschung des spezifisch psychoanalytischen Erkennens geeignet ist. Ich zitiere (in meiner Übersetzung) den einleitenden Absatz aus der genannten Besprechung, der für unsere Zwecke ausreicht: »Während der letzten anderthalb Jahrzehnte hat eine der unverkennbaren Hauptentwicklungslinien in der Psychologie zur Entstehung eines neuen, lebendigen Interesses am Erkenntnisvorgang geführt. Der Begriff selbst hat eine Wiederbelebung und Aufwertung erfahren; vormals nur ein akademischer Terminus für Wissen, enthalten in der klassischen Dreiteilung der menschlichen Funktion in Denken, Fühlen und Wollen, hat er jetzt diese verstaubten Fakultätsbegriffe abgeschüttelt und wird kühn von den Neo-Behaviouristen benutzt, obwohl sie sich noch etwas scheuen, die Erforschung des Denkens als Gegenstand der Psychologie zuzulassen. Wohl ist der Bereich (des Begriffs ›Erkennen‹) beträchtlich erweitert und beinhaltet mehr als das Denken; er umfaßt Wahrnehmen, Urteilen, die Begriffsbildung, das Lernen (insbesondere sinnhaltiges verbales Lernen), das Phantasieren, das Vorstellen und Imaginieren, das Stellen und Lösen von Problemen. Man könnte versucht sein, alles dies zusammenzufassen, indem man sagt, Erkennen habe mit allen Aspekten des Symbolisierens im weitesten Sinne zu tun, spräche nicht die traditionsgemäße Tatsache dagegen, daß das Studium der Sprache als Linguistik gesondert behandelt wird.«

Was wir hier vor uns haben, ist offenbar eine Liste von Ichfunktionen. Weil nicht nur der Intellekt, sondern auch oder vielmehr: nachdrücklich die kreativen Ichfunktionen, das Phantasieren und das Schaffen von Sinnbildern Bürgerrecht im Erkenntnisprozeß erhalten, ist dessen psychologische Definition geeignet, das Gerüst für eine strukturierte Darstellung des psychoanalytischen Erkenntnisprozesses abzugeben. Wie sich bald zeigen wird, ist für diesen Zweck die Aussonderung alles dessen, was mit Sprechen zu tun hat, angemessen und notwendig.

Zunächst einige Ergänzungen zu Holts Liste. Auch mit diesen ergibt sich noch kein vollständiger Katalog der am psychoanalytischen Erkenntnisprozeß beteiligten Ichfunktionen, aber das wird wohl niemand erwarten.

Vor allem brauchen wir Freuds (1911) Darstellung der Prozesse, die mit der Wahrnehmung beginnen und mit der Urteilsfällung enden. Ich darf diese wohlbekannten Ausführungen hier kurz wiederholen. Wir behalten dabei im Auge, daß Freuds Ausgangspunkt der Entwicklungsschritt vom Lustprinzip zum Realitätsprinzip war und daß es ihm darum ging zu zeigen, wie im vorgeschrittenen Denken, im Sekundärvorgang, wahrgenommen und erkannt wird, was da ist, und nicht, was gewünscht wird, daß es da sei. Im Sekundärvorgang erhebt sich das Denken »über das bloße Vorstellen« und wendet sich »den Relationen der Objekteindrücke« zu. Durch die Bindung an Wortreste erwirbt es weitere Bewußtseinsqualitäten [2].

Wahrnehmen ist ein aktiver Vorgang, nicht ein passiv erlebtes Ergebnis der Einwirkung äußerer Reizenergien, und es ist eine Reihe weiterer Ichfunktionen daran beteiligt, wie Aufmerksamkeit, die den Außenweltreizen entgegenkommt und sie zur Kenntnis nimmt. Vom Aufmerken kommen wir zum Merken, und was wir uns merken, speichern wir im Gedächtnis, aus dem wir wiederum das Erinnern an die früheren Wahrnehmungen beziehen, wenn wir zu entscheiden haben, ob ein Triebimpuls zu der entsprechenden Handlung führen darf oder nicht. Diese Entscheidung zur Aktion schließt den Erkenntnisprozeß ab. Ich möchte daran erinnern, daß Freud in der genannten Untersuchung den Unterschied zwischen Abfuhr im Primärvorgang und überlegter Handlung im Sekundärvorgang aufzeigt. So wird Denken nach dem Sekundärvorgang zum »Probe-Handeln«.

Die Sequenz der Ichfunktionen, die Freud beschreibt und die ich in Holts Liste zwischen »Wahrnehmen« und »Urteilen« einschiebe, ist nicht auf den durch eine Triebforderung gesetzten Stimulus beschränkt; sie gilt auch für andere Situationen, z. B. wenn der Analytiker sich vor die Aufgabe gestellt sieht, seinem Patienten eine Deutung anzubieten.

Eine weitere Ergänzung der Holtschen Liste beziehe ich aus der Arbeit von Beres, vor allem aus seiner Schrift »Perception, Imagination, and Reality« (1964), aus der ich die folgende Stelle anführe (meine Übersetzung):

»Ich möchte Imagination als die Fähigkeit definieren, sich ein *abwesendes* Objekt *vorzustellen,* einen Affekt, eine Körperfunktion oder einen Trieb. Damit definiere ich einen Prozeß, dessen Produkte Sinnbilder, Symbole, Phantasien, Träume, Gedanken und Konzepte sind.«

Beres weist darauf hin, daß seine Definition vom allgemeinen Sprachgebrauch abweicht, der zu Imagination Kreativität und Unwirklichkeit assoziiert und sie außerhalb der gewöhnlichen Gedankenprozesse stellt. Er dagegen sieht »Imagination als die ubiquitäre Komponente der menschlichen Seelentätigkeit, wie sie einzig dem Menschen eignet.«

Die Imagination kann sowohl im Primär- wie im Sekundärvorgang tätig sein; sie steht nicht im Gegensatz zur Realität, und eine ihrer wichtigsten Anwendungen liegt gerade auf dem Gebiet der Anpassung an die Realität.

Ich habe schon meine Bedenken hinsichtlich der Auffassung angemeldet, der Analytiker müsse sich mit seinem Patienten identifizieren, um ihn zu verstehen. Beres' Definition der Imagination scheint mir im Einklang mit meinen Überlegungen zu stehen. Weil wir die Fähigkeit besitzen, uns ein *abwesendes* Objekt, einen Affekt usw. vorzustellen, sind wir nicht darauf angewiesen, deren Anwesenheit durch Identifizierung herzustellen.

Die Bedeutung der Imagination für den Erkenntnisvorgang ist kaum zu überschätzen. Wir können uns vorstellen, was und wie ein anderer fühlt und denkt; wie er Angst, Hoffnung, Verzweiflung, Haß, Rache, Liebes- und Mordimpulse empfindet; was für Vorstellungen, Phantasien, Wunschträume und Alpdrücke, körperliche Schmerzen usw. er hat und wie er diese mit psychischen Inhalten füllt. Solange wir mit dem Begriff der Empathie diese Fähigkeit der Vorstellung meinen, enthalten wir uns der Mystifizierung des Begriffs und verwechseln die Ichfunktionen des Mitfühlens, Mitleidens, Mitfreuens, Mitdenkens nicht mit Annehmen der Identität des anderen bei Verlust der eigenen Identität.

In der Identifizierung mit einem anderen erleben wir eine Veränderung unseres Ichs und eine Verfälschung und Beeinträchtigung unserer Ichfunktionen. Wenn der Analytiker sich mit seinem Patienten identifizierte, dann ergäbe dies zwei Patienten in der analytischen Situation.

Dies führt mich dazu, noch eine Ichfunktion zu erwähnen, die in der Tat nur der praktizierende Analytiker aus unmittelbarer Erfahrung kennt, und vielleicht wäre es angebracht, von einer ganzen Dimension des Erkennens zu sprechen statt von einer einzelnen Ichfunktion. Ich meine die *Gegenübertragung*. Bekanntlich ist dies ein kontroverser Begriff, denn viele Analytiker setzen Gegenübertragung einfach der Übertragung gleich, nur statt von seiten des Patienten jetzt von seiten des Analytikers. Meines Erachtens wird dann aber die Bedeutung des Wortes »gegen« in der Bezeichnung vernachlässigt, wodurch das Phänomen als eine *spezifische Reaktion* des Analytikers auf seinen Patienten charakterisiert werden soll, während Übertragung unabhängig vom gegebenen Objekt, in diesem Fall vom Patienten, besteht, da sie ja die Wirkung eines in der Kindheit festgelegten Klischees ist (Freud 1912a). Aus diesem Grunde geht der Vorgang der Übertragung mit dem bewußten Gefühl einher, daß das aktuell vorhandene Objekt wohlbekannt sei. Mit anderen Worten: Weil das aktuelle Objekt unbewußt mit dem ursprünglichen Objekt identifiziert ist, werden ihm dessen Charakterzüge, Motive und Denkweisen zugeschrieben. So bildet die Übertragung des Analytikers eine Quelle für seine »blinden Flecke« im Verständnis für seinen Patienten.

Die Gegenübertragung aber beruht nicht auf mitgeführten Klischees oder Stereotypen, sondern ist ein Phänomen, das nur innerhalb der psychoanalytischen Situation, innerhalb der spezifischen, individuellen Beziehung zum Patienten entsteht. Sie liefert wesentliche Beiträge zur Wahrnehmung und Beurteilung der im Patienten ablaufenden psychischen Vorgänge und stellt daher ein Werkzeug für den Erkenntnisprozeß des Analytikers dar. Ganze Strecken seiner Arbeit hindurch ist sich der Analytiker kaum dessen bewußt, daß er dieses Werkzeug benutzt. Solange es in guter Ordnung ist und erfolgreich funktioniert, erhebt es wenig Anspruch auf seine Aufmerksamkeit.

Zwei vergleichbare Vorgänge kommen hier in den Sinn: einmal die milde positive Übertragung des Patienten, von der Freud sagte, sie solle nicht gedeutet werden, weil sie die Vorbedingung zur Arbeit bilde, während die intensive libidinöse und die negative Übertragung als Hindernisse der Arbeit gedeutet werden müßten. (Dem widerspricht nicht, daß die Deutung des Widerstandes selbst einen

Teil der analytischen Arbeit bildet, noch auch, daß gelegentlich, unter bestimmten Umständen, die Existenz dieser milden positiven Übertragung in der Form von Vertrauen, Sympathie usw. explizit vom Analytiker erkannt werden muß.)

Der andere vergleichbare Vorgang betrifft das Kind, das seine lokomotorischen Organwerkzeuge bemeistert und laufen gelernt hat: es braucht nicht länger auf seine Beine zu achten, sondern kann seine Aufmerksamkeit den vielen Dingen zuwenden, denen es dank seiner Fortbewegungsfähigkeit begegnet.

Im allgemeinen ist es so, daß wir uns unserer Organe und Funktionen nur dann bewußt werden, wenn etwas mit ihnen nicht in Ordnung ist. Wenn unsere Gegenübertragung gestört ist, wenn wir unserem Patienten nicht folgen können, während wir in uns Gefühle wahrnehmen, die in Art oder Stärke nicht zur Arbeit passen, dann sind wir gezwungen, unsere Gegenübertragung zu untersuchen, um die Ursache der gestörten Funktionsweise zu finden. Das Kriterium gestörter Gegenübertragung liegt im Spüren des Unechten, Ich-Fremden, das der Analytiker erlebt. Gewöhnlich zeigt die Analyse der Gegenübertragung, daß der Analytiker einen wichtigen Prozeß in seinem Patienten nicht bemerkte, während er vor sich ging. Die ausgelassene Wahrnehmung, die Wahrnehmung, die nicht zum Bewußtsein vorgedrungen ist, wandelt sich in eine unbewußte Introjektion des Patienten und damit in eine *unbewußte Identifizierung* mit ihm. Sobald der Analytiker das erkannt hat, kann er wieder als er selbst funktionieren: er hat sein Werkzeug, die Gegenübertragung, repariert. Dieses Stück Selbstanalyse befolgt Freuds Forderung (1910), der Analytiker müsse seine Gegenübertragung »erkennen und bewältigen«, eine Forderung, die natürlich für alle Fehler in der Arbeit des Analytikers gilt, jedoch nicht alle Fehler der Übertragung zuschreibt.

Durch die Analyse seines eigenen Vorgehens lernt der Analytiker und verbessert damit seine Technik und sein Verständnis des analytischen Prozesses. Oft wird er dabei erkennen, daß seine Funktionsstörung auf einer Mischung von Übertragung und Gegenübertragung beruhte. Aber die letztere führt zur Wahrnehmung, daß ein Hindernis in seinem Verständnis des Patienten besteht, während die Übertragung eher mit dem Gefühl verbunden ist, die Vorgänge im Patienten gut zu verstehen. Wir brauchen hier nur an die Übertragungsphänomene bei unseren Patienten zu denken, die sicher sind, daß sie uns und unsere Motive kennen, wenn sie uns mittels der Übertragung mit dem Originalobjekt identifizieren.

In der Analyse seiner Übertragung entdeckt der Analytiker vor allem etwas, das zu seiner eigenen Psychopathologie gehört; in der Analyse seiner Gegenübertragung gewahrt er vor allem etwas, das seinem Patienten eigentümlich ist. Die versäumte Wahrnehmung betrifft häufig die libidinösen oder destruktiven Impulse des Patienten, seinen Analytiker völlig zu besitzen, Körper und Seele, ihn zu überfallen, in ihn einzudringen und ihn völlig zu beherrschen. Aus der Geschichte der Eroberungskriege kennen wir dieses Phänomen. Aber es ist eine Fehlbezeichnung, hier von »projektiver Identifizierung« zu sprechen. Es handelt sich um komplizierte Vorgänge, die von verschiedenen Motivationen determiniert sein können, von Hilflosigkeit, die die Phantasie der Rückkehr in den Mutterleib erweckt, bis zur diktatorischen Expansion. Ferner verwechselt der Terminus »Identifizierung« in dieser Bezeichnung Subjekt und Objekt. Dies ist in der Tat oft das, was der Patient wünscht und tut, aber die wissenschaftliche Terminologie muß klare Unterschiede zwischen Phantasie und Realität ausdrücken.

Wenn der Analytiker unbewußt nachgibt, mitmacht, seine Überwältigung zuläßt, so daß der Patient mit seinen Manövern erfolgreich ist, sind bestimmte Ichfunktionen des Analytikers, wie seine Aufmerksamkeit und die ihr angeschlossenen Funktionen, gestört. Darüber hinaus aber versagt auch die Ichfunktion des »Reizschutzes«, und damit verliert der Analytiker seine funktionsfähige Identität. Es mag sein, daß solche Vorkommnisse in der Analyse letzten Endes auf das Modell der ursprünglichen Zwei-Einheit Kleinkind/Mutter zurückgeführt werden können. Was für diese Annahme spricht, ist die Beobachtung, daß dieses Phänomen besonders leicht bei sehr regredierten, sehr hilflos erscheinenden Patienten vorkommt. Diese Patienten haben einen starken Appell (nicht nur für den Psychoanalytiker). In Wanghs Formulierung (1962) besitzen sie die Fähigkeit, einen Stellvertreter zu mobilisieren, zu erschaffen. Ein anderer Aspekt aber ist ihre Fähigkeit, den Partner »zum Wahnsinn zu treiben« (Searles, 1959). Wenn dies in der analytischen Situation geschieht, ist es besonders unheilvoll, denn ein verrückter, verwirrter Analytiker ist kein guter Arbeiter.

1. Position: Der Analytiker als teilnehmender Beobachter, der zuhört

Innerhalb der psychoanalytischen Situation wechselt der Analytiker seine Position. Er beginnt als schweigender, zuhörender Beobachter. In diesem Schweigen und Zuhören nimmt er teil an dem, was sein Patient vorbringt, und leistet einen Beitrag zur psychoanalytischen Situation. Nach einer Weile wird er aktiver Partner, indem er etwas sagt. Zwischen diesen beiden Positionen alterniert er; es gibt Strecken eines Dialogs [3], dann wieder streckenweise ein längeres Zuhören.

Das Primat in der Ich-Konfiguration des teilnehmenden Beobachters, der seinem Patienten zuhört, wird von der frei beweglichen Aufmerksamkeit mit den dazugehörigen Ichfunktionen gebildet. Die den Patienten umschwebende Aufmerksamkeit bemerkt eine Hierarchie von Gegebenheiten und Prozessen, wie Spuren (die vorher erwähnten »unendlich kleinen Anzeichen«), Signale, direkte und beabsichtigte Mitteilungen, Ambivalenz in der Tendenz des Patienten, eine Mitteilung zu machen, die dann den Kompromiß der Anspielung wählt und anderes mehr.

Ich spreche von einer Hierarchie des Wahrgenommenen, um den Unterschied zwischen der Wahrnehmungsfähigkeit des Analytikers und dem Mitteilungswunsch des Patienten zu betonen. Nicht alles, was der Analytiker wahrnimmt, beruht auf einem Wunsch des Patienten, daß er es bemerken möge, und die Auffassung, daß in jedem Fall ein unbewußter Wunsch seitens des Patienten im Spiel sei, weitet den Begriff des Unbewußten zu stark aus und bringt ein magisches Element hinein, das ferner impliziert, daß buchstäblich von Geburt an (wenn nicht schon früher) das Kleinkind die mütterliche Fürsorge objektiv korrekt einer vom Selbst unterschiedenen Person zuschreibt.

Ferner möchte ich auch auf die Unterschiede zwischen Mitteilung, Anspielung, Probemitteilung mit sofortigem Rückzug, Signal der Hilfsbedürftigkeit und Abfuhrreaktion hinweisen, die der Aufmerksamkeit des zuhörenden Teilnehmers nicht entgehen werden. Der Analytiker nimmt Kenntnis, er merkt sich Dinge, erinnert sich, spürt und hört Anklänge an frühere Situationen. Er stellt sich seinen Patienten vor, wie er in der Gegenwart innerhalb und außerhalb der Analyse sich verhält und was er erlebt, seine gegenwärtigen Interessen, Probleme, Konflikte, Ängste, Abwehrmethoden, Flucht in die Phantasie oder vor der Phantasie usw. Er bewegt sich von der »psychischen Oberfläche« seines Patienten zu seiner Tiefe, von der Gegenwart zur Vergangenheit und umgekehrt.

Während des Zuhörens folgt der Analytiker seinem Patienten mit einem begleitenden Kommentar[4]. Dieser aber ist meiner Erfahrung nach keineswegs voll verbalisiert und besteht auch nicht aus vollständigen Sätzen. Er enthält vorbewußte, unhelle Elemente, blitzschnelle Einfälle aus dem Unbewußten, »Regressionen im Dienste des Ichs«. Er enthält auch »Probedeutungen«, die jedoch dem Patienten gegenüber gar nicht zum Ausdruck gelangen mögen, weil sie im weiteren Zuhören aufgegeben und durch andere ersetzt werden. Die Aufmerksamkeit des Analytikers muß beweglich bleiben, sie darf nicht steckenbleiben. Wenn es wichtig ist, daß der Analytiker erinnert, ist es oft nicht weniger wichtig, daß er vergißt.

Der begleitende Kommentar kann kärglich oder reichhaltig sein, und der Analytiker muß dann erforschen, ob dies an seinem Patienten oder an ihm selbst liegt.

Bezüglich des Kommentars kommt mir oft das Bild von konzentrischen Kreisen, die von einer Bemerkung meines Patienten ausgelöst werden, ähnlich wie ein Stein, den man ins Wasser wirft, Wellenringe hervorruft. Der erste Kreis betrifft das, was mein Patient bewußt denkt, fühlt, wünscht, fürchtet usw. und bewußt mir mitteilen will; der zweite und der dritte Kreis (die Ordnung kann wechseln) entsteht durch seine unbewußten Darstellungen (Spur, Signal, Anspielung) vergangener Konflikte mit seinen ursprünglichen Objekten und deren Wiederkehr in der Beziehung zu mir und zur analytischen Situation. Der Übertragungskreis schließt ein, daß der Analytiker auch den Patienten selbst oder seine inneren Strukturen darstellt.

Als teilnehmender Zuhörer erfüllt der Analytiker auch die Aufgabe des Biographen seines Patienten. Da aber dieser Biograph es mit einem lebenden und sich entwickelnden Menschen zu tun hat, benutzt er nicht nur, was er sich aus der Vergangenheit gemerkt und in seiner Erinnerung aufbewahrt hat, sondern auch die Ichfunktionen des Schlußfolgerns und Antizipierens. Das Bild, das er sich von seinem Patienten jetzt und in der Vergangenheit macht, führt ihn auch zu der Vorstellung, wie der Patient in Zukunft sein könnte und sein möchte.

Die biographische Tätigkeit des Analytikers schließt nun in wesentlichem Maße auch die Imagination ein, das innere Sehen eines Bildes vom Patienten. Ein Beispiel, wie es uns allen vertraut ist, mag hier angeführt werden. Während ich einer Patientin zuhörte, die über eine Reihe gegenwärtiger Ereignisse redete, die wenig Bedeutung zu haben schienen, kam mir plötzlich die Vorstellung, wie sie als kleines Mädchen ihre Mutter betrachtet haben mochte und sich dessen bewußt wurde, daß die Mutter psychisch krank war. Als ich später dieses Bild als eine Vermutung ausdrückte, bejahte meine Patientin es, als ob sie dies immer gewußt hätte, und brachte mehrere bedeutungsvolle Erinnerungen.

Man muß natürlich bei solchen Vorkommnissen sehr sorgfältig kontrollieren, ob die Bestätigung einer Rekonstruktion (wie auch jeder Deutung) auf einem echten Erlebnis des Wahrheitsgehalts beruht oder einen Suggestionseffekt darstellt. In dem erwähnten Fall fand ich keinerlei Evidenz für letzteres noch auch für meinen Verdacht, sie hätte in ihrer früheren Analyse eine solche Rekonstruktion erhalten. Dagegen erklärte diese Vorstellung des kleinen Mädchens, das eine solche Erkenntnis erlebt, ohne ihr gewachsen zu sein, ein Phänomen, das mir lange Zeit unverständlich geblieben war und das ich für mich selbst als meine »abwegige Technik« bezeichnet hatte – wohlgemerkt, nicht als einen Parameter im Eisslerschen Sinne, denn es handelte sich nicht um ein geplantes Vorgehen. Meine »abwegige Technik« bestand in häufigem Gelächter, zu dem es bei uns beiden, meiner Patientin und mir, kam. Nun bin ich keineswegs der Ansicht, daß es in der Analyse nichts zu lachen geben dürfte. Im allgemeinen würde ich die völlige Abwesenheit des Lachens als ein Anzeichen dafür bewerten, daß der betreffende Patient als Kind wenig Ursache zu lachen hatte und keinerlei Humor besitze. Bei dieser Patientin aber geschah es etwas zu oft. Und obwohl ich ihren ausgesprochenen Sinn für Humor anerkannte, obwohl trotz des zu häufigen Gelächters wesentliche Arbeit geleistet wurde, konnte ich mich des Gefühls nicht erwehren, daß mehr Determinanten für dieses Lachen am Werk seien, als ich erkannt und gedeutet hatte. Vor der erwähnten Rekonstruktion hatte es viele Erinnerungen gegeben, denen zufolge die Mutter sehr strikte Erziehungsgrundsätze befolgte; Erinnerungen auch an schwere Krankheiten mit Angstzuständen in der Kindheit und andere Bedrängnisse, und all das machte es schon verständlich, daß das Kind in meiner Patientin eine analytische Mutter suchte, die mit ihr lachen würde. Die Rekonstruktion lieferte einen weiteren Beitrag zum Verständnis, brachte aber diese Phase der »abwegigen Technik« nicht zum Abschluß. Dieser kam nach einer spontanen Erinnerung meiner Patientin. Sie war wieder auf die Zeit der schweren Krankheit in ihrer Kindheit zu sprechen gekommen, fügte aber diesmal ein Faktum hinzu, das sie bisher nicht erwähnt hatte. Es betraf die Diät, die sie zur Genesung verschrieben bekommen hatte. Diese Diät war sehr schmackhaft, und längere Zeit wurde nicht bemerkt, daß ein Bestandteil dieser Diät zu einer Allergie führte. Ich konnte nun verstehen, warum dieses viele Lachen, das meine Patientin so gern hatte und so gut provozieren konnte, mir das unbehagliche Gefühl einer »abwegigen Technik« eingeflößt hatte: sie hatte wieder einmal eine angenehme, aber nicht gesunde Diät erhalten. Die Allergie, die sie in der Analyse wiederholte, lag in der Bedingung, daß sie die analytische Arbeit mit dem Beigeschmack des Lachens brauchte.

Wenn aus einer hochkomplizierten Analyse eine Vignette herausgehoben wird, ist es beinahe unmöglich, ein korrektes Bild zu geben. Ich bin von einem Element im Erkenntnisprozeß während der analytischen Arbeit ausgegangen, nämlich von der Rolle der Imagination, die zu einer wichtigen Rekonstruktion und damit zu einem Fortschritt in der Analyse führte, der sich in verschiedenen Gebieten zeigte, die ich nicht erwähnt habe. Ich bin dann auf das Problem einer bestimmten Lücke im Verständnis einer Phase in dieser Analyse gekommen, die von den neuen Erkenntnissen nicht ausgefüllt wurde. Solange ich das häufige Lachen nur als Versuch zur Beruhigung ansah (die Mutter ist gar nicht so streng – die Patientin, das Kind, ist gar nicht so böse – schließlich sogar: die Mutter ist nicht in einem psychischen Zustand der Bedrängnis), fehlte mir das Verständnis für den spezifischen Aspekt meiner Kritik an meiner Technik. Dies kam erst mit der Erinnerung an eine besondere Kindheitssituation. Eine falsche Diät in der Kindheit – eine abwegige Technik in der Analyse: als Repräsentantin des Arztes ihrer Kindheit finde ich mich einer Verhaltensweise meiner Patientin gegenüber, die mir zu denken gibt, daß auch in meiner Behandlung etwas falsch sei.

Ich habe erwähnt, daß der Analytiker als Biograph seines Patienten auch dessen Zukunft bedenkt. Dazu gehört die unmittelbare Zukunft, nämlich was sein Patient erleben und wie er reagieren wird, wenn er eine bestimmte verbale Reaktion seines Analytikers auf seine Assoziationen hören wird.

2. Position: Der Analytiker als aktiver Partner, der etwas sagt [5]

Die Aktivitäten während des Zuhörens, der »begleitende Kommentar«, die »Probedeutungen«, die Vorstellungen vom Patienten in verschiedenen Phasen seiner Entwicklung stellen kognitive Elemente dar, wie wir sie in Holts Aufzählung finden: Das Bilden von Konzepten, das Lernen, das Aufstellen und Lösen von Problemen usw. Sie kommen auf unter dem Primat der freischwebenden Aufmerksamkeit und der mit ihr eng verbundenen Ichfunktionen, wie Freud sie beschrieben hat. Schließlich ist es ja das Ziel der freischwebenden Aufmerksamkeit, die für die Arbeit des Analytikers spezifisch ist, zur Deutung zu gelangen, den richtigen Zeitpunkt, den richtigen Inhalt und die richtige Formulierung der Deutung zu finden.

Bevor ich mich nun der zweiten Position des Analytikers zuwende, möchte ich eine Bemerkung darüber einfügen, warum ich den Analytiker in der ersten Position des zuhörenden Beobachters als teilnehmenden Beobachter beschrieben habe. Die Anordnung, daß der Patient auf der Couch liegt und der Analytiker hinter ihm, außerhalb seines Gesichtsfeldes, sitzt, zielt darauf hin, eine Regression des Patienten und damit seine Illusion zu fördern, daß er gar nicht zu einem anderen spricht, sondern nur laut denkt. Häufig besitzt der Analytiker übrigens gar nicht den Charakter eines »anderen« für den Patienten. Dennoch ist er ein anderer. Die Regression, die wir für die analytische Situation brauchen, ist nur begrenzt. Die Art, wie der Patient frei assoziiert, wird daher bestimmt von der korrespondierenden Teilnahme der freischwebenden, um den Patienten schwebenden Aufmerksamkeit des schweigenden Analytikers.

In der Rolle des aktiven Partners, der etwas sagt, wird die Ich-Konfiguration des Analytikers durch das Primat all jener Ichfunktionen determiniert, die instrumental sind für den Gebrauch der Sprache, für die Herstellung des verbalen Rapports, für die Umwandlung des schweigenden Kommentars in den gesprochenen, der Probedeutungen in tatsächliche und hörbare Deutungsvorschläge.

Zunächst möchte ich darauf hinweisen, daß die stimmlichen Mitteilungen des Analytikers mannigfach sind und sich keineswegs auf eine syntaktische Folge von Wörtern und Sätzen beschränken. In Wahrheit steht ihm eine Hierarchie bedeutungsvoller Laute zur Verfügung, wie z. B. »hm«, »hm?«, »heh!«, »ah« usw. an dem einen Ende des hörbaren Spektrums (falls diese Metapher erlaubt ist) bis zum grammatikalisch vollständigen Satz am anderen Ende. Dazwischen gibt es eine sinnvolle Mitteilung durch ein einzelnes Wort oder einige wenige Worte, etwa indem der Analytiker nur etwas wiederholt, was sein Patient soeben gesagt hat, was aber durch besondere Akzentuierung eine neue Bedeutung erhält.

In einem Fall, über den ich bereits früher berichtete (1966), nahm die Analyse auf dramatische Weise eine neue Richtung, als ich aus der langen Rede meines Patienten das Wort »verteufelt« aufgriff. Ferner macht der Analytiker nicht nur Feststellungen oder bietet Vermutungen an, er stellt auch Fragen, und sein Tonfall variiert. Die Änderung in der Stimmlage, sein Lachen, ein Versprechen usw. sind natürlich unwillkürlich; wären diese Elemente taktischer Art, wohlüberlegt und absichtlich, statt spontan, so liefen sie meines Erachtens auf eine Art Trick heraus.

Eine Frage kann in der Tat als eine sehr dynamische Deutung wirken. Ich beendete eine analytische Stunde, in der wieder einmal die Tendenz meines Patienten, seine Probleme durch Aufschieben zu verleugnen, zur Sprache gekommen war, wobei er sich einsichtslos zeigte, ohne den Versuch, dies zu deuten. Statt dessen sagte ich: »Die Frage ist, was erwarten Sie eigentlich, das sich zwischen heute und morgen ereignen wird?« In der folgenden Stunde berichtete er, wie er immer wieder auf diese Frage zurückkam, seine Verhaltensweise in vielen Situationen von dieser Seite her untersuchte und als passiv und aufschiebend erkannte; daraufhin erledigte er einige lange aufgeschobene Aufgaben. In diesem Falle hatte die Frage, die ich ihm sozusagen auf den Weg gab, einen stärker stimulierenden und befreienden Effekt gehabt als manche frühere Deutungen.

Mit diesem klinischen Beispiel bin ich zu dem Thema der Formen und Arten von Deutungen gelangt. Die Frage: »Was erwarten Sie...?« kann als ein Äquivalent der Deutung angesehen werden, daß der Patient eine magische Intervention erwartete, die ihm eigene Mühe ersparen würde. Wäre ihm die Deutung in Form einer Feststellung gegeben worden, daß er solche Wünsche hätte, so wäre ihm die Mühe eigener Arbeit in der Tat erspart geblieben. Es würde zu weit führen, wollte ich hier Material dafür bringen, warum ich an diesem Punkt fühlte, daß es angebracht sei, ihm keine Erklärung anzubieten, sondern ihn mit einer Frage zu konfrontieren, ihm eine Herausforderung zu setzen.

Natürlich ist es manchmal nötig, eine erklärende oder, besser, eine klärende Deutung zu geben, um den Denkprozeß zu fördern. Das Problem der Formulierung der Deutung ist zu umfangreich, um hier erschöpfend behandelt zu werden. Ich will nur einige wenige Gesichtspunkte erwähnen, die vielleicht nicht genügend diskutiert worden sind. So hört man oft lobende Urteile für die »kurze« und Tadel für die »lange« Deutung. Aber ich meine, daß die Kategorie der Länge an und für sich wenig Wert hat. Die sprachliche Intervention des Analytikers umfaßt, wie bereits erwähnt, eine Variationsbreite, aus der er wählt, was ihm für die gegebene Situation optimal erscheint. Eine kurz gefaßte Deutung kann unter Umständen den Zweck, den Rapport mit dem Analytiker zu vertiefen und gleichzeitig die Erkenntnisfunktionen des Patienten zu fördern, nicht erreichen, weil sie zu wenig zu dem, was der Patient ohnehin weiß, hinzufügt. Eine lange Deutung kann über die dem Patienten mögliche Aufmerksamkeitsspanne hinausgehen, so daß er sich verloren fühlt. Pedantische und langweilige intellektuelle Darlegungen haben nicht den Wert einer Deutung. Sie wirken ermüdend und lähmend. Eine kurze Deutung, die ein Volltreffer ist, mag zwar eindrucksvoll sein, aber dem Patienten doch nicht das Material geben, das ihm zum wirklichen Verständnis verhilft. Bei künstlerisch begabten Patienten kann die Deutung gewöhnlich kurz sein, weil bei ihnen leichter begehbare Verbindungen zwischen den verschiedenen psychischen Ebenen und Strukturen bestehen. Oft verstehen diese Patienten schon nach wenigen Worten des Analytikers, worauf die Deutung abzielt, unterbrechen ihn und vollenden seinen Satz – nach meiner Erfahrung nicht selten in einer besseren Formulierung. Bei anderen Patienten aber ist es nötig, Brücken zu bauen und den Denkweg zu zeigen, auf dem der Analytiker zu seiner Schlußfolgerung gekommen ist.

Was ich hier mit Bezug auf die kurze oder lange Deutung anführe, ist nur ein praktisches Beispiel für die Bedenken, die ich früher hinsichtlich der Überbewertung der Empathie angemeldet hatte. Die kurze »Volltrefferdeutung«, die keinerlei Begründung enthält, läuft Gefahr, die Infantilwünsche des Patienten nach allwissenden, göttlichen Eltern zu erfüllen, statt ihn von seinen infantilen Bindungen zu befreien. Falls ich zu wählen hätte zwischen einem Analytiker, der sich seinen Patienten als ein mit menschlichen Schwächen behafteter Mensch zeigt, z. B. ein wenig pedantisch, weil sein Denken auch den gewöhnlichen Gesetzen unterliegt, oder einem mit göttlich-übermenschlicher Autorität, so würde ich den ersten vorziehen. Ich würde dennoch hoffen, daß das, was der Analytiker sagt, seinem Patienten ein schöpferisches Erlebnis des analytischen Prozesses vermittelt.

Wenn ich mich nun wieder der Ich-Konfiguration des Analytikers zuwende, der im Begriff ist, seine sprachliche Mitteilung zu formulieren, nachdem er die Entscheidung über den Zeitpunkt und den Inhalt seiner Intervention getroffen hat, so möchte ich darauf hinweisen, daß jetzt ein gewisser Verlust der mobilen Aufmerksamkeit, die während des Zuhörens das Primat seiner Ichfunktionen hatte, stattfindet. Dieser Verlust ist natürlich, denn während des Sprechens wird die Aufmerksamkeit weitgehend auf dieses gerichtet und schwingt nicht mehr so frei beweglich und leicht um den Patienten. Die Umwandlung des Gedachten in Gesprochenes ist eine schöpferische Leistung und mobilisiert darum einen gewissen Betrag von Narzißmus im Analytiker. Dies ist, glaube ich, ein wichtiger Grund für die nicht seltene Tatsache, daß der Analytiker die Reaktion seines Patienten zu spät wahrnimmt. Der Analytiker bedarf eines bewußten, speziellen Trainings, er muß sich bewußt dazu erziehen, auch während seiner Deutung dem Patienten genügend Aufmerksamkeit zuzuwenden und nicht erst hinterher.

Bei Patienten mit Schwierigkeiten in der Objektbeziehung ist es besonders wichtig, die Reaktion des Rückzugs vom Analytiker in statu nascendi zu erfassen.

In der Analyse eines Jugendlichen, der wegen suizidaler Impulse zur Analyse kam und dessen extreme Einsamkeit, Freundlosigkeit und Zurückgezogenheit unverkennbar zutage lagen, war ich mir natürlich von Anfang an klar, wie groß die Gefahr war, daß er den schmalen Kontakt mit mir wieder verlieren könnte. So war ich während meiner Deutungen besonders auf der Hut. Ich beobachtete, wenn ich deutete, ob er mit mir verbunden blieb, und unterbrach mich oft, wenn ich den Eindruck hatte, er sei abgewandert. Der Patient war zu der Zeit verwirrt mit Bezug auf Raum und Zeit; gewöhnlich kam er zu spät zur Stunde, weil er sich in bewußte und unbewußte Tagträume verloren hatte. So war ich darauf vorbereitet, daß er in der Übertragung das gleiche Verhalten wiederholen würde. Wenn ich also in meiner Deutung innehielt und ihm sagte, mir schiene, er sei von mir weggewandert, konnte er zurückkommen und den Kontakt wieder aufnehmen, auch wenn dieser nur darin bestand, daß er meine Beobachtung bestätigte. Manchmal empfand er dann eine aktive Neugierde und wollte wissen, was er überhört habe, so daß es sinnvoll war, die Deutung wieder aufzugreifen. Bei anderen Gelegenheiten befähigte ihn das Erlebnis, daß der verlorene Rapport mit mir wiederhergestellt werden konnte, den inneren Kontakt mit seinen Phantasien zu finden und mir diese mitzuteilen.

Ich erwähne dieses klinische Beispiel, um darzustellen, daß der narzißtisch zurückgezogene Patient übersensitiv ist gegenüber dem geringen Element von Narzißmus im Analytiker, das nach meiner Auffassung naturgemäß bei der Formulierung einer Deutung im Spiel ist. In der Lebensgeschichte solcher Patienten aber finden wir gewöhnlich, daß ihr ursprünglicher, primärer Narzißmus durch verschiedene Faktoren gestört worden war – nicht selten durch den pathologischen Narzißmus der Eltern.

Wenn aber das Arbeitsteam von Patient und Analytiker gut funktioniert, ergibt sich keine Störung durch das narzißtische Element im Deutungsprozeß, das Vertrauen zum Analytiker wird nicht erschüttert. Es wird entweder als selbstverständlich akzeptiert, ohne einen besonderen Eindruck zu machen, oder positiv als Zeichen der Gegenseitigkeit bewertet. Als mein oben erwähnter

Patient später eine Freundschaft mit einem Mädchen anknüpfte, sagte er einmal, er wolle nicht eine Johannes-Anne (Johannes ist sein Name), sondern eine Anne-Anne.

Dies führt mich zu einer weiteren Überlegung. Der Wert der Deutung – und jetzt benutze ich diesen Begriff im weitesten Sinne und differenziere nicht innerhalb der Hierarchie des sprachlichen Beitrags – besteht darin, die Ichfunktionen des Patienten, den Erkenntnisprozeß in ihm, in Gang zu setzen oder zu fördern.

Ich habe früher gesagt, daß pedantisch-langweilige, intellektuelle Darlegungen nicht den Wert einer Deutung haben. Offensichtlich sind sie nicht geeignet, einen produktiven Vorgang im Patienten anzufachen oder zu fördern. Ich habe weiterhin von den Gefahren gesprochen, die das Nachlassen der auf den Patienten gerichteten Aufmerksamkeit während des Deutens in manchen Fällen mit sich bringt. Ich möchte jetzt darauf hinweisen, daß es ein Irrtum ist, wenn der Analytiker zuviel Überlegung und Mühe darauf verwendet, nun ja die »richtige« Formulierung zu finden. Der Irrtum kann an verschiedenen Stellen liegen: er kann das Urteil über Zeit, Inhalt, die Aufmerksamkeitsspanne des Patienten oder seine Kontaktspanne betreffen, aber auch seine emotionelle Bereitschaft. An diesem Punkt möchte ich an Freuds Feststellung erinnern, daß eine milde positive Übertragung eine Vorbedingung für die analytische Arbeit darstelle. Wenn ein Patient sich in einem intensiven Haßzustand befindet, der unvermeidlich mit paranoiden Verdächtigungen einhergeht, kann der Analytiker eben nicht die »richtigen« Worte finden, denn es handelt sich nicht um das Problem der Formulierung. Die Warnung des Apostels Paulus, daß Engelszungen nichts ausrichten, wenn beim Sprechenden die Liebe fehlt, gilt auch für den Zuhörer.

3. Position: Der Analytiker als Berichteschreiber

Der Erkenntnisprozeß des Analytikers geht über die eigentlichen Arbeitsstunden hinaus. Darin unterscheidet er sich nicht von anderen Arbeitern, die sich ihrer Verantwortung bewußt sind und ihre Arbeit lieben. Was der Analytiker tut, wenn er über eine in Gang befindliche Analyse nachdenkt, sei es, daß er eine einzelne analytische Stunde, sei es, daß er eine Serie von Stunden betrachtet, bildet einen wesentlichen Teil seiner Arbeit. Die gründliche Überprüfung der Arbeit mit seinem Patienten erfordert jedoch auch das schriftliche Festhalten dessen, was in der Stunde vor sich gegangen ist. Was nur gedacht bleibt, pflegt unvollständig zu sein und eine Klarheit und ein Wissen vorzutäuschen, die in Wirklichkeit viel geringer sind.

Als Primat in der Ich-Konfiguration während dieser Aktivität des Analytikers ist offenbar die Funktion des Erinnerns anzusehen. Da aber das Gedächtnis nicht wie eine mechanische Schallplatte immer das gleiche produziert, ist es nötig zu bedenken, welche Motive und Ziele diese Ichfunktion benutzen und leiten.

Es seien einige aufgezählt. Es gilt, so klar wie möglich so viel wie möglich zu erinnern; die Determinierung des Verlaufs – die Richtung der Entwicklung – zu erkennen. Es gilt zu fragen, ob diese Richtung erwartet war, hätte erwartet werden müssen, welches Licht diese bestimmte Stunde auf die Kindheitsprobleme des Patienten wirft; ob sich eine Änderung in der Auffassung der ursprünglichen Entwicklung ergibt in bezug auf frühe Traumen – auf das Triebleben – die Objektbeziehungen – die Persönlichkeiten der Eltern – die Ichentwicklung – die Entwicklung von speziellen Begabungen – die Strukturbildung – Phantasiesysteme, Ängste, Abwehrmethoden usw. Es gilt zu untersuchen, ob Stimmungsschwankungen eine direkte und enge Reaktion auf Interventionen des Analytikers darstellen; ob sie eine Reaktion auf die Stimmung des Analytikers waren, ob eine Befreiung von einem bestimmten Symptom – oder dessen Rückkehr – kausal mit einem Ereignis in der Umwelt oder in der Analyse verbunden ist; Gedankenblitze, sehr scharf und kurz, die dem Analytiker während der Stunde kamen und gingen, ohne daß er sie verwendete, nun auf ihren Wert zu untersuchen und für einen möglichen späteren Gebrauch festzuhalten; und umgekehrt: vage, vorbewußt gebliebene Eindrücke explizit in scharfes Licht zu stellen; das Neue vom Alten, das Zentrale vom Tangentiellen zu differenzieren; die Deutungen (hier im weitesten Sinne gebraucht) einer Prüfung zu unterziehen und Klarheit über ihre Wirkung zu gewinnen; Klarheit darüber zu gewinnen, an welchen Stellen der Analytiker nicht verstand, was vor sich ging, und ob der Patient auf das Nichtverstehen reagierte; sich zu erinnern, was ausgelassen wurde, z. B. eine verbale oder unartikulierte Nebenbemerkung des Patienten während seines Berichtes oder einer Deutung des Analytikers; die Analyse einer Störung der Gegenübertragung, die in der analytischen Situation selbst nur bis zum Erkennen der versäumten Wahrnehmung ging, weiterzuführen und die subjektiven Gründe für diesen »blinden Fleck« (und andere) zu finden; zu prüfen, ob ein bestimmtes wissenschaftliches Problem, das den Analytiker aktuell beschäftigt, einen Einfluß auf den Patienten und sein Material gehabt hat; ob – umgekehrt – die Wiederkehr gewisser Konstellationen im Material des Patienten zur Revision gewisser Theorien drängt.

Die Liste der Themen, die der Analytiker behandeln könnte, wenn er eine analytische Stunde oder Periode berichtet oder erforscht, wäre leicht zu erweitern. Schematisch aufgeteilt, betreffen diese Themen die Persönlichkeit des Patienten, die des Analytikers und die Interaktion zwischen beiden zur Herstellung und Auswertung der analytischen Situation. Wie fruchtbar erwies sich das analytische Arbeitsteam – das »Arbeits-Ich« des Analytikers (Fließ) – das »Arbeitsmodell des Patienten« (Greenson) – der Erkenntnisprozeß des Analytikers?

Freud hat darauf hingewiesen, daß bei der analytischen Arbeit Forschung und Behandlung zusammenfallen; er betrachtete diese Tatsache als einen Ruhmestitel der Psychoanalyse (1912b). Gleichzeitig aber sprach er mehrere Warnungen aus: Von einem gewissen Punkt an widersetze sich die Technik, die der Behandlung dient, einer die Forschung verfolgenden; der Analytiker müsse nach Bedarf aus der einen psychischen Einstellung in die andere pendeln; er solle nicht grübeln und spekulieren und keine Synthese des Materials versuchen, solange die Analyse nicht abgeschlossen sei. Freud betonte dabei die Unvollständigkeit unseres Wissens über wesentliche Faktoren der Psychologie des Unbewußten und über die Struktur der Neurosen.

Obwohl beinahe ein Menschenalter seither vergangen ist und obwohl unsere Kenntnisse auf der Basis von Freuds eigenen Arbeiten und den Beiträgen anderer Analytiker sich erheblich erweitert haben, ist es immer noch wahr, daß der Analytiker sich der Gefahren bewußt sein muß, die sich ergeben, wenn er eine laufende Analyse der Erinnerung und Erforschung unterzieht. Die Gefahr, daß er vorzeitig zu einer unhaltbaren Synthese des Materials kommt, schließt ein, daß er Fälschungen seiner Erinnerungsfunktion oder der Bewertung des Materials unterliegt oder daß er durch seine nachträglichen Überlegungen seine Wahrnehmung in der folgenden Arbeit abstumpft, statt sie zu schärfen und zu verfeinern.

In dieser dritten Position des Berichterstatters und Erforschers ist der Analytiker sein eigener Kontrollanalytiker, und wir mögen hier die Beobachtungen verwerten, die uns aus der Kontrollanalyse bekannt sind. Wie wir wissen, kann diese Chance, etwas zu lernen, völlig versagen, wenn sie zuviel Angst auslöst.

In diesem Zusammenhang möchte ich auf einen Faktor zurückkommen, den Fließ in der Darstellung des »Arbeits-Ichs« des Analytikers betont. In der Bildung dieses Arbeits-Ichs leistet das Über-Ich einen wichtigen Beitrag, indem es seine Urteilskraft dem Ich zur Verfügung stellt und dadurch dessen Bereich erweitert und die Ich-Aktionen erleichtert. Fließ bringt dies in Zusammenhang mit der Identifizierung des Analytikers mit seinem Patienten. Wie bereits ausgeführt, teile ich diese Auffassung nicht, aber sie ist nicht unbedingt notwendig, um den von Fließ beschriebenen Beitrag des Über-Ichs zur analytischen Arbeit zu verstehen. Nach der analytischen Stunde nimmt das Über-Ich wiederum seine das Ich beurteilende und kritisierende Funktion auf. Wir sind wohlvertraut damit, daß wir oft, wenn wir uns die Ereignisse einer analytischen Stunde ins Gedächtnis rufen, Erstaunen, Ärger und Schuldgefühle empfinden. »Warum habe ich dieses Element aus der Überdeterminierung zur Deutung aufgegriffen und nicht jenes? Wie konnte ich etwas übersehen, das so wichtig, so auffallend, so selbstverständlich ist?« (Nichts ist in Wahrheit so leicht zu übersehen wie das Selbstverständliche und Wohlvertraute.)

Es scheint, hinterher sind wir so viel klüger! Wie in der Kontrollanalyse eines anderen, wird oft auch in der Selbstkontrolle eine außerordentlich wichtige Realität übersehen: nämlich die Tatsache, daß der Kontrollierende nicht unter dem unmittelbaren Anprall der mächtigen Übertragungsimpulse des Patienten steht. Er findet sich in einer anderen Situation. Sicherlich kann ein jüngerer viel von einem erfahrenen Kollegen lernen, und ebenso lernt jeder Analytiker etwas, wenn er eine vergangene Stunde oder Periode überprüft. Aber sein Gedächtnis kann ihn auch in dem Sinne im Stich lassen, daß es die Qualität des Zusammenseins mit dem Patienten ausläßt, während die Rückkehr des Über-Ichs eine weitere Quelle für die Beeinträchtigung der Ichfunktionen des Erkennens zur Folge hat. Anstatt einer Übersicht durch korrektes Erinnern und des Überprüfens des erinnerten Materials haben wir dann die Sicht des Über-Ichs, ein Spekulieren und Grübeln der Art, vor der Freud warnt, weil sie den Erkenntnisprozeß des Analytikers verfälscht.

Die Erinnerung liefert das Material, das die Erkenntnisfunktionen des Analytikers aufgreifen, um seine Sensitivität und sein Verständnis für die nächste Stunde zu verfeinern und das Stück Forschung zu vollbringen, das den analytischen Prozeß fördert. Die auf die eigene Arbeit gerichtete Forschung wurzelt in aktuellen und rezenten klinischen Erfahrungen und kehrt zu ihnen zurück. Sie befaßt sich mit den vielen Einzelheiten, die die freischwebende Aufmerksamkeit zur Wahrnehmung leiteten und die innerhalb der Beziehung zwischen Patient und Analytiker zu komplexen und subtilen Erkenntnissen und Interaktionen führten, die sich später oft nicht mit Sicherheit rekonstruieren lassen. Als aktiver Partner im Arbeitsteam mit seinem Patienten ist der Analytiker oft weiser denn als Berichterstatter.

Anmerkungen

1 Ralph R. Greensons Artikel: *Das Arbeitsbündnis und die Übertragungsneurose* (1966), der ähnliche Gedankengänge verfolgt, wurde mir erst nach meiner Arbeit zugänglich.

2 Über die Verbindung des Bewußtseins mit Wortresten s. auch S. Freud (1915).

3 Vgl. Hermann Argelander (1968); dort wird die Bedeutung dieser Strecke in einer analytischen Stunde untersucht.

4 Es stellte sich in einer privaten Diskussion mit Miss Pearl King, London, heraus, daß auch sie den Ausdruck ›running commentary‹ benutzt.

5 Für die Formulierung »der Analytiker, der etwas sagt« bin ich Dr. Parin, Zürich, dankbar.

Bibliographie

Argelander, H. (1968): »Der psychoanalytische Dialog«, *Psyche 22*, S. 325 bis 339.

Beres, D. (1964): »Perception, Imagination, and Reality«, *Journal of the American Psychoanalytic Association 12*, Nr. 3.

Fließ, R. (1942): »The Metapsychology of the Analyst«, *Psychoanalytic Quarterly 11.*
Freud, S. (1910): »Die zukünftigen Chancen der psychoanalytischen Therapie«, *G.W. 8.*
– (1911): »Formulierungen über die zwei Prinzipien des psychischen Geschehens«, *G.W. 8.*
– (1912a): »Zur Dynamik der Übertragung«, *G.W. 8.*
– (1912b): »Ratschläge für den Arzt bei der psychoanalytischen Behandlung«, *G.W. 8.*
– (1915): »Das Unbewußte«, *G.W. 10.*
Gitelson, M. (1963): »On the present Scientific and Social Position of Psychoanalysis«, Ansprache des Präsidenten beim *23. Internationalen Psychoanalytischen Kongreß* in Stockholm 1963 (deutsch in diesem Band: »Zur gegenwärtigen wissenschaftlichen und sozialen Position der Psychoanalyse«).
– (1964): »On the Identity Crisis in American Psychoanalysis«, *Journal of the American Psychoanalytic Association 12,* Nr. 3.
Greenson, R. R. (1960): »Empathy and its Vicissitudes«, *International Journal of Psycho-analysis 41* (deutsch: »Zum Problem der Empathie«, *Psyche 15* [Jg. 1961/62], S. 142–154).
– (1966): »Das Arbeitsbündnis und die Übertragungsneurose«, *Psyche 20, S.* 81–103.
Heimann, P. (1966): »Bemerkungen zum Arbeitsbegriff in der Psychoanalyse«, *Psyche 20,* S. 324–361.
Holt, R. R. (1964): »The Emergence of Cognitive Psychology«, *Journal of the American Psychoanalytic Association 12,* S. 650–665.
Searles, H. F. (1959): »The Effort to drive the other Person crazy – an Element in the Aetiology and Psychotherapy of Schizophrenia«, *Collected Papers on Schizophrenia and related Subjects,* Kap. 8, London (International Psychoanalytic Library, Nr. 63).
Thomä, H. und Houben, A. (1967): »Über die Validierung psychoanalytischer Theorien durch die Untersuchung von Deutungsaktionen«, *Psyche 21,* S. 664–692.
Waelder, R. (1962): Beitrag zum Symposion »Selection Criteria for the Training of Psycho-analytic Students«, *International Journal of Psycho-analysis 43,* S. 4–5.
Wangh, M. (1962): »The ›Evocation of a Proxy‹: A psychological Manoeuvre, its Use as Defence, its Purpose and Genesis«, *Psychoanalytic Study of the Child 17* (deutsch: »Die Mobilisierung eines Stellvertreters«, *Psyche 17* [1963/64], S. 129–145).

Therese Benedek

Die Lehranalyse in der Vergangenheit, Gegenwart und Zukunft*

Bereits im Jahr 1910 betonte Freud die Notwendigkeit der persönlichen Analyse für alle, »die das psychoanalytische Verfahren anwenden wollen«. Doch die weitere Entwicklung der Lehranalyse als unerläßlicher Hauptbestandteil psychoanalytischer Ausbildung vollzog sich nur langsam. Und das ist nicht verwunderlich. Ursprünglich verstand man die Psychoanalyse als Instrument der Therapie; Persönliche Analyse bedeutete für den angehenden Analytiker im Sinne der Therapie ›blinde Flecken‹ zu entfernen. »Die Idee, jemanden zu analysieren, um dabei die Methode zu erlernen, war keinem von uns in den Sinn gekommen«, sagte Eitingon (1937). Da Therapie und Berufsvorbereitung durch die gleiche Methode erreicht wurden, schien in diesen Jahren und Jahrzehnten der erzieherische Wert des psychoanalytischen Verfahrens zweitrangig zu sein. Freud und seine Nachfolger waren hauptsächlich daran interessiert, für ihre junge Wissenschaft eine solide Basis zu schaffen. In seinem letzten Aufsatz betont Gitelson (1964), einem Lehrsatz von Thomas Kuhn (1963) folgend, daß die »psychoanalytische Bewegung« eine »normale Wissenschaft« wurde, indem sie als Garantie für die Zukunft der Psychoanalyse das System der Lehranalyse aufbaute.

Doch es war kein leichter Weg: mehrere Jahre Gelehrtenstreit, gekennzeichnet durch Krisen in den sich entwickelnden psychoanalytischen Organisationen und durch die Katastrophe der Hitler-Ära. Mit der Gründung des *Berliner Instituts* im Jahre 1920

---

* Erstmals erschienen in *International Journal of Psycho-analysis* (Jg. 50), 1969, S. 437–445 unter dem Titel »Training analysis – Past, Present and Future«. Aus dem Amerikanischen von Robert Bergmann. Abdruck mit freundlicher Genehmigung von Quadrangle/The New York Time Book Co. und der Autorin.

begann ›die Bewegung‹ ihr Schulungssystem zu organisieren. Es folgte 1921 das Institut in Wien, dem sich bald weitere Neugründungen anschlossen. Schließlich wurde 1927 ein dreistufiges Ausbildungsprogramm festgelegt, das aus den sich gegenseitig beeinflussenden Phasen Lehranalyse, Lehrplan und Kontroll-Analyse bestand. Das Ausbildungsprogramm wurde von den bereits etablierten Instituten übernommen, und ich, und mit mir wohl alle, die in den frühen und auch späten zwanziger Jahren sich dem Beruf des Psychoanalytikers zuwandten, können bestätigen, wie gut und mühelos es war. Die Verbreitung der Psychoanalyse und der Zustrom wißbegieriger Studenten von entlegenen Städten machen begreiflich, daß die Eröffnung neuer Schulungszentren den Charakter einer ›Bewegung‹ annahm. Diese Art der ›Bewegung‹ wiederholte sich mit örtlichen Abweichungen stets aufs neue, bis die moderne Periode der ›organisierten Psychoanalyse‹ einsetzen konnte.[1]

Ich bin ein Produkt dieser Pionierepoche. Ich erwähne das nicht, um den Wunsch zu erwecken, der Lässigkeit jener Epoche im Durchsetzen ihrer Ziele nachzueifern. Ich möchte damit nur aufzeigen, daß zu jener Zeit Analysierte und Analytiker viel unbekümmerter waren als heute, daß die Organisation psychoanalytischen Lehrens und Lernens anders war und daß sich sogar der psychoanalytische Lernprozeß wesentlich unterschied. Vielleicht könnte man nur der Tatsache nachtrauern, daß man damals in relativ kurzer Zeit sehr viel lernte; man lernte eher durch das direkte Gefühlserlebnis als durch geistige Bewältigung des Stoffes.

Meine eigene Analyse fiel noch vor die Zeit der ersten psychoanalytischen Institute. Obwohl kurz, war sie doch nichtsdestoweniger ein bedeutungsvolles Experiment. Sie brachte mir die Überzeugung, etwas zu wissen, was bisher unbekannt war. Es war die besondere Erfahrung des eigenen Ichs gegenüber etwas, das ebenfalls das eigene Ich war und woraus jenes neue Wissen erwuchs. Auch die einfachen Voraussetzungen des analytischen Verfahrens wie Hören, Beobachten und Deutung wurden erlebt. Ich glaube, damals waren die Deutungen weniger komplex und eher in gefühlsmäßiger Erfahrung verwurzelt. Die Grunderfahrung des analytischen Prozesses war geschlossener und urtümlicher, als die Analyse noch neu und jung war.

Heute schafft das theoretische Wissen Vorwegnahmen sowohl bei unseren psychiatrisch gedrillten Studenten als auch bei der Allgemeinheit, die nach analytischer Behandlung verlangt. Doch ist davon der Analytiker noch mehr betroffen als sein Patient. Theoretisches Wissen und scheinbare Wiederholungen psychoanalytischer Konstellationen stumpfen unsere Sinne gegenüber der Einmaligkeit jeder psychoanalytischen Erfahrung ab. Ein Beispiel aus dem ersten Jahrzehnt meiner psychoanalytischen Praxis soll das verdeutlichen. Ich denke noch oft an eine Stunde aus einer Analyse. Ich war damals überzeugt, gerade in dieser Stunde und zum ersten Mal den Kastrationskomplex bei Männern entdeckt zu haben. Obwohl ich keine Aufzeichnungen über diese Stunde habe, kann ich mich noch lebhaft an den Raum und die Tageszeit erinnern. Es muß im Winter 1923/24 gewesen sein. Der Patient war ein großer, hagerer Mann mit einem bleichen Christusgesicht und einem rotbraunen Christusbart. Er litt an schweren Migränen. Er war in der kommunistischen Partei tätig, und das zu einer Zeit, als auch die Nazis ihre Partei organisierten. Man hatte ihm oft Schläge angedroht und ihn dann auch geschlagen. Heute käme man sehr schnell zu der Schlußfolgerung, daß der Zwang, für seine Überzeugungen in einer bedrohlichen Zeit kämpfen zu müssen, bei dem ›heiligenartigen‹, überempfindlichen Mann Migränen auslöste. Doch damals wartete ich geduldig und unwissend auf das Auftauchen des Unbewußten. Ich kann die Einzelheiten jener Sitzung nicht mehr nachweisen, aber ich erinnere mich noch gut an die geisterhafte Blässe des Mannes, während er auf der Couch lag. Sein Körper zitterte, als er die Assoziationen hervorsprudelte: seine heftige Bindung an die Mutter und die abnorme Angst vor seinem Vater, verbunden mit der Angst vor dem Bestraftwerden, die sein ganzes Leben beeinflußte, ja buchstäblich kastrierte. Und obwohl ich alles über den Kastrationskomplex gelesen oder gehört hatte (soweit es damals bekannt war), schien es mir, als hätte ich ihn erst während dieser Erfahrung richtig begriffen. In jener Stunde wurde er nicht nur Wahrheit, sondern selbst entdeckte Wahrheit. Sogar als die Sitzung vorüber war, glaubte ich noch an eine einzigartige neue Entdeckung. Auch nachdem ich später eingesehen hatte, daß es sich um den gleichen Kastrationskomplex handelte, den Freud so ausführlich herausgearbeitet hatte, hielt ich an der Einmaligkeit dieser Erfahrung fest und versuchte später die Gründe dafür zu finden. Zugegeben, es war im ersten Jahrzehnt meiner Erfahrungen mit Analysen, aber es war nicht mein erster männlicher Patient. Ich konnte fühlen, ja sehen, wie nicht nur sein Widerstand fortfiel, sondern – was mehr bedeutete – wie auch mein eigener Widerstand schwand, stückweise, so wie sich in einem Kaleidoskop Stücke von verschiedener Tiefe, von verschiedenen Farben und Formen plötzlich zu einer bestimmten Formation, einer ›Gestalt‹ zusammenschließen.

Die Erinnerung an dieses Erlebnis, intensiviert durch wiederholte ähnliche Ereignisse in psychoanalytischen Behandlungen, wurde das erfahrungsmäßige Kernstück eines begrifflichen Wissens, das ich mir durch das Studium der Werke Freuds und anderer Psychoanalytiker der ersten Generation aneignete. Heute weiß man mehr über die Bedeutung des vorbewußten Lernprozesses (Kubie, 1965), aber zu einer Zeit, als die Theorien über das Lernen noch in den Kinderschuhen steckten, wurde die Überführung von unbewußten geistigen Gehalten in bewußte nur als Teil des analytischen Verfahrens angesehen, nicht jedoch als eine besondere Form des Lernens, des kreativen Lernens.

Wenn ich eine Frage beantworten sollte, die meine Analytikergeneration unseren jüngeren Kollegen voraushat, die Frage nämlich, wie Lehranalytiker in den zwanziger und selbst noch in den dreißiger Jahren arbeiteten, dann würde ich auf eine Feststellung in Eitingons Bericht vor der *International Training Commission* (1926) hinweisen. Eitingon fordert die Notwendigkeit von drei Stufen in der psychoanalytischen Ausbildung: »Ich will hier nicht weiter das technische Problem der Lehranalyse erörtern. Es gibt überhaupt keine Frage über eine besondere, spezifische Technik, denn die Lehranalyse ist schlichtweg eine Psychoanalyse, und es gibt nur eine psychoanalytische Technik, nämlich die richtige.«

Und dann fährt er fort: »Der Unterschied zwischen der didaktischen oder Lehranalyse und der therapeutischen Analyse (ich muß Sie um Nachsicht bitten, wenn ich Nebensächlichkeiten so hervorhebe) liegt nicht in einer besonderen Technik, sondern die Ausbildungsanalyse verfolgt, wie wir in Berlin sagen, ein zusätzliches Ziel, das die therapeutische Absicht übersteigt oder Hand in Hand mit ihr geht.« (a.a.O., S. 132)

Was Eitingon damals entschuldigend als Nebensächlichkeiten bezeichnete, drückt *in nuce* Funktion und Absicht der Lehranalyse aus. Nun könnte man die Lehranalyse auch definieren als ein Verfahren, das neben dem Ziel beruflicher Vervollkommnung auch die Therapie miteinschließt. Darüber hinaus bietet die Lehranalyse dem Studenten den Vorteil, passiv als Lernender Erfahrungen zu sammeln, die er später aktiv als Analytiker verwerten kann. Doch es brauchte mehrere Jahre des Experimentierens, ehe die Psychoanalytiker die besonderen Probleme erkannten, die sich aus den beiden Zielvorstellungen der Lehranalyse ergaben: sie müssen durch die Lehranalyse selbst und durch die anderen Methoden der Schulung in der Psychoanalyse gelöst werden.

Als Ferenczi und Rank (1925) im Bestreben, die Entwicklung der Psychoanalyse voranzutreiben, auf die Wichtigkeit der Lehranalyse hinwiesen, betonten sie die Forderung, die Lehranalyse müsse tiefgehender und gründlicher durchgeführt werden als die therapeutische Analyse. Damit wollten sie sagen, daß die Lehranalyse über die ödipale Phase hinaus bis zur prägenitalen Entwicklungsphase reichen müsse. Ihre Verbesserungsvorschläge betrafen nur die Erweiterung der klinischen Ziele und nicht die didaktischen Aspekte der Lehranalyse. Zu jener Zeit waren nicht nur Ferenczi und Rank, sondern auch die Schulen in Berlin und Wien davon überzeugt, daß wohl die Analyse eines Patienten zufriedenstellend beendet werden könne, wenn das therapeutische Ziel erreicht sei; daß aber andererseits die Analyse eines Ausbildungskandidaten diesem einen Einblick in seine »ganze Persönlichkeit« zu bieten habe und daß analytisch – z. B. auf dem Gebiet der Übertragung – möglichst viele Faktoren in der Persönlichkeitsbildung »durchzuarbeiten« seien. Auf diese Weise begann die Periode der langen, schier endlosen und oft sogar unbeendeten Lehranalysen. Ihre besonderen Ziele blieben solange undefiniert, bis endlich die Lehranalytiker den Blick auf sich selbst richteten, – nicht nur als Kliniker, die über eine Methode zum Erreichen therapeutischer Ziele verfügten, sondern ebenso als Erzieher, deren psychoanalytische Technik sich ein besonderes Ziel setzte: »das therapeutische Ziel zu ersetzen«, ohne von ihm getrennt zu werden.

Etwa zehn Jahre nach der Festlegung der Kontrollmethode bekundete man ein allgemeines Interesse an einer ›Supervision‹ als wesentlichen, von der Lehranalyse getrennten Bestandteil psychoanalytischer Ausbildung. In den Jahren 1935 und 1937 fanden zwei Konferenzen statt, auf denen sich Mitglieder der vier *Zentralen Europäischen Psychoanalytischen Gesellschaften (Vierländerkonferenz)* zu wissenschaftlicher Diskussion trafen. Die Lehrausschüsse dieser Gesellschaften hielten eigene Sitzungen ab, um Probleme der ›Supervision‹ zu erörtern. 1925 trug Helene Deutsch bei der ersten dieser Sitzungen in Wien einen Bericht über die Kontrollanalyse vor. Bei der zweiten Sitzung umriß Edward Bibring (1937) die Grundlagen der erzieherischen Funktion des ›Supervisors‹.

Die Auszüge dieser Berichte spiegeln seine Ansicht über die Lehranalyse als Vorbereitung für die klinische Arbeit wider. Ich möchte annehmen, daß andere Theoretiker wie Fenichel oder Glover sich ebenfalls Gedanken über das ›Lehren‹ auf dem Wege des Psychoanalysierens machten, aber nicht darüber schrieben, als ob der Gegenstand tabu wäre. Durchdrungen von idealistischem Optimismus in die Wirksamkeit der Psychoanalyse und überzeugt davon, die ›richtige Technik‹ gefunden zu haben, glaubten diese Theoretiker Eitingons zwei Ziele der Lehranalyse durch die Psychoanalyse zu erreichen. Freud war der erste, der versuchte, dieser Einstellung entgegenzuwirken. (1937)

Der »illusionäre Optimismus« (Sachs, 1947) in Bezug auf die Psychoanalyse als Ganzes verhinderte die Schaffung von Kriterien zur Auswahl von Lehranalytikern. Wenn jemand fünf Jahre lang ein allgemein anerkannter Analytiker war, dann traute man ihm genügend praktische Erfahrung zu, ein Lehr- und gleichzeitig auch Kontrollanalytiker zu werden. Diese nichtselektive Methode wurde noch lange nachdem der Mangel an geschulten Psychoanalytikern behoben war, praktiziert.

Worin sahen die Lehranalytiker der frühen zwanziger Jahre ihre Aufgabe? Ziel der Analyse war, sie zu leiten, den analytischen Prozeß wirksam zu erhalten; selbst der therapeutische Zweck wurde als sekundär erachtet, gleichsam als Nebenerfolg der Analyse. Das Berufsziel war nicht so verlockend wie es heute ist, und es war nicht der erste Beweggrund für meine Leipziger Lehrkandidaten. Das Motiv für die Studenten und auch für die Lehranalytiker war damals das Entdecken und das Lernen. Wäre Leipzig (wo ich als einziger Lehranalytiker arbeitete) zu jener Zeit nicht eine isolierte Insel gewesen, dann hätte sich ein ›unlösbares, synkretistisches Dilemma‹ entwickelt, das die Analyse des künftigen Analytikers beeinflußte. Dieselben Personen, die ich wöchentlich an fünf bis sechs Vormittagen analysierte, kamen an einem Abend in der Woche in mein Haus, um über psychoanalytische Literatur zu diskutieren und aus den Büchern die Theorie zu erlernen. Damals schien es mir oder meinen Studenten nicht schwierig, die Rollen zu vertauschen. Meine Rolle als Leiterin einer Studiengruppe schien mit der Rolle des Analytikers nicht in Konflikt zu geraten. Das gleiche läßt sich von meinen Generationskollegen in Berlin sagen. Abends war ich Student mit meinen Studenten. Und wenn in den Analysensitzungen ein Problem auftauchte, das sich auf die abendlichen Diskussionen bezog, dann wurde es entweder im Rahmen seines realen Vorkommens gesehen oder in der Übertragung interpretiert.

In den Vereinigten Staaten, und hier besonders in engem Kontakt und in Gemeinschaftsarbeit mit Fakultät und Studenten des *Chicago Institute for Psycho-Analysis,* dämmerte es mir nach 1936, wie einmalig meine Situation in Leipzig gewesen war. Wäre ich in Berlin [2] gewesen, dann hätte möglicherweise der Wetteifer der Studenten es unmöglich gemacht, meine doppelte Funktion relativ erfolgreich über mehr als zehn Jahre durchzuführen. In Chicago lernte ich im Arbeitsfeld eines großen Institutes sehr viel von anderen Lehranalytikern, besonders durch indirekte Information. Ich kontrollierte die Analysen ihrer Studenten und hörte ihnen in den klinischen Konferenzen zu. Ich erkannte allmählich, daß die ›richtige‹, auf die Lehranalyse angewandte Technik viele Schattierungen hatte. Da ich aus eigenem Antrieb und höchst intuitiv die Bedeutung und Wirksamkeit der Lehranalyse für Studenten hochschätzte, erwuchsen in mir allmählich einige Vorstellungen über Ziele und Zwecke der Lehranalyse. Diese waren jedoch noch weit entfernt von Allgemeinregeln. Auch waren die Kriegsjahre mit ihren Umwälzungen und die Nachkriegszeit mit ihrem dringenden Bedürfnis, die psychoanalytische Schulung zu verbreiten, wenig geeignete Zeiten, um die Ziele der Lehranalyse oder die Methoden, durch die man diese Ziele mit Hilfe der psychoanalytischen Technik erreichen konnte, aufzuzeigen.

Die wachsenden Probleme der Lehranalyse mochten viele Analytiker bekümmert haben, zumal die Problematik nicht durch Diskussionen verringert wurde. Sogar die Grundsätze der Lehranalyse wurden in Verschwiegenheit verborgen. Freuds letzter Aufsatz (1937) scheint seine Sorge darüber auszudrücken. Da er die Psychoanalyse als endlosen Prozeß für den Psychoanalytiker erachtete, widersprach er der Idee, daß eine therapeutische Analyse genüge, um das zu bieten, was der Beruf des Analytikers erforderte. Er trat dafür ein, daß der angehende Analytiker in der Lehranalyse lernen solle, sich selbst zu analysieren, da die Analyse endlos sei. Nachdem aber der latente Konflikt nicht in einer einzigen ›analytischen Situation‹ in Bewegung gebracht werden könne, empfahl Freud eine Wiederholung der analytischen Situation in nahezu regelmäßigen Abständen von fünf Jahren. Doch das würde dem Analytiker nur eine begrenzte Möglichkeit zur Selbstanalyse bieten. Blinde Flecken hingegen tauchen in Interaktion bei jedem Patienten oder auf jeder Ebene der Analyse auf, selbst in der Phase einer klinischen Erfahrung eines Analytikers. Ob die blinden Flekken vorübergehend oder dauernd sind, das hängt in hohem Maße von der Fähigkeit des Analytikers zur Selbstanalyse ab. Ob man darin nun das Forschen in den verborgenen Tiefen des eigenen Ichs versteht oder die richtige Abschätzung des eigenen Einfühlens und Mitfühlens mit den Erfahrungen der Patienten, so begleitet doch immer die Selbstanalyse den Prozeß des Analysierens und ist in diesem Sinne das einzige klar formulierte Ziel der Lehranalyse. Dagegen kann die endlose Analyse mit dem eigenen Lehranalytiker nur als Krücke benutzt werden.

Als erster Lehranalytiker wurde 1920 Hanns Sachs an das *Berliner Institut* berufen. Kurz vor seinem Tod schrieb er 1947 einen Aufsatz, in dem er seine Erfahrungen in zwei Empfehlungen zusammenfaßte. Die erste lautete: »[Die erfolgreiche Auswahl von Bewerbern für die Psychoanalyse beruht auf] einer möglichst klaren Definition der besonderen Qualifikationen, die sich bei weitem von den Qualifikationen jedes anderen Berufes unterscheiden und die allein einen guten Analytiker versprechen.« (1947, S. 159)

Als zweites Ziel nennt Sachs die Lehranalyse. Aufgabe aller Analysen müsse sein, hemmende Widerstände in der Entwicklung eines frei handelnden Ichs auszuräumen.

»Das weitere Ziel [der Lehranalyse] ist, das Verstehen ihrer Natur und Sprache und ihrer Mechanismen des Unbewußten hinreichend vertraut zu machen, zu vertiefen und zu intensivieren, so daß sie sich unauslöschlich dem Gedächtnis einprägt und voll verfügbar ist, wenn man sie braucht, das Unbewußte künftiger Analysanden auszuloten.« (a.a.O., S. 165)

Hier wird mit der künstlerischen Finesse eines Analytikers der ersten Generation der Zweck der Lehranalyse beschrieben, aber weder die Kriterien der ersten Empfehlung noch die Methoden und Fingerzeige der zweiten Empfehlung wurden weiter umrissen. Entsprechend der Geisteshaltung der ersten und zweiten Analytikergeneration mochte Sachs gefühlt haben, daß *sapienti sat*. Es genügt hier, auf das Ende hinzuweisen, die ›richtige Technik‹ schafft die Mittel.

In ähnlichem Sinne machte Sachs eine weitere bedeutsame Anspielung. Mit Blick auf die ›optimistische Selbsttäuschung‹ der Studierenden der Lehranalyse bemerkt er, daß Lehranalytiker dazu neigen, die Selbsttäuschung der Studenten zu teilen. So machte er darauf aufmerksam, wie das emotionale Engagement des Lehranalytikers in seinen Student-Patienten den Verlauf der Lehranalyse beeinflusse.[3] Diese vorsichtige Anspielung auf die Gegenübertragung von Lehranalytikern schiebt die Verantwortung dafür – wenigstens teilweise – den Lehranalytikern zu, darüber hinaus aber auch dem Berufsideal der Psychoanalyse, das, ohne es so ausdrücklich zu formulieren, die Verwirklichung eines höheren Grades an Menschlichkeit einbegreift.

Dieses hohe Ziel psychoanalytischer Ausbildung ist auch die Motivation des Kandidaten für die Lehranalyse. Man muß es auch von der allgemeinen Annahme her sehen, daß Kandidaten keine so starke innere Bereitschaft mitbringen, therapeutische Bündnisse einzugehen wie Patienten, die unter neurotischen Symptomen leiden. Jeder Patient kommt mit der Hoffnung und dem Wunsch zur Analyse, er könnte ein gesünderer und glücklicherer Mensch werden. Die optimistische Illusion des Lernkandidaten aber beinhaltet mehr. Der Bewerber wünscht mehr zu erreichen als nur die Befreiung von Symptomen; er erstrebt durch die Psychoanalyse nicht nur die berufliche Anerkennung, sondern das Ideal des eigenen Ichs. Daher idealisiert er die Psychoanalyse und – damit zusammenhängend – natürlich auch seinen persönlichen Analytiker. Das führt zu dem unkritischen, therapeutischen Optimismus, der trotz Freuds aufrichtigen und eher pessimistischen Warnungen nicht aufhörte. So wurde das optimistische Vertrauen des Lehranalytikers in sein therapeutisches Instrument zu einem Hemmschuh in der Erforschung seiner Wirksamkeit auf Verlauf und Ergebnis der Lehranalyse. Es trifft sich glücklich, wenn das Streben des Studenten nach der Verwirklichung des beruflichen Ich-Ideals mit der Begabung für den Beruf harmoniert. Es ist Aufgabe des Lehranalytikers, den Student-Patienten zu so einer Harmonie hinzuführen. Ob nun die Einsichten des Analytikers in das Verfahren angehoben oder tiefer angesetzt werden, so erfordert seine doppelte Funktion als Therapeut und Erzieher, daß er in jeder Phase der Analyse des Studenten weiß, wie weit seine eigenen Ambitionen und Berufsideale den Verlauf der Analyse und damit auch die Zukunft des Studenten beeinflussen.

Es liegt außerhalb des Rahmens meines Berichtes zu versuchen, den Zeitabstand zu erklären, der zwischen dem Gewahrwerden des Lehranalytikers von einer besonderen erzieherischen Notwendigkeit und dann ihrer Annahme durch die Mehrzahl der Lehranalytiker liegt. Wir sollten uns daran erinnern, daß Eitingons besonderer Hinweis auf den erzieherischen Zweck der Lehranalyse überhört wurde, – gleichsam, als wäre er überdröhnt worden vom Lärm der widerstreitenden Meinungen über die Organisation der psychoanalytischen Schulung. Doch der Wirkungskreis der Lehranalyse weitete sich mit der Verbreitung psychoanalytischen Wissens und mit der wachsenden Erfahrung einzelner Lehranalytiker. Die Technik blieb wohl im großen und ganzen die ›richtige‹, die Eitingon vorschwebte. Doch wir sehen uns der Tatsache gegenüber, daß selbst die ›richtige Technik‹ sich wandelte seit den Tagen, als man die ›psychoanalytische Situation‹ erfand. Im gleichen ›experimentellen‹ Rahmen verlief auch die Entwicklung des psychoanalytischen Verfahrens in eine andere Richtung, besonders unter dem Einfluß der psychoanalytischen Ich-Psychologie. Doch die Bedeutung des sich ausbreitenden psychoanalytischen Wissens für die Ziele und Techniken der Lehranalyse wurde bisher noch nicht systematisch untersucht.

Die Literatur der letzten fünfzehn Jahre über die Lehranalyse unterscheidet sich von der Literatur der Vergangenheit weniger durch die Aufhellung der Absichten oder durch die Formulierung technischer Verfeinerungen oder Unterscheidungen, wie man diese Absichten erreichen könne, sondern eher durch ein größeres Bewußtwerden ihrer Komplikationen und Unzulänglichkeiten und durch den Drang, hier etwas zu tun.

Das erste generelle Anzeichen jenes Drangs war die enthusiastische Finanzierung einer Übersicht der *American Psychoanalytic Association* über psychoanalytische Ausbildung in den Vereinigten Staaten. Die Verantwortlichen für diesen Überblick, Bertram Lewin und Helen Ross (1960), taten, was man von ihnen verlangte: sie veröffentlichten einen ausgezeichneten Bericht, aber sie gaben keine Empfehlungen. Es gab aber eine beachtliche Bereitschaft, dort fortzufahren, wo Hanns Sachs aufgehört hatte. Versuche wurden gemacht, die besonderen Qualifikationen zu formulieren, die einen guten Analytiker versprachen. Das *Chicago Training Analysts' Seminar* arbeitete Empfehlungen aus (1954), doch sie wurden nicht veröffentlicht. Wahrscheinlich machten andere Institute das gleiche. An der *Mennninger Clinic* erforschten R. Holt und L. Luborsky (1958) die Eignung für allgemeine Psychiatrie, ungeachtet der besonderen Erfordernisse für praktizierende Psychoanalytiker. Joan Flemings ›Berufsanalyse‹ (1961) war die erste Untersuchung darüber, welche analytische Arbeit von einem Analytiker verlangt wird, betrachtet vom Standpunkt der Interaktion zwischen Analytiker und Patienten während des analytischen Prozesses. Ihre Empfehlungen können in dem Schlagwort zusammengefaßt werden: »Du mußt wissen, wofür du auswählst«. Und daraus folgt: »Du mußt wissen, daß du deine Studenten dazu auszubilden hast, wozu du sie ausgewählt hast.«

Das würde eigentümlich konkret in den Ohren von Psychoanalytikern geklungen haben, die gewohnt waren, sich bei der Meinungsbildung über Bewerber für psychoanalytische Schulung auf ihre Intuition zu verlassen und die der Ansicht waren, daß eine erkenntnismäßige Annäherung die besondere psychoanalytische Haltung beeinträchtige und somit die Bedeutsamkeit der Berührung mit dem Vorbewußten herabmindere. Nur wenige psychoanalytische Erzieher konnten daher voraussehen, daß der Formulierung der Qualifikationen für die Schulung bald Qualifikationen für den

Beruf des Lehranalytikers folgen sollten. In dem Maße, wie das Lernziel der Lehranalyse sich immer deutlicher vom therapeutischen Zweck des analytischen Prozesses abhob, wurde es offenbar, daß Lehranalytiker erfahrene, gute Analytiker sein und darüber hinaus Interesse und Fähigkeit im Verfolgen erzieherischer Ziele haben mußten.

So erhebt sich die Frage: wie erlernten Lehranalytiker den Stoff, den sie ihre Studenten-Patienten lehren wollten? Ich kann nur versuchen, diese Frage für mich selbst zu beantworten. In den zwanziger und dreißiger Jahren war die Lehranalyse eher eine Erforschung durch analytische Technik als eine Analyse. Aber gerade weil jene frühen Erfahrungen so bedeutungsvoll waren, habe ich oft meine frühere Funktion als Lehranalytiker mit dem, was ich später hinzulernte, verglichen. Ich kann sagen, daß ich ursprünglich durch meine Erfahrungen als Supervisor lernte, was einen besseren Lehranalytiker ausmachen würde. Durch meine Arbeit als Supervisor machte ich zur gleichen Zeit in der Ausübung von zwei Funktionen Erfahrungen: als Analytiker von Patienten und als Lehrer von Studenten. Ich lernte erkennen und diagnostizieren, was in den Studenten entwickelt werden müsse, damit sie in Zukunft als selbständige Analytiker bestehen können. Doch nach vielen Jahren dieser Erfahrung bemerkte ich, daß sich meine Einstellung zur Lehranalyse geändert hatte. Meine diagnostische Empfänglichkeit gegenüber dem Studenten-Patienten umfaßte nicht nur seine Vergangenheit und Gegenwart, sondern auch seine Zukunft als Psychoanalytiker. Seit meine abschätzende Funktion als ›analytisches Instrument‹ (Isakower, 1957) ein integrierter Bestandteil von mir selbst wurde, reagiert es in der psychoanalytischen Situation allein auf den Patienten. Wenn ich eine Beurteilung über einen Kandidaten schreiben muß, dann ist diese Funktion eine andere, vom analytischen Prozeß verschiedene, geistige Tätigkeit. Ich nehme an, alle psychoanalytischen Ausbilder üben ihre Funktion in der gleichen Weise aus, entweder – wie meistens früher – durch Intuition, oder als Ergebnis einer bewußt angestrebten Einstellung, wie es wohl heute zu erwarten ist.

Heute wissen wir mehr über die Aufgabe der Lehranalyse und über die Frage, wie der angehende Lehranalytiker vorzubereiten ist, der als Kliniker seine eigene Arbeit als psychoanalytischer Ausbilder überwacht. Der Lehranalytiker ist damit betraut, die Fähigkeiten des Studenten zu einem Instrument des analytischen Verfahrens zu entwickeln. Zu diesem Zweck muß sein diagnostisches Unterscheidungsvermögen so entwickelt werden, daß er in den Offenbarungen eines analytischen Prozesses erkennt und festhält, was immer sich auf die Eignung eines Kandidaten als künftiger Analytiker bezieht. Um diese Aufgabe wirksam durchführen zu können, muß er wissen, wofür er den Studenten vorbereitet.

Innerhalb seiner therapeutischen Funktion lernte der Lehranalytiker das Unbewußte, die Konflikte und Abwehrmechanismen seines Kandidaten kennen, doch darüber hinaus beobachtet er auch die Art, wie er sein Unbewußtes erfährt (Wallerstein, 1969). Er beurteilt nicht allein die Entwicklung von Konflikten und die Persönlichkeit des Studenten, sondern auch sein Wahrnehmungsvermögen, seine Kommunikation mit dem Unbewußten, seine Einfühlung und seine ›Menschlichkeit‹, schließlich seine ausdauernde Geduld im einfühlenden Verständnis jener Menschlichkeit, die dauernd seine produktive, hilfreiche Antwort erfordert. Die Qualifikationen könnten einen langen Katalog bilden; dieser würde die Fähigkeit enthalten, Versagungen und Regressionen zu ertragen, aber ebenso auch das Vermögen, die Regressionen des Patienten zu kontrollieren oder zu ›quasi-dosieren‹ usw. Diese unvollständige und auf gut Glück zusammengestellte Liste soll genügen, die Menge der diagnostischen Tätigkeiten eines Lehranalytikers aufzuzeigen, – ein Bereich, der breiter ist, als es irgendeine andere klinische Analyse erfordern würde.

Es erhebt sich nun die Frage, ob und wie Lehranalytiker den heutigen Studenten der Psychoanalyse jene Unmittelbarkeit und Direktheit der Erfahrung vermitteln können, die das Ergebnis von ›Aktivitäten des Primärprozesses‹ ist. Da theoretisches Wissen, wie Freud an verschiedenen Stellen herausstrich, »in einer anderen Geisteshaltung geschrieben wird« (Freud, 1924), müssen Lehranalytiker bestrebt sein, diesem Wissen, das die Aufnahmefähigkeit der direkten Erfahrung trübt, entgegenzuwirken. Sie müssen die unauslöschlichen Spuren ihrer psychoanalytischen Erfahrungen lebendig erhalten, um einfühlend für neue Gefühlseindrücke zu bleiben, offen auch für die Erfahrungen ihrer Patienten. Das schützt die Lehranalytiker vor Interpretationen in der Terminologie theoretischer Schemata; zugleich bietet es eine Methode, dem Studenten zu helfen, seine Selbstbeobachtung zu entwickeln, seine Signaleffekte wahrzunehmen und so das Auftauchen des eigenen Unbewußten zu erleben.

Was in den frühen Tagen der Analyse erlebt wurde, aber oft ungesagt blieb, das kann nun besser definiert und dargestellt werden, da wir mehr über das Ich-Verhalten im analytischen Prozeß wissen. Beobachtungen des Ich-Verhaltens, etwa der Fluß der Assoziationen, das Gewahrwerden der Stimmungsschwankungen und der sie begleitenden Abwehr, die Wahrnehmung der innerpsychischen Prozesse und so weiter haben mehr Bedeutung (für den Kandidaten) als für den gewöhnlichen Patienten. Daher wird der Lehranalytiker, im Bewußtsein des beruflichen Ziels seines Patienten, diesen Prozessen größere Beachtung schenken und seine Aufmerksamkeit auf sie lenken, so daß der Student durch Selbstbeobachtung sein psychoanalytisches Rüstzeug entwickeln kann. Außerdem wird er lernen, der Neigung zu widerstehen, die psychoanalytische Erfahrung seines Patienten im theoretischen Schema dynamischer genetischer Muster zu ›interpretieren‹.

›Lehrt‹ der Lehranalytiker im Verlauf der Lehranalyse? Nein, wenn man unter Lehren das Darstellen theoretischer Begriffe versteht. Er lehrt in Lehranalysen nicht mehr als in Analysen mit seinen anderen Patienten, nämlich durch gelegentliche Erläuterungen seiner Interventionen und Interpretationen. Aber er lehrt wohl, wenn wir Lehren in der Bedeutung verstehen, die Isakower der Kontrollanalyse zuschrieb, das heißt durch die ›Läuterung des Instruments‹. Denn er ist nicht nur bestrebt, blinde Flecken zu entfernen, sondern er entwickelt beim Verfolgen dieses Zieles im Studenten die Fähigkeit, »mit dem Dritten Ohr zu hören« (Reik, 1948), seinen assoziativen Prozeß und seine Gefühle zu beobachten und analysieren zu lernen, was der Patient fühlt und was er begreift.

Wie erlernte er es? So lange man Erlernen der Psychoanalyse durch das Analysiertwerden oder auch durch die Kontrolle verstand, nämlich als einen diffusen, unbewußten Prozeß, erkennbar an den Auswirkungen auf das Wissen, konnte man sich zufriedengeben mit der Annahme, daß das Modell zur Erlernung der psychoanalytischen Methode die Identifikation war. Identifikation ist die psychische Darstellung des biologischen Prozesses der Verinnerlichung – eine Voraussetzung des Lernens. Doch die Überbetonung der Identifikation beim Lehren und Erlernen der Psychoanalyse ist eher ein Hindernis für die Erforschung jener innerpsychischen Prozesse, die im Analytiker entstehen müssen, um von den ursprünglichen Prozessen psychoanalytischer Erfahrung zu einem Verständnis ihrer jeweiligen Bedeutung für den Patienten zu gelangen und um mit ihnen genetisch und dynamisch zu interpretieren, was stattgefunden hat. Durch die Bedeutung der primären Prozesse in der psychoanalytischen Methode bietet das Studium der Lehranalyse und der psychoanalytischen Kontrolle große Vorteile beim ›schöpferischen‹ Lehren und Lernen. Direkter jedoch ist die Bedeutung solcher Studien für die psychoanalytische Schulung selbst, da nur ein vermehrtes Wissen über die Prozesse, die an der institutionalisierten Ausbildung beteiligt sind, die Last des ›synkretistischen Dilemmas‹ erleichtern kann. Das synkretistische Dilemma, hervorgehoben von Bertram Lewin und H. Ross (1960), ist ein festverwurzeltes Problem im psychoanalytischen Ausbildungssystem, das sich aus dringenderen Ausbildungsforderungen ergab. Doch statt sie zu befriedigen, wiesen Lewin und Ross mit ihrer Arbeit nur auf die Bedingungen in der psychoanalytischen Ausbildung hin.

Es ist ermutigend zu beobachten, wie das lebhafte Interesse an den Problemen psychoanalytischer Ausbildung stetig wächst, – nicht nur an Umfang, sondern auch an Tiefe. Die Lehrer der Psychoanalyse haben die Grundsätze ihrer Wissenschaft gelernt und bewältigen ihre Probleme als Lehranalytiker, als wären sie ihres Weges sicherer. Da die älteren Generationen der Lehranalytiker sich besser zum Lehren eignen, lernen die Jüngeren um so bereitwilliger. Das bewies ein bemerkenswerter Versuch der zwei *Three-Institute-Conferences* über die Lehranalyse. Die erste dieser Konferenzen unter der Patenschaft der psychoanalytischen Institute von Chicago, Pittsburgh und Topeka wurde vom 1. bis 4. April 1965 am *Western Psychiatric Institute and Clinic* in Pittsburgh abgehalten. Der Bericht darüber von Charlotte G. Babcock (1969), Leiterin der Konferenz, ist ein eindrucksvolles Dokument. Es wurde allen Teilnehmern der zweiten Konferenz noch vor Sitzungsbeginn zugestellt, so daß diese die produktiven Diskussionen zwischen erfahrenen Lehrern und ihren Kollegen als Ausgangsbasis für weitere Diskussionen nehmen konnten.

Die zweite *Three-Institute-Conference* wurde vom 10. bis 13. April 1969 an der *Menninger Foundation* in Topeka abgehalten. Aus eigenen Erfahrungen kann ich sagen, daß die Teilnehmer an beiden Konferenzen von Beginn bis Ende hart arbeiteten. In den Diskussionsgruppen kam keine Müdigkeit auf. Immer wieder wurden Fragen gestellt, beantwortet und unter dem Aspekt der Technik, gesehen vom Lehrer oder Lernenden, diskutiert. Jenen Kollegen, die nur an der zweiten Konferenz teilnahmen, entging vielleicht etwas das erregende Gefühl, das wir während der ersten Veranstaltung dieser Art, die so erfolgreich endete, empfanden. Diejenigen, die beide Konferenzen besuchten, hatten Gelegenheit, vergleichende Beobachtungen anzustellen, und diese waren an Bedeutung hinreichender Ersatz für das erregende Gefühl.

Viele Lehranalytiker der jüngeren Generation, die an der ersten Konferenz teilnahmen, besuchten nicht mehr die zweite Konferenz. Andererseits waren viele Teilnehmer der zweiten Konferenz zur Zeit der ersten Konferenz noch keine Lehranalytiker. So hatte ich die Gelegenheit, beide Gruppen junger Lehranalytiker in den ersten vier Jahren ihrer Praxis zu beobachten. Ich hatte den Eindruck, als ob die Topeka-Teilnehmer freier in der Diskussion waren. Ihre Fragen waren überlegter und basierten auf mehr Erfahrung und Wissen. Anders dagegen die jungen Teilnehmer, die ich vier Jahre früher beobachtet hatte. Ich zog daraus die Schlußfolgerung, daß die Ausbildung zu einem Lehranalytiker wirksamer war als in früheren Zeiten, selbst wenn sie durch die Osmose der Ausbildungsprobleme erreicht wurde, die – wenigstens an diesen drei Instituten – im Schwange zu sein scheinen.

Das ist natürlich nur mein persönlicher Eindruck, denn ich versuchte nicht, ein Urteil auf breiter Basis zu erreichen. Doch meine Befriedigung darüber verstärkte sich, als ich im *Bulletin der Schweizerischen Gesellschaft für Psychoanalyse* die Berichte verschiedener europäischer Institute las. Als Vorbereitung für den internationalen Kongreß in Rom, dem ein Vorkongreß über Supervisions-Probleme vorangehen soll, berichtet eine repräsentative Anzahl dieser Institute über ihre Verfahrensweisen bei der Auswahl der Kandidaten und über ihre Einstellung zu Lehranalyse und Kontrollanalyse. Vielleicht gibt es in Europa oder sonstwo Leute, die über eine derartige Institutionalisierung der ›Bewegung‹ ernüchtert sind, aber für alle diejenigen, die die Psychoanalyse in einer Welt der sich ausdehnenden Kommunikation schützen wollen, bedeutet eben diese Institutionalisierung eine Herausforderung und Garantie für die Zukunft.

Ich habe einen Überblick über die Geschichte der Lehranalyse gegeben, über ihre wechselnden Ziele und Techniken, so wie sie sich in meiner Erfahrung spiegelte. Meine Gründe, so einen grundsätzlichen Gegenstand aus rein persönlicher Sicht zu behandeln, sind zweifach. Der erste ergibt sich aus der Tatsache, daß ich über mehr als vier Jahrzehnte an der Entwicklung der Lehranalyse beteiligt war. Ich machte Erfahrungen als einziger Lehranalytiker am Berliner Institut und später als Mitarbeiter in einem organisierten Ausbildungssystem. Ich machte Erfahrungen mit der Haltung von Studenten, deren einziger Lehrer ich war, und auch mit jenen, die ihre psychoanalytische Ausbildung in einer Periode erhielten, als das zentral organisierte Ausbildungssystem die Fata morgana des ›synkretistischen Dilemmas‹ hervorrief.

Der andere Grund, der zugleich Ziel dieser Diskussion ist, liegt in meinem Bestreben, die Last des Dilemmas der Lehranalyse vom Studenten auf seinen Lehranalytiker zu wälzen, von der Wirkung der Lehranalyse sowohl auf den Lehranalytiker als auch seinen Student-Patienten weg auf den Beruf des Lehranalytikers, auf seine doppelte Funktion als Psychoanalytiker und als Berufsausbilder. Diesen Aspekt des Ausbildungssystems herauszuarbeiten ist Aufgabe des Ausbildungssystems. Die Ereignisse der letzten Jahrzehnte machen deutlich, daß man immer mehr von der Notwendigkeit überzeugt ist, Psychoanalytiker für ihre Funktion als Lehrer auszubilden. Der vielfache Gewinn einer solchen Ausbildung rechtfertigt die optimistische Feststellung, die ich zum Abschluß noch zitieren will. Bei einem Vortrag über die Beendigung der Lehranalyse sagte ich: »Nachdem der Lehrer seinen Studenten das Rüstzeug für die Reise gestellt hat, muß sich jeder von ihnen alleine auf den Weg machen. Ob sie nun mit unbedeutenden oder großen Erfahrungen, mit neuen Entdeckungen oder bloßen Bestätigungen von Bekanntem wiederkehren mögen, in zehn oder zwanzig Jahren wird jeder von ihnen etwas wissen, das sich vom Wissen ihres Lehrers unterscheidet, und in diesem Sinne werden sie mehr wissen.« (1955, S. 624)

Anmerkungen

1 Einige dieser Ereignisse sind im Briefwechsel zwischen Freud und Abraham (Freud, 1965) zu finden, oder sind bei Fleming und Benedek (1966) erwähnt.
2 Ich arbeitete in Berlin in der Zeit von 1933 bis 1936 auch als Lehr- und Kontrollanalytiker. Doch unter der dauernden Bedrohung des Hitlerregimes herrschten am Institut bei weitem keine normalen Arbeitsbedingungen, und mein Kontakt mit seinem Fortbildungsausschuß war peripher.
3 Dieses Problem erörtert von einem anderen Standpunkt aus Benedek (1954).

Bibliographie

Babcock, C. G. (Hrsg.) (1969): *Training Analysis. Report of the first Three-Institute Conference of Psychoanalytic Education,* Pittsburgh.
Benedek, Th. (1954): »Countertransference in the Training Analyst«, *Bulletin of the Menninger Clinic 18,* S. 12–16.
– (1955): »A Contribution to the Problem of Termination of Training Analysis«, *Journal of the American Psychoanalytic Association 3,* S. 624 (Fußnote 1).
Bibring, E. (1937): »Second Four-Counties Conference«, *International Journal of Psycho-analysis 18,* S. 369–372.
Eitingon, M. (1926): »Preliminary Discussion of the Question of Analytic Training«, *International Journal of Psycho-analysis 7,* S. 129–135.
– (1937): »Opening Address by the Chairman of the International Training Commission, 1936« in: *International Journal of Psycho-analysis 18,* S. 350–358.
Ferenczi, S. und O. Rank: (1925): *The Development of Psychoanalysis, Interrelations between Theory and Practice,* New York und Washington D.C.
Fleming, J. (1961): »What analytic Work requires of an Analyst: A Job Analysis«, *Journal of the American Psychoanalytic Association 9,* S. 719 bis 729.
– und Th. Benedek (1966): *Psychoanalytic Supervision,* New York.
Freud, S. (1910): in *Jahrbuch für psychoanalytische und psychopathologische Forschung 2,* S. 731 (wahrscheinlich identisch mit Teil I von »Beiträge zur Psychologie des Liebeslebens«, *G.W. 8.* – Anm. d. Hrsg.).
– (1912): »Ratschläge für den Arzt bei der psychoanalytischen Behandlung«, *G.W. 8.*
– (1937): »Die endliche und die unendliche Analyse«, *G.W. 16.*
– (1965): *The Letters of Sigmund Freud and Karl Abraham 1907–1926,* New York (deutsch: *Sigmund Freud – Karl Abraham. Briefe 1907 bis 1926,* Frankfurt a. M., S. Fischer).

Gitelson, M. (1964): »On the Identity Crisis in American Psychoanalysis«, *Journal of the American Psychoanalytic Association 12*, S. 451–476.

Holt, R. und L. Luborsky (1958): *Personality Patterns of Psychiatrists*, New York.

Isakower, O. (1957): »Problems of Supervision« (Report to the Curriculum Committee of the New York Psychoanalytic Institute) (nicht veröffentlicht).

Kubie, L. (1965): »Unsolved Problems of Scientific Education«, *Daedalus.*

Kuhn, Th. (1963): *The Structure of Scientific Revolutions*, Chicago (deutsch: *Die Struktur wissenschaftlicher Revolutionen*, Frankfurt a. M. 1973, Suhrkamp).

Lewin, B. und H. Ross (1960): *Psychoanalytic Education in the United States*, New York.

Reik, Th. (1948): *Listening with the Third Ear*, New York.

Sachs, H. (1947): »Observations of a Training Analyst«, *Psychoanalytic Quarterly 16*, S. 157–168.

Wallerstein, R. (1969): in Babcock (1969).

Robert Waelder

Psychoanalytische Gesellschaften: ihre Aufgaben und Gefahren*

Erinnern wir uns, welches die ursprünglichen Aufgaben der psychoanalytischen Gesellschaften waren, als sie vor fast einem halben Jahrhundert ins Leben gerufen wurden. Freud hatte zunächst seine Beobachtungen und Schlußfolgerungen neurologischen, psychiatrischen und allgemein-medizinischen Gremien vorgelegt, in der Annahme, daß sie gleich anderen Beiträgen entsprechend ihrem wissenschaftlichen Wert angehört und diskutiert werden würden. Als er erfahren mußte, daß die Reaktion auf seine Entdeckungen hochgradig affektiv und durchweg ebenso unlogisch wie geschmacklos war, zog er sich von aktiver Tätigkeit in diesen Gesellschaften zurück; und sobald sich eine Anzahl von Schülern um ihn gesammelt hatte, entstand die erste psychoanalytische Gruppe, in der die an der Psychoanalyse aktiv Interessierten ihre Erfahrungen und Hypothesen unter sich diskutieren konnten.

Die Psychoanalyse begann also als eine Häresie, und eine psychoanalytische Gruppe wurde zum Sammelbecken aller jener, die die gleichen Ansichten vertraten und denen weniger daran lag, die Gültigkeit dieser Ansichten mit Außenstehenden, die schon ihre Grundvoraussetzungen bestritten, zu diskutieren, als vielmehr von der einmal gefundenen Basis aus fortzuarbeiten. Eine psychoanalytische Gruppe war also nicht nur durch das gemeinsame Forschungsgebiet charakterisiert – wie dies etwa bei einer psychiatrischen oder neurologischen Gesellschaft der Fall ist –, sondern auch noch durch die gemeinsame Methode und einige gemeinsame Ar-

---

* Erstmals erschienen in *Bulletin of the Philadelphia Association for Psychoanalysis* (Jg. 5), 1955 unter dem Titel »The Functions and Pitfalls of Psychoanalytic Societies«; deutsch erstmals in *Psyche* (Jg. 10), 1957, S. 677–687. Aus dem Amerikanischen von Käte Hügel. Abdruck der Übersetzung mit freundlicher Genehmigung des Klett Verlags.

beitshypothesen. Einer psychiatrischen Gesellschaft kann selbstverständlich jeder Fachpsychiater angehören, unabhängig von seinen wissenschaftlichen Meinungen. Eine psychoanalytische Gruppe aber war so etwas wie eine Partei innerhalb der Psychiatrie. Es ist oft kritisiert worden, daß sich eine Gruppe von Wissenschaftlern nicht nur auf der Grundlage gemeinsamer Interessen und gleicher Ausbildung, sondern auch auf der Grundlage gemeinsamer Grundanschauungen zusammengeschlossen habe und andere, die im Grundsätzlichen anderer Meinung waren, von ihren Beratungen ausschließe. Es war in der Tat so, und wir haben meines Erachtens auch keine Ursache, uns darob zu entschuldigen.

Die neue Lehre war nicht exakt beweisbar und ist es auch heute noch nicht. Wir alle glauben z. B., daß es ein unbewußtes Seelenleben gibt und daß hierin der Schlüssel zum Verständnis der Psychoneurosen liegt; oder daß die ersten Kindheitsjahre für die Bildung des Charakters wie auch der Neurosen ausschlaggebend sind. Aber diese Thesen sind noch nicht so über jeden Zweifel hinaus bewiesen, wie es z. B. zweifelsfrei feststeht, daß ein Auto nicht ohne Brennstoff fährt.

Die Grundannahmen der Psychoanalyse können immer noch kritisch angezweifelt werden, und diese Lückenhaftigkeit der Beweise öffnet natürlich auch den emotionellen Widerständen Tür und Tor. Ich bin nicht der Meinung, daß unsere Grundannahmen unbeweisbar sind; sie sind beweisbar, und sie werden eines Tages auch schlüssig bewiesen sein. Eine Möglichkeit wäre z. B. ein Forschungsprogramm, innerhalb dessen eine ausreichende Anzahl von Individuen beobachtet, ihr Lebenslauf von der Kindheit bis zur Reife und weiter bis ins Alter in minutiösen täglichen Details aufgezeichnet und mit geeigneten Testmethoden kontrolliert würde. Aber das wäre ein unerhört kostspieliges Vorhaben – es würde mehr als ein Jahrhundert, vielleicht zwei Jahrhunderte dauern, ehe schlüssige Beweise vorlägen.

Freud war von der Richtigkeit einiger seiner Grundannahmen überzeugt und wollte zur Erforschung dieses neuen Kontinentes übergehen, zu dem er den Zugang entdeckt hatte. Er mußte wählen, ob er in den traditionellen psychiatrischen Vereinigungen bleiben wollte, in denen sich jede Diskussion unfehlbar schon bei den Grundfragen festfahren mußte – z. B. ob es ein Unbewußtes gebe, ob Träume eine Bedeutung hätten oder so sinnlos seien wie ein durcheinandergerüttelter Setzerkasten; ob es eine kindliche Sexualität gebe usw. – oder ob er sich mit denen zusammenschließen sollte, die ebenfalls von der Brauchbarkeit dieser seiner wenigen Grundthesen überzeugt waren und mit ihm von dort aus weitergehen wollten. Wie Sie wissen, wählte Freud den letzteren Weg, und man kann sich nicht gut vorstellen, wie es sonst zu irgendeinem Fortschritt gekommen wäre.

Wie erwähnt, hat man dies als eine Form von religiöser oder halbreligiöser Sektiererei kritisiert; selbst einigen Psychoanalytikern war es nicht wohl bei dem Gedanken, daß sie zu einem Verband gehörten, der nicht auf der Basis gemeinsamer wissenschaftlicher Interessen, sondern auf der Basis von Lehrmeinungen errichtet worden war.

Ich erinnere mich an einige Situationen, bei denen dieses Unbehagen deutlich zum Ausdruck kam. Vor zwanzig Jahren wurde in einer Ausschußsitzung auf dem Internationalen Psychoanalytischen Kongreß in Luzern die Frage aufgeworfen, ob wir ein Recht hätten, ein Mitglied auszuschließen, wenn dessen Ansichten mit den Grundlagen der Psychoanalyse in schroffem Widerspruch stünden. Ein prominenter Analytiker behauptete, daß wir als wissenschaftliche Gruppe niemanden wegen seiner Ansichten ausschließen könnten. Ich fragte: »Wie war es mit Adler?« Er antwortete: »Adler wurde nicht wegen seiner Ansichten ausgeschlossen. Das war eine ganz andere Frage, eine Frage der Praxis.« Ich fragte damals nicht weiter, was das bedeutete, aber nach Jahr und Tag erklärte mir ein anderer prominenter Psychoanalytiker, der in dem Kampf gegen Karen Horney in der New Yorker Psychoanalytischen Gesellschaft einer der Wortführer gewesen war, daß er nicht wegen der in Karen Horneys Büchern vertretenen Ansichten gegen sie aufgetreten sei; ein solches Vorgehen würde er niemals billigen. Er habe Karen Horney ausschließlich in der Frage der Ausbildung bekämpft.

Man sieht aus diesen Beispielen, wie unangenehm einzelnen Analytikern die Tatsache war, daß eine psychoanalytische Gruppe von ihren Mitgliedern die Festlegung auf bestimmte Lehren verlangt, da ihnen dies gegen die Gedankenfreiheit zu verstoßen scheint, die wir alle als Grundlage der Wissenschaft empfinden.

Das, meine ich, ist aber ein Mißverständnis, sowohl in bezug auf den Begriff der Gedankenfreiheit wie auf die Struktur einer Psychoanalytischen Gesellschaft. Ohne Zweifel kann jedes Mitglied einer psychiatrischen und psychologischen Gesellschaft jede psychiatrische oder psychologische Theorie vertreten oder ablehnen, ohne daß dies seine Mitgliedschaft berührt. Wenn aber in einer psychoanalytischen Gruppe ein Mitglied zu dem Schluß kommt, daß die Annahme eines unbewußten Seelenlebens ein Irrtum sei, so würde ich zwar seine Argumente anhören und seine Meinung respektieren, aber ich würde doch meinen, sein Platz wäre besser in einer anderen als gerade unserer Organisation. Und wenn er mich mit seinen Argumenten überzeugen würde, wo würde ich selber mich gezwungen fühlen, aus der psychoanalytischen Bewegung auszutreten.

Ähnliche Situationen hat es übrigens auch in anderen, sogar den exaktesten Wissenschaften im Laufe ihrer Entwicklung gegeben. Selbst der Prototyp der Exaktheit, die Mathematik, ist davon nicht frei. Als sich im 18. Jahrhundert das Kalkül und die Theorie der Differentialgleichungen entwickelten, waren die begrifflichen Unterlagen noch schwankend und vage. In diesem Zusammenhang soll der große Mathematiker d'Alembert gesagt haben: »Nur vorwärts – der Glaube wird schon kommen.« Es dauerte dann auch noch ein ganzes Jahrhundert, bis die begrifflichen Grundlagen der höheren Mathematik in sorgfältig ausgearbeiteter Form vorlagen.

Auch in der Physik findet sich ein solches Beispiel, wenn auch von kürzerer Dauer. Im Jahre 1918 gelang Rutherford die umwälzende Entdeckung der Spaltung des Stickstoffkerns; es war der Ausgangspunkt der Kernphysik. Das Experiment bestand in der Beobachtung der Szintillationen, die beim Auftreffen geladener Teilchen auf eine Zinksulphatschicht entstehen. Es war eine sehr subjektive Beobachtungsmethode, und die Fluoreszenzerscheinungen waren äußerst schwach. Die Beobachter mußten sich eine Zeitlang im völlig verdunkelten Raum aufhalten, ehe sich die Augen akkommodiert hatten; auch dann noch variierten die Zählergebnisse verschiedener Beobachter beträchtlich. Es war also im wesentlichen eine Angelegenheit subjektiver Interpretation – der Fähigkeit einzelner Menschen, zu *sehen* – so wie es bei der Psychoanalyse heute noch der Fall ist.

Mitte der zwanziger Jahre wurde mir einmal erzählt, daß in

dem für diese Forschungen damals führenden Physikalischen Institut der Universität Cambridge nur etwa die Hälfte der Studenten, die man zur Zählung solcher Szintillationen angesetzt hatte, bei dieser Arbeit belassen wurde; die andere Hälfte schickte man wieder fort, weil sie nicht die richtigen Ergebnisse erhielten, d. h. nicht die Ergebnisse, die nach Ansicht der führenden Cambridger Physiker herauskommen mußten. Das ist ungefähr die Lage, wie wir sie noch heute in der Psychoanalyse haben. Auch wir sagen, daß Studenten, die mit den unseren vergleichbare Ergebnisse erzielen – die also »sehen« können, was sie unseres Erachtens sehen müßten –, korrekte Analysen machen, während andere, die unsere Resultate nicht reproduzieren können, wegen mangelnden psychologischen Verständnisses oder wegen Widerstandes ungeeignet sind. Die Beschränkung der Mitgliedschaft in einer psychoanalytischen Gruppe auf diejenigen, die unserer Meinung nach die mikroskopischen Erscheinungen des Seelenlebens »sehen« können, ist also auch nicht unwissenschaftlicher, als es die Auslese der Studenten für die Szintillationsbeobachtungen vor dreißig Jahren war.

Zwar war in der Physik die Zeit, in der man sich auf subjektive Methoden verlassen mußte, nur kurz; bald ersetzten objektive Methoden – das Geiger-Zählrohr, die Nebelkammer – die Abhängigkeit von der visuellen Beobachtungsgenauigkeit des Experimentators. Aber die Beispiele zeigen, daß selbst in den exaktesten Wissenschaften ähnliche Probleme auftreten können. Nur werden wir wahrscheinlich noch lange Zeit warten müssen, bis auch für die Psychoanalyse Methoden entwickelt sind, die jeden Zweifel ausschließen.

In jenen Tagen fanden sich also in den psychoanalytischen Vereinigungen Menschen zusammen, die von gewissen gleichen theoretischen Grundannahmen ausgingen, welche von anderen nicht geteilt wurden, und die sich gegenseitig in dreifacher Hinsicht Stützung gaben: geistig durch wechselseitige Anregungen, wirtschaftlich (eine lebenswichtige Frage für Leute, die bei ihren Fachkollegen in Mißkredit standen) und moralisch, was es ihnen erleichterte, allein gegen die Meinung der ganzen Welt zu stehen.

Dies war die Lage vor einem halben Jahrhundert. Nun wird aber von vielen gemeint, daß diese Tage – sozusagen das heroische Zeitalter der Psychoanalyse – vorüber seien, daß die Psychoanalyse jetzt allgemein anerkannt und respektiert werde, abgesehen von ein paar Inseln des Widerstandes, und diese hätten sich die Psychoanalytiker durch ihre anachronistische Sektenhaftigkeit selbst zuzuschreiben; daß wir also jetzt wie andere wissenschaftliche und Berufsverbände funktionieren könnten und sollten. Die Aufgaben, die für eine psychoanalytische Gesellschaft noch bestünden, wären die gleichen wie für andere wissenschaftliche und Berufsvereinigungen, nämlich in gewissen Abständen Konferenzen zu veranstalten, auf denen Vorträge gehalten werden – mehr um wieder einmal die Kollegen zu treffen als um viel neues Wissen zu erwerben – und ähnlich wie eine Gewerkschaft die gemeinsamen Berufsinteressen zu vertreten. Ein Unterschied bliebe allenfalls bestehen, nämlich daß die meisten psychoanalytischen Gruppen Ausbildungsinstitute hätten, was bei anderen Berufsorganisationen nicht der Fall ist.

In letzterer Beziehung gibt es heute in Amerika zwei Auffassungen. Nach der einen sollten die Institute unabhängig von den Gesellschaften existieren und den psychiatrischen Kliniken der Universitäten angeschlossen werden. In diesem Falle würden sich die Aufgaben der psychoanalytischen Gesellschaften tatsächlich auf wissenschaftliche Vorträge und Diskussionen und die Wahrnehmung von Berufsinteressen ihrer Mitglieder beschränken. Nach der anderen Ansicht sollten die Institute von den Gesellschaften geleitet werden, dies sei sogar deren Hauptfunktion. In diesem Falle scheint die Gesellschaft notwendig, um einem Institut den rechtlichen Rahmen zu geben. In der Praxis kann das dazu führen, daß zwar rechtlich die Gesellschaft ein Institut leitet, während in Wirklichkeit das Institut sich eine Gesellschaft hält und diese sozusagen das Anhängsel des Ausbildungsinstituts ist.

Um über die oben skizzierte Lage Klarheit zu gewinnen, müssen wir uns zunächst fragen, ob die Psychoanalyse tatsächlich weitgehend anerkannt ist und ihre Kampfzeiten vorüber sind. Dies ist natürlich eine sehr allgemeine Frage und daher schwer zu beantworten.

In einem gewissen Maße kann man von einer Anerkennung innerhalb der Psychiatrie sprechen. Nicht daß die Psychoanalyse in der Psychiatrie allgemein Verwendung findet; aber sie hat sich doch so etwas wie Respekt erworben, Respekt von der Sorte, mit welchem wir auf Menschen und Institutionen zu blicken pflegen, die ihre Lebenskraft durch ein hohes Alter bewiesen haben. Schon die Tatsache, daß einer noch lebt, ist eine Art Rechtfertigung; Leben und Tod scheinen so etwas wie Schicksalssprüche zu sein. In unserem Falle gibt es sogar ein gutes empirisches Argument für das Kriterium der Langlebigkeit, denn die Psychoanalyse konnte ja nur am Leben bleiben, wenn sich Patienten fanden, die sich analysieren ließen, so daß die Existenz der Analyse zu beweisen scheint, daß sie ihren Patienten etwas zu bieten hat.

Was die Medizin im allgemeinen betrifft, so kann ich nicht finden, daß die Psychoanalyse von ihr sehr ernst genommen wird; zum größten Teil ist sie gar nicht in das klinische Denken eingedrungen.

Auf dem Gebiet der Erziehung, wo man annehmen sollte, daß die Psychoanalyse ihre sozial wichtigste Anwendung finden könnte, ist die Reaktion geteilt. Der rechte Flügel ignoriert die Psychoanalyse oder lehnt sie ab, während der linke Flügel sie anzuerkennen scheint oder wenigstens gelegentlich mit einem psychoanalytischen Wortschatz operiert. Bei näherem Hinsehen erkennt man jedoch, daß die links orientierten Erzieher nur diejenigen Aspekte der Psychoanalyse übernommen haben, die ihre eigene Weltanschauung zu stützen scheinen, während sie andere, ebenso wichtige Aspekte übergehen.

In den Sozialwissenschaften, für die die Psychoanalyse sehr wichtig sein könnte, scheint sie, mit einigen bemerkenswerten Ausnahmen, eher in Verruf zu sein.

In den mehr als zwanzig wissenschaftlichen Zeitschriften, die ich regelmäßig erhalte, ist ein großer Prozentsatz der Referate über psychoanalytische Literatur und der Hinweise auf die Psychoanalyse immer noch in geringschätzigem und unfairem Ton gehalten.

In Literatur und Kunst schließlich sehen wir, daß mißverstandene Versionen der Psychoanalyse teils enthusiastisch aufgegriffen und propagiert, teils ohne wirkliche Kenntnis verurteilt werden. Auch hier gibt es einige rühmliche Ausnahmen.

Die meisten Reaktionen der Öffentlichkeit, einschließlich der gebildeten, beruhen, ob positiv oder negativ, auf einem Mißverständnis hinsichtlich des Begriffs der »Verdrängung«. Man glaubt, daß Verdrängung soviel wie Selbstbeherrschung oder Hemmung bedeute; folglich mißversteht man auch die Theorie, daß die Psychoneurosen auf (erfolglosen) Verdrängungen beruhen und glaubt, die Psychoanalyse wolle behaupten, Neurosen und andere unerwünschte Erscheinungen kämen von Hemmungen und Selbstdisziplin her.

Infolgedessen scheint mir, daß die wirkliche Anerkennung der Psychoanalyse, soweit sie vorhanden ist, letzten Endes auf die Patienten zurückzuführen ist, d. h. darauf, daß sich in wachsender Zahl Patienten an uns gewandt haben und daß auf diese Weise die Psychoanalyse sich behaupten und ausbreiten konnte.

Engverknüpft mit der Frage der Anerkennung ist auch die, ob der Widerstand gegen die Psychoanalyse verschwunden ist, wie mancherorts behauptet wird. Hierzu ist mein Eindruck, daß der Widerstand nur die Form gewechselt hat. Zwar wird sie nicht mehr oft direkt abgelehnt. Stattdessen wird z. B. die eine oder andere psychoanalytische These anerkannt, aber gekoppelt mit heftiger Ablehnung anderer ihrer Ergebnisse. Schließlich ist ja der Widerstand auch unter den Psychoanalytikern selbst nicht verschwunden, ich brauche nur daran zu erinnern, daß Freud in einer seiner späten Arbeiten, der »Endlichen und unendlichen Analyse«, bekümmert fragt, wie es viele praktizierende Psychoanalytiker nur fertig brächten, ihr psychoanalytisches Wissen von ihrer eigenen Persönlichkeit getrennt zu halten und von jedem Einfluß auszuschalten.

Mir scheint, daß es Freuds große Leistung war, den Dschungel des Es teilweise gelichtet und für die Kultur bewohnbar gemacht zu haben. Aber seine Lichtungen sind mit den Städten zu vergleichen, die die Majas in den Tropenwäldern errichteten; nur durch unaufhörliche Arbeit können sie gegen das üppige Wuchern des Dschungels verteidigt werden, das sie wieder zu verschlingen droht. Es ist nun an uns als den Nachfolgern Freuds, seine Eroberungen wenigstens zu erhalten, wenn nicht zu erweitern.

So scheint es, daß die ursprünglichen Aufgaben einer psychoanalytischen Gesellschaft, als einer Gruppe mit gemeinsamer Forschungsrichtung, die durch Gegnerschaft von außen und Widerstand von innen bedroht ist, und die sich zusammengefunden hat, um mit gegenseitiger Hilfe einen so unsicheren Weg voller Fallstricke zu begehen, noch immer die gleichen sind wie früher.

Im einzelnen möchte ich auf vier Punkte hinweisen, in denen psychoanalytische Vereinigungen unentbehrlich sind:

Der erste Punkt hängt damit zusammen, daß die Analyse eines Menschen ja weitgehend auf produktivem, schöpferischem Denken beruht. Wohl kann uns die psychoanalytische Theorie und der Erfahrungsschatz eines halben Jahrhunderts, wie er in der Literatur veröffentlicht oder durch die Tradition weitergereicht worden ist, mit zahllosen Anhaltspunkten und Wegweisern versorgen. Aber so unschätzbar diese auch sind – noch immer ist der Analytiker, besonders in seiner täglichen Arbeit, ein Schiffer auf unbefahrener See, wenn er auch die Sterne kennt und einen Kompaß und seine Seemannskunst hat. Die analytische Arbeit hat mehr Ähnlichkeit mit der Arbeit des Epidemiologen, der den Ausbruch und Verlauf einer Epidemie studiert und sich bemüht, ihre Gesetze zu erkennen, oder mit der Arbeit des Anthropologen, der eine unbekannte Kultur erforscht, als mit der eines Technikers in einem standardisierten Arbeitsgebiet.

Aus diesem Grunde ist man in der Psychoanalyse aber auch Fehlern in Einzelfällen stärker ausgesetzt als in jenen Berufen, in denen der Praktiker einen neuen Fall nur in eine seiner Klassifizierungen einzureihen und dann die übliche Behandlung anzuwenden hat. Kein Analytiker, wie geschickt und erfahren auch immer, kann dessen sicher sein, daß er jeden Fall erfolgreich behandeln wird, ebensowenig wie der Forscher sicher sein kann, daß er jedes sich ihm bietende Problem erfolgreich zur Lösung bringen wird. Um so notwendiger ist es daher für die Analytiker, sich zusammenzuschließen und einander in den Problemen, die jeder in seiner eigenen Praxis vorfindet, zu unterstützen.

Der zweite Punkt hängt eng mit dem ersten zusammen. Er wurde in einer kürzlichen Veröffentlichung von Gitelson angeschnitten. Gitelson wies darauf hin, daß jeder Analytiker notwendigerweise nur einen beschränkten Gesichtskreis hat. Kein Analytiker kann alles sehen. Sein Sehvermögen kann z. B. durch seine eigene Persönlichkeit eingeschränkt sein: es gibt Analytiker, die sich sehr gut auf hysterische Persönlichkeiten verstehen, andere verstehen sich besonders gut auf Zwangstypen, wieder andere auf Paranoiker, auf Kriminelle usw. Nur sehr wenige haben das gleiche Fingerspitzengefühl für alle Manifestationen der menschlichen Seele. Aber diese Beschränkung des Sehvermögens beruht nicht nur auf groben Unterschieden der Persönlichkeit, sondern auch auf der individuellen

Erfahrung im Leben und in der Arbeit, auf religiösen oder areligiösen, nationalen, politischen und kulturellen Vorurteilen, und natürlich auch auf unseren Widerständen. Es wäre illusorisch anzunehmen, daß diese Sichtbegrenzungen durch eine noch so gründliche Lehranalyse je ganz aufgehoben werden könnten. Da wir also alle partiell blind sind, können wir nichts Besseres tun, als uns gegenseitig zu unterstützen, damit das Auge des einen sieht, was das des anderen nicht sehen kann.

Der dritte Punkt: Die Psychoanalyse ist eine Tätigkeit, bei welcher der Praktizierende auf sich allein gestellt ist. Niemand kontrolliert oder beobachtet ihn. Wenn ein Chirurg eine Operation durchführt, so wird das Resultat unmittelbar in der Klinik bekannt. Was in der psychoanalytischen Situation geschieht, bleibt eine Angelegenheit zwischen Analytiker und Patient und dringt nur in extremen Fällen über diesen engsten Kreis hinaus. Auf diese Weise arbeitet der Analytiker ohne Kontrollen, außer der, die ihm sein eigenes Verantwortungsgefühl auferlegt. Wenn aber ein Mensch keine Vergleichsmöglichkeiten hat und niemandem Rechenschaft schuldig ist, so ist seine Arbeit in Gefahr, an Niveau zu verlieren. Ich meine dies nicht im groben Sinne, daß etwa das Pflichtbewußtsein abstumpfte – solche Fälle sind glücklicherweise selten –, sondern in einem subtileren Sinne. Der Analytiker weiß wohl, was er bei seinem Patienten gesehen hat, aber er kann nicht wissen, was er übersehen hat, aber gesehen haben könnte, und so kann er zu einer übertriebenen Vorstellung von der Lückenlosigkeit seiner Beobachtungen und der Unfehlbarkeit seiner Deutungen kommen. Auch hierfür kann ich mir keine bessere Ausgleichsmöglichkeit denken als die Zusammenarbeit in einer Gruppe, die die fehlenden Vergleichsmöglichkeiten und eine Art sozialer Kontrolle bietet.

Schließlich möchte ich im vierten Punkt auf eine weitere Gefahr der analytischen Situation aufmerksam machen. In der positiven Übertragung neigt der Patient dazu, seinen Analytiker zu überschätzen. Der Analytiker seinerseits hat gelernt, solche Urteile nicht ernst zu nehmen, sie nicht als Äußerungen eines reifen, gesunden Urteilsvermögens zu werten, sondern als Ausflüsse einer Situation, in welcher der Patient künstlich dazu gebracht wird, zu regredieren. Zweifellos gelingt es allen Psychoanalytikern weitgehend, das Gefühl des Geschmeicheltseins zu überwinden. Wenn ihnen aber diese Hochschätzung jahrein, jahraus als tägliche Kost geboten wird, so besteht doch die Gefahr, daß man schließlich ein Stück davon als berechtigt annimmt. Es besteht dann die große Gefahr, sich in der Schlinge der Selbstüberschätzung und Selbstzufriedenheit zu fangen.

Für alle diese Erschwernisse der Lage des isolierten Psychoanalytikers ist eine aktive, lebendige psychoanalytische Vereinigung nicht nur ein geeignetes, sondern das einzige Korrektiv, von dem wir wissen.

Nachdem ich nun soviel von der Notwendigkeit psychoanalytischer Gesellschaften gesprochen habe, möchte ich doch auch mit ein paar Worten auf ihre Gefahren eingehen. Diese Gefahren unterscheiden sich nicht sehr von denen, die jeder menschlichen Einrichtung anhaften. Es gibt ja in jeder Institution die Tendenz zur Formalisierung und Bürokratisierung. Ferner hat jede Organisation die Tendenz, ein »Eigenleben« zu führen, wie es der Turiner Soziologe Michels als eines der »Gesetze« sozialer Organisationen beschreibt. Nach diesem Gesetz dient, grob gesprochen, jede Organisation, die zu einem bestimmten Zweck geschaffen wurde, außer diesem Zweck und manchmal sogar statt dieses Zweckes, noch ihrer eigenen Erhaltung und Machtentfaltung. So wurden die Kirchen gegründet, um der Religion zu dienen; kaum jemand wird leugnen, daß sie daneben auch ihre eigenen Interessen als Institutionen entwickelt haben, die mit den Zielen der Religion nicht immer identisch sind. In extremen Fällen ist es durchaus möglich, daß die Interessen der Organisation das Ziel, für das diese Organisation ursprünglich geschaffen wurde, völlig überwuchern.

So werden auch in unseren psychoanalytischen Organisationen gelegentlich Maßnahmen erwogen oder ergriffen, die angeblich den Interessen der Vereinigung dienlich sind und die wir auf dieser Basis bestreiten oder verteidigen, wobei wir dann oft zu fragen vergessen, ob diese Maßnahmen auch vom Standpunkt der Psychoanalyse her gerechtfertigt sind. Wir brauchen uns nicht zu wundern, daß eine solche Tendenz besteht, aber wir müssen uns ihrer bewußt bleiben. Bis zu einem gewissen Grade ist sie für jede Form der Institutionalisierung und Kodifizierung unvermeidlich. Die Mittel haben immer die Gewohnheit, den Zweck zu verschlingen. Wir können das nicht gänzlich vermeiden, aber wir müssen es erreichen, diesen Prozeß in überschaubaren Grenzen zu halten. Wir dürfen nicht vergessen, daß die psychoanalytische Organisation für die Psychoanalyse da ist und nicht umgekehrt, und daß es unser erstes Ziel sein muß, das Verständnis für die menschliche Natur und das menschliche Verhalten zu fördern und unseren Patienten zu dienen.

Alle Interessen der Organisation als solcher dürfen unsere Unterstützung nur insoweit beanspruchen, als sie nachweislich diesem unserem Hauptziel unterstellt sind.

Heinz Kohut

Der Psychoanalytiker in der Gemeinde der Wissenschaftler*

Als Psychoanalytiker bin ich gewohnt, die Welt und ihre Ereignisse so zu sehen, wie sie sich in den Erfahrungen des Individuums widerspiegeln. Daher bin ich versucht, auf die meiner Arbeit und mir erwiesene Ehre zu reagieren, indem ich Ihnen etwas über meine persönlichen Gefühle sage und die Bedeutung untersuche, die die Unterstützung durch eine große Institution für das denkende, arbeitende und schöpferische Selbst hat. Die moralische Unterstützung, die Institutionen dem einsamen Schaffenden gewähren können, ist in der Tat gewichtig. Ich glaube jedoch, daß die Bedeutung des Anlasses sich nicht innerhalb des Rahmens der Individualpsychologie definieren läßt, und deshalb habe ich beschlossen, über ein Thema zu sprechen, das mit der tieferen Bedeutung des heutigen Tages zu tun hat. Der Titel meiner Abhandlung, »Der Psychoanalytiker in der Gemeinde der Wissenschaftler«, soll daher darauf hinweisen, daß ich ein weites Gebiet ins Auge gefaßt habe: ich will die Beziehung der Psychoanalyse zur Universität untersuchen oder, allgemeiner gesagt, die Schwierigkeiten der Integration eines spezifischen neuen Denksystems, der Psychoanalyse, in das etablierte Gebäude des intellektuellen Lebens unserer Zeit diskutieren, wie es durch unsere Universitäten repräsentiert wird.

Wie wir alle wissen und anscheinend auch mit einiger Resignation, aber ohne allzu viele Fragen akzeptiert haben – obwohl uns diese Tatsache tief verwirren und erstaunen sollte –, standen Psychoanalyse und Universitäten insgesamt nicht auf gutem Fuß miteinander. Es ist immer noch bezeichnend für die mangelnde Inte-

* Ansprache anläßlich der Verleihung der Ehrendoktorwürde in der Universität von Cincinnati am 16. November 1973 unter dem Titel »The Psychoanalyst in the Community of Scholars«. Aus dem Amerikanischen von Elke Kamper. Abdruck mit freundlicher Genehmigung des Autors.

gration der Analyse in die Universität, daß Freud, als ihm nach vielen Verzögerungen von der Universität Wien der Titel eines Professors verliehen wurde, diesen nicht etwa dafür erhielt, daß er einige der gewagtesten Schritte in der intellektuellen Geschichte der Neuzeit unternommen hatte [1], sondern für seine soliden, jedoch in keiner Weise weltbewegenden Beiträge zur Neurologie und Neuropathologie.

Es wäre eine lohnende Aufgabe für einen geübten und unvoreingenommenen Historiker, die Beziehung zwischen Psychoanalyse und Universitäten zu untersuchen und – wie könnte er der Versuchung widerstehen – ein Urteil darüber zu fällen, welche der beiden Parteien die Schuld daran trägt, daß die zweifellos immer noch vorherrschende Haltung gegenseitigen Beargwöhnens und gegenseitiger Geringschätzung nicht überwunden worden ist.

Ich bin kein Historiker – leider. Wenn ich noch ein Leben vor mir hätte, würde ich versuchen, einer zu werden, weil ich überzeugt bin, daß eine neue und revolutionäre Geschichtswissenschaft der logische nächste Schritt ist: die natürliche Entwicklung, die dem revolutionären Schritt folgen sollte, den Freud in bezug auf die Individualpsychologie tat. Da ich weder ein geübter Historiker der traditionellen Schule und schon gar nicht jener revolutionäre Historiker bin, von dem ich gern träume, muß ich mich einstweilen auf einige wenige Kommentare beschränken. Welches ist die Erklärung für die mangelnde Integration der Psychoanalyse in den Hauptstrom der modernen Wissenschaft?

Häufig wird angenommen, gewöhnliche Vorurteile hätten mit dazu beigetragen, daß Freuds Werk nicht recht akzeptiert wurde. »Seien Sie versichert«, schrieb Freud im Jahre 1908 an einen Freund, »wenn ich Oberhuber hieße, meine Neuerungen hätten ... weit geringeren Widerstand gefunden.« Vielleicht wäre es so gewesen – doch ich glaube nicht, daß diese soziologische Erklärung befriedigend ist. Sicher haben Vorurteile dazu beigetragen, daß Freud seine Professur an der Wiener Universität so spät erhielt. Doch wenn Freud ein Angehöriger der ethnischen und religiösen Mehrheit in Österreich gewesen wäre, so würde, wie ich glaube, die Psychoanalyse als Wissenschaft von seiner großen Alma Mater dennoch nicht akzeptiert worden sein. Nein, die durch unterschiedliche Abstammung hervorgerufenen narzißtischen Spannungen waren nicht das wesentliche Problem. Die Beiträge zahlreicher anderer Gelehrter und Wissenschaftler von Freuds religiöser Herkunft zu den traditionellen Zweigen der Wissenschaft, welche persönlichen Zurückweisungen die Betreffenden auch immer erlitten haben mochten, wurden von der Wiener Universität schließlich akzeptiert und voll in die Gesamtheit des Wissens integriert, das von der jeweiligen Fakultät als gültige Wissenschaft anerkannt wurde. Und wenn jemand immer noch an der Richtigkeit dieser Ansicht zweifelt, empfehle ich ihm, die bewegende Korrespondenz zwischen Freud und jenem jungen Vertreter des traditionellen wissenschaftlichen Denkens, der Hebräischen Universität von Jerusalem, zu lesen, eine Korrespondenz, die von seiten Freuds voller Hoffnung beginnt – in seinem ersten Brief (16. 10. 33) spricht er von »unserer Universität« –, jedoch – Freud läßt nun den Ausdruck »unsere Universität« fallen und wendet sich in seinem letzten Brief (5. 12. 33) kühl an »die Universität von Jerusalem« – mit der gleichen Enttäuschung hinsichtlich der Aufnahme der Psychoanalyse endet, der er sich sein Leben lang durch alle Institutionen höheren Lernens ausgesetzt sah.

Eine weitere wohlbekannte Erklärung für die Ablehnung der Psychoanalyse wird von den Erfahrungen des Analytikers in der individuellen Psychotherapie abgeleitet; es ist dies die Behauptung, die Ablehnung der Analyse sei durch »Widerstand« verursacht. Wie Sie wissen, bezieht sich der Ausdruck Widerstand auf die Tatsache, daß die Konfrontation mit unbewußten psychischen Inhalten die Kräfte der Verdrängung stärkt. Die Analyse konfrontiert den Menschen – den Laien wie den Wissenschaftler – mit all jenen Strebungen in ihm, die nicht zu kennen er gelernt hat; es ist also kein Wunder, daß die Menschen im allgemeinen und die Wissenschaftler im besonderen eine Wissenschaft zurückweisen, die die Aufrechterhaltung der etablierten Verdrängungen bedroht.

Dies ist eine einfache und bestechende Argumentation; ich glaube jedoch, daß sie genausowenig angemessen ist wie jene Erklärungen, die auf sozialen Betrachtungen basieren. Um diese Behauptung gegen die möglichen Einwände zu verteidigen, die gegen diesen Punkt vorgebracht werden könnten, wäre eine eigene Schrift notwendig. Es möge also genügen, wenn ich sage, daß der fragliche Mechanismus zweifellos häufig zutage tritt, wenn Menschen zum ersten Male mit spezifischen psychoanalytischen Funden konfrontiert werden. Es wäre gleichfalls nicht schwer, gewisse Individuen anzuführen, in deren Fall die lautstarke und ärgerliche Zurückweisung der Psychoanalyse klar auf persönlichen psychoanalytischen Kräften beruht, die in der Tat dem Widerstand verwandt sind. Ich glaube jedoch nicht, daß die mangelnde Integration des gesamten, von der Psychoanalyse angesammelten Wissens in die wissenschaftlichen Sektoren unserer Zivilisation auf diese Weise erklärt werden kann. Schließlich wurde die Psychoanalyse von Menschen geschaffen und findet bei vielen Menschen tiefes Verstehen. Außerdem wurden verschiedene Aspekte der Analyse – wenn auch nur einige sehr spezielle – innerhalb und außerhalb der Wissenschaft zunehmend akzeptiert. Warum also besteht die Kluft zwischen der Psychoanalyse und den Wissenschaften immer noch? Warum ist die Verleihung einer Ehrendoktorwürde aus dem Bereich der Naturwissenschaften an einen Analytiker *für seine psychoanalytische Arbeit* im Jahre 1973 noch immer ein recht bedeutendes Ereignis, mehr als siebzig Jahre nach der Veröffentlichung der »Traumdeutung«, mehr als neunzig Jahre nach der Aufzeichnung der ersten analytischen Beobachtungen? Nein, von den Wissenschaftlern mit ihrer insgesamt überdurchschnittlichen Fähigkeit, Tatsachen zu akzeptieren, welche auch deren gefühlsmäßige Bedeutungen sein mögen, sollte man annehmen, sie hätten mittlerweile gelernt, die notwendigen psychologischen Berichtigungen vorzunehmen, und mit Hilfe ihrer streng abgeschirmten Ichs die Arbeit der Integration zwischen Psychoanalyse und den etablierten wissenschaftlichen Disziplinen durchzuführen.

Eine der tiefgründigsten Erklärungen der psychologischen Kräfte, die sich der Anerkennung der Psychoanalyse widersetzen, wurde von Freud vor mehr als sechzig Jahren gegeben. Verkürzt ausgedrückt sagte er, die Analyse werde häufig zurückgewiesen – vor allem ihre zentrale Behauptung von der Existenz unbewußter seelischer Vorgänge –, weil sie eine Entdeckung gemacht habe, die gegen die irrige, aber zäh verteidigte Überzeugung des Menschen spreche, er sei Herr seines eigenen psychologischen Haushaltes. Um Freuds Gedankengang bündig zu paraphrasieren: seine Entdeckungen – wie jene von Kopernikus und Darwin vor ihm – stellten einen narzißtischen Schlag für die Menschen dar, und sie reagierten darauf mit narzißtischer Wut in Form von Angriffen gegen die Psychoanalyse.

Ich habe immer größte Bewunderung für diesen verblüffend einfachen Aufsatz Freuds gehegt und schätze seine Formulierung noch immer hoch. Es ist jedoch meine Überzeugung, daß sie sich auf einen Faktor bezieht, der auf die Dauer nicht entscheidender ist als die sozialen und psychologischen Kräfte, von denen ich vorher sprach. All diese Erklärungen – und noch eine weitere, zu der ich gleich kommen werde – übergehen das Bestehen von Gegenkräften, die Schaffung von Gegenströmen, wenn Sie so wollen, die den Menschen durch den Gebrauch der verschiedensten psychologischen Mittel dazu befähigen, das scheinbar Unannehmbare anzunehmen. Es mag eine unangenehme Verletzung unseres Stolzes sein, wenn wir merken, daß wir nicht im Mittelpunkt der Welt leben, daß unsere Erde ein winziges Staubkorn im Universum ist – doch es ist uns allen gelungen, diese Tatsache zu akzeptieren, ohne unter vermindertem Selbstwertgefühl zu leiden. Es mag unerfreulich sein festzustellen, daß wir nicht allein und einmalig von Gott als höchstes Produkt seiner Schöpferkraft erschaffen wurden, daß die Menschheit höchstens ein kleines Glied in der Entwicklungskette lebender Materie ist. Und doch – vom Monkey Trial[2] einmal abgesehen – haben wir alle auch diesen Aspekt der Realität akzeptieren können und scheinen deswegen nicht über Gebühr deprimiert. Ich glaube in der Tat, daß die meisten Menschen einen deutlichen Stolz empfinden, wenn sie die erklärende Kraft dieser Theorien kennengelernt haben: ein erhöhtes Wohlgefühl, ein narzißtischer Gewinn, der darauf beruht, daß sie fähig waren, sich durch eigene Denkarbeit über sich selbst zu erheben, teilzuhaben an einer höheren Realität durch das Akzeptieren einer Wahrheit, deren Gültigkeit über die Grenzen ihrer individuellen Existenz hinausgeht.

Doch ich muß mich noch einem weiteren psychologischen Hindernis zuwenden, das meiner Meinung nach ebensoviel zur Isolierung der Psychoanalyse unter den Wissenschaften beiträgt wie soziale Vorurteile, Widerstand gegen Verdrängtes und die Ablehnung des Begriffs eines Unbewußten. Es ist dies eine psychologische Konstellation, die nicht nur für die Kluft verantwortlich ist, welche die Psychoanalyse von den anderen Wissenschaften trennt, sie tendiert auch dazu, andere Zweige der Wissenschaft voneinander zu trennen. Ich habe für diese trennende Kraft den Namen Werkzeug-und-Methoden-Stolz (»tool-and-method-pride«) oder Werkzeug-und-Methoden-Snobismus vorgeschlagen.

Der Name allein wird die richtige Bedeutung erkennen lassen. Er bezeichnet die zunehmende Wertschätzung jener spezifischen Methoden, die jeder Zweig der Wissenschaft bei der Verfolgung seiner Ziele entwickelt, ja sogar die Ehrfurcht, mit der der ganz seiner Arbeit hingegebene Spezialist schließlich zu der idealisierten Methodologie seines Gebietes aufblickt. Die charakteristische Mischung aus Stolz auf seine technische und konzeptionelle Methodologie und Herablassung dem Uneingeweihten gegenüber, die der Spezialist gern entwickelt, führt nicht nur zur Isolation der verschiedenen Wissenszweige voneinander, sondern auch zu einer inneren Verhärtung jedes Zweiges der Wissenschaft und damit zu verringerter Vitalität, da sie den Akzent von dem zu untersuchenden Feld auf die spezifischen Mittel verschiebt, die zu seiner Erforschung entwickelt wurden.

Obwohl ich meine Bemerkungen zu diesem Punkt kurz fassen muß, möchte ich nicht simplifizieren. Ich weiß, daß Methoden und Ziele manchmal nicht sauber zu trennen sind, daß – was gewiß auch für die Tiefenpsychologie gilt – die Entdeckung einer bahnbrechenden Methode der entscheidende Schritt zur Eröffnung eines neuen Feldes sein kann. Ich spreche nicht gegen die Wichtigkeit der Methode, ich verkleinere nicht Methodologie und Spezialkenntnisse, ich sage nur, daß sie nicht idealisiert werden, sondern, psychoanalytisch gesprochen, Ichfunktionen bleiben sollten. Der Praktiker soll sich an der Fähigkeit freuen, sie perfekt zu meistern. Wenn die Erlangung technologischer Meisterschaft jedoch höchstes Ziel irgendeines Zweiges der Wissenschaft wird, dann erstarrt sein schöpferischer Geist, und sein Überleben ist zweifelhaft.

Dies ist ein ausgedehntes Thema, das ich heute nicht sehr weit verfolgen kann. Wenn unter den Zuhörern vielleicht einige Musikliebhaber sein sollten, kann ich nichts Besseres tun, als sie daran zu erinnern, wie bewegend und schön in Richard Wagners Oper »Die Meistersinger« nicht nur die dadurch aufgeworfenen Probleme dargestellt werden, sondern auch die ausgewogene menschliche Haltung, die ihre Lösung erfordert. Die Meistersinger waren eine Zunft, die den freien Ausdruck der Kunst durch immer strenger angewandte Regeln erstarren ließ. Aber der größte von ihnen, Hans Sachs, erhielt sich nicht nur seine Empfänglichkeit für ein schönes Lied, selbst wenn es die enggezogenen Regeln durchbrach, sondern konnte gleichzeitig die Erkenntnis des Wertes einer konservativen Methodologie bewahren. »Verachtet mir die Meister nicht, und ehrt mir ihre Kunst!« Das sagt er zu dem schöpferischen Rebellen, der das Gefühl hat, der Werkzeug-und-Methoden-Stolz des etablierten Berufsstandes lasse keinen Raum für seine Originalität.

Doch nun muß ich zu meinem Hauptgedanken zurückkehren und noch einmal meine Überzeugung aussprechen, daß kaum Zweifel an der Tatsache bestehen, daß eine der Barrieren, die die Psychoanalyse von den etablierten Zweigen der Wissenschaft getrennt hat, der Werkzeug-und-Methoden-Stolz war; und daß außerdem wahrscheinlich beide Seiten die Verantwortung für die Existenz dieser Barriere tragen. Ich würde jedoch auch vermuten, daß die zunehmende Annäherung zwischen Psychoanalyse und den etablierten Wissenschaften auf die Tatsache zurückzuführen ist, daß diese besondere Wand durch von beiden Seiten vorgenommene Berichtigungen nach und nach abgetragen wird. Sie wird abgetragen durch die Anstrengungen einiger, die in den etablierten Wissenschaften arbeiten, zum Beispiel von Experimentalpsychologen, die beginnen, die von der Psychoanalyse gesammelten Daten mit Respekt zu behandeln, und die ihre eigene Forschung bereichern, indem sie ihre Aufmerksamkeit auf Gebiete richten, die ihnen durch die Analyse zugänglich wurden. Ebenfalls abgetragen wird die Barriere durch die Bemühung mancher Psychoanalytiker, zum Beispiel jener, die versuchen, die Richtigkeit einiger empirischer Funde der Psychoanalyse mit Hilfe traditioneller Methoden zu beweisen, speziell durch die Methoden statistischer Beweisführung.

Ich habe jetzt einen Wendepunkt in meinen Überlegungen erreicht. Nachdem ich eine Anzahl von Faktoren untersucht habe, die die mangelnde Integration der Psychoanalyse in die etablierten Wissenschaften erklären könnten, und zu dem Schluß gekommen bin, daß keiner von ihnen, allein oder mit anderen kombiniert, für die relative Ausschließung des Psychoanalytikers aus der Gemeinschaft der Wissenschaftler verantwortlich sein kann, muß ich mich nun jenen Merkmalen der Psychoanalyse zuwenden, die in der Tat für die immer noch bestehende Isolation dieser Wissenschaft verantwortlich sind. Ich werde diesen wesentlichen Punkt jedoch nicht direkt angehen, sondern zunächst einen wichtigen Zweifel in Betracht ziehen, der vielleicht vielen nachdenklichen Zuhörern immer deutlicher in den Sinn kommt.

Ist es wirklich wahr, daß die Analyse von unserer modernen westlichen Kultur nicht anerkannt wird? Ist sie nicht im Gegenteil zu einer der Säulen geworden, auf denen die moderne Welt ruht – wie dialektischer Materialismus, Relativität und Quantenphysik und die visuelle Welt von Picasso? Ist es wirklich wahr, daß die Psychoanalyse von unseren Universitäten nicht akzeptiert wird? Hat sie nicht im Gegenteil einen starken Einfluß ausgeübt auf gewisse Aktivitäten innerhalb der Universitäten? Wir brauchen nur an viele Fakultäten für Psychiatrie und Fachschulen für Sozialarbeit zu denken, an einige Fakultäten für Psychologie, soziale und politische Wissenschaften, Geschichte, Theologie, Anthropologie und sogar Jurisprudenz, um festzustellen, daß die Psychoanalyse in den Universitäten festen Fuß gefaßt hat. Und auf anderen wichtigen Gebieten der modernen westlichen Zivilisation – nehmen Sie zum Beispiel den psychologischen Roman, das psychologische Theaterstück oder den psychologischen Film – ist der Einfluß der Analyse oft so groß, daß er gelegentlich der Entfaltung der eigenen Verdienste der Schöpfungen auf diesen Gebieten im Wege zu stehen scheint, indem psychologisches Verständnis von außen eingebracht wird, statt aus der Tiefe der Seele des schöpferischen Autors aufzusteigen. Doch trotz des gelehrten Eklektizismus an den Universitäten, der seine Toleranz auf die Analyse erstreckt, und trotz der Begeisterung, mit der einige Einsichten der Psychoanalyse von gewissen Gruppen von Künstlern verwendet werden, bin ich immer noch nicht davon überzeugt, daß unsere Kultur die Analyse akzeptiert.

Lassen Sie mich ein konkretes Beispiel geben für die verwirrende Natur der ernsten Schwierigkeiten, die bei dem Versuch auftreten, eine wirkliche Integration der Psychoanalyse mit anderen wissenschaftlichen Disziplinen herbeizuführen. Eine zunehmende Anzahl von Wissenschaftlern verschiedener Gebiete – aus der Psychologie, Anthropologie, Jurisprudenz zum Beispiel – unterzieht sich heutzutage einem psychoanalytischen Training. Ich leugne nicht, daß dies wünschenswert ist – ich habe es ja selber viele Jahre lang stark unterstützt. Doch ein spezifisches, paradoxes Resultat solcher Trainings hat mich beunruhigt. Nach dem Training bewegt sich der Teilnehmer nicht selten in eine von zwei Richtungen: nach einer Weile kehrt er emotional und intellektuell zu seiner ursprünglichen Disziplin zurück, kaum sichtbar bereichert durch die psychoanalytische Erfahrung – oder er wird Psychoanalytiker und läßt das Wissen und die Geschicklichkeit seines ursprünglichen Berufes mehr oder weniger fallen. Und selbst da, wo es einem außergewöhnlich begabten Menschen in der Tat gelingt, eine sichtbare Integration zu erreichen – wie die jetzt größere Fähigkeit eines kenntnisreichen Historikers, Pathographien historischer Persönlichkeiten zu schreiben –, fällt mir auf, daß zwei in ihrer Essenz verschiedene Fertigkeiten von ihm nun Seite an Seite benutzt werden, daß die wesentlichen Inhalte der beiden Wissensgebiete durch die emotionale und intellektuelle Arbeit eines Individuums, das in beiden von ihnen unterrichtet wurde, keine neue Synthese erreicht haben. Man fühlt sich an die Wahrnehmung bei den Figur-Grund-Experimenten erinnert: man sieht entweder die eine Konfiguration oder die andere; doch es ist unmöglich, beide gleichzeitig zu sehen.

Die verwirrende Frage nach der Beziehung zwischen Psychoanalyse und den anderen Wissenschaften ist also noch immer nicht beantwortet, das heißt, wir müssen noch immer die Natur des Hindernisses definieren, das der wirklichen Annahme des zentralen Gebietes der Methoden und Funde der Psychoanalyse durch die anderen Wissenschaften im Wege steht.

Es fehlt in der Tat nicht an Beweisen für meine Behauptung, daß eine dauerhafte Integration zwischen der Psychoanalyse und den anderen Wissenschaften noch immer nicht stattgefunden hat. Das Akzeptieren der Psychoanalyse scheint nicht nur stets temporär und widerruflich zu bleiben – davon zeugen die wiederholten Versicherungen, die Analyse sei veraltet, sei von moderneren Entwicklungen überholt worden – und wird nicht nur gewöhnlich von lautstark ausgedrücktem Unbehagen und Vorsicht begleitet, sondern, und das ist das Wichtigste, ich glaube, daß das Akzeptieren der Analyse immer nur ihre Randgebiete betrifft. In der Tat kann ich mich des unheimlichen Eindrucks nicht erwehren, daß die Analyse im Verlauf ihrer Anerkennung an Essenz verliert, daß sie vor allem

Gefahr läuft, auf die Verwerfung ihrer stolzesten Errungenschaften zuzutreiben, wenn sie versucht, für die anderen Zweige der Wissenschaft akzeptabel zu werden. Das Unbehagen, das ich unter diesen Umständen empfinde, beruht nicht auf irgendeinem partikularistischen professionellen Snobismus meinerseits, hat nichts mit irgendeinem Überlegenheitsgefühl bezüglich der Fertigkeit des Analytikers im Gebrauch der psychoanalytischen Situation zu tun, sondern mit der Bestürzung, die ich empfinde, wenn ich sehe, wie die tiefsten Einsichten über die tragische Bedingtheit des Menschen, die die Analyse gewonnen hat, in geschickt ausgedachten Filmen, Stücken und Romanen benutzt werden. In allen Fällen, ob die Analyse sich durch das Medium der Kunst darstellt, ob sie wieder reine Wissenschaft wird, ob sie nicht mehr ist als subtile Phänomenologie oder versucht, trockene, quantifizierende Formulierung zu sein – in allen Fällen erkenne ich Unvollständigkeit, in allen Fällen weiß ich, daß jeweils ein wesentlicher Teil dieses großen neuen Gebäudes menschlichen Denkens fehlt.

Vielleicht denken Sie, meine Damen und Herren, daß ich mit all diesen komplizierten Gedankengängen einfach sagen möchte – wie es oft bezüglich des Medizinerberufes gesagt wird –, daß die Psychoanalyse zum Teil Kunst und zum Teil Wissenschaft ist und daß ich es nicht mag, wenn sie entweder ganz das eine oder ganz das andere wird. Man könnte es so ausdrücken; doch ich glaube nicht, daß man damit den Problemen, um die es hier geht, gerecht wird. Zwar möchte ich Ihnen demonstrieren, daß die Psychoanalyse in ihrer Essenz aus zwei scheinbar antithetischen Bestandteilen besteht, von denen einer vielleicht das künstlerische Temperament besonders anzieht, während der andere eher dem nüchternen Intellekt der Wissenschaftlerpersönlichkeit entspricht; es ist jedoch nicht mein Hauptanliegen, die emotionalen Reaktionen verschiedener Menschen auf die verschiedenen Facetten der Analyse zu beschreiben: ich möchte, wenn das in dieser Kürze möglich ist, die aus zwei Schichten bestehende Substanz der Analyse definieren, die, wie ich glaube, für ihre revolutionäre Natur verantwortlich ist, welche sie in der Tat von den etablierten Wissenschaften trennt, ihre einzigartige Position in der modernen Kultur erklärt und vor allem die wichtigste Ursache für die mangelnde Integration in die anderen Zweige der Wissenschaft und folglich die Universitäten ist.

Ziel der Wissenschaft ist es, Erklärungen für von Menschen beobachtete Phänomene zu liefern, letztlich mit dem Ziel, die Herrschaft des Menschen über die Natur auszudehnen. Soweit es die Interessen der Wissenschaft selbst angeht, ist diese Herrschaft auf das Reich der Wahrnehmung beschränkt, obwohl intellektuelle Fortschritte sekundär zu verbesserter technologischer Kontrolle führen können. Um die kognitive Herrschaft über die von ihm beobachtete Welt zu gewinnen, mußte der Wissenschaftler seine Denkprozesse von gewissen archaischen oder infantilen Eigenschaften freimachen: er mußte die Subjektivität aufgeben (das heißt, er mußte lernen, äußere Phänomene als im wesentlichen unabhängig von ihm selbst zu beobachten und in ihren Interaktionen zu erklären); er mußte die animistische Auffassung der Natur aufgeben (das heißt, er mußte erkennen, daß Naturphänomene nicht nach dem Schema der Selbsterfahrung zu erklären sind wie z. B. Wollen und Emotion); und er mußte lernen, sich in seinen Erklärungen immer weiter von seinen Sinneseindrücken zu entfernen. Um ein einfaches Beispiel zu geben: ein Blitz wird nicht als zorniger Angriff eines Gottes auf den Menschen verstanden, sondern muß in mathematischen und physikalischen Begriffen als Entladungsprozeß zwischen verschieden hohen elektrischen Spannungen formuliert werden.

Ich glaube, daß es eine Unvollständigkeit in der kognitiven Entwicklung des Menschen in Form einer nicht erkannten, noch immer bestehenden Versuchung ist, zu animistischem Denken und anthropomorphen Konzepten zurückzukehren, die eine defensive Überempfindlichkeit gegenüber der Psychoanalyse geschaffen hat, einer Wissenschaft, die unwissenschaftlich animistisch und anthropomorph zu sein scheint, weil sie sich mit dem inneren Leben des Menschen beschäftigt. Psychoanalyse ist die Wissenschaft von komplexen seelischen Zuständen, die Wissenschaft von den Erfahrungen des Menschen. Damit ist sie für wissenschaftliches Denken die größte Herausforderung: objektiv und (in den Erklärungen) vom Phänomen distanziert zu sein auf dem Gebiet des Subjekts, der menschlichen Seele, der menschlichen Erfahrung selbst. Es ist die emotionale Härte, dieser Herausforderung zu begegnen, nicht die Komplexität der intellektuellen Arbeit, die für die Tatsache verantwortlich ist, daß die Psychoanalyse eine sehr späte Entwicklung in der Wissenschaft sein mußte. Die volle Integration der Analyse in die etablierten Wissenschaften wird daher die Manifestation eines entscheidenden Fortschritts im Akzeptieren des wissenschaftlichen Denkens sein.

Die Schwierigkeit, diesen Schritt auf die Integration der Analyse in die Gesamtheit der etablierten Wissenschaften hin zu tun, ist groß und erfordert mehr als guten Willen und die Überwindung des üblichen Werkzeug-und-Methoden-Stolzes. Die emotionale Haltung, die nötig ist, wenn man sich dieser Aufgabe wirklich stellt, ist nicht tolerantes Willkommen gegenüber einem schwachen Nachzügler, sondern offene Konfrontation mit einem bahnbrechenden Pionier. Die Erfüllung dieser Aufgabe ist, wie ich es sehe, von beiden Seiten aus gefährdet: von der Seite des traditionellen Wissenschaftlers, der sich gegen die Analyse abschirmt aus Angst, das Akzeptieren ihrer Methodologie werde das bereits errichtete Gebäude wissenschaftlichen Denkens unterminieren; und, was noch wichtiger ist, von seiten des Analytikers, der wegen seiner Empfindlichkeit gegen den Anschein von Unwissenschaftlichkeit versucht, nicht nur den formalen Stil der Theorien der etablierten Wissenschaften zu übernehmen, sondern auch ihre Beobachtungsmethoden.

Das Unbehagen unter den Analytikern ist nicht neu. Freud drückte es schon 1895 in seinen Studien über Hysterie aus, als er bemerkte, seine Fallgeschichten hörten sich an wie »Novellen« und »daß sie sozusagen das ernste Gepräge der Wissenschaftlichkeit entbehren«; dieser Eindruck jedoch, so fügte er entschuldigend hinzu, sei auf »die Natur des Gegenstandes« zurückzuführen und nicht, wie er sagte, auf »meine Vorliebe«.

Ist der Verdacht der anderen Wissenschaften, die Psychoanalyse sei unwissenschaftlich, gerechtfertigt? Besagt das Unbehagen des Analytikers, daß seiner Tätigkeit vielleicht »das ernste Gepräge der Wissenschaftlichkeit« fehlt? Wo ist die Antwort auf diese Fragen? Ich glaube nicht, daß sie schwer zu finden ist.

Jede empirische Wissenschaft beginnt mit Beobachtungen, mit einzelnen Faktoren oder mit Gruppen und Kombinationen solcher Faktoren; diese werden dann in einen erklärenden (kausalen) Zusammenhang gebracht mit anderen einzelnen Faktoren des beobachteten Feldes oder mit Gruppen solcher Faktoren, um ihr Verhalten zu erklären. Wir haben die Masse eines Steines, die Masse der Erde und die Fallgeschwindigkeit des Steines; wenn wir diese drei beobachtbaren Faktoren korrelieren, kommen wir zu einer erklärenden Annahme, zum Beispiel zu der Hypothese, daß Massen sich anziehen. Oder wir beobachten die Tatsache, daß die Vorstellung eines Menschen ihn zu einem bestimmten Wunsch führt, sehen dann, daß er mit Angst auf diesen Wunsch reagiert, und schließlich werden wir Zeuge, wie die den Wunsch betreffende Vorstellung aus dem Bewußtsein verschwindet; indem wir nun diese drei beobachtbaren Faktoren korrelieren, kommen wir wieder zu einer erklärenden Annahme, daß heißt in diesem Fall zu der Hypothese eines Verdrängungsmechanismus. Es ist also nicht irgendeine unübliche Art der Erklärung, die die Psychoanalyse von den anderen Wissenschaften unterscheidet, sondern die große Komplexität der Elemente ihrer ursprünglichen Beobachtungen. Die Psychoanalyse beschäftigt sich nicht mit psychologischen Phänomenen so einfacher Art wie zum Beispiel dem Messen der Zeit zwischen dem Ertönen eines plötzlichen lauten Geräuschs und dem Auftreten der Schreckreaktion. Wenn der Analytiker die Reaktion eines Menschen auf eine Erfahrung in seinem gegenwärtigen Leben beobachtet, die einer spezifischen traumatischen Erfahrung in der Kindheit ähnelt, so kann er diese beiden Erfahrungen nicht in Einzelheiten zerlegen – die von gestern und jene aus der Kindheit –, ohne die Essenz der Ereignisse zu verlieren, ohne irrelevant zu werden.

In diesem Zusammenhang ist es interessant, an Goethes berühmte Weigerung zu denken, die Relevanz von Newtons Farbentheorie zu akzeptieren, vor allem Newtons Behauptung, die Summierung aller Farben des Spektrums würde Weiß ergeben oder umgekehrt, weißes Licht lasse sich in die Farben des Spektrums zerlegen (durch Brechung mittels eines Prismas). Es gibt keinen Zweifel, daß Goethe im Unrecht war, was die Physik des Lichtes angeht, doch im Kontext einer psychologischen Farbtheorie in seine Position gültig. (Vgl. Werner Heisenberg »Wandlungen in den Grundlagen der Naturwissenschaft«, wo er sagt: »Allen denen, die sich ... mit der Goetheschen und Newtonschen Farbenlehre beschäftigt haben, ist es klar gewesen, daß sich offenbar nicht viel Einsicht gewinnen läßt durch die Untersuchung der Frage, welche der beiden Lehren richtig oder falsch sei ... die beiden Theorien handeln eben im Grunde von verschiedenen Dingen.«) Vom Standpunkt des Beobachters aus ist Weiß ein Phänomen, das nicht in sinnvoller Weise als Summierung der Farben des Spektrums verstanden werden kann.

Es ist nicht leicht für den Geist des modernen Menschen, dem von Kindheit an die Betrachtungsweise der physikalischen und biologischen Wissenschaften eingeimpft wurde, die Tatsache zu akzeptieren, daß eine wissenschaftliche Haltung gegenüber einer Welt subjektiver Erfahrungen nicht weniger gültig (und in manchen Zusammenhängen wesentlich relevanter) ist als eine wissenschaftliche Haltung gegenüber einer Welt objektiver sensorischer Daten. Die folgenden Überlegungen jedoch werden zeigen, daß jeder der beiden Ansätze innerhalb seines (operational definierten) Bereiches gültig ist. Für den Physiker ist die essentielle Natur der von den menschlichen Sinnen als Hitze und Farbe wahrgenommenen Phänomene identisch. Er begreift sie in der analogisierenden Darstellung von Wellen und unterscheidet sie nur durch die unterschiedliche Häufigkeit dieser Wellen entlang der Zeitachse. Die energetischen Konstellationen, die vom Menschen als Empfindung von Hitze oder Wahrnehmung von Rot erfahren werden, bilden daher für den Physiker ein ungebrochenes Kontinuum, ungeachtet der Tatsache, daß eine Art von Rezeptoren in der biologischen Ausstattung des Menschen (gewisse sensorische Organe in der Haut) auf Wärme eingestellt ist, während eine andere Art (gewisse sensorische Endorgane in der Retina des Auges) auf die Farbe Rot eingestellt ist. Aus der Sicht des Psychologen jedoch, der sich mit den menschlichen Erfahrungen beschäftigt, können Wärme und die Farbe Rot völlig verschiedene Begriffsinhalte haben – in der Einschätzung des Psychologen können Wärme und die Farbe Rot völlig unterschiedliche Erfahrungen sein, die kein Kontinuum bilden.

An dieser Stelle ließe sich einwenden, daß die Fähigkeit, über die Wahrnehmung der Sinne hinauszugehen, ja gerade das Kennzeichen der Wissenschaft ist und daß es daher eine charakteristische Errungenschaft der Wissenschaft ist, eine Einheit (ein Kontinuum) hinter Phänomenen zu erkennen, die der bloßen Wahrnehmung als verschieden (Diskontinuum) erscheinen. Ein solcher Einwand jedoch basiert auf einem antipsychologischen Vorurteil und daher auf einem Zirkelschluß. Tatsächlich führen wissenschaftliche Untersuchungen manchmal zu Ergebnissen, die in krassem Gegensatz zu den Eindrücken des Alltagslebens stehen. Die Wissenschaft entdeckt gewiß manchmal Ähnlichkeit, Verwandtschaft und Kontinuität, wo der Ansatz des gesunden Menschenverstandes nur Verschiedenheit, Fehlen von Verwandtschaft und Diskontinuität sehen kann. Andererseits entdeckt die Wissenschaft auch Verschiedenheit, essentielle Fremdheit oder das Fehlen von Kontinuität, wo der nicht wissenschaftliche Beobachter den Eindruck von Einheit, Verwandtschaft oder Kontinuität gewinnt. Doch solche Entdeckungen, die im Gegensatz zu Alltagswahrnehmung und -urteil stehen, sind nicht auf Beobachtungen innerhalb der Sphäre physikalischer und biologischer Wissenschaften beschränkt, sie tauchen auch in der wissenschaftlichen Psychologie und par excellence in der Tiefenpsychologie auf, d. h. innerhalb des Gebietes der Psychologie komplexer seelischer Zustände. Die Behauptung zum Beispiel von der essentiellen psychologischen Einheit der drei Begriffe Pedanterie, Geiz und Starrsinn mag dem alltäglichen Beobachter als widersinnig erscheinen – für den tiefenpsychologischen Wissenschaftler jedoch ist die genetisch-dynamische Verbindung dieser psychologischen Merkmale so offensichtlich wie für den Physiker die Tatsache, daß Hitze und Rot im Spektrum energetischer Konstellationen benachbarte Plätze einnehmen. Oder, um diese Überlegungen mit einer weniger technischen Note zu beenden, verschieden hohe Temperaturen werden vom Physiker nur als quantitativ unterschiedlich begriffen – für den Psychologen jedoch ist es offensichtlich, daß Kälte, Wärme und Hitze qualitativ verschiedene Erfahrungen sein können, die (z. B. in Träumen) als Symbol stehen für kalte emotionale Gleichgültigkeit, warme empathische (mütterliche) Fürsorge und glühend heiße, destruktive Kritik.

Nach dieser langen Abschweifung müssen wir nun aber wieder zu dem Thema zurückkehren, das uns gegenwärtig beschäftigt, d. h. zu der Frage, wie der Analytiker trotz der großen Komplexität seines Gegenstandes, trotz der großen Komplexität der Konfigurationen, die die Elemente seiner wissenschaftlichen Erfahrung darstellen, zu verläßlichen Resultaten seiner Beobachtungsfähigkeit gelangen kann. Ebenso wie der Beobachter in den anderen empirischen Wissenschaften sich letztlich auf die Eindrücke seiner Sinne verlassen muß, wie verfeinert diese auch immer durch Instrumentierung sein mögen, so muß der psychoanalytische Beobachter sich letztlich auf die Introspektion und vor allem auf die stellvertretende Introspektion verlassen, d. h. auf die Empathie, um die bedeutungsvollen und relevanten Daten im Felde seiner Beobachtungen zu sammeln. Er benutzt natürlich seine Sinneseindrücke, da er die Worte des Analysanden hört und seine Gesten und Bewegungen sieht – doch diese sensorischen Daten würden bedeutungslos bleiben, gäbe es nicht seine Fähigkeit, komplexe psychologische Konfigurationen zu erkennen, die nur die Empathie, das menschliche Echo auf eine menschliche Erfahrung, liefern kann. Ein nicht sehr zuverlässiges Instrument, werden manche sagen. Ja und nein. Die Antwort ist Ja, wenn das Instrument ohne Sorgfalt und Übung benutzt wird, wenn man sich auf die Intuition verläßt anstatt auf geduldiges Warten, Prüfen und Vergleichen. Die Antwort ist jedoch Nein, wenn wir die Notwendigkeit ständigen Studiums zur Absicherung gegen Irrtümer erkennen – Vorurteile, die zu falscher Wahrnehmung führen – und wenn wir erkennen, daß ausdauernde Übung in der Anwendung des Instruments notwendig ist. Es kann außerdem wohl sein, daß Übung in Empathie die Überwindung spezifischer Hindernisse erfordert. In manchen Individuen wenigstens scheint der Zugang zur empathischen Fähigkeit durch die Entwicklung der nicht-empathischen Wahrnehmungsart blockiert worden zu sein – vielleicht analog zu der Beziehung zwischen der phylogenetischen Verkümmerung des menschlichen Geruchssinnes und der evolutionären Entwicklung der Sehfähigkeit. Doch anders als der Geruchssinn ist die Empathie, d. h. Kognition mittels narzißtischer Besetzung des anderen, immer noch ein kraftvolles, potentiell verläßliches und auf jeden Fall unersetzliches Beobachtungsinstrument. Die Übung seiner Anwendung stellt den Analytiker vor Aufgaben, die in ihrem Wesen die gleichen sind wie jene, mit denen sich alle anderen empirischen Wissenschaften konfrontiert sehen, d. h. auch jene empirischen Wissenschaften, wo das Beobachtete vom Beobachter essentiell verschieden ist – zum Beispiel im Falle eines Biologen, der Gewebspräparate mikroskopisch untersucht –, d. h. auch jene Wissenschaften, in denen die Empathie nicht verwendet werden muß.

Ich nehme an, daß ich jetzt klargemacht habe, warum ich es

zurückweisen muß, wenn die Psychoanalyse unter den Tagesmoden willkommen geheißen wird aufgrund der irrigen Annahme, sie sei nicht mehr als eine spezifische, hochgezüchtete Kunst – eine Kunst, Menschen mittels der empathischen Resonanz zu verstehen. Ich glaube, daß ich auch habe aufzeigen können, warum ich die Aufnahme der Psychoanalyse in den Kreis der Wissenschaften unserer Zeit ablehnen muß, wenn diese Aufnahme auf der restriktiven Zustimmung zu ihren explanatorischen Formulierungen und der Zurückweisung der empathischen Art ihres Datensammelns beruht, die als unerwünschte Unzulänglichkeit angesehen wird, baldmöglichst zu ersetzen durch die traditionellen Methoden wissenschaftlicher Beobachtung. Beide Positionen lassen die eigentliche Natur der Psychoanalyse unberücksichtigt – dieses bedeutenden Fortschrittes auf dem Weg des Menschen zur Erlangung von Herrschaft und Kontrolle durch sein Denken. Beide Positionen übergehen die Tatsache, daß der entscheidende Schritt der Psychoanalyse in der Entwicklung des wissenschaftlichen Denkens darin bestand, daß sie Empathie und die traditionelle wissenschaftliche Methode kombiniert hat, daß sie wissenschaftliche Wahrheitsfindung in den Bereich jener Prozesse eingeführt hat, die nur durch genaue Untersuchung der inneren Erfahrungen des Menschen zugänglich werden.

Lassen Sie mich hier einen Augenblick innehalten und das Ziel der vorangegangenen Überlegungen deutlich machen. Wie ich vorhin schon andeutete: so sehr ich für die mir erwiesene Ehre dankbar bin, glaube ich doch, daß der heutige Anlaß über das Persönliche hinausgeht, daß die Verleihung eines Ehrendoktorats einer großen, fortschrittlichen Universität an einen Analytiker, dessen Forschung im zentralen Gebiet der Psychoanalyse liegt, einen Schritt auf dem Wege zur Integration der Analyse in die Gemeinschaft der Wissenschaftler darstellt. Durch die Definition jener Eigenschaften der Analyse, die, wie ich meine, ihre Essenz enthalten, wollte ich einen spezifischen Beitrag zu diesem Tag leisten: ich wollte jenen Kommunikationskanal zwischen der Psychoanalyse und den anderen Wissenschaften vertiefen, der, wie ich meine, von der Universität von Cincinnati eröffnet wurde – ich wollte ihn vertiefen, indem ich ihren großzügigen Freunden und Gastgebern die Natur der Psychoanalyse erläuterte. Doch ich möchte es nicht dabei belassen. Da ich mich akzeptiert fühle, möchte ich nicht nur eine Gabe annehmen, sondern auch eine Gegengabe anbieten.

Was jedoch kann die Analyse, dieser Neuankömmling in der modernen Wissenschaft, zu den etablierten Gebieten beitragen? Was kann die Analyse den anderen Wissenschaften geben, von denen sie das Streben nach wissenschaftlicher Objektivität und nach erfahrungsunabhängigen Erklärungen übernommen hat oder es mit ihnen teilt? Die Antwort lautet: die Einführung der Empathie in das Feld der Wissenschaft.

Dieser Vorschlag wird Sie wohl überraschen; nach allem, was ich gesagt habe, werden Sie aber doch gewiß nicht fürchten, daß ich hier für eine Rückkehr zu sentimentalisierendem Anthropomorphismus, zu einer animistischen Weltauffassung plädiere. Nein, ich habe etwas anderes im Sinn. Ich denke an die Einführung der Empathie in die Universität auf zwei spezifische, miteinander verbundene Arten: erstens, an ihre Benutzung als Mittel der Beobachtung, das die Tiefe und Breite der von einer Reihe traditioneller wissenschaftlicher Disziplinen durchgeführten Untersuchungen vergrößern wird; zweitens, an ihre Verwendung als Matrix, in die alle wissenschaftlichen Aktivitäten eingebettet sein müssen, wenn sie sich nicht immer weiter vom menschlichen Leben entfernen sollen, wenn sie nicht unsere unmenschlichen Herren statt unsere Diener und Werkzeuge sein sollen.

Sie fragen sich nun vielleicht, ob ich nicht die Bedeutung der Rolle der Empathie übertreibe – im menschlichen Leben im allgemeinen und als potentiellen Bestandteil der Wissenschaft. War es nicht genug, daß ich sie als legitimes und wertvolles Instrument wissenschaftlicher Beobachtung im Dienste jener Wissenschaftszweige vorstelle, die sich mit der Erforschung komplexer seelischer Zustände beschäftigen? Gehe ich nicht zu weit, wenn ich jetzt auch behaupte, daß mit ihrer Hilfe die Formulierung neuer Forschungsziele anderer Wissenschaften erleichtert werden kann, daß – um es konkret auszudrücken – der Psychoanalytiker wegen seiner Übung in der Empathie in der Lage sein könnte, anderen Forschern bei der Erschließung neuer Forschungsbereiche zu helfen, Probleme aufzuzeigen, die die auf den etablierten Gebieten Arbeitenden nicht erkannt haben, und Fragen zu stellen, die von ihnen vorher nicht gestellt wurden? Sind diese Behauptungen nicht übertrieben, werden Sie fragen. Dennoch gehe ich noch weiter und sage, Empathie sollte das leitende Ideal aller Wissenschaften werden, die Bindung des Wissenschaftlers an die Empathie sollte an die Stelle des Stolzes auf seine methodologische und technologische Kenntnis treten, den er bisher empfunden hat.

Ich muß zugeben, daß diese Aussagen leicht schwärmerisch und idiosynkratisch erscheinen könnten oder, schlimmer noch: daß sie einfach als ein weiteres Beispiel für die Idealisierung eines spezifischen Hilfsmittels angesehen werden könnten, für die eitle Überzeugung, daß jene eine überlegene Position einnehmen, die Experten in der wissenschaftlichen Anwendung der Empathie geworden sind.

Doch dies sind natürlich nicht die Ansichten, die ich vertrete. Die geübte Anwendung der Empathie als Mittel der Beobachtung verleiht dem Tiefenpsychologen keine größere Überlegenheit als dem Astronomen die geübte Benutzung des Teleskops oder dem Virologen die Benutzung des Elektronenmikroskops. Ich behaupte auch nicht, daß das Wissen des Psychoanalytikers um die tieferen Bereiche des Menschen, seine Vertrautheit mit den tiefsten menschlichen Strebungen und Konflikten, ihm das Recht gibt, sich eine führende Stellung anzumaßen hinsichtlich der Wertbestimmung der Hierarchie menschlicher Aktivitäten und damit der Bedeutung der Ziele und Strebungen des Wissenschaftlers und Gelehrten innerhalb des sozialen Gefüges der Universität. Nein! Während in mancher Hinsicht der Psychoanalytiker die menschliche Seele in größerer Tiefe und Breite und mit mehr Details erforscht als andere Beobachter des Menschen, neigt seine Sicht vom Menschen zu einer Einschränkung durch die Tatsache, daß er Menschen in einem spezifischen therapeutischen Kontext beobachtet und in einer spezifischen Umgebung, der psychoanalytischen Situation. Der Analytiker kann in der Tat sehr vieles erfahren, das sich auf das Verständnis des allgemeinen menschlichen Verhaltens anwenden läßt; trotzdem würde ich es als Ausdruck von Spezialisteneitelkeit ansehen, wenn der Analytiker behaupten würde, er wisse notwendigerweise mehr über den Menschen als, sagen wir, der Anthropologe, der Historiker, der Soziologe oder der politische Wissenschaftler. Was auf diesem Gebiet nottut, ist die Zusammenarbeit von Spezialisten und damit ihre gegenseitige Bereicherung, nicht jedoch die Erhebung eines Zweiges der Wissenschaften vom Menschen über die anderen.

Anders ist die Situation jedoch hinsichtlich der vollen Würdigung der bedeutenden Rolle, die die Empathie im menschlichen Leben spielt, einer Bedeutung, die weit über ihre Nützlichkeit als Mittel wissenschaftlicher Beobachtung hinausgeht. Hier ist es in der Tat, zumindest an diesem Punkt in der Geschichte des menschlichen Denkens, kein anderer als der Psychoanalytiker, der den breitesten Zugang zu den relevanten Daten hat. Er weiß, daß die Empathie, trotz ihrer im wesentlichen narzißtischen Natur, ein fundamentaler Modus menschlicher Verbundenheit ist; daß sie nicht nur ein starkes, grundlegendes Band zwischen Individuen ist, sondern in der Tat die eigentliche Matrix des psychologischen Überlebens des Menschen bildet. Da der heutige Anlaß mir die Rolle übertragen hat, als Vertreter der Psychoanalyse zur Gemeinschaft der Wissenschaftler zu sprechen, darf ich, wie ich glaube, mit dem Versuch fortfahren, Ihnen die Bereicherung darzulegen, die das jeweils angemessene Annehmen der empathischen Einstellung den Wissenschaften bringen würde.

Bevor ich jedoch damit beginne, Ihnen die potentielle Fruchtbarkeit der Anwendung der Empathie in der Wissenschaft zu demonstrieren, werde ich Ihnen zunächst einen Überblick darüber geben, wie ich die Bedeutung der Empathie im allgemeinen menschlichen Leben sehe. Ich habe meine Ansichten in folgende drei Sätze gefaßt: 1. Empathie, die Erkennung des Selbst im Anderen, ist ein unentbehrliches Mittel der Beobachtung, ohne das weite Bereiche des menschlichen Lebens, einschließlich des menschlichen Verhaltens im sozialen Umfeld, unverständlich bleiben. 2. Empathie, die Erweiterung des Selbst, um den Anderen einzuschließen, stellt ein starkes psychologisches Band dar zwischen Individuen, das – vielleicht mehr noch als die Liebe, Ausdruck und Sublimation des Sexualtriebes – der Destruktivität des Menschen gegenüber seinen Mitmenschen entgegenwirkt. 3. Empathie, das annehmende, bestätigende und verstehende Echo, das vom Selbst hervorgerufen wird, ist eine psychologische Nahrung, ohne die menschliches Leben, wie wir es kennen und schätzen, nicht bestehen könnte.

Unter dem Gesichtspunkt der Bedeutung der gegenwärtigen Probleme der Wissenschaft sollte hier keine weitere Erklärung der vorhergehenden Definition erforderlich sein.[3] Die Tatsache jedoch, daß eine ganze ältere Generation von psychotherapeutischen Tiefenpsychologen den ursprünglichen Kampf ihres Lebens gegen das unwissenschaftliche »Heilen durch Liebe« zu kämpfen hatten, daß sie militante Positionen als Verteidiger einer wissenschaftlichen, »erklärenden« Psychologie gegen ein bloßes »Verstehen«, d. h. eine unwissenschaftliche Psychologie, einzunehmen hatten, läßt es ratsam erscheinen, meine früheren Darlegungen an dieser Stelle zu erweitern. Besonders möchte ich jetzt kurz die Beziehung besprechen zwischen dem vorhergehenden ersten Satz einerseits, nämlich daß Empathie, korrekt angewandt, ein unentbehrliches Mittel wissenschaftlicher Beobachtung ist, und andererseits dem zweiten und dritten Satz, nämlich daß (a) Empathie ein psychologisches Band zwischen Individuen und Gruppen darstellt, das ihre Aggressionen verringert, und (b), daß Empathie eine wichtige psychologische Nährquelle ist, ohne die psychologisches Leben wie wir es kennen nicht bestehen könnte.

Diejenigen, die der Meinung sind, unser Hauptkampf müsse sich noch immer gegen Mystizismus, Okkultismus und sentimentalisierende Verwirrung richten, werden nicht nur fortfahren, die rein kognitiven Aspekte der Empathie als Instrument der Datensammlung, das mittels »stellvertretender Introspektion« operiert, zu betonen (wie ich es in meinem Aufsatz von 1959 tat), sondern sie werden auch davor zurückschrecken, die Bedeutung der wertvollen Wirkungen der Empathie auf sozialem Gebiet zu betonen (wie ich es jetzt in Satz 2 und 3 getan habe). Ich bezweifle nicht, daß der Kampf gegen den Mystizismus noch nicht gewonnen ist und daß der Kampf gegen unwissenschaftliche, sentimentale Psychologie fortgesetzt werden muß. Ich bin jedoch überzeugt, daß man diesen Sachverhalt jetzt als untergeordnet ansehen sollte und daß die Aufgabe, die Wissenschaft der Werkzeuge und Methoden in eine übergeordnete Matrix menschlicher Werte zu integrieren, nun vorrangig wird.

Wenn man die Empathie als reines Mittel der Beobachtung betrachtet, als einen spezifischen kognitiven Prozeß – man könnte diesen Aspekt der Empathie in der Tat den »empathischen Prozeß« nennen, wie Dr. Warren Bennis vorschlug –, so ist sie wertneutral. Sie kann in ihrer Wahrnehmung der Geschehnisse des Innenlebens eines anderen Individuums nur korrekt oder nicht korrekt sein. Man kann auch zu recht behaupten, daß Empathie (sogar korrekte Empathie) im Gegensatz zu meinen Sätzen 2 und 3 feindlichen Absichten dienen kann und oft für destruktive und asoziale Zwecke verwendet wird.[4]

Es kann jedoch kein Zweifel daran bestehen, daß unter normalen Umständen empathische Wahrnehmungsmethoden von Beginn des Lebens an amalgamiert sind mit Erfahrungen einer Vermischung von empathischem Verstehen von seiten des Selbst-Objekts und dem empathischen Sich-Verstanden-Fühlen durch dieses (siehe Kohut, 1971), die dem Gefühl entgegenwirken, die Kontrolle des letzteren zu verlieren, und so die destruktive narzißtische Wut des Kindes mildern (siehe Kohut, 1972). Es kann gleichfalls kein Zweifel daran bestehen, daß die Anfänge der empathischen Wahrnehmung innerhalb einer spezifischen Matrix auftreten, die den gesunden Narzißmus des Individuums aufrechterhält, indem sie dem Selbst psychologische Nahrung zuführt (zum Beispiel durch »mirroring« [»spiegeln«], siehe Kohut, 1971). Und wie mit zunehmender Reife des Individuums der kognitive Aspekt der Empathie immer angemessener und umsichtiger benutzt werden wird (z. B. in der Wissenschaft allgemein, in der Erforschung des Menschen, jedoch nicht in der Erforschung der nicht-menschlichen Umgebung des Menschen), so auch die aggressionsverringernden, das Selbstwertgefühl nährenden und die Menschlichkeit bewahrenden Aspekte der Empathie. Die empathische Brücke zum Innenleben des Anderen, zu seinen Erfahrungen, und die empathische Brücke der Anderen zu uns, zu unseren Erfahrungen, mildern unseren Zorn und unsere Destruktivität und stärken unsere menschliche Essenz. Doch wir sind jetzt auch in der Lage, die nicht-kognitiven Dimensionen der Empathie zu kontrollieren, sie einzuschränken, wo sie unserer Objektivität im Wege stehen, ihnen jedoch freien Spielraum zu gewähren, wo sie unseren größeren Zielen dienen. Innerhalb des Gebietes der gegenwärtigen Untersuchung kann unser Ideal als Wissenschaftler in einem einzigen, vielsagenden Satz zusammengefaßt werden: wir müssen nicht nur nach wissenschaftlicher Empathie streben, sondern auch nach einer empathischen Wissenschaft.

Ich möchte mich jetzt gern der Aufgabe zuwenden, konkrete

Beispiele für die Interaktion zwischen dem empathischen Prozeß als Modus der Kognition einerseits und den heilsamen sozialen Effekten der Empathie andererseits anzuführen, um die potentielle Rolle deutlich zu machen, die die Empathie für die Wissenschaft spielen kann. Bevor ich dies jedoch tue, werde ich wieder meinen Gedankengang darstellen – doch jetzt in Form eines kurzen, zusammenfassenden Statements. Die Tiefenpsychologie von gestern hatte die Pflicht, ihre Grenzen so klar wie möglich zu definieren – sie mußte nachdrücklich betonen, daß sie sich nicht der unwissenschaftlichen Methoden einer Heilung durch Liebe bediente, die so viele therapeutische Kulte charakterisieren. Diese Pflicht besteht natürlich noch immer; doch die Prioritäten haben sich verändert. Ich glaube, daß die heutige Tiefenpsychologie – die wissenschaftliche Empathie anwendet – es nicht länger als ihre größte Aufgabe ansehen muß, für ihre Etablierung als Wissenschaft zu kämpfen. Es ist im Gegenteil meine Überzeugung, daß sie jetzt, da sie ihre eigene Position als Wissenschaft gesichert hat, in der Lage, ja sogar verpflichtet ist, den anderen Wissenschaften, vor allem den in den Universitäten organisierten, bei ihrer Aufgabe behilflich zu sein, empathische Wissenschaft zu werden, d. h. eine Matrix zu bestimmen, die ihre Aktivitäten sinnvoll macht. Sie muß ihre Hilfe immer dort anbieten, wo die Gemeinschaft der Wissenschaftler versucht, die Hierarchie ihrer Werte neu zu ordnen, um ihren Kurs in der heutigen Welt – und in der von morgen! – festzulegen.

Doch genug der Verallgemeinerungen und Abstraktionen! Ich weiß, daß sie nicht überzeugen, und ich werde mich daher wieder dem einzelnen und Konkreten zuwenden. Ich beginne mit zwei Beispielen, die meine Behauptung belegen, daß Empathie als Instrument der Beobachtung bedeutende und auf manchen Gebieten unersetzliche Fähigkeiten der Wahrnehmung besitzt – vor allem, daß mit ihrer Hilfe gewisse Aspekte des menschlichen Lebens verstanden und daher erkannt werden können, die ohne sie nicht verstanden und daher ungesehen bleiben würden. Insbesondere werde ich zwei lehrreiche Beispiele anführen, die die Existenz bisher weitgehend unerschlossener Möglichkeiten dieser psychologischen Funktion aufzeigen und die demonstrieren, daß Menschen mit ungewöhnlicher Begabung für Empathie oder Menschen, deren empathische Funktion in den Genuß eines besonderen Trainings kam, aufgeschlossen bleiben und damit fähig, die Realität in einem neuen Licht zu sehen, wo andere mit geringerer Begabung oder geringerer Übung nur mit stereotyper Empörung oder Haß reagieren können.

Erlauben Sie mir also, Ihnen zwei solcher Beispiele zu geben, in denen die Empathie die Grenzen überschritt, die ihr gewöhnlich auferlegt sind. Das erste ist ein Beispiel für ungeübte, naive Empathie; das zweite ist professioneller: es ereignete sich in meinem eigenen beruflichen Leben.

Mein erstes Beispiel betrifft eine Episode im Leben des Folk-Sängers Bob Dylan, die sich vor Jahren ereignete, kurz nach der Ermordung von Präsident Kennedy und zu einer Zeit, als unser Kummer und Schrecken über dieses Ereignis noch frisch und intensiv waren. Dylan sollte einen Preis von einer Bürgerrechtsgruppe erhalten. Er war sich des großen Unterschiedes bewußt, der zwischen ihm und der konventionellen Mittelklasseversammlung bestand, bei der ihm der Preis verliehen wurde, und wollte etwas von seinem eigenen Wesen demonstrieren, das er durch die Annahme des Preises gefährdet sah. Anstatt seiner Wertschätzung Ausdruck zu geben und um Unterstützung für die Sache der Bürgerrechtsbewegung zu bitten, wie es von ihm erwartet wurde, schockierte er sein Publikum, indem er über Lee Oswald sprach. Er berichtete: »Ich sagte ihnen, ich hätte eine Menge über seine (d. h. Oswalds) Gefühle in den Zeitungen gelesen, und ich wüßte, daß er ziemlich kaputt (up-tight) wäre. Ich sagte, ich sei auch kaputt gewesen, hätte auch eine Menge solcher Gefühle gehabt. Ich sähe eine Menge von mir in Oswald, sagte ich, und ich sähe viel in ihm von den Zeiten, in denen wir alle lebten. Und, wissen Sie«, fuhr Dylan fort, »sie buhten mich aus. Sie sahen mich an, als sei ich ein Tier.«

Sie merken gewiß, auch wenn dieser Bericht jetzt nicht mehr so eindrucksvoll ist wie damals, als ich ihn zum ersten Male las, daß ich Ihnen eine Großtat an Empathie demonstrieren wollte. Dylans Verständnis für menschliche Isolation, für die Verzweiflung, die den Täter einer verrückten Tat motiviert, hat etwas von dem Genie Dostojewskis, das es ihm ermöglichte, das Menschsein des Sünders zu erfassen, von dem Genie, das ihn die essentielle Ähnlichkeit der Menschen bis in die tiefsten Abgründe der Verworfenheit erkennen ließ. Wieviel demonstrative Rebellion auch in Dylans provokativem Akt enthalten gewesen sein mag, er zeigte dennoch, daß ein Selbst seine Grenzen ausdehnen kann, um eine andere menschliche Erfahrung zu verstehen, selbst wenn diese empathische Resonanz zu sozialer Ächtung, zu Ablehnung führt, selbst wenn die Versuchung unwiderstehlich scheint, sich der vorherrschenden Stimmung anzuschließen und so die Belohnung zu ernten dafür, daß man ein etabliertes psychologisches Gleichgewicht nicht stört.

Doch nun das zweite Beispiel. Es betrifft ebenfalls das Erkennen menschlichen Leidens in menschlicher Verworfenheit. Es ist nicht naiv, hat nicht den Beigeschmack dieser Mischung aus Rebellion und Heiligkeit, die Dylans Haltung charakterisiert, sondern illustriert den nüchternen wissenschaftlichen oder beruflichen Gebrauch der Empathie durch einen geübten Beobachter. Ich erlebte es in meiner Funktion als Kontrollanalytiker eines in der Ausbildung befindlichen Analytikers; sein Patient war ein einsamer Mann, der unter dem Gefühl litt, er sei anders als die übrige Menschheit und daher nicht akzeptabel. Wir hatten einige Fortschritte im Verständnis seiner Erfahrungen in Gegenwart und Vergangenheit gemacht, und der Analytiker hatte begonnen, dem Patienten unser Verständnis dafür zu übermitteln, wie die Ablehnung seiner Männlichkeit, des jungenhaften Kerns seiner Persönlichkeit, durch seine bizarre und unberechenbare, jedoch mächtige Mutter ihn beeinflußt hatte und wie verlassen er sich durch den Rückzug seines menschlich berechenbareren, aber schwachen und zurückweichenden Vaters gefühlt hatte. Als Reaktion auf das Gefühl des Verstandenwerdens durch den Analytiker war der Patient weniger argwöhnisch geworden und damit weniger vorsichtig in seinen Mitteilungen. Dies war jedoch der Punkt, an dem er von seiner unaussprechlichen Grausamkeit gegen Tiere zu berichten begann, die unsere empathische Fähigkeit, unsere Toleranz aufs äußerste strapazierte. Schon in seiner Kindheit hielt er Tiere, zu denen er meist freundlich war, die er aber von Zeit zu Zeit unbarmherzig schlug, oft ohne jeden Anlaß, bis sie schwer verletzt waren oder starben. Es war schon schwierig, unsere empathische Haltung gegenüber diesen Geschichten seiner Kindheit aufrechtzuerhalten, doch es wurde noch schwieriger, als er von seinen gegenwärtigen Aktivitäten berichtete, vor allem was sein Verhalten gegenüber seinen Katzen betraf, die er normalerweise hätschelte, manchmal jedoch plötzlich ergriff und gegen die Wand schlug, wiederum oft bis zu schweren Verletzungen oder Tod.

Sie bemerken, meine Damen und Herren, daß ich hier vor allem über unsere Aufgabe spreche, eine empathische Haltung dem Patienten gegenüber beizubehalten. Ich wollte Sie nicht mit einigen der entsetzlichsten Details über die Taten des Patienten belasten, doch auch so werden Sie gewiß verstehen, daß wir aufgebracht und empört waren. In der Tat waren wir nahe daran, die tolerante Haltung des Analytikers, die Bereitschaft zu empathischem Verstehen, aufzugeben, mit anderen Worten, wir waren nahe daran, es dem Beispiel jener Therapeuten gleichzutun, die von heilsamen Folgen berichteten, wenn sie unter ähnlichen Umständen offen ihrer Empörung Ausdruck gegeben hatten und, wie sie es sahen, ehrlich und angemessen auf die Übeltaten eines Patienten reagierten. Wir schlugen jedoch nicht diesen Weg ein, sondern bissen die Zähne zusammen und versuchten weiter, die Bedeutung der Taten des Patienten zu verstehen. Wollte er den Therapeuten erschrecken? Wollte er sich selbst unannehmbar machen aus Angst vor der wachsenden Zuneigung, die er vielleicht für den Analytiker empfand? Drückte er Haß gegen jemanden auf symbolische Art aus oder verteilte er Schläge als Rache für Schläge, die er selbst erhalten hatte? Keine dieser Interpretationen und versuchten Rekonstruktionen[5] traf den Kern der Sache – obwohl die letzte in der Tat nicht weit fehlging. Die empathische Einsicht, die uns zum korrekten Verstehen des Verhaltens des Patienten gegenüber Tieren brachte, kam, was nicht überraschend ist, nicht von dem in Ausbildung befindlichen Analytiker, sondern von mir. Sie kam von mir – oder zuerst von mir –, nicht weil ich auf dem Gebiet der wissenschaftlichen Empathie irgendwelche ungewöhnlichen Kräfte besäße, sondern, wie ich glaube, hauptsächlich deshalb, weil ich – anders als mein Schüler – nicht direkt der Wirkung der empörenden Berichte des Patienten ausgesetzt war.[6] Ich verstand, daß das Verhalten dieses Patienten gegenüber Tieren eine wortlose Beschreibung dessen war, wie er sich als Kind gefühlt hatte. Er fühlte sich damals, wie sich jetzt die Tiere fühlten, wenn er sie herumwarf und zerschmetterte, d. h., wenn er das bizarre Verhalten seiner Mutter wiederholte, die ihn zu verstehen schien und ihn dadurch sensible, empathische Reaktionen auf seine Bedürfnisse und Strebungen erwarten ließ, die ihn jedoch dann auf unberechenbare Art lächerlich machte und abwies und beißend und sarkastisch eben jene Attribute verkleinerte, die er ihr gerade stolz gezeigt hatte. In solchen Augenblicken hatte er sich genauso grausam herumgestoßen und psychologisch so schrecklich zerschmettert gefühlt, wie es die Tiere physisch waren, wenn er sie mißhandelte. In der Tat war er in solchen Augenblicken Qualen und Verletzungen ausgesetzt, die jenen entsprachen, die er seinen Tieren zufügte. Kein Spruch ist in meinen Augen falscher als jener über die Stöcke und Steine, die einem die Beine brechen, und über die Worte, die nie verletzen. (»Sticks and stones will break your bones, but words will never hurt you.«)

Ich möchte hier nicht die Beweise für die Korrektheit der Rekonstruktion anführen, die ich Ihnen darstellte, und ich muß mich auch darauf beschränken, der Hoffnung Ausdruck zu geben, daß Sie mir glauben, wenn ich kurz erwähne, daß die Interpretationen des Analytikers gegenüber dem Patienten, die auf der oben erwähnten Rekonstruktion beruhten, eine heilsame Wirkung auf den Patienten und sein weiteres Verhalten hatten. Ich wollte ein Beispiel für humanisierende, für heilende Empathie geben, für die Empathie als Brücke zwischen Menschen; ich wollte die Art von Empathie demonstrieren, die fähig ist, nicht nur die Humanität in unserer immer inhumaneren Welt zu bewahren, sondern auch das zurückzubringen, was bereits unwiederbringlich enthumanisiert schien, und es zurückzubringen in das Reich des lebenden, fühlenden Menschen.

Mit den vorangegangenen Beispielen für Empathie versuchte ich, die Kraft dieser psychologischen Funktion zu demonstrieren, nicht nur als Instrument der Kognition, sondern auch als zivilisierende Kraft. Auf diesen beiden umfangreichen Gebieten scheint mir die Empathie unersetzlich, und ich glaube daher, daß die Bedeutung empathischer Beziehungen des Menschen zu seiner menschlichen Umgebung, daß die Bedeutung jenes »Mechanismus, durch den uns überhaupt eine Stellungnahme zu einem anderen Seelenleben ermöglicht wird«, wie Freud sagte, kaum überschätzt werden kann. Hätte ich genügend Zeit zur Verfügung, so würde ich mir den Beweis dafür zutrauen, daß Empathie, die Resonanz essentieller menschlicher Ähnlichkeit, in der Tat – von der Geburt bis zum

Tode – die Kraft ist, die der Neigung des Menschen entgegenwirkt, Sinnlosigkeit zu sehen und Verzweiflung zu fühlen; daß die weitverbreitete existentielle Malaise unserer Zeit nicht so sehr auf einer philosophischen, sondern vielmehr auf einer konkreten Erfahrungsbasis beruht, daß unser Hang zu ihr auf den ungenügenden oder falschen empathischen Reaktionen basiert, die wir während der entscheidenden Zeitspanne erlebten, in der der Kern unseres Selbst sich bildete. Und ich könnte zeigen, wie die intensiven Bedürfnisse jener, deren Selbst unterernährt wurde, sie zur leichten Beute jedes Verführers machen, der ihnen verspricht, ihr Gefühl der Leere zu beseitigen, jeder Vorspiegelung, die, wenn auch nur zeitweise, ihnen das Gefühl gibt, empathisch geschätzt und akzeptiert zu werden, das sie als Kinder internalisiert haben sollten und das ihnen eigentlich heute als unangreifbarer psychologischer Besitz zu eigen sein sollte. Wenn dieses Gefühl jedoch fehlt, ist jede Erleichterung willkommen – von Drogen und wortloser Berührung in Encounter-Gruppen bis zu nationalistischer Ekstase und Eintauchen in mystische Erlebnisse.

Schlage ich also vor, daß die Wissenschaft, daß die Universitäten jene emotionale Substanz liefern sollen, die diese Bedürfnisse erfüllt? Schlage ich vor, daß die Universitäten sich eine quasi religiöse Mystik der Empathie zu eigen machen, eine Religion der Empathie, die an die Stelle der Religion der Liebe treten soll? Natürlich nicht! Weder möchte ich, daß unsere Professoren Heilige sind, noch glaube ich, daß irgendeine der geläufigen Heiligkeitsmoden – man denke an die Jesus-Freaks und die Pseudo-Buddhisten unter der Jugend – uns der Lösung unserer Probleme näherbringen wird.

Doch es gibt unter den vielleicht Besten unserer jungen Leute eine neue Haltung, die unsere Aufmerksamkeit verdient. Es ist eine Haltung naiver Unweltlichkeit, gepaart mit Desinteresse und oft Geringschätzung für die traditionellen Werte unserer Kultur. Auf den ersten Blick könnte man darin nichts weiter sehen als die Haltung, die in der Jugend zu erwarten wir gelernt haben. Doch sie ist ein Teil der dauerhaften Weltanschauung dieser jungen Menschen, reicht oft weit ins Erwachsenenalter hinein und ist zwar unweltlich, doch keineswegs weltfremd. Diese jungen Leute zeigen uns, daß die Ideale, die wir ihnen anbieten – vor allem die Ideale der Gelehrsamkeit und wahrheitsfindenden Forschung, die am Ende des neunzehnten Jahrhunderts ihre größte Macht erreicht hatten –, daß diese Ideale ihnen keinen Halt mehr geben und sie nicht mehr leiten können. Klarsicht und Werkzeug-und-Methoden-Stolz, das Ideal der Suche nach der Wahrheit, darauf stützten sich die Besten in unseren gelehrten Gemeinschaften bis zum Beginn unseres Jahrhunderts. Doch wir haben auch die isolierende Wirkung wissenschaftlichen Stolzes gesehen, haben gesehen, wie leicht der Werkzeug-und-Methoden-orientierte Wissenschaftler sich mit unvermindertem Stolz den totalitären Regimes dieses Jahrhunderts unterwarf und damit einigen der unmenschlichsten Ziele, die die Welt je gekannt hat.

Natürlich kann die Wissenschaft nicht beweisen, daß der Mensch von humanitären Idealen geleitet sein sollte – ebensowenig kann sie beweisen, wie sie es auf der Basis eines vulgarisierten Darwinismus vielfach versucht hat, daß inhumane Ideale, die Lehre vom Überleben des Stärksten, gerechtfertigt sind. Zwar führen unsere wissenschaftlichen Einsichten bezüglich der Bedeutung des empathischen Bandes zwischen Menschen uns nicht zu einem Beweis der Gültigkeit humanitärer Ideale, doch sie tragen wesentlich dazu bei, unser Bewußtsein dafür zu vergrößern, wieviel von der menschlichen Essenz wir aufgeben, wenn unser überwältigender Stolz die spezifischen Ego-Funktionen durchtränkt, die bei der Wahrheitsfindung beteiligt sind, statt der Expansion unseres Selbst, die wir unternehmen, um den Mitmenschen zu erhalten.

Ich trete statt dessen dafür ein, unsere spezialisierten Aktivitäten mit einer neuen Art des Humanismus zu durchsetzen – nicht mit dem Humanismus der Aufklärung, der die Bildung unserer Universitäten begleitete, wie wir sie heute kennen, und der alt geworden ist, nicht mehr begeisternd und ineffektiv, sondern mit der neuen und wissenschaftlich gestützten Erkenntnis, daß der Mensch sein wesentliches Selbst nicht besser erfüllen kann als indem er dem Menschen, d. h. sich selbst und seinesgleichen, emotional nährende Unterstützung zuteil werden läßt.

Kein Regierungssystem, das das Leben der Bevölkerung regelt, kein sozialer Apparat, der für vernünftige wirtschaftliche Gleichheit sorgt, keine internationale Vereinigung von Ländern, die den Weltfrieden aufrechterhält, wie edel ihre Ziele und wie wirksam ihre Technologie auch sein mögen, kann allein auf der Basis ihrer technologischen Perfektion dem Menschen jene fundamentale emotionale Nahrung geben, die er für sein psychologisches Überleben braucht. Selbst wenn die Ziele dieser Institutionen gemäß den Ergebnissen der besten wissenschaftlichen Untersuchungen gewählt werden, die von an unseren Universitäten in den traditionellen Wissensgebieten unterrichteten Fachleuten durchgeführt wurden, selbst wenn ihre Methoden auf der Basis von Experimenten verfeinert würden, die unsere fortgeschrittensten akademischen Forscher ausgearbeitet haben, Institutionen allein können den Menschen nicht besser erhalten als ausreichende Kalorienzufuhr, optimale Temperatur und bakterienfreie Sauberkeit für das psychologische und biologische Überleben unserer Säuglinge sorgen können. Natürlich sind Nahrung, Wärme und Sauberkeit unentbehrlich; ebenso unentbehrlich sind die großen sozialen Institutionen des Menschen. Doch wenn die Nahrung, die Wärme und die Sauberkeit nicht mit empathischem menschlichem Verständnis gegeben werden und wenn auf den sich entwickelnden Körper und die sich bildende Persönlichkeit des Kindes nicht mit empathischem Annehmen reagiert wird, so wird das Baby nicht wachsen und überleben.

Wir dürfen natürlich ein Prinzip nicht durch seine übertriebene Anwendung auf Details karikieren. Ich möchte, daß der Physiker die Geheimnisse des Atoms untersucht, ich möchte, daß der Chirurg seine Geschicklichkeit verfeinert, und ich glaube, daß sich der Historiker weiterhin der objektiven Entdeckung von Fakten und Dokumenten widmen muß. Doch wenn die Universität vornehmlich nicht mehr ist als eine Organisation, die Laboratorien für ihre Forscher zur Verfügung stellt, Bibliotheken für ihre Gelehrten und Gehälter für ihre Angestellten, wenn sie nicht mehr ist als eine Ansammlung von spezialisierten Technikern, von denen jeder versucht, einen Sektor der Realität mit seinen eigenen Mitteln zu erklären, dann wird sie weiter an Bedeutung für eine junge Generation verlieren, die ohnehin bereits zutiefst skeptisch ist. Das Predigen der alten Werte der Gelehrsamkeit und der nach dem Nobelpreis schielenden Forschung genügt nicht, ebensowenig wie die Erweiterung von theologischen Schulen und philosophischen Fakultäten, wo nur zu oft mit einer gewissen Verlegenheit Bahnen des Denkens verfolgt werden, deren Irrelevanz die Besten der Fakultät selbst schon lange stillschweigend in ihrem Inneren erkannt haben. Und so sehr ich den Gegenstand der Geisteswissenschaften liebe, so glaube ich doch auch nicht, daß die Betonung dieses Zweiges des Lernens auf Kosten der Naturwissenschaften die Antwort bringen würde.

Doch wie können die Universitäten, wie können die Wissenschaften ihr Wissen zu diesen lebenserhaltenden Zielen vereinigen und damit wieder zu den intellektuellen Führern, den Pionieren unserer Gesellschaft werden, wie können sie wieder zur Verkörperung von Idealen werden, die für unsere Jugend akzeptabel sind?

Freud definierte einmal das Denken auf die folgende schöne Weise. Denken, sagte er, ist eine »Probeaktion«, die mit »geringen Abfuhraufwänden« betrieben wird. Ich glaube, daß eine analoge Definition auf die Aktivitäten der Universität angewandt werden kann. Ebenso wie es die Funktion des Denkens ist, den unterschiedlichen Verlauf möglicher Aktionen zu prüfen, ehe die ganze Persönlichkeit sich für eine spezielle entscheidet und darauf ihre Energien verwendet, so ist es die Funktion unserer Universitäten, Experimente zu unternehmen, die dem Handeln des Menschen in der größeren Arena der Zivilisation vorangehen sollten. Unsere Universitäten sollten das Testgelände sein, auf dem Wissenschaftler verschiedene Hilfsmittel für das Fortbestehen menschlichen Lebens in seinen physischen, biologischen und psychologischen Dimensionen erproben.

Wird die Universität wieder eine Gemeinschaft von Gelehrten sein anstatt eines Ortes, wo einzelne, von der Technik her definierte Spezialitäten aufgrund administrativer Zweckdienlichkeit zusammengehalten werden? Können Universitäten, kann *eine* Universität den gewagten Schritt unternehmen, zu einer Mikro-Gesellschaft zu werden, einer Enklave innerhalb des Systems der großen Gesellschaft, die in Versuchsaktionen die Selbstprüfung sozialer Prozesse unternimmt, welche außerhalb ihrer Mauern nicht durchgeführt werden können?

Hier ist nicht der Ort, um über Details spezifischer »Probehandlungen« zu sprechen, über – ich benutze den geweihten Ausdruck mit einigem Widerstreben – wissenschaftliche Forschungsprojekte spezifischer Art, die eine Universität unternehmen könnte, um einen Beitrag zur Definition und Lösung einiger der wesentlichen

Probleme unseres Zeitalters zu leisten. Doch ich muß wenigstens einige konkrete, illustrative Beispiele für Fragen liefern, die Gelehrte stellen könnten, denen klargeworden ist, daß die Anwendung von Empathie ihre Arbeit in der Tat bereichern kann.

Nehmen Sie zum Beispiel die Maxime von der lebenserhaltenden, zivilisierenden, heilenden Kraft der Empathie selbst. Sobald wir uns von der Einschätzung der Rolle abwenden, die sie in der Beziehung zwischen zwei Individuen spielt – seien es Mutter und Kind, seien es Psychotherapeut und Patient –, und beginnen, ihre Möglichkeiten in der sozialen Arena zu prüfen, so ist es offensichtlich, daß allein das Wissen des Psychoanalytikers nicht tragfähig genug ist. Es wäre Selbstmord, wollte man den aus zwei Schritten bestehenden Prozeß empathischen Verstehens und wissenschaftlicher Erklärung direkt auf einige der Quellen des Übels in unserer Welt anwenden. Es ist eine Sache, das hinter der grausamen Tierquälerei eines Patienten verborgene menschliche Leid zu erkennen, eine andere aber, den antihumanitären Aktivitäten eines gefährlichen faschistischen Politikers und der Anziehung, die er auf die Massen ausübt, tolerant und verstehend gegenüberzustehen. Selbst wenn unser Verständnis der Psychologie des charismatischen oder messianischen Führers zunimmt, selbst wenn wir die psychologischen Bedürfnisse jener erkennen, die ihm folgen, unsere tolerante Kommunikation wird in der politischen Arena keine Bewegung in Richtung auf die Gesundheit in Gang setzen, wie wir dies in der therapeutischen Situation erreichen können. Hier jedoch kann die Universität durch die Kooperation von Wissenschaftlern der verschiedensten Gebiete innerhalb ihres eigenen Mikrokosmos ein Gerüst von experimentellen Aktionen erdenken, kann beantwortbare Fragen formulieren und so Licht werfen sowohl auf die Begrenzungen als auch auf die mögliche Ausdehnung der Wirkung von Empathie auf sozialem Gebiet.

Obwohl sie nicht im Rahmen der konventionellen Forschung liegen, sind die Ziele, die mit jenen Untersuchungen erreicht werden können, die die Anwendung von Empathie erfordern (zusätzlich zum Gebrauch der traditionellen Mittel wissenschaftlicher Kognition), nicht utopisch. Ihre Verfolgung wäre auch nicht undurchführbar. Es stimmt zwar: Mut wäre erforderlich, wollte eine Universität ernsthaft versuchen, die Art von Programm durchzuführen, die mir vorschwebt. Doch wir sollten es als selbstverständlich ansehen, daß jeder entscheidende Schritt in der Geschichte der Wissenschaft, daß jeder bahnbrechende Fortschritt im Verständnis des Menschen für seine Welt die Überwindung von Vorurteilen erfordert, Mut erfordert, die Fähigkeit erfordert, trotz Achtung und Spott zu überleben. Außerdem braucht die Bewegung in Richtung auf eine neue Definition der Leitphilosophie der Universität nicht mit revolutionärer Geschwindigkeit vonstatten zu gehen, sie kann mittels kleiner Testschritte erfolgen, sagen wir in Form einer begrenzten Anzahl von Untersuchungen, die in Ziel und Methodik vom Wissen des Analytikers um die Probleme und die Persönlichkeit des Menschen beeinflußt sind.

Vor einiger Zeit wies ich zum Beispiel darauf hin, daß ein Universitätskrankenhaus ein großartiges Testfeld zur Untersuchung der enthumanisierenden Wirkung einer großen Institution ist, der spezifischen Angst vor dem Verlust des Selbst, der das Individuum ausgesetzt ist, wenn es sich in der Maschinerie eines unpersönlichen Prozesses gefangen fühlt – selbst wenn das Ziel dieses Prozesses für das Individuum von Nutzen ist. Wäre eine solche Untersuchung nicht eine gute Gelegenheit zur Zusammenarbeit für Wissenschaftler verschiedener Disziplinen? Der Literaturwissenschaftler könnte die Bedeutung von Kafkas Einsichten über den Menschen studieren, der sich in einer verständnislosen Umgebung befindet, von der *»Verwandlung«* bis zum *»Prozeß«* und dem *»Schloß«;* er könnte die wesentlichen Lehren auffinden, die aus den scharfsichtigen Beobachtungen Solschenizyns in der *»Krebsstation«* zu ziehen sind. Der Psychoanalytiker könnte die Reaktionen derjenigen seiner Analysanden prüfen, die dem Prozeß von Diagnose und Behandlung in einer großen medizinischen Institution ausgesetzt waren. In Empathie geübte Beobachter könnten einzelne Patienten in den verschiedenen Stadien der Behandlung befragen und zu bestimmen versuchen, wie man ihre Einsamkeit und Angst am besten lindern könnte; wie man die emotionalen Ressourcen jener erschließen könnte, die vor dem letzten Schritt menschlicher Existenz stehen.

Die Ergebnisse eines solchen Forschungsprojekts wären gewiß ein wertvoller Beitrag zur Veränderung des Hospitals – des Ortes, an dem zu irgendeiner Zeit die meisten von uns bedeutungsschwere Stunden durchleben müssen; des Ortes, an dem die meisten von uns geboren wurden und sterben werden – zur Umwandlung des Krankenhauses von einer Fabrik, die diagnostische und therapeutische Maschinen beherbergt, in einen Aufenthaltsort für menschliche Wesen. Doch mein Vorschlag, das Krankenhaus zu studieren, zielte nicht in erster Linie darauf ab, humanitäre Verbesserungen in einer speziellen Umgebung zu erreichen, so groß der Bedarf für diese spezifischen Verbesserungen auch sein mag; mir schwebte bei diesem Vorschlag ein viel umfassenderes Ziel vor. Diese Untersuchungen und andere ähnlicher Art würden, wie ich glaube, unser Verständnis für einige der zentralen psychologischen Probleme des modernen Menschen vergrößern: das Verständnis der menschlichen Probleme in einer Welt – der Welt von morgen –, in der das Individuum mehr und mehr mit einer Umgebung konfrontiert wird, die es auf schmerzliche Anonymität reduziert, die es seines wertvollsten Besitzes beraubt, seines Selbst.

Lassen Sie mich Ihnen ein letztes Beispiel geben für ein Gebiet, auf dem die Einsichten des Psychoanalytikers wissenschaftliche Untersuchungen innerhalb des größeren sozialen Feldes stimulieren und bereichern könnten. Die Beobachtungen gewisser besonders verwundbarer Individuen hat uns gezeigt, daß sie auf den Verlust empathischen Verständnisses von seiten anderer Menschen unter Umständen damit reagieren, daß sie sich selbst als tot, leblos, nichtmenschlich erleben – vor allem als Maschinen. Auch bin ich zu dem Schluß gekommen, daß der nicht selten vorkommende Wahn gewisser geisteskranker Patienten, sie würden beobachtet, würden elektrisch von jemandem durchdrungen, der die Geheimnisse ihrer Gedanken liest, ihre Wahrnehmung einer Welt ausdrückt, in der es für sie keine Empathie mehr gibt. Solche Patienten demonstrieren mit ihrem Wahn, daß sie ihre Umgebung nicht als warm empathisch erleben, nicht als ihre Gegenwart mit Freude widerspiegelnd und als verständnisvoll für ihre Bedürfnisse, sondern als kalt, indifferent, mechanisch, nicht-menschlich, maschinenähnlich und damit als ihrem Überleben feindlich gesinnt. Dies sind Manifestationen individueller persönlicher Tragödien, die Wiederbelebung der tragischen frühen Kindheit eines Menschen – einer Kindheit zum Beispiel, in der ihm bizarr unempathische Menschen gegenüberstanden.[7] Doch es gibt spezifische soziale Analogien zu solchen Erfahrungen. Denken Sie an die vage Angst, die die Berichte über die Benutzung elektronischer Abhörgeräte durch Regierungsstellen in den meisten von uns auslöst. Ich glaube nicht, daß es hauptsächlich Schuldgefühle sind – realistisch und bewußt oder unrealistisch und unbewußt –, die für unser Unbehagen verantwortlich sind. Ich glaube eher, daß die Verwendung dieser Mittel deshalb so unheimlich berührt, weil sie auf gesellschaftlichem Gebiet ein Ebenbild jener enthumanisierten Entartung der Empathie sind, die den psychotischen Patienten quälen, welcher unter dem Wahn leidet, beobachtet zu werden. Der Wahn stellt die Umwandlung der Empathie in eine Kraft dar, die kalt und feindlich in das Selbst des Patienten eindringt, anstatt sich verständnisvoll auf seine Bedürfnisse einzustellen. Ähnlich scheint durch den Gebrauch von Abhör- und Mitschneidegeräten die soziale Umgebung eine verderbliche Veränderung durchgemacht zu haben: anstatt wohlwollend verständnisvoll gegenüber dem Individuum zu sein, ist sie zu einer feindlichen Kraft geworden, die in die privatesten Mitteilungen des Individuums einzudringen versucht und damit in seine Gedanken.

Würden nicht Einsichten wie diese, gewonnen mit Hilfe der geübten empathischen Wahrnehmung des Tiefenpsychologen, von großem Wert sein für den Historiker, den politischen Wissenschaftler, den Soziologen, den Anthropologen? Würde nicht die Synthese dieser Einsichten mit jenen, die mittels traditioneller, nichtempathischer Untersuchungsmethoden gewonnen wurden, den Weg ebnen zur Definition neuer Problemgebiete und zur Formulierung signifikanter neuer, überprüfbarer Hypothesen? Würden wir nicht auf diesem Wege die Arbeit gewisser bedeutender Kräfte beleuchten, die in der Gesellschaft wirken, in der wir leben? Und wären wir nicht vielleicht mit Hilfe unseres vergrößerten Verständnisses auch in der Lage, diese Kräfte besser zu kontrollieren?

Doch genug! Ich laufe Gefahr, meine Botschaft, meine Aussage unter der Masse der Beweise zu begraben, die zu ihrer Unterstützung angeführt werden. Lassen Sie mich darum meine Behauptung wiederholen. Es ist die Behauptung, daß die Psychoanalyse als Denksystem einen Beitrag zu unseren Universitäten leisten kann, den zur Zeit keine andere Wissenschaft zu liefern in der Lage ist: nicht nur, indem sie ihre spezifischen Werkzeuge und Methoden dem Arsenal der von der Wissenschaft verwendeten Methoden und dem von ihnen angesammelten Wissensfundus hinzufügt, sondern auch, indem sie der Universität hilft, ihre Ziele neu zu definieren, indem sie dem einzelnen Wissenschaftler hilft, die Hierarchie seiner Ideale neu einzuschätzen.

Die Psychoanalyse ist weder unrealistisch noch sentimental gegenüber der menschlichen Persönlichkeit noch den grundlegenden psychologischen Bedürfnissen des Menschen entfremdet. Sie predigt weder die inhumane Lehre vom Menschen als einem Darwinschen Tier, das, unbeeinflußt von altruistischen Werten, sich dem Gesetz des Dschungels unterwirft, noch verkündet sie bequeme, weltfremde Ideale von grenzenloser Humanität oder eine Lehre von übermenschlicher Liebe. Wenn wir jedoch bei der Suche nach Sinngehalten und Idealen zu dem axiomatischen Schluß kommen, daß es das höchste Ziel des Menschen ist, für das Überleben des Menschen zu sorgen, dann sollte die Psychoanalyse in der Lage sein, jene empirischen Beobachtungsdaten zu liefern, die es uns erlauben, realisierbare Ziele für unsere Gesellschaft zu bestimmen, indem wir die tiefsten Einsichten in Rechnung ziehen, die die Wissenschaft bisher über die Natur der menschlichen Seele gewonnen hat.

Es gibt kritische Übergangsperioden in der Entwicklungsgeschichte nicht nur des Individuums, sondern auch in der Gruppe – Perioden, in denen ein etabliertes Gleichgewicht aufgegeben werden muß, in denen ein neues Selbst gebildet werden muß. Das Ergebnis des Kampfes während solcher Perioden entscheidet über Gesundheit oder Krankheit, über weiterführende neue Lösungen oder Abstieg. Es hat den Anschein, als sei unsere Zivilisation mit der Herausforderung konfrontiert, neue Wege für das menschliche Überleben in einer Massengesellschaft zu finden. Die Universität, wie wir sie gekannt haben – wie sie sich aus den humanistischen Anfängen in der Renaissance zu ihrer modernen Kulmination entwickelte: ihre beeindruckenden Leistungen in Biologie und Physik –, war Ausdruck der Strebungen des denkenden, forschenden Individuums, das aus der mittelalterlichen Anonymität aufgetaucht war. Doch als die soziale Umgebung sich veränderte und selbst zur größten Gefahr für das Überleben des Menschen wurde, haben die Universitäten auf diese Veränderung nicht ausreichend reagiert. Sie arbeiteten weiter wie gewöhnlich an der Verfolgung ihrer alten Ziele und tendierten gleichzeitig dazu, sich ihrer neuen Umgebung anzupassen, ohne den Versuch zu machen, ihre Rolle neu zu definieren und die Struktur ihrer Ziele neu zu überdenken. Vor allem – und da liegt, wie ich glaube, die ernsteste Konsequenz ihrer Trägheit – haben sie ihre Ressourcen nicht mobilisiert im Dienste der Verschiebung der Ziele von der Eroberung der Natur auf die Kontrolle des menschlichen Schicksals, welche die sich verändernde Struktur der Zivilisation erfordert.

Eine beträchtliche Anzahl von Wissenschaftlern hat bereits begonnen, diese Tatsachen zu begreifen. Sie haben noch nicht erkannt, daß sie und damit die Universitäten für den modernen Menschen immer weniger relevant geworden sind, doch sie haben klar erkannt, daß sie oft von Kräften benutzt werden, mit deren Zielen sie nicht übereinstimmen. Das Beispiel von der technologischen Ausnutzung grundlegender wissenschaftlicher Entdeckungen im Kriege – von der Physik bis zur Psychologie – ist das offensichtlichste, doch es gibt noch viele andere. Die Reaktion der Wissenschaft, der Universitäten auf diese Übel war mehr oder weniger ein Notbehelf und insgesamt unwirksam. Ich möchte persönlichen Mut in diesem Zusammenhang nicht abwerten, und ich leugne nicht, daß Beispiele individuellen Widerstandes gegen die Ausbeutung wissenschaftlichen Denkens ihre historisch bedeutenden Zeichen gesetzt haben – doch individueller Mut ist nicht ausreichend. Was erforderlich ist, ist eine Veränderung des Leitsystems von Idealen innerhalb der wissenschaftlichen Gemeinschaft.

Der Mensch nahm es gewöhnlich als selbstverständlich hin, daß er gegenüber den Kräften der Natur hilflos war, wehrloses Opfer von Sturm und Seuche; daß er diesen Kräften gegenüber nicht mehr tun konnte, als sich darein zu schicken und zu beten. Die Wissenschaft hat dieses Gefühl der Resignation verändert. Physik und Biologie haben uns Erklärungen geliefert, welche die Basis einer Technologie wurden, die uns Kräfte meistern ließ, von denen der Mensch gedacht hatte, sie seien für alle Zeit seiner Kontrolle entzogen.

Zwar hat der Mensch ein Stück Weges zur Eroberung der Natur zurückgelegt, doch er betrachtet sich immer noch als den Strömen der Geschichte und den Gezeiten kultureller Veränderung hilflos ausgeliefert. Heute gibt es weniger Gebet, sondern Resignation und manchmal sogar einen versnobt-aristokratischen Pessimismus, der den vermeintlich hohlen Optimismus des Versuchs zurückweist, den Lauf der Geschichte zu beeinflussen und Geschwindigkeit und Richtung der kulturellen Wandlung zu kontrollieren. Auf lange Sicht jedoch sind wir vielleicht weniger hilflos als wir denken. Seit dem Aufkommen der Tiefenpsychologie beginnt der Mensch, über Instrumente und Begriffe zu verfügen, die ihm einen breiteren Zugang als je zuvor zu den Kräften verschaffen, die ihn motivieren. Das größere Verständnis seiner eigenen Ziele und Zwecke, das er so vielleicht gewinnt, kann ihn auch einer effektiven Kontrolle seiner eigenen Handlungen näherbringen.

Hier muß der mutige Gelehrte und Wissenschaftler wieder zum intellektuellen Führer des Menschen werden, muß dem Menschen wohldurchdachte Pläne zur Herrschaft über bisher uneroberte Gebiete liefern.

Kurz gesagt, es war das Versäumnis der Universität, daß sie ihre traditionellen Anstrengungen zur Verfolgung ihrer spezialisierten Bemühungen fortsetzte und ihre Augen vor dem tragischen Menschen verschloß, der in einer immer unmenschlicheren Umwelt erstickt, die er selbst weiterhin schafft. Die gegenwärtige Isolation der Psychoanalyse von den Universitäten sollte also als Zeichen dafür angesehen werden, daß eine unheilvolle kulturelle Entwicklungshemmung noch nicht ganz überwunden ist; ihre beginnende Integration jedoch ist nicht nur ein Schritt auf dem Wege zur Mobilisierung eines kreativen Kampfes um neue Sinngebungen und Ideale und um neue wissenschaftliche Ziele, sie zeigt auch, daß eine Bewegung in Richtung auf erneuerte kulturelle Gesundheit in Gang ist.

Anmerkungen

1 Wie ich schon in früheren Mitteilungen gesagt habe und wie auch heute wieder deutlich werden wird, glaube ich, daß die wesentliche Bedeutung von Freuds Beitrag weder in der Erfindung der ungeheuer fruchtbaren Methodologie der Psychoanalyse lag noch auch in den zahlreichen psychologischen Entdeckungen, die er mit Hilfe seiner neuen Methode zu machen in der Lage war, sondern darin, daß er eine Wissenschaft geschaffen hat, die einen empirischen und begrifflichen Zugang zu einem Gebiet ermöglichte, das bis dahin nur dem nicht wissenschaftlichen Eingehen von Künstlern und Schriftstellern offen-

stand, d. h. eine Wissenschaft von der menschlichen Seele in all ihrer Komplexität.

2 Ein Prozeß, der in den 20er Jahren im Staate Tennessee gegen die Verbreitung der Darwinschen Abstammungslehre geführt wurde. (A. d. Ü.)

3 Ich sage dies vor allem im Hinblick auf die Tatsache, daß ich mich in früheren Publikationen ausführlich über die wissenschaftliche Empathie geäußert habe. (Siehe z. B. Kohut 1959; Kohut 1971, vor allem S. 300–307; sowie Kohut 1973, vor allem S. 14.)

4 In diesem Zusammenhang brauchen wir nur an die psychologischen Mittel zu denken, die, empathisch auf den psychologischen Zustand eines Gegners ausgerichtet, in der Kriegspropaganda verwendet werden, damit der Feind den Mut verlieren und den Kampf aufgeben soll; oder an die Mittel von Verkaufskanonen, die empathisch die Bereitschaft des Opfers, sich überreden zu lassen, einschätzen und dann diese empathisch gewonnenen Daten benutzen, um minderwertige Ware zu verkaufen; etc.

5 Ich stelle die verschiedenen psychologischen Konfigurationen, die durch versuchsweise Empathie erhalten wurden, dar, um einen Aspekt der *wissenschaftlichen* Empathie zu demonstrieren. Der Gebrauch der Empathie in der Tiefenpsychologie basiert nicht auf undefinierbarer Intuition des Beobachters – er ist ein spezifischer, disziplinierter kognitiver Prozeß. Der geübte Analytiker lernt, sich nicht durch Aha-Erlebnisse empathischer Pseudo-Schlüsse überzeugen zu lassen. Er definiert geduldig die größte Vielfalt möglicher Konfigurationen und schätzt dann das auftauchende Material – einschließlich der Reaktionen des Patienten auf versuchsweise Deutungen – als Beispiele für oder gegen die Korrektheit, Exaktheit und Relevanz der Bedeutung ab, die er zu definieren versuchte.

6 Die relativ abgeschirmte Position, die der Kontrollanalytiker oder Konsultant genießt, verdient als methodologischer Faktor in der psychoanalytischen Forschung besondere Aufmerksamkeit. Die Vorteile, die sich aus dem Schutz der kognitiven Prozesse des Konsultanten ergeben (einschließlich der größeren Entspannung, mit der er seine Empathie den Daten zuwendet), müssen abgewogen werden gegen die ungünstige Wirkung der möglichen Verzerrung des Materials bei der Übermittlung durch den Analytiker und durch die Artefakte, die durch die Kontrollsituation eingeführt werden. Ich glaube jedoch, daß die Vorteile oft gewichtiger sind als die Nachteile – vor allem, wo die empathische Beobachtung regressive Formen der Psychopathologie betrifft, die im Beobachter schwer erträgliche Spannungen hervorrufen. Ich glaube daher, daß die Situation, die wir traditionell als Lehrmethode benutzt haben, auch ein vielversprechendes Forschungsinstrument ist.

7 Die Bedeutung gewisser psychopathologischer Phänomene ist oft leichter zu begreifen, wenn sie Manifestationen einer kleineren (relativ

geringen) Abweichung von den normalen seelischen Funktionen sind (d. h., wenn sie nur ganz vorübergehend auftreten und die Persönlichkeit des Patienten nicht überwältigt haben), als wenn sie Symptome einer größeren Störung sind (d. h. wenn sie sich für längere Zeiträume etabliert haben und die gesunden Sektoren der Persönlichkeit des Patienten überwältigt haben). Diese Betrachtungen lassen sich auch auf die Erkenntnis anwenden, daß der Wahn, durch Radio- oder andere elektromagnetische Wellen beobachtet zu werden, ein Ausdruck für das Gefühl des Patienten ist, daß seine Umgebung unempathisch geworden ist. Für mich selbst zum Beispiel war der erste Anstoß zu dieser Einsicht der Bericht von der Behandlung eines siebenjährigen Jungen, der im allgemeinen guten Kontakt zur Realität hatte und, obwohl von Ängsten bedrängt und mit einer Neigung zu Argwohn und Provokation, eindeutig nicht psychotisch war. Als der Therapeut in dem Jungen die Hoffnung erweckt hatte, er werde empathisches Verständnis für seine Bedürfnisse zeigen (und sich damit von seinen Eltern unterscheiden), reagierte der Therapeut auf eine Mitteilung des Kindes in einer Art, die das Kind als unempathisch erlebte. Das Kind, das sich sehr auf den intensiveren Stundenplan der Psychotherapie gefreut hatte, den der Therapeut jetzt einführte, hatte einen Orangensaft-Automaten in einem der Klinikbüros entdeckt und hatte den Therapeuten gebeten, ihm etwas Saft zu geben. Anstatt auf das Kind zu reagieren auf der Basis der Einsicht, daß der Wunsch des Kindes seine begierige und hoffnungsvolle Haltung gegenüber dem ausdrückte, was es nun in der therapeutischen Beziehung sicher zu erhalten glaubte, dachte der Therapeut, er müsse den Wunsch des Kindes nach direkter oraler Befriedigung zügeln. Das Kind reagierte darauf, indem es die Überzeugung entwickelte, die Stifte, die der Therapeut in der Hemdtasche trug, seien Mikrophone, die seine vertraulichen Mitteilungen an ein Tonbandgerät und damit letztlich an die Eltern des Kindes weitergäben. Ich glaube, daß der temporäre paranoide Wahn des Kindes als Botschaft zu verstehen ist: »Du bist ebenso kalt und unempathisch wie meine Eltern!« sagt das Kind zu seinem Therapeuten. Obwohl diese klinische Vignette nicht mehr als eine Illustration sein kann, da ich weder das Kind behandelte noch die weitere Therapie als Konsultant verfolgte, habe ich seither viele ähnliche Beispiele in meiner analytischen Praxis beobachtet, bei denen die Assoziationen eines Analysanden zeitweise einen paranoiden Zug annahmen, nachdem ich unempathisch gewesen war und so vom Patienten als traumatisch unempathischer Elternteil seiner Kindheit erlebt worden war.

Heisenberg, W. (1952): *Philosophic Problems of Nuclear Science*, New York (Pantheon). Deutsch: *Wandlungen in den Grundlagen der Naturwissenschaft.*

Kohut, H. (1959): deutsch (1971): »Introspektion, Empathie und Psychoanalyse«, *Psyche 25*, S. 831–855.

– (1971): *The Analysis of the Self.* Deutsch: *Narzißmus. Eine psychoanalytische Theorie zur Behandlung narzißtischer Persönlichkeitsstörungen*, Frankfurt a. M. 1973 (Suhrkamp).

– (1972): deutsch (1973): »Überlegungen zum Narzißmus und zur narzißtischen Wut«, *Psyche 27*, S. 513–554.

Maxwell Gitelson
Zur gegenwärtigen wissenschaftlichen und sozialen Position der Psychoanalyse*

Als Glieder der Gesellschaft und Angehörige eines ihrer Heilberufe haben wir einst die paradoxe Notwendigkeit gelernt und mehr oder weniger übernommen, den Impuls, der sich als therapeutischer Ehrgeiz manifestiert, zu beherrschen. Es scheint jedoch noch schwerer zu sein, der Versuchung zu widerstehen, daß wir uns nicht auf soziale Gebiete begeben, die jenseits unseres psychoanalytischen Fachwissens liegen. Unter dem Druck der Zeitverhältnisse haben wir uns auf die verschiedensten Bestrebungen zur Besserung des menschlichen Zusammenlebens eingelassen, die zwar an unsere ethische Einsatzbereitschaft appellieren, aber keine Psychoanalyse sind. Die Anwendungsbereiche der Psychoanalyse sind so zahlreich geworden, daß wir kaum mehr genau wissen, wo die Grenzen der Psychoanalyse liegen.

Ein anderer Bereich unseres gegenwärtigen gesellschaftlichen Daseins, in welchem wir unsere Grenzen zu überschreiten geneigt sind, ist die Forschung. Strenggenommen gehört die Forschung zur Wissenschaft. Aber die Wissenschaft ist ein Teil des gesellschaftlichen Gewebes geworden. Wohin man sich immer wendet, hört man im Namen sozialer Notstände nach mehr Forschung rufen. Diese Notstände werden gewiß von niemandem bestritten, aber der Wunsch, diesem Ruf zu folgen, hat vielleicht mehr als eine Wurzel, und ich schlage vor, daß wir uns über einige dieser Wurzeln, die uns als Psychoanalytiker und die Psychoanalyse als solche angehen, etwas näher unterhalten.

Vielleicht ist es an der Zeit, einen »Bescheidenheits-Ausschuß« ins

* Erstmals erschienen in *Journal of the American Psychoanalytic Association* (Jg. 8), 1963, S. 522 ff. Deutsch erstmals in *Psyche* (Jg. 18), 1964, S. 1–13. Aus dem Amerikanischen von Käte Hügel. Abdruck mit freundlicher Genehmigung des Autors.

Leben zu rufen. Meiner Meinung nach sind wir Psychoanalytiker zu ehrgeizig und expansiv geworden. Die der Psychoanalyse innewohnende wissenschaftliche Potenz genügt uns nicht mehr. Bewußte und unbewußte Faktoren tragen dazu bei, daß der Psychoanalytiker sich selbst als Wissenschaftler und Glied der Gesellschaft nicht mehr klar sieht.

So halten wir als Wissenschaftler oft nicht an der Unterscheidung fest, die zwischen unserem eigentlichen Fachgebiet und den angrenzenden Wissenschaftszweigen besteht. Wir sprechen von »Anwendungen« der Psychoanalyse; oft handelt es sich aber um bloße *Extrapolierungen,* die auf Analogien und nur vermeintlichen Verknüpfungen beruhen. Wir vergessen, daß unser besonderes Arbeitsgebiet in der Psychologie des Individuums liegt, und daß diese auf der Freilegung der eigenartigen psychologischen Erscheinungen beruht, deren man im Rahmen einer ebenso eigenartigen Zweierbeziehung ansichtig wird. Es scheint notwendig, wieder einmal festzustellen, daß alles, was wir mit relativer Gewißheit über diese Erscheinungen aussagen können, alles, was wir mit einiger Wahrscheinlichkeit über sie voraussagen können, alles, was wir in vernünftigen Grenzen mit Hilfe von Beobachtungen unserer psychoanalytischen Kollegen verifizieren können, aus diesem besonderen Erlebnisfeld stammt, das man als die psychoanalytische Situation bezeichnet. Meine Behauptung ist eine Tautologie, was sich jedoch aus der zwingenden inneren Kohärenz ergibt: Nur in der psychoanalytischen Situation nehmen wir Psychoanalytiker unsere eigentliche wissenschaftliche Position ein, um unser eigentliches Material zu bearbeiten, die aus dem Unbewußten auftauchenden Triebkräfte, die Primärprozesse, Affekte, Konflikte, Abwehrmechanismen und Übertragungserscheinungen.

Einer der Gründe, weshalb wir Psychoanalytiker uns verleiten ließen, uns über unser eigentliches Fachgebiet hinauszubegeben, ist der erstaunliche Fortschritt in den Naturwissenschaften und als Konsequenz die Beschleunigung, mit der ihre Befunde sich ansammeln. Dies hat bei anderen Forschern die größten Hoffnungen erweckt, aber auch zu Minderwertigkeitsgefühlen im Wettlauf um den Fortschritt geführt. Die fast wunderbaren Ergebnisse, zu denen man mit Hilfe geeigneter, zwingender Methoden in den Naturwissenschaften gelangte, sind zum Kriterium aller Forschungsarbeit erhoben worden. Der Wunsch nach ähnlichen Errungenschaften wurde immer stärker, und die Anstrengungen, die zu diesem Zweck gemacht werden, grenzen manchmal ans Frenetische. Auch wir Psychoanalytiker sind von diesem Fieber gepackt worden.

Dabei wird übersehen, daß Wissenschaft nicht einfach ein bestimmtes Verfahren oder eine Technologie ist; dem Wesen nach beruht Wissenschaft auf der Verpflichtung zu logischer Integrität in der Suche nach Wahrheit. Der Ort, an dem der einzelne Beobachter bei der Erforschung und Erklärung eines bestimmten Phänomens steht, ist für die Definition der Wissenschaft von sekundärer Bedeutung. Ein Biologe hat diese Situation sehr treffend dargestellt.

In der amerikanischen Zeitschrift »Science« schreibt George Simpson (1963), Professor für Paläontologie der Vertebraten an der Universität Harvard, daß die klassischen Regeln der wissenschaftlichen Methode in der Grundlagenforschung selten so exakt eingehalten worden sind, wie sie formuliert wurden. James Conant (1947) zitierend, definiert Simpson Wissenschaft als »eine untereinander verbundene Reihe von Konzepten und Entwürfen zu Konzepten, die sich aus Experimenten und Beobachtungen entwickelt haben und sich für weitere Experimente und Beobachtungen fruchtbar erweisen«. Diese Definition sei »freier und impressionistischer« als Karl Pearsons klassische Formulierung, aber dafür könne sie auch für die verschiedensten Forschungsziele gelten. Ihre Hauptstärke sei »die Einbeziehung der Rolle von Spekulation, Intuition oder schlechtweg Spürsinn beim Aufstellen einer Hypothese«.

Angesichts der Neigung von uns Psychoanalytikern, unsere Technik gering zu achten, muß uns Simpsons Behauptung, die Wissenschaft sei *»selbstkontrollierend, und zwar durch die gleichen Methoden der Beobachtung, auf denen sie beruht und auf die sie sich anwenden läßt«*, außerordentlich wichtig erscheinen. Dies ist der deduktive Aspekt der Wissenschaftsmethode, der von modernen Autoren besonders hervorgehoben wird. Simpson fügt noch hinzu: »Ein grundlegendes, wenn auch nicht ausreichendes Kriterium der Selbst-Kontrolle der Wissenschaft ist ihre Wiederholbarkeit ... *die Ergebnisse der Wissenschaft sind Beobachtungen, die von jedem normalen Menschen wiederholt werden können.«* (Vom Ref. hervorgehoben.) »Normal« bedeutet in Simpsons Gedankenzusammenhang natürlich einen Menschen mit normaler Fähigkeit zur Beobachtung bei ausreichender Intelligenz. Wir dürfen im Hinblick auf die psychoanalytische Situation als einem zulässigen Bereich wissenschaftlichen Interesses daraus schließen, daß »normal« die spezielle Art der Wahrnehmungsfähigkeit umfaßt, die einen Psychoanalytiker erst als solchen qualifiziert. So sind auch die Ergebnisse der psychoanalytischen Situation »Beobachtungen, die von jedem ›normalen‹ Menschen wiederholt werden können«. Und selbst wenn einmalige Erscheinungen auftreten, »können sie als erwiesen anerkannt werden, wenn man annehmen kann, daß jeder, der in der gleichen Beobachterposition wäre (d. h. »jeder Normale«, laut Definition), sie gesehen haben würde«.

Ich möchte, um die Wissenschaftlichkeit der Psychoanalyse zu beleuchten, noch einen Punkt hervorheben. Bei der Beobachtung vieler Erscheinungen sind laut Simpson nicht die exakten Messungen oder Abgrenzungen das Wesentliche, sondern die (mit einem gewissen Grade von Gewißheit) feststellbare Wahrscheinlichkeit ihres Vorkommens innerhalb einer bestimmten Reichweite. Denn es ist unmöglich, in den Naturwissenschaften streng mathematische Beweise zu führen. Man ist vielmehr auf die Wiederholbarkeit relevanter Beobachtungen angewiesen. Hierbei ist das Wort »relevant« entscheidend. Relevante Beobachtungen sind solche, die etwa geeignet sind, die Unhaltbarkeit einer Hypothese zu beweisen. Sie müssen innerhalb eines sich einengenden Wahrscheinlichkeitsbereiches angestellt werden. Je mehr Beobachtungen dann nicht im Widerspruch mit der betreffenden Hypothese stehen, um so größeres Vertrauen darf man in sie setzen. Dies ist die allgemein angewandte und die schlüssigste Methode der Selbstkontrolle innerhalb der Naturwissenschaften.

Die Voraussagbarkeit nimmt im Rahmen dieser Selbstkontrolle eine Sonderstellung ein. Wenn wir unsere psychoanalytischen Hypothesen in der analytischen Situation anwenden, können wir das Auftreten gewisser Folgeerscheinungen erwarten. Sollten sie nicht auftreten, so wäre das der Gegenbeweis gegen die theoretischen Annahmen, auf die sich unsere Beweisführung stützte. Falls sie jedoch auftreten, ist das noch kein eigentlicher Beweis, aber unsere Hypothesen würden doch gefestigt sein. Die Voraussagbarkeit ist jedoch nicht der Hauptbestandteil der Wissenschaftstheorie. Das sieht man z. B. bei der Theorie der Evolution: dort spielt die Voraussagbarkeit gar keine Rolle, sie stützt sich lediglich auf »relevante« Beobachtungen. Ähnliche »Beweis«-Kriterien finden sich in anderen Wissenschaften, besonders solchen mit Zeit- oder historischen Aspekten, wie etwa die zeitgebundenen geologischen Prozesse. Auch hier haben gewisse Beobachtungen zu Theorien geführt, die sich auf eine Art Rekonstruktion der Entwicklung stützten. Es sind *Prozeß-Theorien,* die ihrerseits wieder zu Beobachtungen geführt haben, die nur mit ihnen und keinen anderen Theorien im Einklang stehen. Ähnliche Bedingungen herrschen in der psychoanalytischen Theorie.

Unsere Anschauungen von Wissenschaftlichkeit sind unbestreitbar voreingenommen, und zwar als Folge des historischen Primates der physikalischen Naturwissenschaften. Inzwischen stehen wir aber vor der Tatsache, daß auch die modernen Physiker herausgefunden haben, daß zumindest einige ihrer Gesetze nicht invariabel sind: Voraussagen sind nur annäherungsweise gültig; manche Beobachtungen lassen sich nicht durchführen; manche Hypothesen können nicht mit absoluter Sicherheit experimentell bewiesen werden. Es wird zwar allgemein angenommen, aber es stimmt nicht in allen Fällen, daß einheitliche Phänomene absolute Konstanten besitzen, die bis zu jedem gewünschten Genauigkeitsgrad nachgemessen werden können. Die Biologie weiß seit langem um diesen Tatbestand, ohne ihn als Gegenbeweis gegen die in der Natur herrschende Kausalität und Ordnung zu betrachten (Simpson, 1963). Es geschah aus diesem Grunde, daß ich aus dem Beweismaterial dasjenige herausgehoben habe, was für die Wissenschaftlichkeit der Psychoanalyse im Zusammenhang mit einer Definition von Wissenschaft spricht, die nicht »auf gebrauchsfertige Methoden, die sich nur in ganz bestimmten Fällen anwenden lassen« (Simpson, a.a.O.), beschränkt ist. Wenn man die Psychoanalyse unter den Gesichtspunkten betrachtet, die ich vorgetragen habe (man könnte noch andere anführen), so ist sie als Zweig der Naturwissenschaft qualifiziert.

Und dennoch wird dies von einer Anzahl von Psychoanalytikern angezweifelt.

So ist vor allem das Problem der »unobjektiven« Methoden der Psychoanalyse diskutiert worden. Ein wohlwollender, gut beobachtender Nicht-Analytiker unter den Kritikern, Alan Gregg (1953), stellte fest, daß »in der psychoanalytischen Forschung die Befunde inniger mit dem Beobachter selbst zusammenhängen als in jedem anderen Wissenschaftsgebiet. Dies macht sie nicht schon ipso facto weniger zuverlässig, aber es macht sie doch weniger leicht verifizierbar und Einschränkungen und Abwertung zugänglicher.« John Benjamin (1961) hat Ähnliches ausgesprochen: »Eine selbstgewonnene Überzeugung, die sich auf private oder halb-private Deutungen von Erfahrungsmaterial stützt, kann sehr wohl falsch sein, und zwar wegen der Grenzen des menschlichen Intellekts, wenn er ohne die Hilfe mühsam erlernter Methoden, wie man Fehlschlüsse vermeiden kann, mit den Fakten umgeht.« Immerhin hat »selbstgewonnene« Erfahrung mit der Psychoanalyse Benjamin zu dem Urteil geführt, daß derartige Überzeugungen sich auch oft als nachweislich richtig erwiesen haben.

Natürlich wissen wir Analytiker etwas von den Faktoren der Gegenübertragung, die unsere Fähigkeit zur Beobachtung einschränken können und zu Lücken und Entstellungen der Erinnerung beitragen; wir haben erkannt, welche Fehler sich dadurch in das grundlegende psychoanalytische Material einschleichen können. Die psychoanalytische Theorie und Technik enthält aber in sich schon ein gewisses Korrektiv dagegen. Jedoch sind verschiedene technische Verfahrensweisen vorgeschlagen worden und einige werden in der Tat angewandt, in der Hoffnung, durch sie die psychoanalytische Methode »objektivieren« und ihre Beobachtungen »aus erster Hand« verbessern zu können (Carmichael, 1956, Renneker, 1960, Shakow, 1960). Aber damit wird wieder eine neue psychologische Variable eingeführt, die das Wesen der psychoanalytischen Situation und dadurch das Beobachtungsfeld verändert. Diese objektivierenden Techniken bedienen sich eines menschlichen oder apparativen Aufzeichners, und dadurch wird das Grundprinzip der psychoanalytischen Situation verändert, nämlich die Abhängigkeit der Übertragung von der ungestörten Intimität der Zweierbeziehung. Und ferner sind auch diese technischen Methoden ebensowenig wie der Psychoanalytiker selbst immun gegen das, was Kubie (1953) die Täuschungsneigung des Menschen genannt hat, wo er als Instrument gebraucht wird. Filme, Tonaufnahmen und Bandniederschriften können sich selbst nicht deuten. Auch sie müssen wieder »beobachtet« werden, und diese Beobachtungen sind dann mindestens einen Schritt weiter von den Direkt-Beobachtungen, die die eigentliche Aufgabe des Psychoanalytikers sind, entfernt.

Das Problem der Objektivität ist alt und stellt sich immer neu. Claude Bernard (1927) verglich den Experimentator, den Scholastiker und den Metaphysiker und zog den Schluß, daß »alle den gleichen inneren Gesetzen des Menschen unterworfen, alle von den gleichen Affekten, Vorurteilen und Vorlieben geplagt sind, welche gleichermaßen im Philosophen wie im Naturwissenschaftler wirksam sind«. Sehr viel später sprach Richard Tolman (1943), der große Physiker, von »der Wirkung persönlicher Voreingenommenheit auf die Ergebnisse« und verwies auf die Tatsache, daß der Wissenschaftler »sich sein Problem aussucht, nicht um Resultate zu erzielen ..., sondern um seine eigenen, subjektiven Bedürfnisse zu befriedigen«. Tolman gibt zu, daß »das objektiv Gültige letzten Endes abstrahiert ist aus der Überfülle subjektiver Erfahrungen, in welche der Naturwissenschaftler ebenso wie alle anderen Menschen verwickelt ist«.

Hier scheinen wir in einem Teufelskreis gefangen. Offenbar muß nicht nur der Psychoanalytiker Korrekturmaßnahmen zur Erreichung wirklicher Objektivität in seiner Arbeit einbauen. Wenn Claude Bernard und Tolman und andere recht haben mit ihrem Urteil über die Fehlbarkeit der Menschen bei der Bedienung wissenschaftlicher Instrumente, dann sind auch die »objektiven« Erforscher der Psychoanalyse gerechterweise einer objektivierenden Durchleuchtung zu unterwerfen. Paradoxerweise kann dies wiederum nur mit der gleichen Methode geschehen, deren Mangel an Objektivität korrigiert werden soll. Wie kann man die Subjektivität »objektiver« Untersucher der Psychoanalyse eichen, ohne das Instrumentarium des fehlbaren Psychoanalytikers zu verwenden?

Wir wollen nun den interdisziplinären Zusammenhang betrachten. Die Psychoanalyse sah sich schon lange als Teil dieses Ganzen, ehe andere mit dem Menschen befaßte Wissenschaften sich dafür interessierten. Ob es nun biologische Impulse, von welcher Quelle auch immer, oder Reize aus der Umwelt, von welcher Stärke auch immer, sind, sie erwecken eine unbewußte Resonanz im Es; dieses drängt unter der Steuerung durch Ich und Über-Ich zur Entladung in Handlung. Man könnte also sagen, daß alles Verhalten unter allen Gegebenheiten rechtens den Psychoanalytiker angeht (Glover, 1954). So konnten die Psychoanalytiker die Berührungspunkte ihrer Wissenschaft mit der akademischen Psychologie, Pädagogik, Soziologie und Anthropologie, Biologie und Medizin nicht leugnen und taten es auch nicht. Es gibt aber eine andere Seite des Problems, auf die ich jetzt eingehen möchte: es steckt im *Erfolg* der Psychoanalyse, in der erfolgreichen Art, mit der sie auf alle die genannten Wissenschaften einen zwingenden Einfluß ausübte – einschließlich Psychiatrie und einige geisteswissenschaftliche Fächer.

Die Psychoanalyse findet sich in einer geschichtlichen Epoche vor, die durch Angst gekennzeichnet ist. Die totalitären Strömungen unserer Zeit dringen von den verschiedensten Seiten auf uns ein (Bettelheim, 1963). Wir selbst ängstigen uns vor dem, was ich den »grausamen Roboter« des Unbewußten genannt habe (Gitelson, 1962), den wir mit scheinbar unerbittlicher Gewalt in der Welt um uns her tätig sehen. Vielleicht das schlagendste Beispiel dieser Wirklichkeit, die unsere frei flottierende Angst erregt, sind die Rechenmaschinen, welche die Kybernetik, die neueste der angewandten Naturwissenschaften, hervorgebracht hat. Norbert Wiener (1949) sagte von diesen Maschinen, ihre Aura des Unheimlichen stehe mit der Tatsache in Verbindung, daß wir eine echte Gefahr in ihnen wittern. Denn »solche Maschinen ... können von Menschen benutzt werden, um ihre Herrschaft über den Rest der Menschheit zu befestigen; oder politische Führer können versuchen, ihre Völker damit zu kontrollieren ... mittels politischer Techniken, die so engmaschig und allem Menschlichen so fremd sind« wie diese Maschinen selbst. Neben diesen aus der Gesellschaftssituation stammenden Angstquellen besteht die intra-psychische Angst einer ungeschützten Isoliertheit. Diese spiegelt sich in den politischen Aspekten der sozialen Lage in der Tendenz, durch Teilnahme an Massenbewegungen und in gerade populären Vereinigungen Schutz zu suchen. Für den Psychoanalytiker sind diese Folgen die gleichen, nur sind sie subtiler.

Mir scheint, daß wir Analytiker in der Versuchung stehen, vor der Einzigartigkeit und Isoliertheit, die unsere Arbeit kennzeichnet, zurückzuscheuen. Daneben verstärkt die soziale Situation, die ich eben geschildert habe, das Verlangen nach Kontakt und Sicherheit.

Die interdisziplinäre Kontaktsuche scheint mir zu einem bedeutenden Teil darauf zurückzugehen. Es kann sein, daß diese interdisziplinäre Idee eine Rationalisierung darstellt. Was sich als Technik zur Erforschung des sinnvollen Platzes der Psychoanalyse unter den anderen Wissenschaften vom Menschen präsentiert, hat die Funktion eines Heilmittels gegen unbewußte Störungen, die aus sozialer Angst stammen. Als solche ist die Idee eine Verschmelzungsphantasie.

Die Psychoanalyse sei, so haben wir oft gehört, nicht objektiv genug, und dem soll dadurch abgeholfen werden, daß sie mit anderen Wissenschaften vom Menschen kooperiert. Man hat also die Vorstellung des Zusammenarbeitens, des Vergleichs der psychoanalytischen Methode, Theorie und Ergebnisse mit anderen Methoden, Theorien und Ergebnissen; aber der unbewußte Wunsch ist, glaube ich, in einem größeren Ganzen aufzugehen. Aber zu welchem Preis für die Psychoanalyse? Bestimmt einem höheren, als der Ertrag wert wäre. Ohne die Notwendigkeit und auch Möglichkeit abzuleugnen, daß unsere Methode und die logische Struktur unserer Theorie, die wir davon ableiten, noch verfeinert werden könnten, bin ich doch der Meinung, daß die interdisziplinäre Kooperation in ihrer gegenwärtigen Form zu oft nur eine Verwässerung, wenn nicht ein völliges Aufgeben der wichtigsten Grundsätze und den Verlust der eigentlich funktionalen Identität der Psychoanalyse bedeutet hat. Diese Identität leitet sich von dem im Mittelpunkt stehenden Begriff des *Unbewußten* her, und gerade dieser Begriff wird nebelhaft und vom sogenannten Vorbewußten ununterscheidbar, und in Extremfällen verschwindet er ganz in irgendeiner Form zweckbestimmter Reflextheorie.

Die soeben beschriebene Tendenz ist also eine Reaktion auf den aus der Angst geborenen Wunsch, sich der großen Herde anzuschließen; und diese Tendenz wird dann noch durch Mobilisierung eines Intellektualismus gestützt, der der Abwehr dient (Gitelson, 1944).

Analytiker vergessen zu leicht den unglaublichen Sprung vorwärts, den der Durchbruch ins Unbewußte für unser Wissen von der Natur des Menschen bedeutete. Manche fühlen sich durch die Tatsache irritiert, daß auf diesen großen Sprung nicht weitere gefolgt sind, daß die Entdeckungen der letzten fünfundzwanzig

Jahre mit denen des ersten Vierteljahrhunderts nicht zu vergleichen sind. Manche haben mit einer Art Überdruß reagiert – einer Art Kampfmüdigkeit, die den Sieg verdunkelt; andere entdecken Gründe, warum man das bereits Erreichte anzweifeln müsse, und fühlen sich gezwungen, sich nach Stützung umzusehen. Wir müssen erwägen, daß die gleichen angsterweckenden sozialen Faktoren, welche Phantasien nackter Destruktivität wiederbeleben, auch die Suche nach Unterstützung von etwas auslösen, was wie das Mißlingen von Verdrängung aussieht. Unbeschadet der logischen Überlegung, die Psychoanalyse sei mindestens eine der Hauptwurzeln der ihr am nächsten benachbarten Wissenschaften, muß man auch daran denken, daß die Art und Weise, wie diese Kontakte und Kooperationen mit den Nachbarn gepflogen werden, eine intellektuelle Flucht vor dem Unbewußten darstellen kann.

Die soeben erörterten Probleme existieren innerhalb der psychoanalytischen Gruppe. Man findet sie bei Psychoanalytikern, die trotz der Angst, welche reaktiv zu Zweifeln und Unzufriedenheit führt, der allgemeinen Richtung der Psychoanalyse noch folgen (Gitelson, 1956). Meine Darstellung wäre jedoch unvollständig, wenn ich nicht auch der Entwicklungen gedächte, die man zwar noch als zur Psychoanalyse gehörig betrachtete, die jedoch in wichtigen Hinsichten von ihr abweichen. Damit meine ich die kulturellen, die interpersonalen, die biodynamischen und die Anpassungs-Theorien. Auch wenn man einräumt, daß damit immerhin noch Ansichten einiger Psychoanalytiker gemeint sind, die Gruppe als ganze ist als »Neo-Psychoanalyse« bekannt. Alle diese Theorien haben eines gemeinsam: Die Veränderungen, die sie am Konzept des Unbewußten vornehmen. Obwohl eine gewisse Anerkennung der unbewußten Phänomene in verschiedener Form fortdauert, wird diese zentrale Idee der psychoanalytischen Psychologie am stärksten in Mitleidenschaft gezogen.

Es ist klar genug, wie sich dies in den Theorien, die auf der einen oder anderen Form der Beeinflussung durch die Umwelt beruhen, vollzogen hat. Sie ignorieren die Tatsache, daß die Kultur, sowohl in ihrer zwischenmenschlichen als auch in ihren gesamtgesellschaftlichen Aspekten, durch die bewußte Wahrnehmung hindurch ins Unbewußte reicht und seine Kräfte mobilisiert. Subtiler und manchmal weniger leicht zu erkennen ist dieser Wandel in den

Theorien, die, ausgehend von Freuds biologischer Ausrichtung, zur Psychologisierung der Konstitution, Physiologie und Reflexologie gelangen und schließlich Tierexperimente als Beweismaterial für die Humanpsychologie heranziehen. In diesem Zusammenhang wird das, was wir als die dynamische Psychologie der Psychoanalyse kennen, dann identisch mit unter der Bewußtseinsschwelle liegenden somatischen Zuständen, die in Wahrheit zur inneren Umwelt des Es gehören (Glover, 1956).

Eine weitere Schwierigkeit bei den auf Umwelteinflüssen und auf der Konstitution basierenden psychologischen Systemen, die sich als Alternativen der Psychoanalyse entwickelt haben, ist die Tatsache, daß auch sie auf »Meinungen« beruhen, um Benjamins Terminus zu verwenden. Als solche sind sie nach den klassischen Forschungsrichtlinien ebensowenig beweisbar wie die Psychoanalyse (Waelder, 1963, Zetzel, 1963). Nicht daß etwas dagegen einzuwenden ist, wenn Tests, die aus benachbarten Wissenschaften stammen, auf psychoanalytische Beobachtungen und Folgerungen angewandt werden. Das ist doch aber nicht dasselbe wie die Ersetzung einer brauchbaren Theorie durch eine andere. »Meinungen bleiben Meinungen, ob sie positiv oder negativ sind.« (Benjamin, 1961) Und der »Test« einer jeglichen Überzeugung, die man »psychoanalytisch« nennt, ruht in der psychoanalytischen Situation. Natürlich muß der Psychoanalytiker auch Umwelt- und körperliche Faktoren beachten; er muß sogar sehr viel darüber wissen, um ihren Einfluß auf das Es beurteilen zu können, und dadurch auf das Ich und Über-Ich. Aber sie sind nicht der eigentliche Gegenstand der psychoanalytischen Forschung, gehören nicht zum psychischen System, auf das unser Interesse konzentriert ist.

Es ist jetzt noch ein Wort zu den Bezeichnungen »dynamische Psychiatrie« und »dynamische Psychotherapie« zu sagen (Benjamin, 1961, Gitelson, 1951). Beide nahmen ihren Anfang in den Vereinigten Staaten. Die historischen und sozialen Fakten, von denen sie ausgehen, haben eine echte Gültigkeit und appellieren an unsere Menschlichkeit. Das Problem liegt darin, daß ihre Entwicklung auch zu den Veränderungen beigetragen hat, die in der Psychoanalyse vor sich gehen.

Die dynamische Psychiatrie ist eine Mischung der Psycho-Biologie von Meyer, pädagogischer und Sozial-Psychologie und der amerikanischen Kulturwerte, dem allen dann die psychoanalytische Persönlichkeitstheorie hinzugeführt wurde. »Unbewußte Motivationen« und die klassischen Sätze über die »psychosexuelle Entwicklung« werden vorausgesetzt. Bei den Eingeweihteren unter ihren Vertretern werden auch die sogenannten »Dynamismen« geschätzt. Diese Elemente werden bei der Behandlung von Geisteskrankheiten eklektisch kombiniert. Die dynamische Psychotherapie dagegen ist weniger eklektisch. Sie ist in der Tat eine stark modifizierte Ableitung der Psychoanalyse mit beschränkten therapeutischen Zielen. Im besten Falle kann sie sehr gut sein; nicht selten ist sie jedoch einfach »wilde« Analyse.

In keiner dieser Entwicklungen kann man die Möglichkeit zu disziplinierter wissenschaftlicher Methodik erkennen. Beide hängen zum großen Teil von der Kunstfertigkeit des Behandlers ab. In keiner finden wir das Format sich selbst testender Wiederholbarkeit der Beobachtungen aus erster Hand. Beide ermangeln einer echten wissenschaftlichen Theorie: Die erstere ist eine pragmatische Mischung verschiedener klinischer Ideen; die zweite ist die klinische Anwendung der psychoanalytischen Theorie, die sie überhaupt erst ermöglichte. Dazu muß selbst gute »analytisch orientierte« Psychotherapie aus Gründen ihrer Technik von dem Grundsatz ausgehen, die »unbewußte Motivation« sei in Wirklichkeit vorbewußt. Ferner setzt sie eine Skala flexibler Anpassungen an die sogenannten »Bedürfnisse« des Patienten voraus – die oft nur Wünsche sind –, wodurch das Beobachtungsfeld externalisierter Manifestationen des Innerseelischen verwandelt wird in ein sozial zwischenmenschliches Feld. Dies soll keine Kritik an gültigen und oft sehr erfolgreichen psychologischen Interventionen sein. Ich möchte jedoch betonen, daß Psychoanalytiker, die sich stark in diese nützliche therapeutische Tätigkeit einlassen, gelegentlich den Blick für den Unterschied ihrer Arbeit von der eigentlichen psychoanalytischen Situation verlieren, deren Prüfstein das ständige Operieren mit dem dynamischen Unbewußten und den Widerständen dagegen ist. Die notwendige und unvermeidliche »Flexibilität« und die begrenzten Zielsetzungen der Psychotherapie führen zu einem Abschirmen gegen das Unbewußte, so daß die relevanten Beobachtungen und Hypothesen der Psychoanalyse verloren werden.

Es sei eine weitere unbewußte Rückwirkung der Angst unserer

Zeit erwähnt, die zu noch anderen alloplastischen Erscheinungen unter Psychoanalytikern geführt hat. Jeder erinnert sich noch der Angst und Schuldgefühle, mit welchen die Physiker auf die Herstellung der ersten Atombombe reagierten. In der Fortsetzung dieser Reaktion ist es bekanntlich zu einer großartigen Mobilisierung des sozialen Bewußtseins der Wissenschaftler gekommen. Wir kennen noch zwei weitere Folgen: die moralische Rekrutierung einiger Wissenschaftler im Dienste der Kräfte, die freigesetzt worden waren [1], und das Überschattetwerden der reinen Forschung durch eine massive Konzentrierung auf die technologische Anwendung ihrer Ergebnisse. Es kann hier nicht versucht werden, die psychologischen Verwurzelungen dieser Konsequenzen zu verfolgen. Für unsere Zwecke muß es genügen zu sagen, daß in diesem Stand der Dinge ein Grundbedürfnis erkannt werden könnte, das den Menschen dazu treibt, Passivität durch Aktivität zu ersetzen. Kein Analytiker wird die anpassungsmäßige Nützlichkeit dieses Dranges übersehen noch auch den ethischen Wert seiner Rolle in den altruistischen Seiten der menschlichen Natur anzweifeln. Aber ebenso wenig können wir seine aggressiv-defensiven Aspekte übersehen, sobald Angst auftritt. Dann tritt der Drang ein, »etwas zu tun«.

Als ich mich einmal bei einem meiner ersten Patienten besonders aktiv verhielt, sagte einer meiner Lehrer zu mir: »Wissen Sie, wenn in einem Zimmer zwei Leute sind, von denen der eine Angst hat oder verzweifelt ist, dann hilft es schon sehr, wenn es der andere nicht auch ist.« [2] Ich meine, das ist ein Rat, der sich nicht nur für die psychoanalytische Situation, sondern auch für die größere Bühne bewähren könnte, auf der sich die Analytiker heute befinden. Als verantwortungsbewußte Glieder der Gesellschaft haben wir allen Grund, uns um die Ereignisse unserer Zeit zu sorgen und mit Aufbietung aller unserer Geisteskräfte sie zu erkennen zu versuchen. Das Problem liegt darin, zwischen dieser Pflicht und unserer Identität als Psychoanalytiker zu unterscheiden. Mir scheint die Neigung vorhanden zu sein, von der fachlich kompetenten Ausübung unserer Berufs- und spezifisch wissenschaftlichen Rollen überzugehen zur aktiven Bekämpfung der eigenen Angst durch Aktivität, und zwar mit Hilfe einiger dieser aktiven Anwendungsformen, in welche die Analyse unter Beibehaltung ihres Namens abgewandelt wurde.

Ich hoffe, ich habe nun klargemacht, was ich meinte, als ich zu Beginn ein »Bescheidenheits-Komitee« vorschlug. Es ist in Wirklichkeit ein Komitee der Selbstachtung. Dies ist ein unverlangter Rat, wie jeder Ratschlag, wenn die Grund-Probleme in jedem von uns unbewußt sind. Im Gange meiner Darstellung habe ich mehrmals auf die tieferliegenden psychischen Faktoren angespielt. Ich muß aber wohl noch etwas mehr über sie sagen.

Wer die Psychoanalyse ernst nimmt, gewinnt aus ihr Befriedigungen, wie sie sich bei jeder schöpferischen Arbeit einstellen. Er unterliegt aber auch unvergleichbaren Belastungen, die ihre spezifischen Wirkungen auf ihn ausüben (Grinberg, 1960). Das Problem der seelischen Hygiene für Psychoanalytiker ist noch nicht gelöst und kann vielleicht nie voll gelöst werden, trotz der Lehranalyse, die den Grund dafür legen soll und oft auch legt. Die psychoanalytische Praxis ist ein einsames Unternehmen. Es gibt vielleicht nichts, was die Fähigkeit, allein sein zu können, stärker beansprucht als sie. Die drastische Reduzierung in der allseitigen Kommunikation fördert eine Regression, die über das hinausgeht, was technisch im Dienste des analysierenden Ichs nützlich wäre. Infantile Quellen des Reizhungers werden wiederbelebt; das Bedürfnis nach »narzißtischer Zufuhr« wird erregt, der kompensatorische Wunsch nach Teilnahme und aktiver Beherrschung der äußeren Welt wird intensiviert. Das analysierende Eintauchen in das Unbewußte erzeugt eine Art agoraphobischer Vereinsamung, die den Analytiker drängt, irgendwo einen geschützten gemeinsamen Ort mit anderen zu teilen. Wenn man dazu noch die Schuldgefühle und Enttäuschungen rechnet, die sich aus den therapeutischen Schwierigkeiten ergeben, so wäre es ein Wunder, wenn der Psychoanalytiker nie unter Resignation, Bedürfnis nach Anerkennung, nach konventioneller wissenschaftlicher Verbrüderung, nach Sicherheit in allgemein anerkannten Regeln und Methoden litte.

Solche Elemente in der Emotionalität des Analytikers variieren natürlich nach Grad und Auswirkung. Gelegentlich kann das eine, dann wieder das andere hervortreten; im großen ganzen kann ein relatives Gleichgewicht bestehen, weil der Psychoanalytiker sich nun einmal für diese Laufbahn entschlossen hat, eine ursprüngliche Fähigkeit zu fortgesetzter Eigenanalyse besitzt, sein Privatleben, seine Kontakte mit Kollegen und Fachvereinigungen, seine sozialen und kulturellen Interessen libidinös besetzt sind. Wenn aber dieses Gleichgewicht bedroht ist, so erhebt sich ein Bedürfnis, es wieder herzustellen. Eine der Manifestationen dieses Bedürfnisses kann dann ein Wechsel in der Richtung der psychoanalytischen Laufbahn sein.

Die hier versuchte Kritik soll jedoch nicht den Eindruck hinterlassen, daß empfohlen wird, am Status quo festzuhalten. Die Selbstachtung, von der ich sprach, liegt in der Sicherheit, daß wir die unserer Wissenschaft innewohnenden Möglichkeiten und Grenzen kennen und bejahen. Das bedeutet das sich Offen-Halten für die Möglichkeiten der Umwelt, zugleich aber das Wissen um ihre Unvereinbarkeiten. Es geht um ein Gleichgewicht zwischen Im-Fluß-Sein und Beharren, zwischen der historisch gewordenen Identität und der Fähigkeit, die Veränderungen der Entwicklung zu ertragen. Es ist die Fähigkeit gemeint, allein zu stehen und doch mit anderen kooperieren zu können. Schließlich die Fähigkeit, Unsicherheit zu ertragen und abzuwarten, statt nach omnipotenten Lösungen zu suchen. Kurz, Selbstachtung ist die Reife, die wir für uns selbst anstreben und bei unseren Patienten willkommen heißen. Aber wir wissen, daß diese Errungenschaften relativ sind. Dasselbe kann für unsere erweiterte Rolle als psychoanalytische Lehrer, Erzieher und Forscher gesagt werden. Es gibt Dinge, die wir in uns selbst überwachen müssen.

Es sind in den letzten Jahren Anfänge gemacht worden. Auf wissenschaftlichem Gebiet haben wir begonnen, die logischen Lükken in unserer Theorie, die Notwendigkeit besserer Systematisierung und die semantischen Konfusionen ins Auge zu fassen (Rapaport, 1960). Im Bereich der Erziehung beginnen wir, an die Unvereinbarkeiten unserer Ausbildungsmaßnahmen mit unserer Theorie und den klinischen Grundsätzen zu denken, die von ihr abgeleitet sind (Lewin und Ross, 1960). Diese Entwicklungen bezeugen eine Selbstkritik, die dafür spricht, daß wir uns bewußt sind, welche Fragen gestellt und welche Antworten gefunden werden müssen. Diese Fragen gehören unserem besonderen Interessengebiet an, und so müssen auch die Antworten in diesem Kontext gefunden werden.

Andererseits gibt es Aspekte unserer Situation, die sich mit diesen Entwicklungen nicht vereinbaren lassen. Sie entspringen aus individuellen Ursachen, vereinigen sich aber zu einem generellen Effekt.

Sobald wir uns in andere Gebiete hinauswagen, neigen wir dazu, jenseits der Grenzen unseres sicheren Wissens in diese Gebiete zu extrapolieren. Als Lehrer haben wir die Tendenz, autoritär und paternalistisch zu sein, obwohl wir uns Bescheidenheit und eine Haltung des Probierens durchaus leisten könnten. Als Lehranalytiker haben wir Schwierigkeiten, solche anteilnehmende Beteiligung an der Laufbahn unserer Analysanden zu vermeiden, die der Lösung der Übertragungsneurose schädlich sind. Eine fortbestehende Ambivalenz mag daher zu passiver Ergebung des Kandidaten in die Psychoanalyse oder aber zur Rebellion führen, und manchmal zur auffälligen Abwendung von unserem Gebiet.

Über diese Dinge wäre noch viel zu sagen, und wir sollten uns vornehmen, das Gespräch fortzusetzen. Für heute will ich mit einer Wiederholung der Schlußbemerkung in meiner Mitteilung im Herbst 1962 schließen (Gitelson, 1962): Jeder von uns hat Grund zur unendlichen Selbstanalyse, nicht nur als einzelner, sondern wir alle in unserer Funktion als Glieder von Gruppen, die für die Weitergabe der von Freud empfangenen Fackel der Selbsterkenntnis verantwortlich sind.

Anmerkungen

1 Siehe z. B. die Veröffentlichungen und Äußerungen von Herman Kahn und Edward Teller.

2 Lionel Blitzsten (1893–1952), erster Chicagoer Psychoanalytiker und Lehrer vieler führender amerikanischer Analytiker. Nachruf im *Journal of the American Psychoanalytic Association 1*, 1953.

Bibliographie

Alexander, F. und Ross, H. (Hrsg.) (1953): *Twenty Years of Psychoanalysis*, New York (W. W. Norton).

Benjamin, J. D. (1961): »Knowledge, Conviction and Ignorance«, *Journal of Medical Education 36*.

Bernard, C. (1927): *An Introduction to the Study of Experimental Medicine*, New York (Macmillan); zit. n. Kubie (1953).

Bettelheim, B. (1963): »Eichmann, the System, the Victims«, (Besprechung des Buches *Eichmann in Jerusalem* von Hannah Arendt), *The New Republic*, 15. Juni 1963.

Carmichael, H. T. (1956): »Sound Film Recording of Psychoanalytic Therapy«, *Journal of the Iowa State Medical Society 46*, S. 590–595.

Conant, J. B. (1947): *On Understanding Science,* New Haven (Yale University Press).

Gitelson, M. (1944): »Intellectuality in the Defense Transference«, *Psychiatry 7,* S. 73–86.

– (1951): »Psychoanalysis and Dynamic Psychiatry«, *American Medical Association, Archives of Neurology and Psychiatry 66,* S. 280–288.

– (1956): »Psychoanalyst, USA, 1955«, *American Journal of Psychiatry 112,* S. 700–705.

– (1962a): »Communication from the President about the Neoanalytic Movement«, *120. Bulletin of the International Psychoanalytic Association,* Beiheft des *International Journal of Psychoanalysis 43.*

– (1962b): »Curative Psychoanalysis«, *International Journal of Psychoanalysis 43,* S. 194–205.

Glover, E. (1954): »The Frontiers of Psychoanalysis«, in: *On the Early Development of Mind,* New York 1956 (International Universities Press).

Gregg, A. (1953): »The Place of Psychoanalysis in Medicine«, in: Alexander und Ross (1953).

Grinberg, L. (1960): »Relations between Psychoanalysts«, unveröffentlichter Vortrag auf dem *Dritten Lateinamerikanischen Psychoanalytischen Kongreß,* Santiago de Chile.

Kubie, L. S. (1953): »Psychoanalysis as a Basic Science«, in: Alexander und Ross (1953).

Lewin, B. D. und H. Ross (1960): *Psychoanalytic Education in the United States,* New York (W. W. Norton).

Rapaport, D. (1960): *The Structure of Psychoanalytic Theory – A systematizing Attempt, Psychological Issues* Vol. 2, Nr. 2, Monograph Nr. 6. (Deutsch: *Die Struktur der psychoanalytischen Theorie,* Stuttgart 1961, Klett).

Renneker, R. E. (1960): »Microscopic Analysis of Sound Tape«, *Psychiatry 23,* S. 347–355.

Shakow, D. (1960): »The recorded Psychoanalytic Interview as an objective Approach to Research in Psychoanalysis«, *Psychoanalytic Quarterly 29,* S. 82–97.

Simpson, G. G. (1963): »Biology and the Nature of Science«, *Science 139,* S. 81–88.

Tolman, R. C. (1943): »Physical Science and Philosophy«, *Scientific Monthly 57,* S. 166–174, zit. n. Kubie (1953).

Waelder, R. (1963): »Historical Fiction (a Critique of Erich Fromm et al.)«, *Journal of the American Psychoanalytic Association 11,* S. 628 bis 651.

Wiener, N. (1949): *Cybernetics, or Control and Communication in the Animal and the Machine,* New York (John Wiley).

Zetzel, E. R. (1963): »The Significance of the Adaptive Hypothesis for Psychoanalytic Theory and Practice«, *Journal of the American Psychoanalytic Association 11,* S. 652–660.

Isidore Ziferstein

Der Psychoanalytiker vor den Problemen der Gesellschaft*

Übersicht: Ziferstein beklagt den stoischen Rückzug der Psychoanalytiker auf ihre Privatpraxis inmitten einer Gesellschaft, die unter der Drohung gewaltiger innerer und äußerer politischer Explosionen steht. Er verwirft die üblicherweise zugunsten des Nicht-Engagements vorgebrachten Argumente (Wahrung der wissenschaftlichen Objektivität, Wahrung des analytischen Inkognitos, Gefahr der Ablenkung von der Konzentration auf intrapsychische Prozesse) als Rationalisierungen und verweist auf die Tradition der streitbaren Psychoanalyse zur Zeit von Freud. Er vermerkt, daß bei der Aufrechterhaltung des Status quo zwischen Herrschenden und Beherrschten sozialpsychologische Mechanismen eine entscheidende Rolle spielen, zu deren Außerkraftsetzung Psychoanalytiker einen wichtigen Beitrag leisten könnten. Abschließend werden Beispiele einer berufsspezifischen politischen Praxis im Umkreis der American Psychiatric Association vorgeführt.

Die Frage, ob der Psychiater sich mit den brennenden sozio-ökonomischen und politischen Problemen der Zeit beschäftigen solle, war in den letzten Jahren Gegenstand der Auseinandersetzung. Einige Psychiater vertreten die Ansicht, daß die amerikanische Psychiatrie sich in derartigen Streitfragen ihrer Tradition entsprechend neutral verhalten solle, besonders dann, wenn es sich um öffentlich ausgetragene Kontroversen handele.

Diese Einstellung stimmt mit den historischen Tatsachen jedoch nicht überein. Tatsächlich besitzt die amerikanische Psychiatrie eine gewichtige Tradition aktiver Teilnahme an öffentlichen Angelegenheiten.

Einer der ersten Verfechter aktiver Teilnahme am öffentlichen Geschehen war im Bereich der Humanwissenschaften der Psycho-

---

* Erstmals deutsch erschienen in *Psyche* (Jg. 24), 1970, S. 541–552. Aus dem Amerikanischen von Manfred Schneider. Abdruck der Übersetzung mit freundlicher Genehmigung des Klett Verlags.

analytiker William C. Menninger. Er erklärte bereits 1947: »Für uns als eine Gruppe wissenschaftlicher Experten, die am besonderen Modus des menschlichen Denkens, Empfindens und Verhaltens interessiert sind, kann man logischerweise voraussetzen, daß diese sozialen Krankheiten (rassische und religiöse Vorurteile und Diskriminierung, erzwungene Arbeitslosigkeit, schlechte Wohnverhältnisse, Streiks, politische Korruption, private Rackets und unsere dürftigen internationalen Beziehungen) ein besonderes Anliegen sind.«

Menninger fordert die Humanwissenschaftler auf, »die Verantwortung für die Beseitigung sogenannter gesellschaftlicher Neurosen« zu übernehmen, »die eine so große Gefahr für unsere Patienten, unsere Familien und uns selbst bedeuten« (1947).

Kürzlich stellte Henry W. Brosin in seiner Eigenschaft als Präsident der *American Psychiatric Association* fest, daß er und die APA »den Auftrag« Menningers verstanden haben. In einer Ansprache an das Mental Hospital Institute sagt Brosin:

»Obwohl die meisten von uns Medizinern es vorziehen würden, nicht in aktuelle politische und ökonomische Fragen hineingezogen zu werden, sehen wir jetzt, daß wir ihnen in der täglichen Berufspraxis nicht entgehen können. Es gibt kein Ausweichen. Wir haben keine andere Wahl, als die Tatsache zu akzeptieren, daß es weiterhin sozio-ökonomische und politische Veränderungen geben wird, die wir zum Nutzen unserer Patienten beeinflussen müssen. Das ist unser Ziel und unsere vornehmste Aufgabe« (1968).

Brosins Darstellung macht deutlich, daß für den Psychiater die aktive Teilnahme an den öffentlichen Dingen eine direkte Folge seiner berufsmäßigen Sorge um den Patienten ist. Wir Psychoanalytiker sind mit die letzten unter den Humanwissenschaftlern, die von dieser Entwicklung eingeholt werden. Dies ist deshalb der Fall, weil bis vor gar nicht langer Zeit die Mehrheit von uns vorwiegend in privater Praxis Patienten aus den oberen sozio-ökonomischen Schichten der Gesellschaft behandelte. Für diese Patienten sind Probleme wie Unterkunft, ausreichende Ernährung, ärztliche Versorgung, Rassendiskriminierung, Arbeitslosigkeit oder schlechte Arbeitsplätze keine aktuellen Probleme – sie werden davon nicht unmittelbar berührt. Bei manchen Patienten mögen sie in der Vergangenheit eine Rolle gespielt haben. Und sofern sie in der Behandlung zutage treten, können sie therapeutisch am ehesten als Übertragungsmaterial dienen, als neurotische Verschiebungen zurückliegender Begebenheiten auf die Gegenwart in Gestalt von Deckerinnerungen, Phantasien oder Träumen.

Die neuerlich zunehmende Betätigung von Psychoanalytikern auf verschiedenen Gebieten der Sozialpsychiatrie wird jedoch unweigerlich eine Änderung bringen. Die neue Art Patienten, denen wir entweder in direkter Behandlung oder als beratende Fachärzte gegenüberstehen werden, wird uns zwingen, diesen sozio-ökonomischen Fakten als Realitätsproblemen des Patienten ins Gesicht zu sehen. Und, wie Brosin sagt, »es gibt da kein Ausweichen«.

Hier haben wir es nun freilich mit einem *cultural lag*, einem Hinter-den-Aufgaben-Herhinken zu tun. Für Teilgebiete der Psychiatrie dauerte es zwanzig Jahre, bis sie das Niveau eines so fortschrittlichen Denkers wie William Menninger einzuholen vermochten.

Dieser Rückstand hängt im Falle der Psychoanalyse mit der Befürchtung zusammen, die aktive Beteiligung an gesellschaftlich prekären Streitfragen beeinträchtige unsere psychoanalytische Arbeit. Ähnliche Bedenken wurden in der Vergangenheit auch von anderen Vertretern der Humanwissenschaften wie der Wissenschaften allgemein geäußert. Man ist besorgt, daß gesellschaftliches Engagement jeder Art das Selbstverständnis des Wissenschaftlers als eines »reinen Wissenschaftlers« trüben und ihn der Objektivität berauben könnte, die die Grundlage jeder Wissenschaft ist.

Hinsichtlich unserer psychoanalytischen Wissenschaft und Therapie beziehen sich die Bedenken auf ganz spezifische Grundkonzepte. Man befürchtet, daß der Analytiker, sollte er wiederholt infolge seiner Teilnahme an sozio-ökonomischen und politischen Kontroversen ins Scheinwerferlicht öffentlicher Kritik geraten, »seinen Mantel persönlicher Unauffälligkeit bald verlieren würde. Da jedoch das analytische Inkognito für den analytischen Prozeß wichtig ist, sollte ein Patient so wenig wie möglich von seinem Analytiker wissen, weder seine Meinungen über Literatur und Kunst, noch seine Einstellung zu öffentlichen und privaten Problemen; eigentlich sollte ihm nichts anderes bekannt sein, als daß er ein echter Analytiker ist« (Kubie, 1950).

Ein Einwand lautet, daß der Analytiker wegen seiner jahrelangen, hochspezialisierten Ausbildung und Berufsarbeit oft nicht genug von den technischen Seiten sozialer, politischer, ökonomischer oder internationaler Politik verstehe, um aktiv Partei ergreifen zu können. Ferner wird vorgebracht, daß der Analytiker in seinem gesellschaftlichen Engagement die Autorität, die er seiner beruflichen Erfahrung verdanke, mißbrauchen und sich als Experte in Wissensgebieten aufspielen könne, von denen er wenig versteht. Eine letzte Befürchtung ist die, daß die Teilnahme an dramatischen öffentlichen Meinungskämpfen und Massenbewegungen den Analytiker von der mikroskopischen Innenwelt seines Patienten ablenken würde. Der politisch aktive Analytiker stehe also in Gefahr, seine Patienten zu vernachlässigen, ihnen nicht mehr genug Zeit zuzuwenden oder den Schwerpunkt seines Interesses in andere Richtungen zu verlagern.

Diese Einwände gegen das gesellschaftliche Engagement des Psychoanalytikers sind meines Erachtens unzutreffend. Es mag stimmen, daß der durchschnittliche Psychoanalytiker während seiner Ausbildung wenig oder keine Kenntnisse in anderen Lebens- und Wissensgebieten sammeln konnte, die ihm das nötige Verständnis für die Gesellschaft, in der er und seine Patienten leben, vermitteln würden. Wahrscheinlich trifft es zu, daß die meisten Psychoanalytiker bei der therapeutischen Arbeit mit den Patienten einseitig in deren intrapsychischem Leben befangen sind und sie dazu neigen, die auf den Patienten einwirkenden gesellschaftlichen Faktoren zu ignorieren oder zu bagatellisieren. Wenn dem so ist, sind wir schlechte Analytiker.

Aber Nichtwissen ist nicht unheilbar. Wenn wir unwissend sind, so haben wir doch die Intelligenz, uns zu informieren, und wir können die Energie und den Willen dazu aufbringen. Wir werden in der Fähigkeit, unseren Patienten zu helfen, nicht beeinträchtigt, wenn wir uns über gesellschaftliche Probleme und soziale Kräfte informieren. Ein besseres Verständnis der das Normensystem unserer Gesellschaft bedingenden Faktoren, der sozialen Klassenunterschiede, des Einflusses der klassenspezifischen Situation und gesellschaftlicher Mächte auf die Bildung des Ichs und Überichs des Patienten wird im Gegenteil dazu beitragen, daß wir als Psychoanalytiker erfolgreicher werden.

Die Befürchtung, das Engagement des Psychoanalytikers für

soziale Fragen schade seiner therapeutischen Arbeit, da es sein Inkognito aufhebt, ist sehr übertrieben. Moore und Fine (1967) stellen fest: »Ein Hauptgrund für die relative Anonymität des Analytikers während der Behandlung besteht darin, daß Unkenntnis über seine wahren Eigenschaften und sein persönliches Leben die Übertragung früher, aktualisierter Bilder der ehemaligen Bezugspersonen auf seine Person erleichtert.« Tatsächlich kann diese Übertragung dadurch verzerrt werden, daß der Patient gewisse Einzelheiten aus dem Privatleben des Analytikers ausfindig macht; z. B. daß er in Scheidung lebt, daß eines seiner Kinder wegen Besitzes von Marihuana verhaftet wurde, und dergleichen mehr (im kleinstadtähnlichen Beverly Hills oder in Los Angeles ist es nahezu unmöglich, das Durchsickern solcher Gerüchte im Patientenkreis zu verhindern). Zudem sind, wie Greenson aufzeigt, »viele Patienten hochgradig intuitiv und lesen bei der täglichen analytischen Arbeit eine ganze Menge Wissen über ihren Analytiker einfach auf. Früher oder später wissen alle Patienten tatsächlich ziemlich viel über ihren Analytiker« (1967).

Nach meinen Erfahrungen interessiert es den Patienten viel mehr, solche persönlichen Einzelheiten über seinen Analytiker herauszufinden, als dessen Meinung zu Kunst, Literatur, Religion oder gesellschaftlichen und politischen Probleme kennenzulernen. Kenntnisse über das Privatleben hemmen oder begünstigen spezifische Übertragungsmodi wesentlich stärker, als Informationen über die politische Haltung es vermöchten. Das *Committee for the Study of Social Issues* der American Psychoanalytic Association folgerte, daß »aktive Teilnahme (des Analytikers) an gesellschaftlichen Kontroversen dem Patienten lediglich Fakten oberflächlicher Natur enthüllt« (1951).

In diesem Zusammenhang wird die Anmerkung interessant, daß Freud und seine Schüler keine Bedenken hatten, Standpunkte zu beziehen; sie äußerten sich ziemlich spektakulär öffentlich zu so heiklen und strittigen Themen wie Religion (Freud, 1930), Sozialismus und Kommunismus (Freud, 1930), Krieg, Friede, Pazifismus (Freud, 1917, 1933), Gewerkschaftsbewegung (Federn; vgl. Dorn, 1966), Zionismus (Bernfeld; vgl. Dorn, 1966). Bernfeld und Simmel waren Mitglieder des *Vereins Sozialistischer Ärzte.* 1938 vertraten sie in einer von diesem Verein veranstalteten öffentlichen

Debatte in Berlin die Auffassung, daß Marxismus und Psychoanalyse nicht bloß miteinander vereinbar seien, sondern einander ergänzten (Jones, 1957).

Der Einwand, ein gesellschaftlich engagierter Psychoanalytiker könnte seine Patienten dadurch, daß er ihnen weniger Zeit widmet oder durch eine Verlagerung seines Interessenschwerpunktes benachteiligen, tut dem gesunden Menschenverstand wie der Integrität und Urteilsfähigkeit der meisten Psychoanalytiker unrecht. Ebensogut kann man behaupten, ein stark an seine Familie gebundener Analytiker oder einer, der in seiner Freizeit Orchideen züchtet, lasse seine Patienten zu kurz kommen, weil er »außeranalytische Interessen« hat.

Aus alledem folgere ich, daß (gute Urteilsfähigkeit vorausgesetzt) gesellschaftliches Engagement des Psychoanalytikers sein Vermögen, sich in seinem gewählten Beruf als Forscher und Therapeut schöpferisch einzusetzen, keinen Abbruch zu tun braucht.

Tatsächlich kann Engagement seine Perspektive erweitern, ihm über die Interaktion zwischen intra- und extrapsychischen Faktoren eine bessere Übersicht verschaffen – und so seine Effizienz als Therapeut steigern. Gesellschaftliches Engagement könnte dem Analytiker zu einer ausgeglicheneren Persönlichkeit verhelfen und so seine Fähigkeit erhöhen, mit den emotionalen Belastungen fertig zu werden, die ihm seine therapeutische Arbeit auferlegt.

Aber bedarf der demokratische Prozeß unserer Unterstützung und haben wir als Psychiater das Instrumentarium, eine solche Unterstützung – sofern erforderlich – zu leisten?

Jüngste politische Ereignisse zeigen deutlich, daß zweihundert Jahre nach der Verkündung der Unabhängigkeitserklärung und der Bill of Rights demokratische Entscheidungsprozesse in unserem Land schlecht funktionieren. So konnten wir beispielsweise im Herbst 1968 ein Wahlspektakel beobachten, bei welchem ein Mann zum Präsidenten gewählt wurde, weil die Mitglieder seiner Partei ihm und seinem Programm nicht ganz so gleichgültig gegenüberstanden wie die Mitglieder der gegnerischen Partei ihrem Kandidaten und seinem Programm.

Wir erlebten und erlitten zwei Nominierungsversammlungen der beiden führenden Parteien, bei denen beidemal potentielle Kandidaten, die die Mehrheit des Parteivolkes auf ihrer Seite hatten, nicht die mindeste Chance der Nominierung durch die Berufspolitiker erhielten, die die Versammlungen beherrschten. Wir erlebten und erlitten einen Wahlkampf, in dem entscheidende Probleme der Innen- und Außenpolitik kaum diskutiert wurden, Entscheidungen, bei denen es um unser Überleben geht; einen Wahlkampf, in dem die Strategie des Siegers hauptsächlich darin bestand, seinen anfänglichen Vorsprung in den öffentlichen Meinungsumfragen zu halten, indem er jeder Verbindlichkeit in irgendeinem Problembereich aus dem Wege ging und sich keiner Diskussion stellte.

Als besorgte Bürger müssen wir uns fragen, warum es nicht möglich war, Institutionen und Techniken zu entwickeln, die die gründliche Diskussion wichtiger Probleme ermöglicht und einer wohlinformierten Bürgerschaft eine sinnvolle Teilnahme am Entscheidungsprozeß erleichtert hätten.

Dies führt zu meiner zweiten Frage: Wer verfügt über die Mittel, unserer flügellahmen Demokratie aufzuhelfen?

Man kann behaupten, es sei Aufgabe der Politologen, die Gründe für das Funktionieren oder Nichtfunktionieren solcher anachronistischer Institutionen wie das hoffnungslos veraltete *Electoral College* und die antiquierten und undemokratischen Prozeduren der Kandidaten-Nominierung für höchste Ämter auf politisch abgekarteten Nominierungsversammlungen zu untersuchen. Und vielleicht sollten Wirtschaftswissenschaftler untersuchen, warum Nominierung und Wahl eines Präsidenten zwanzig bis dreißig Millionen Dollar und die eines US-Senators fast fünf Millionen Dollar kosten.

Natürlich ist es wichtig, die politischen und ökonomischen Faktoren zu untersuchen, die eine ernsthafte Bedrohung für den demokratischen Prozeß darstellen. Experten der Politikwissenschaft, der Ökonomie und der praktischen Politik mögen am ehesten in der Lage sein, die Untersuchungen durchzuführen und entsprechende Rezepte zu verordnen. Politische Prozesse haben jedoch auch wichtige psychologische Aspekte: Umfangreiche Gebiete der Interaktion und der Gruppendynamik können von Verhaltensforschern mit ihren Fachkenntnissen durchleuchtet werden.

Die große Mehrheit der Amerikaner, der politischen Führer und der Geführten, stehen dem demokratischen Prozeß zutiefst ambivalent gegenüber. Rein intellektuell bekennt man sich zu solchen

Jeffersonschen Kernsätzen wie: »Die Vernunft des Volkes wird sich immer als die stärkste Armee erweisen. Das Volk ist der einzige Zensor seiner Regierung« und »Wenn Menschen unter uns sein sollten, die die Union auflösen wollen, so laßt sie unbehelligt dastehen als Denkmäler der Gewißheit, daß Meinungsirrtümer toleriert werden können, wo die Vernunft frei ist, sie zu bekämpfen.« Emotional aber sind die meisten von uns zutiefst antidemokratisch.

Unsere politischen Führer sind überzeugt davon, daß das Volk sein eigenes Bestes nicht kennt, und daß ihm nicht die nötigen politischen, sozio-ökonomischen und militärischen Informationen anvertraut werden können, daß es also beschwatzt, betrogen und manipuliert (»public relationed«) werden müsse, bis es die Entscheidungen, die die »Besseren« gefällt haben, akzeptiert und verteidigt. Soziologische und andere Studien haben bewiesen, daß der amerikanische Durchschnittsbürger diese Meinung weitgehend teilt. Die neueste dieser Untersuchungen stammt aus Sacramento, wo mehr als sechstausend Personen zur Unterzeichnung eines Dokuments aufgefordert wurden, das Zitate aus der Unabhängigkeitserklärung und der Bill of Rights über die Grundrechte des Volkes enthielt. Fünftausend (über 80 %) lehnten die Unterzeichnung ab mit Kommentaren wie: »Ein Haufen kommunistischer Propaganda«, »Man sollte den, der Sie dazu aufgehetzt hat, vom FBI untersuchen lassen« usw. Einer derjenigen, die nicht unterzeichnen wollten, war ein Mitglied der kalifornischen Legislative und kommentierte, daß die Ideen des Dokuments ja ganz gut klängen – »aber sie werden niemals funktionieren«.

Wenn der demokratische Prozeß funktionieren soll, wird das amerikanische Volk das Geborgenheitsgefühl, das auf der Allwissenheits- und Allmachtsprätention politischer Führer basiert, aufgeben müssen. Die Aufgabe in dieser Beziehung ist ähnlich der, mit der ein Kind beim Eintritt in die Adoleszenz konfrontiert ist. George E. Gardner unterstreicht »... die extreme Anfälligkeit von Adoleszenten (oder von Erwachsenen, die im Grunde noch Heranwachsende sind) für die Appelle und die verführerische Stimme des Demagogen oder des Führers mit einer falschen Ideologie oder falschen Zielen. Daß Heranwachsende (gleich welchen biologischen Alters) von solchen Führern angezogen werden, kommt daher, daß diese ihnen dauernd Versprechungen machen, unter anderem die, ein Allwissender werde ihnen ihre Denkarbeit abnehmen und ein Allmächtiger werde ihnen seine Macht verleihen.«

Eine funktionierende Demokratie verlangt Bürger, die psychologisch darauf vorbereitet und gewillt sind, selbständig zu denken und Entscheidungen als Erwachsene zu fällen, nicht nur in der Familie und in anderen zwischenmenschlichen Verhältnissen, sondern auch in Angelegenheiten, die ihre Gemeinde und ihre Nation betreffen. Ferner erfordert der demokratische Prozeß gewählte Vertreter, die den mit Führungspositionen einhergehenden Berufsrisiken widerstehen können – der Versuchung, als Allwissende und Allmächtige zu handeln und zu fühlen.

In unserer Gesellschaft beobachten wir allgemein eine Polarisierung und Arbeitsteilung in zwei Kasten – Führer und Geführte. Der von den Alltagsforderungen bedrängte Normalbürger ist es zufrieden, wenn er das Geschäft des Regierens seinen Führern überlassen kann. Die berufsmäßigen politischen Führer genießen die Macht; sehr oft handelt es sich um Personen, die sich aufgrund ihres Allmachtsbedürfnisses zur Politik drängen.

Das Problem wird kompliziert durch die Ausweitung und Perfektionierung von *public relations*-Techniken bis hin zu Fehlinformation, Verschleierung und Manipulierung der öffentlichen Meinung. Solche Techniken haben einen antitherapeutischen Effekt auf die Bevölkerung, da sie Hilflosigkeit, Apathie und weitere Regression auf einen Zustand blinden Vertrauens in die magische Omnipotenz der Vaterfiguren in den früheren Regierungspositionen erzeugen (Ziferstein, 1967).

Diese Probleme verlangen nicht nur intensive Erforschung, sondern auch die aktive Intervention und Teilnahme derer, die über das humanwissenschaftliche Rüstzeug verfügen. Neue Entwicklungstrends in unserem Fach, wie sie sich etwa auch beim letzten Jahrestreffen der *American Psychiatric Association* zeigten, deuten darauf hin, daß diese Intervention nun doch in stärkerem Maße in Gang kommt.

Amerikanische Psychiater engagieren sich zunehmend für kontroverse sozio-ökonomische und politische Probleme unserer Zeit. Jedes Jahr wird ein größerer Teil der beim Jahrestreffen der APA gehaltenen Vorträge und der Abend-Diskussionen solchen Streitfragen gewidmet.

Dieses Jahr gab es etwas Neues: Kern-Gruppen, die ganz bestimmte Ansichten über gesellschaftliche Probleme vertraten. Es gab eine radikale Gruppe, die unter anderem vorschlug, »die APA möge sich für eine allgemeine Krankenfürsorge einsetzen, die aus Bundesmitteln finanziert und von örtlichen Komitees kontrolliert werden muß«. Es gab einen Frauen-Ausschuß, der die Auffassung vertrat, die Probleme der Frau seien auf: a) ein ungleiches Machtverhältnis zwischen Mann und Frau, das die Frau unten hält, und b) die Stellung der Frau als legaler Leibeigenen im Haushalt oder als ausgebeutete Arbeiterin in der Öffentlichkeit zurückzuführen. Schließlich gab es eine schwarze Kern-Gruppe; diese legte auf der Geschäftssitzung der APA eine Reihe von Forderungen vor, die auf der Erklärung basierten, daß »der Rassismus das wichtigste Problem geistiger Gesundheit in diesem Land darstellt«. Eine Forderung betraf die sofortige Ernennung von fünf schwarzen Mitgliedern für das aus 19 Personen bestehende, vollkommen weiße Konzil der APA. Eine andere Forderung war, »die ärztliche Ausbildung im Krankenhaus mehr den Bedürfnissen der Neger anzupassen«. Eine dritte Forderung zielte auf die sofortige Abschaffung der Rassentrennung in sämtlichen Einrichtungen zur Pflege der geistigen Gesundheit. Das APA-Board verpflichtete sich zu unverzüglichen nachdrücklichen Bemühungen, um »Reformen und die Aufhebung rassischer Ungleichheit in der amerikanischen Psychiatrie ins Werk zu setzen«.

In vielen schriftlichen Beiträgen und Diskussionen wurde eine scharfe Sprache geführt. Die offizielle Broschüre zur Podiumsdiskussion über »Die Bedeutung des Kerner-Report für die amerikanische Psychiatrie« schließt z. B. mit der Herausforderung: »Im Zuge ihres erwachenden gesellschaftlichen Bewußtseins muß sich die Psychiatrie um die Gründe und Konsequenzen des Rassismus in den Vereinigten Staaten kümmern. Von verschiedenen Ansatzpunkten ausgehend, soll das Panel die Aufgaben diskutieren, die in den kommenden Jahren der amerikanischen Psychiatrie erwachsen könnten: als Bürger, als Wissenschaftler, als Erzieher, als Meinungsbildner, als Beteiligte an gesellschaftlichen Problemen. Sollen wir bloße Apologeten des Status quo sein, bezahlte Menschenkundler, die das Gewissen einer zutiefst inhumanen Gesellschaft beruhigen, eine Art Müllabfuhr, die die störenden Abfallprodukte einer bankrotten Kultur beiseiteschaffen oder sie mit Beruhigungsmitteln unsichtbar machen? Haben wir eine Alternative, wenn doch so viele von uns von gut betuchten Weißen ausgehalten werden, die mit ihrer Einstellung und durch ihr Verhalten den Rassismus stützen?« (APA Proceedings, 1969).

Auf dem Panel zum Kerner-Report vertrat Dr. Hiawatha Harris die Auffassung, daß ein kommunales Zentrum für seelische Gesundheit sich auf die Gemeinde einstellen und alles tun müsse, sie zu einer gesunden Gemeinde zu machen. »Da der Rassismus die Hauptursache für physische und psychische Krankheiten im Ghetto ist, müssen wir am Kampf gegen den Rassismus, an der *Black Revolution* aktiv teilnehmen.« So setzte sich auch das *Central City Mental Health Center* für die Wahl eines für diese Fragen aufgeschlossenen Bürgermeisters ein.

Dr. Kenneth Keniston von Yale Medical School hielt beim Treffen der APA 1969 einen Vortrag über »Jugend als gesellschaftliche Triebkraft«; er schloß mit den Worten: »Es ist schon jetzt klar, daß wir von dieser Gruppe (der Jugend) starke Herausforderungen der bestehenden Gesellschaft erwarten können, aber auch Bemühungen um neue Lösungen der menschlichen Probleme der postindustriellen Welt.«

Wenn dem so ist, können wir eine verstärkte Durchsetzung des Trends in Richtung auf Engagement und Aktivität bei individuellen Psychiatern wie bei den psychiatrischen Organisationen voraussehen, da sich der Einfluß der jüngeren Psychiater und derer, die noch Assistenten und Studenten sind, zunehmend bemerkbar macht. Schon beim diesjährigen APA-Treffen gab es drei Vorlagen über »Aktionen der Medizinstudenten« von zwei Medizinstudenten und einem Assistenzarzt und eine höchst kritische Vorlage von fünf schwarzen psychiatrischen Assistenzärzten über »Das weiße Ausbildungsprogramm«. Die Fragen, die den heutigen Medizinstudenten bewegen, umfassen Probleme wie: »Patienten, die nicht genug zahlen können, erhalten minderwertige Behandlung unter deprimierenden Bedingungen, und viele Arme erhalten so gut wie keine Fürsorge.« Eine andere Beschwerde: »Bemühungen um die Rekrutierung schwarzer Studenten sind allenfalls lauwarm. Nur 2,2 % der Ärzte in den USA sind Neger; jährlich graduieren nur 200 schwarze Medizinstudenten.« Und noch eine Klage:

»Ausbildungskliniken, die an die Medizinischen Fakultäten angeschlossen sind, benutzen die Gemeinden als Reservoir für ›Lehrmaterial‹, ohne zugleich die notwendigen Fürsorgeleistungen zu erbringen.«

Unter all diesen Bedingungen läßt sich voraussagen, daß in der nächsten Zukunft mit einem gesellschaftlichen Engagement der Psychiater zu rechnen sein wird. Bei den Krisen, die unserer Gesellschaft bevorstehen, ist auf vielen Gebieten nicht nur Forschungsarbeit vonnöten, sondern auch aktives Eingreifen und Mitarbeit derjenigen, die zu Humanwissenschaftlern ausgebildet wurden. Der empfindliche Punkt des Verhältnisses zwischen rebellischen Minderheiten und den Behörden ist ganz gewiß ein Problem, das humanwissenschaftliche Hilfestellung erfordert. Und einige Psychiater wenden beträchtliche Energie auf, um das Ihrige zur Lösung jenes seltsamen, erschreckenden Paradoxes der sich im Atomzeitalter bewaffnenden und auf einen Krieg zutreibenden Nationen beizutragen (GAP Report, 1964).

Ärzte im öffentlichen Dienst beschäftigen sich mit der Gefährdung durch amerikanische Soldaten, die heute noch in den Dschungeln Vietnams kämpfen und morgen schon eine Bedrohung der Volksgesundheit darstellen können, indem sie Malaria und andere ansteckende Krankheiten unter die Zivilbevölkerung tragen. Sollten sich nicht auch die Humanwissenschaftler um das Problem der Volksgesundheit kümmern, das durch die Rückkehr der *Green Berets* entsteht, die durch die Menschenjagd im Dschungel brutalisiert wurden?

Werten wir uns nicht selber ab, indem wir Nichtwissen vorschützen! Der Psychoanalytiker verfügt über ein Wissen, das bei der Bewältigung gesellschaftlicher Probleme Anwendung finden kann. Wichtiger noch als Wissen ist vielleicht der Beitrag, den wir aufgrund unserer Problemorientierung und aufgrund unseres Ansatzes zur Problembewältigung leisten können. Zu einem Zeitpunkt, da unser Überleben durch innere und äußere Explosionen gefährdet erscheint – Gefahren, die zu einem gerüttelten Maß auf Vorurteil, Kommunikationsunfähigkeit und Mißachtung der Menschenwürde beruhen –, kann die Orientierung des Psychoanalytikers in Richtung auf Objektivität, auf das Realitätsprinzip, die Suche nach Wahrheit, das Verständnis für den Wert des Menschen und das

Interesse für die Eliminierung des Statischen aus der interpersonellen und Gruppen-Kommunikation einen unschätzbaren Beitrag leisten.

Der Psychoanalytiker kann einen solchen Beitrag nicht in der Abgeschlossenheit akademischer oder privater Atmosphäre zur Wirkung bringen, sondern durch aktive Teilnahme an der Lösung gesellschaftlicher Probleme. Unser »idealer« geheilter Patient ist ein Individuum, das aktuelle Probleme mit einem Minimum von Übertragung aus der Vergangenheit, einem Minimum irrationaler Projektionen innerer Konflikte auf die äußere Realität angehen kann. Wir schätzen den Gedanken, daß wir Psychoanalytiker danach streben, eine solche Minimisierung irrationaler Haltungen in uns selbst zu erreichen. Unser eigener ständiger Kampf gegen Irrationalität sollte uns gute Dienste leisten, wenn wir die gesellschaftlichen Probleme angehen.

Bibliographie

American Psychiatric Association (1969): »Scientific Proceedings in Summary Form«, *122. Annual Meeting of the APA*, Washington (APA).

Committee for the Study of Social Issues (1951): »The Dilemma of the Analyst in a troubled World – a Reply«, *Bulletin of the American Psychoanalytic Association 7* (Nr. 1).

Dorn, R. M. (1966): »The Role of the Psychoanalyst in Community Mental Health«, *Community Health Journal 2* (Nr. 1), S. 6.

Freud, S. (1915): »Zeitgemäßes über Krieg und Tod«, *G.W. 10.*

– (1930): »Das Unbehagen in der Kultur«, *G.W. 14.*

– (1933): »Warum Krieg?«, *G.W. 16.*

Gardner, G. E. (o. J.): »Psychiatric Problems of Adolescence«, in: *Handbook of Psychiatry, Bd. 1* (Hrsg. S. Arieti), New York (Basic Books), S. 870 f.

Group for the Advancement of Psychiatry (1964): »Psychiatric Aspects of the Prevention of Nuclear War«, *GAP Report Nr. 57* (September 1964), New York.

Greenson, R. R. (1967): *The Technique and Practice of Psychoanalysis, Bd. 1*, New York (International Universities Press).

Jones, E. (1962): *Sigmund Freud, Leben und Werk, Bd. 3*, Bern und Stuttgart (Huber).

Keniston, K. (1969): »Youth as a Social Force. Scientific Proceedings in Summary Form«, *122. Meeting of the American Psychiatric Association*, S. 67.

Kubie, L. S. (1950): »The Dilemma of the Analyst in a troubled World«, *Bulletin of the American Psychoanalytic Association 6,* Nr. 4.
Menninger, W. C. (1947): »The Role of Psychiatry in the World today«, *The American Journal of Psychiatry 104,* S. 158.
– (1968): Zitiert in: *Frontiers of Clinical Psychiatry, Bd. 5,* Nr. 1 (1. Januar 1968), S. 1.
Moore, B. E. und Fine, B. D. (1967): *A Glossary of Psychoanalytic Terms and Concepts,* New York (The American Psychoanalytic Association), S. 90.

Fritz C. Redlich
Psychoanalyse und soziale Verantwortung*

Vor über dreißig Jahren zwang Hitler nahezu alle Psychoanalytiker, Europa zu verlassen. In der Mehrzahl gingen sie in die Vereinigten Staaten und fanden dort bereitwillig Aufnahme. Wie kaum eine andere rezipierte die amerikanische Gesellschaft die Psychoanalyse. Von den mutmaßlichen Gründen dieser Affinität habe ich vor einiger Zeit gesprochen. Die Intellektuellen und die oberen Schichten dieses Landes erwiesen sich einer rationalen psychologischen Theorie und Praxis zugänglich, die den einzelnen bei der Verwirklichung ihrer selbst, bei der Bewältigung ihrer Kindheitstraumata und bei der Orientierung auf ihrem Weg durch die Verwirrung helfen wollte, die Sorokin die »sexuelle Revolution« genannt hat. Eine hinreichend große Zahl von Amerikanern konnte sich eine psychoanalytische Behandlung finanziell leisten und verhalf damit ihren Therapeuten zu Wohlstand. Die Psychoanalyse begann in dem Land zu blühen, für das Freud wenig Achtung empfunden hatte. Auf diese Entwicklung hatten europäische Analytiker einen kräftigen Einfluß.

In einer Hinsicht fand Freuds Lehre keine Beachtung: Die amerikanische Psychoanalyse blieb in der Regel an den Arztberuf gebunden und die Ideen, die Freud in seinem Essay »Zur Frage der Laienanalyse« niedergelegt hatte, erregten wenig Aufmerksamkeit. Ökonomische und soziale Gründe waren dafür ausschlaggebend: Die amerikanischen Ärzte hatten sich kurz vorher im Kampf gegen die Quacksalberei durchgesetzt und waren infolgedessen wenig geneigt, nicht-ärztlichen Analytikern, ohne Rücksicht auf ihre psy-

---

* Professor Alexander Mitscherlich zum 60. Geburtstag gewidmet. Erstmals erschienen in: *Psyche* (Jg. 22), 1968, S. 569–671. Aus dem Amerikanischen von Peter Below. Abdruck der Übersetzung mit freundlicher Genehmigung des Klett Verlags und des Autors.

choanalytische Qualifikation, die Niederlassung zu gestatten. Diese Einstellung herrscht noch immer vor, wie ich meine, zum Schaden der amerikanischen Psychoanalyse als einem Forschungs- und Ausbildungsinstrument.

Es zeugt von einem begrenzten Gesichtsfeld, in der Psychoanalyse nur ein medizinisches Spezialfach zu sehen. Ihre Konzepte erlauben nicht nur, sondern fordern geradezu eine breitere Anwendung. Ernst Kris bezeichnete sie als ein diagnostisches und therapeutisches Instrument und eine theoretische Methode. Erich Fromm sieht in ihr darüber hinaus eine soziale Bewegung. Ich selbst schätze ihre methodologischen Beiträge sehr hoch ein und glaube, daß die von Freud entwickelte psychoanalytische Methode von dauerndem Einfluß und höchster Bedeutung für unser Wissen vom Menschen sein wird. Ihre grundlegenden Methoden – freie Assoziation, Anwendung des Konzepts der Übertragung und des Widerstands und die Analyse des Wiederholungszwangs – lieferten uns neue und wichtige Daten und öffneten den Zugang zu so seltsamen und bisher unverständlichen Phänomenen wie dem Traum, den Fehlhandlungen im Alltagsleben, den Affekthandlungen und der schöpferischen Tätigkeit von Schriftstellern und bildenden Künstlern. Dies war die gewaltige, wahrhaft geniale Leistung Freuds. Er ging aber noch darüber hinaus. Mit Hilfe seiner Methode verschaffte er uns höchst aufschlußreiche, ja revolutionäre Einsichten in pathologische Verhaltensweisen, besonders in die Neurose und, in gewissem Umfang, in depressive und paranoide Reaktionen. Eine seiner weniger beachteten Leistungen war die Verknüpfung des von einer klassifizierenden Psychiatrie bis dahin strikt getrennten normalen Verhaltens mit dem pathologischen. Freud schuf eine Therapie, die auf dem täuschend einfachen Prinzip gründete, daß Einsicht in die unbewußten seelischen Vorgänge zu deren Beherrschung führe. Heute wissen wir, daß die Vorgänge und Erlebnisse, die in der psychoanalytischen Therapie wirksam sind und die wir soziale Umerziehung nennen, mit diesem Prinzip allein nicht voll erklärt werden können. Nichtsdestoweniger bleibt es bedeutungsvoll und kann bei vielen großen und kleinen Problemen des Lebens mit tiefreichender Wirkung eingesetzt werden. Diese hier nur knapp angedeuteten Entdeckungen übersteigen natürlich den Rahmen der traditionellen Medizin.

Auch in anderen Lebensbereichen hat die Psychoanalyse Anwendung gefunden. So hatte sie starken Einfluß auf die Kunst, insbesondere auf die Literatur, obwohl natürlich große Schriftsteller schon lange vor Freud manche seiner wichtigsten Einsichten intuitiv erkannt und künstlerisch dargestellt hatten. Freuds wissenschaftliche Einsichten gaben modernen Schriftstellern zahlreiche neue Instrumente und Gesichtspunkte an die Hand. Bedeutende Autoren, wie etwa Thomas Mann, benutzten die Methode, Konzepte und Fakten der Psychoanalyse in großartiger Weise. Andere wandten Freuds Erkenntnisse weniger geschickt an und produzierten literarischen Kitsch. Die Psychoanalyse konnte ferner Einfluß auf die Theologie und neuerdings auch auf die Geschichtsschreibung gewinnen. Ihren bedeutendsten Einfluß übt sie jedoch auf Psychologie, Soziologie und Pädagogik aus. Es scheint nicht notwendig, diese Ausstrahlungen der Psychoanalyse mit Beispielen zu belegen, denn selbst ihre Kritiker und Gegner geben heutzutage zu, daß diese Gebiete durch die Psychoanalyse eine Bereicherung erfahren haben. Nebenbei bemerkt, kann man die bösartige Anfeindung, der sich Freud in der Frühzeit der Psychoanalyse ausgesetzt sah, heute kaum noch verstehen, nachdem diese nicht nur in den Vereinigten Staaten, sondern auch mehr oder weniger in anderen Ländern salonfähig geworden ist.

Nicht unerwähnt möchte ich den Einfluß der Psychoanalyse auf die Psychiatrie, besonders die amerikanische Psychiatrie, lassen. Wenn sich auch die psychoanalytische Behandlungsmethode auf sehr kleine Patientengruppen beschränkt, so hat die psychoanalytische Gedankenwelt doch Theorie und Praxis der amerikanischen Psychiatrie tief beeinflußt und bereichert, und zwar alle Schulen der Psychiatrie, mit Ausnahme derjenigen, die mit reiner Konditionierung oder mit Überredung und Zwang behandeln. Die Psychoanalyse trug erheblich zu dem bemerkenswerten Anstieg des Sozialprestiges der Berufsgruppen bei, die mit seelischer Gesundheit zu tun haben, wiederum besonders in den Vereinigten Staaten von Amerika. Ohne Psychoanalyse würden die Psychiater noch heute als das gelten, was sie vor dreißig Jahren waren – als vom Hauptstrom der Wissenschaft und der Medizin abgeschnittene Irrenärzte. Dieser soziale Aufstieg hatte natürlich auch wirtschaftliche Folgen, die von den Gegnern der Psychoanalyse, die in den

Genuß der finanziellen Vorteile dieser Entwicklung gelangt sind, nicht übersehen werden sollten.

Schließlich sei noch auf den Einfluß der Psychoanalyse auf das Alltagsleben hingewiesen. In manchen Bereichen unseres gesellschaftlichen Lebens, etwa auf irgendeiner geselligen Veranstaltung – und sei es eine Cocktailparty – kann man kaum einmal sich versprechen, ohne sofort eine psychoanalytische oder pseudo-psychoanalytische Deutung zu erhalten. Die Psychoanalyse hat Eingang in die Werbung der Massenmedien und in gute und schlechte Filme in aller Welt gefunden. Im Vergleich zu der kleinen Zahl von Psychoanalytikern und der »Nabelschau«, die in ihren stillen Behandlungszimmern vor sich geht, ist die Wirkung der psychoanalytischen Gedankenwelt auf das moderne Leben außerordentlich.

Mithin sollten wir uns freuen und mit dem bisher Geleisteten zufrieden sein. Wir sollten eigentlich stolz darauf sein, einer kleinen Elite anzugehören, die schon jetzt einen derartigen Einfluß auf die Welt genommen hat. Ist aber eine solche Zufriedenheit tatsächlich gerechtfertigt? Erlauben Sie mir, einige Probleme zu umreißen, die mir als einem Psychoanalytiker, Psychiater, Lehrer und Forscher auf dem Gebiet der menschlichen Verhaltenslehre begegnet sind, der sich verantwortlich fühlt und echtes Interesse an der Frage hat, ob die Psychoanalyse wirklich einen optimalen Einfluß auf die entscheidenden Probleme der heutigen Welt erreicht hat.

Ich habe mit großem, tief empfundenen Stolz von Freuds Werk gesprochen, ein Werk, das um so erstaunlicher ist, als es von nur einem einzigen Menschen vollbracht wurde. Fast alles, was wir heute in der Psychoanalyse wissen – die wesentlichen Grundlagen der Methode und der Theorie und die entscheidenden Fakten –, war Freuds selbständige, alleinige Tat. Wohl wurden interessante Beiträge von seinen frühen Anhängern wie Karl Abraham, Sandor Ferenczi und Ernest Jones und von Freuds bedeutender Tochter Anna beigesteuert, sowie auch von Alfred Adler, Karen Horney, C. G. Jung, Otto Rank, Mary Stock, Melanie Klein und Sullivan, die sich von der klassischen psychoanalytischen Bewegung lossagten. Aber ihre Arbeiten scheinen mir von einer anderen Größenordnung zu sein als die Freuds, und sie führten auch lediglich zu relativ begrenzten Modifikationen und Erweiterungen. Einige von ihnen machten auf schwache Stellen im System aufmerksam, andere, wie der hervorragende Ernst Kris und David Rapaport, gelangten zu prägnanten Formulierungen; beide bleiben aber dem von Freud geschaffenen Modell verhaftet. Nur sehr wenige, wie Erik Erikson, Erich Fromm, Melanie Klein, W. R. D. Fairbairn und Alexander Mitscherlich, zeigen neue Konzepte oder neue Wege der sozialen Anwendung auf.

Warum haben wir uns so stark an Freuds Modell gehalten? Warum durfte nur er seine eigenen Theorien ändern? Warum konnten nur so wenige wichtige empirische Daten dem psychoanalytischen Wissensschatz hinzugefügt werden? Warum sind beispielsweise die Entdeckungen von Franz Alexander in der psychosomatischen Medizin, die von Robert Wallerstein, Merton Gill und anderen gesammelten Daten über den therapeutischen Prozeß oder die von René Spitz gewonnenen Einsichten in die Frühkindheit nicht energischer und beharrlicher weiterverfolgt worden? Warum gab es bisher so wenig Versuche, die empirisch gefundenen psychoanalytischen Daten zu validieren? Warum blieb die psychoanalytische Theorie von anderen Verhaltenstheorien so isoliert, indem sie praktisch deren Existenz kaum zur Kenntnis nahm und ihren Wert ignorierte? Warum hatte es jede Kritik von innen her bis heute so schwer? War es Freuds überragende Persönlichkeit, die seine Schüler nach den Worten von H. A. Murray zwang, »to swallow the whole totem father or nothing« – den ganzen Totemvater zu schlucken? Warum war es bisher so schwierig, kritisch zu sein, und so leicht, die Doktrin zu übernehmen, womit den Schülern nur die Wahl zwischen apathischer Unterwerfung oder Rebellion blieb? Ich will keineswegs unterstellen, daß allein die soziokulturellen Bedingungen innerhalb der analytischen Organisationen für dieses Klima verantwortlich seien. Daran mögen teilweise auch die enormen Verständigungsschwierigkeiten schuld haben, die sich aus der Komplexität aller Verhaltensweisen – und insbesondere der irrationalen – ergeben, verstärkt noch durch den wohlbekannten Widerstand gegen die Erforschung solcher irrationaler Verhaltensweisen. Ich habe zwar auch keine letztgültige Antwort bereit, möchte aber dennoch einige Überlegungen zu der Frage anstellen, warum sich die Psychoanalyse weit mehr zu einer sozial isolierten Behandlungsmethode entwickelt hat, anstatt mit höchster Kraft ihre Rolle als eine lebendige Institution der Forschung und Lehre zu erfüllen.

Die erste versuchsweise Antwort zur Aufhellung des Problems möchte ich in der Isolation der Psychoanalyse von der Universität sehen. Seit Jahrhunderten ist die Universität in der westlichen Welt die größte institutionelle Macht in Forschung und Lehre. Tatsächlich wird alle höhere Bildung und die Forschung in den entwickelten Staaten der Welt an Universitäten oder den großen, staatlich unterstützten Forschungsinstituten gepflegt. Einzige Ausnahmen davon sind in den Vereinigten Staaten einige finanziell gut ausgestattete Forschungsinstitute z. B. der Industrie, aber sogar sie sind heute selbst Universitäten geworden oder sind eng mit Universitäten verbunden. Die fortdauernde Trennung der Psychoanalyse von der wissenschaftlichen Tätigkeit der Universitäten ist mindestens sehr fragwürdig und riskant.

Diese Isolation hat natürlich ihre historischen Gründe. Über ihre Geschichte wissen wir einiges, wenn auch nicht sehr viel. Im allgemeinen nimmt man an, daß Sigmund Freud und den anderen Psychoanalytikern der Zugang zur Universität verwehrt war, weil Freuds radikale, revolutionäre Entdeckungen den Hochschulen, in diesem speziellen Fall der konservativen medizinischen Fakultät der Wiener Universität, zuviel zumuteten. Daß zweifellos auch Affekte mitspielten, beweist die negative Kritik an allem und jedem, was Freud in der Frühzeit der Analyse vortragen mochte. Auf seiten der etablierten Professoren gab es Neid und Eifersucht; natürlich spielte auch der Antisemitismus seine häßliche Rolle. Wir wissen von der schwerwiegenden Gegnerschaft zwischen Wagner-Jauregg und Freud. Diese trat nicht offen zutage; es wird nicht einmal deutlich, wie weit sich die Gegner bewußt waren, daß es sich um einen Kampf um den Führungsanspruch handelte. Wagner-Jauregg hatte jedenfalls die Spitzenposition an der Wiener Universität inne, und damit war für Freud der Weg zu einer ordentlichen Professur versperrt. Die einzige akademische Position, die Freud schließlich erreichte, war die eines außerordentlichen Professors, mit dem Recht, an der Universität Vorlesungen zu halten. Einem so ehrgeizigen und außerordentlichen Mann wie Freud genügte aber eine »außerordentliche« Professur nicht. Jedenfalls war es für Freud völlig unannehmbar, eine zweitrangige Stellung in der Universitätshierarchie einzunehmen, nicht die begehrteste Auszeichnung des Universitäts-Establishments – den Nobelpreis – zu erhalten und in der Psychoanalyse nur ein Teilgebiet der Psychiatrie sehen zu sollen. Daß Freud keine Spitzenposition in der Universitätshierarchie einnehmen konnte, war, glaube ich, einer der Hauptgründe, weshalb er sich von der Universität zurückzog. Er mußte zu der Auffassung gelangen, daß er und die Psychoanalyse sich nur außerhalb der Universität entfalten könnten. Seine Schüler folgten ihm darin und hielten daran fest. Diese Ablehnung und Isolierung hinderte Freud und seine Schüler zu ihrem Nachteil daran, manche konstruktive Kritik zur Kenntnis zu nehmen, die sich auf Validität und Zuverlässigkeit der psychoanalytischen Daten und auf die Grenzen der psychoanalytischen Methode, Theorie und Therapie bezog. Die Situation in Wien, aber ebenso auch in Berlin und Budapest blieb im wesentlichen unverändert bis zum bitteren Ende im Jahre 1938. Außer Freud lehrten nur wenige Psychoanalytiker an europäischen Universitäten, und früher oder später mußten sie alle emigrieren.

Mit der Auswanderung einer großen Zahl erfahrener Psychoanalytiker in die Vereinigten Staaten bot sich der Psychoanalyse eine Gelegenheit, ihren Einfluß auf Wissenschaft und Praxis bedeutend zu verstärken. Die mit der Psychotherapie im Zweiten Weltkrieg gewonnenen Erfahrungen hatten die grundsätzliche Bedeutung der psychoanalytischen Theorie und Technik für therapeutische Zwecke erwiesen. Vor dem Zweiten Weltkrieg hatten nur wenige junge, in der Forschung tätige amerikanische Psychiater eine psychoanalytische Ausbildung erhalten. Nach dem Kriege strebte eine große Zahl der besten Studenten der Psychiatrie, klinischen Psychologie und Sozialarbeit (social work) eine Voll- oder Teilausbildung in Psychoanalyse an. Manche leitenden Stellungen in amerikanischen Departements für Psychiatrie fielen bereits an junge Ausbildungskandidaten der Psychoanalyse. Schließlich wurden auch einige wenige psychoanalytische Institute innerhalb psychiatrischer Departements eingerichtet, so an der Columbia University, an der Downstate University von New York, an der medizinischen Fakultät der Western Reserve University und am New York Medical College. Es scheint, als habe die Psychoanalyse Eingang in die Universitäten gefunden.

Es zeigte sich aber, daß diese Institute nicht wie andere Universitätsinstitute funktionierten, sondern im wesentlichen als von praktizierenden Analytikern beherrschte Fachschulen fortbestanden, in denen vorwiegend Lehrmeinungen und Techniken, weniger eine akademische Disziplin gelehrt wurde. Daß der Unterricht am Tage statt abends oder samstags erteilt wurde, ist dabei nicht ausschlaggebend. Manche der neuen Professoren der Psychiatrie, die psychoanalytisch ausgebildet waren, sahen sich Rollenkonflikten ausgesetzt. Waren sie in erster Linie Analytiker oder waren sie Psychiater? Waren sie Fachlehrer (und häufig selbst noch Lernende) an einem psychoanalytischen Institut oder waren sie akademische Lehrer und Forscher mit anderen Zielen und Aufgaben und einer anderen Orientierung an der Wissenschaft allgemein und der Medizin als ihre Kollegen in der psychoanalytischen Praxis? Nur wenige Professoren konnten diese Konflikte in sich austragen. Die meisten zogen sich auf das eine oder andere Fachgebiet zurück, wenn nicht offen, dann wenigstens im Geist. Einige von uns erkannten enttäuscht die vorwiegende Ausrichtung des psychoanalytischen Machtgefüges auf die Tagesaufgaben und seine offensichtliche Unfähigkeit, der wissenschaftlichen Forschung und Lehre den Vorrang vor der Vorbereitung auf die psychoanalytische Praxis und deren Ausübung am Institut zu verschaffen. Vielleicht übertrug sich die Ernüchterung einiger psychoanalytisch ausgebildeter junger (inzwischen im mittleren Alter stehender) Professoren auf die nächste Studentengeneration. Statt des Gefühls, daß eine psychoanalytische Ausbildung der wichtigste Schlüssel zum Verständnis normalen und pathologischen Verhaltens sei, machte sich eine zurückhaltendere, skeptischere Haltung bemerkbar. Gewisse übertriebene Ansprüche auf psychoanalytische Therapie ohne objektive und gründliche statistische Auswertung und eine starre Alles-oder-nichts-Haltung in Theorie und Ausbildung – das, was Lifton eine totalistische Einstellung nannte – mögen ihren Teil dazu beigetragen haben, aufgeschlossene Studenten in den letzten Jahren vom Studium der Psychoanalyse abzuhalten oder gar zu deren Gegnern zu machen. Der Versuch, die Psychoanalyse an die akademischen Disziplinen der Psychiatrie und Psychologie anzunähern, hatte in Amerika jedenfalls nur einen begrenzten Erfolg.

Dies ist um so bedauerlicher, weil es ein berechtigter Wunsch der Psychoanalyse ist, eine intellektuell maßgebliche Rolle an der Universität zu spielen, wie auch ein Bedürfnis der Studenten, Lehrer und Forscher an vielen Departements der Universität besteht, sich der Psychoanalyse als Instrument zu bedienen. Ich habe bei früherer Gelegenheit Erich Fromms These erwähnt, daß Freud mit der Psychoanalyse eine Bewegung mit bestimmten intellektuellen, letztlich auch politischen und sozialen Machtansprüchen habe schaffen wollen. Gewiß hatte Freud seinen Ideen Einfluß gewünscht – in erster Linie, daß man sie hören möge. Es scheint aber höchst zweifelhaft, ob er wirklich Macht anstrebte. Wenn er überhaupt etwas verachtete, dann war es die Politik, und er verstand vermutlich auch nicht viel davon. Es gibt aber Elemente in den psychoanalytischen Organisationen, auf die man den Begriff Bewegung anwenden könnte. Die amerikanischen Psychoanalytiker haben sich durch ein bis ins einzelne ausgearbeitetes Kontroll- und Zensursystem in der Ausbildung einen straff organisierten Berufsstand geschaffen. Man gehört ganz oder gar nicht dazu; man akzeptiert alles oder kommt nicht hinein. Die Grenzlinie liegt genau fest. Es gibt wenig Spielraum für Zweifler, Kritiker und Einzelgänger. Diese Einstellung unterscheidet sich doch sehr von der der Wissenschaftler im allgemeinen, aber auch der Ärzte, einschließlich der Psychiater. Die Psychoanalyse hat viel von einer »Schule« mit einer Doktrin und, wenn es schlimm kommt, mit einem Dogma. Das geistige Klima ist der Diskussion und der Auseinandersetzung wenig förderlich; ja, ich habe es öfters als stickig empfunden. Vielleicht war eine derartig strikte Disziplin und Schließung der Grenzen gerechtfertigt, als noch scharfe Angriffe von außen kamen und die Analytiker sich eng zusammenschließen mußten, um, wie Dollard sagte, das Flämmchen vor dem Ausgeblasenwerden zu schützen. Ich bezweifle, daß eine derartig totalistische Haltung heute noch notwendig ist.

Gewiß verfügt die Psychoanalyse nirgends auf der Welt über größeren Einfluß, Ansehen und Wohlstand als in den Vereinigten Staaten. Ist sie aber dort als Disziplin von Wissenschaft und Lehre über das hinausgekommen, was sie in den Tagen der harten Auseinandersetzung und Verfolgung war? Hat man ihren Wohlstand zur Steigerung ihrer Leistungsfähigkeit als einer intellektuellen Institution genutzt? Mir scheint, daß sie manche Gelegenheit zum Fortschritt ungenutzt gelassen hat. Freilich sind größere Projekte in Forschung und Lehre kostspielig, und natürlich kann man ebenso wenig von wohlsituierten Psychoanalytikern verlangen, daß sie ihr Departement finanziell unterstützen, wie man von den Chirurgen oder Internisten mit ihren gutgehenden Privatpraxen verlangt, daß sie ihre Universitätskliniken finanzieren. Einige geringe Geldmittel stellt der Staat den analytischen Instituten zur Verfügung; bedeutendere Unterstützungen fehlen. Warum? Es ist schwierig, auf diese Frage eine wirklich offene Antwort zu erhalten; den Grund dafür darf man wohl nicht in den knappen Geldmitteln der Fonds sehen, sondern in der mangelnden Bereitschaft, eine Gruppe zu unterstützen, die selbst in erster Linie an einer lukrativen und exklusiven Privatpraxis interessiert ist und andere zu ebensolchen Praktikern ausbildet. Natürlich ist die Situation nicht ganz so einfach. Die analytische Ausbildung ist langwierig und kostspielig, und um ein gutes Einkommen aus der Privatpraxis zu erzielen, muß man für die psychoanalytische Behandlung ein ziemlich hohes Honorar fordern. Die Gesamtkosten einer derartigen Therapie, die heute die Tendenz zeigt, immer längere Zeiträume in Anspruch zu nehmen, sind sehr hoch. Dies wirkt sich natürlich dahin aus, daß sich nur eine kleine Gruppe von wohlhabenden Leuten eine psychoanalytische Behandlung leisten kann.

Sogar diejenigen, die sich psychoanalytisch ausbilden lassen wollen, müssen viel Geld in ihre Ausbildung investieren, da es kaum private oder öffentliche Stipendien gibt. Sie müssen entweder selbst vermögend sein oder ihre Ersparnisse angreifen oder Schulden machen. Folgenschwerer als das ist aber, daß sie mittels Identifikation – und derartige Abwehrreaktionen werden selten untersucht – nicht nur die Methoden und Theorien ihrer Lehranalytiker übernehmen, sondern auch deren Einstellung zum Geld mit dem Ergebnis, daß weiterhin die Erfordernisse der Praxis stärker berücksichtigt werden als die Ausbildung und Forschung.

Diese Vernachlässigung von Lehre und Forschung scheint mir der hohe Preis zu sein, den die Psychoanalyse für ihren relativ großen Wohlstand zahlt; ein wenig wünschenswerter Zustand, meine ich. Selbstverständlich wußten Freud und seine besten Schüler genau, daß die Psychoanalyse primär ein Werkzeug der Lehre und Forschung sei. Sie kann freilich immer nur einer sehr kleinen Zahl von Menschen helfen; die günstigsten Aussichten auf Heilung hat ohnehin die Gruppe der leichteren Neurotiker, die sich nur wenig von der übrigen Bevölkerung unterscheidet. Wäre es nicht wichtiger, solche Patienten für eine Behandlung auszuwählen, die den größten Nutzen davon haben, statt derjenigen, die sie bezahlen können? Sollte man nicht diejenigen bevorzugen, die ihr psychoanalytisches Wissen als Wissenschaftler und Lehrer im weiteren Bereich der akademischen Disziplinen oder als Fachleute in Recht, Erziehung und Wohlfahrt anwenden wollen? Sollte Psychoanalyse nicht vorrangig der wissenschaftlichen, erzieherischen und politischen Führung dienen? Dies kann augenscheinlich aber nicht von einer Gruppe niedergelassener Psychoanalytiker geleistet werden, sondern nur von finanziell gut ausgestatteten Universitäts-Departements und Instituten, die aber gegenwärtig nirgends bestehen.

Ein kostbares Werkzeug wie die Psychoanalyse sollte eigentlich nicht von Organisationen praktizierender Psychoanalytiker kontrolliert werden, sondern von der geistigen Elite der Gesellschaft, die sich innerhalb der Universitäten findet. Nur dann wird die Psychoanalyse meines Erachtens ihre einzigartige Aufgabe als ein sehr wichtiges Instrument qualifizierteren Lehrens und Forschens erfüllen können. Die Psychoanalytiker sollten Professorenstellungen haben; ihr Lebensunterhalt sollte nicht in erster Linie von ihrer Privatpraxis abhängen, sondern von ihrem Einkommen als Akademiker. Eine solche finanzielle Unabhängigkeit würde auf die geistige Ausrichtung der Psychoanalyse zurückwirken. Sie würde die Auslese der Patienten und Ausbildungskandidaten nach wünschenswerteren Grundsätzen erlauben.

Ich habe mich selbst schon gefragt, wie ein solches Universitätsinstitut für Psychoanalyse in die Universität eingebaut werden könnte. Mir scheint, es sollte an anderer Stelle als der medizinischen Fakultät untergebracht werden. Ein Institut für Psychoanalyse sollte einen hohen Grad von Autonomie haben. Es sollte enge Beziehungen zum Departement für Psychiatrie unterhalten, nicht aber nur eine Abteilung dieses Departements sein. Die Psychiatrie ist eine – zur Zeit medizinische – Technologie. Ihre Ziele unterscheiden sich von denen der Psychoanalyse. Im wesentlichen betreibt diese eine Reedukation des Gefühlslebens. Ihre Methoden, Fakten und Prinzipien stehen zu den Methoden der Verhaltens- und Sozialwissenschaft in Beziehung; ihre Beziehung zu Medizin und Psychiatrie ist nicht sehr eng und beruht auf einem historischen

Zufall. Die akademische Psychologie dagegen ist zu formalistisch und streng, um auf die Gruppe der Psychoanalytiker anregend wirken zu können. Die Psychoanalyse muß ihre Unabhängigkeit aufrechterhalten, nicht aber ihre Isolation; wahrscheinlich wäre sie an einem Institut für Verhaltensforschung *(Behavioral Science)* am besten aufgehoben.

Aufbau und Unterhalt eines Universitätsinstituts für Psychoanalyse sind nicht kostspielig; die Kosten ließen sich sogar sehr niedrig halten, weil ein Teil der erforderlichen Mittel durch die Honorare der Ausbildungskandidaten und Patienten aufgebracht werden könnte. Diese Honorare könnten vielleicht gegenüber den heutigen reduziert werden. Denn da eine komplizierte Laboratoriumseinrichtung nicht erforderlich ist und die Kosten für die notwendige Dokumentation nicht sehr hoch sind, würden die Forschungsmittel hauptsächlich für Personalkosten verwendet werden können.

Ein solches Institut für Psychoanalyse könnte für verschiedene Fakultäten und Departements innerhalb der Universität von großem Wert sein. Einzelne Mitarbeiter könnten an medizinischen, juristischen, theologischen, pädagogischen und anderen Fakultäten Vorlesungen übernehmen. Den stärksten Einfluß sollten sie auf die Verhaltens- und Sozialwissenschaften nehmen und die Studenten mit den Grundlagen der Tiefenpsychologie bekannt machen. Eine derartige Ausbildung und Unterrichtung würde früher oder später zu größerem und unmittelbarerem Einfluß auf diese Disziplinen führen, verglichen mit dem, den die Institute in ihrer gegenwärtigen Gestalt ausüben können.

Die Mitglieder eines solchen Instituts müßten ebensoviel Zeit für Forschungszwecke haben wie ihre Kollegen an anderen Departements. Der dauernde Kontakt zu den Nachbardisziplinen dürfte der Fähigkeit und Bereitschaft der psychoanalytischen Sektion, sich mit wissenschaftlicher Forschungsarbeit zu beschäftigen, nur zuträglich sein. Dann könnte eine kritischere Haltung den totalistischen Geist ablösen, der heute noch in so manchen psychoanalytischen Instituten vorherrscht. Ich möchte ausdrücklich betonen, daß ich nicht von einer *part-time*-Fakultät niedergelassener Psychoanalytiker spreche, sondern von einer Gruppe von Psychoanalytikern, die sich hauptberuflich der psychoanalytischen Nachwuchsbildung widmen und die sich in erster Linie als Wissenschaftler und Lehrer verstehen und psychoanalytische Behandlungen nur geben, um mit der Praxis in Kontakt zu bleiben. Das mindert ihre Verantwortung gegenüber ihren Patienten natürlich keineswegs. Auch wenn man klinische Forschung betreibt, darf man das Wohl des Patienten nicht aus dem Auge lassen.

Die von mir bisher entwickelten Vorstellungen sind relativ einfach. Es stellt sich wiederum die Frage, warum eine solche Entwicklung in den der Psychoanalyse so freundlich gesonnenen Vereinigten Staaten nicht schon längst stattgefunden hat. Die von mir dargelegten Pläne sind auch keineswegs neuartig. Ich selbst habe vor längerer Zeit mit John Dollard und L. S. Kubie über sie gesprochen. In der Zwischenzeit sind sie verwirklicht worden, nicht in den Vereinigten Staaten, sondern in Westdeutschland, dem Land, aus dem die Psychoanalytiker einst vertrieben wurden. Der Initiative Alexander Mitscherlichs gelang es, der Psychoanalyse zum erstenmal einen Platz innerhalb der Universität zu erobern durch die Errichtung der Psychosomatischen Universitätsklinik in Heidelberg, die hauptsächlich der Forschung und Ausbildung im Bereich der Psychoanalyse gewidmet war. Diese Entwicklung ging in der Folgezeit weiter, und es bestehen gegenwärtig bereits mehrere solche Einrichtungen an deutschen Hochschulen. Mit der Gründung des Sigmund-Freud-Instituts in Frankfurt hat die Regierung des Landes Hessen eine weitere Möglichkeit für intensive Forschung und Lehre geschaffen. Die Gruppe der dort tätigen Analytiker wird vom Staat besoldet und kann sich in völliger Unabhängigkeit den psychoanalytischen Forschungs- und Ausbildungsaufgaben widmen. Diese finanzielle Sicherung erlaubt eine Auslese der Patienten nach wissenschaftlichen und insbesondere auch nach sozialen Gesichtspunkten. Die Auswirkung der psychoanalytischen Arbeit am Sigmund-Freud-Institut auf andere Disziplinen, insbesondere auf Psychologie und Sozialwissenschaften, ist besonders dadurch intensiviert, daß Alexander Mitscherlich gleichzeitig der Direktor eines der Psychologischen Institute der Universität Frankfurt ist.

Warum blieb eine derartige Entwicklung bisher in den Vereinigten Staaten aus? Es ist leider wahr, daß sowohl die Universitäten als auch die psychoanalytischen Institute einem solchen Plan Hindernisse in den Weg gelegt haben. Jede Gruppe verlangt von der anderen die Übernahme des eigenen Standpunktes: die wenigen Universitäten, die zur Aufnahme der Psychoanalyse bereit waren, boten die Eingliederung psychoanalytischer Institute in ihrer gegenwärtigen Gestalt, ohne jede Modifikation, in ihr Departement für Psychiatrie an. Diese Institute wurden niemals richtige Universitätsinstitute. In den meisten Fällen zeigten sich die Universitäten jedoch so argwöhnisch und unfreundlich, daß eine Eingliederung überhaupt unmöglich war. Die psychoanalytischen Institute ihrerseits fürchteten, daß sie ihre Autonomie und damit eine ihren Prinzipien gemäße Forschung und Lehre nicht wahren könnten. »Die Psychoanalyse ist eine Pseudowissenschaft«, sagen die Akademiker; »Die Psychoanalyse wird an der Universität ruiniert«, erwidern die Psychoanalytiker. Hinter der Frage nach der Wissenschaftlichkeit steht, ganz wie in Freuds Tagen, das alte Mißtrauen gegen die Psychoanalyse und der offene oder verborgene Kampf um Kontrolle und Macht.

Was wird aus der Psychoanalyse, wenn der Schritt hin zur Eingliederung in die Universität nicht getan wird? Ich möchte eine Vorhersage wagen. Bleibt die Psychoanalyse in erster Linie an die Privatpraxis gebunden, dann werden die staatlichen Stellen weder bereit noch imstande sein, analytische Institute oder analytische Ausbildung zu unterstützen. Solche Institute werden weiterhin ausschließlich von den Wohlhabenden und von solchen Studenten aufgesucht werden, die an einer Ausbildung für die psychoanalytische Praxis, nicht aber unbedingt an der Wissenschaft Interesse haben. Dies trifft bereits in hohem Maße zu. Es könnte noch schlimmer kommen. Der Mangel an staatlicher Unterstützung wird die Psychoanalyse zwingen, entweder den Umfang ihrer Lehr- und Forschungsprogramme einzuschränken oder weiterhin von ihren Ausbildungskandidaten weit höhere Gebühren zu verlangen als die Studiengebühren der Universität. Solche Bedingungen waren wohl in der Frühzeit der psychoanalytischen Entwicklung tragbar, nicht aber zu einem Zeitpunkt, an dem die Psychoanalyse längst den Kinderschuhen entwachsen ist. Jetzt könnten sie sich ungünstig für die Lehraufgaben der Institute auswirken. Es könnte dahin kommen, daß immer weniger Studenten sich für die Psychoanalyse interessieren, und mangels begabter Studenten werden die Institute allmählich weiter an Niveau verlieren; sicherlich werden sie sich nicht aufwärtsentwickeln. Die ernsteste, bereits sichtbar gewordene Behinderung aber ist der Mangel an bedeutenden Forschungsprojekten. Die Schwierigkeiten bei der Durchführung psychoanalytischer Forschungsprojekte liegen natürlich nicht nur, wie ich bereits dargelegt habe, im wirtschaftlichen Sektor; aber die finanzielle Misere verschärft das Problem. Der Trend zur Versicherung gegen Krankheit und die Aussicht, daß die Krankenkassen dann sogar in den wohlhabenden Vereinigten Staaten nur noch ein Minimum an psychotherapeutischer Behandlung bezahlen werden, ist wahrscheinlich nicht geeignet, die psychoanalytische Arztpraxis finanziell zu tragen. Der psychoanalytischen Ausbildung aber wird so lange eine ausreichende öffentliche Unterstützung versagt bleiben, wie sie nicht nachweist, daß sie den breiten öffentlichen Interessen besser dienen kann, als es gegenwärtig der Fall ist.

Diese Feststellungen treffe ich nicht aus feindlichen Motiven oder ohne Verantwortungsgefühl. Ich bin überzeugt, daß die Psychoanalyse ein wertvoller, einzigartiger Beitrag zum menschlichen Wissen ist. Ich glaube sogar, daß die heutige, verworrene und konfliktbeladene Welt die Psychoanalyse sehr nötig braucht. Sie bedarf ihrer nicht als einer Luxuspraxis, sondern als eines Lehr- und Ausbildungssystems, das der Forschung dient, und das mit der übrigen Wissenschaft Kontakt hält. Ich bin überzeugt, daß die Psychoanalyse ernsthaft, sogar in ihrer Existenz bedroht sein wird, falls sie nicht einen anerkannten Platz in der Universität findet. Auf der Universitätsbasis würde sie ihre wichtigsten, die Lehr- und Wissenschaftsfunktionen wiederbeleben können. Ein Departement für Psychoanalyse an einer Universität könnte diejenigen Studenten anziehen, die den größten Nutzen aus ihrer Lehre zögen. So könnte Freuds wissenschaftliches Vermächtnis gewahrt werden. Es wird schwierig sein, dies zu erreichen; ich bin aber überzeugt, daß es versucht werden muß. Zunächst aber muß das gegenseitige Mißtrauen abgebaut werden. Es wird nicht leicht sein, die Psychoanalytiker in den von Konkurrenz und Formalismus geprägten Universitäten heimisch zu machen. Es wird auch schwer halten, Regierungsstellen und private Stiftungen davon zu überzeugen, daß ein Departement für Psychoanalyse den Wissensstand durch wichtige Arbeiten erweitern und daß dieses Wissen auf viele Lebensbereiche und kritische soziale Probleme angewandt werden kann.

Der Zwang zur Zusammenarbeit ist stark, die Herausforderung anspornend. Die soziale Verantwortung der Psychoanalyse liegt bei der Aufgabe, die verworrenen, konfliktreichen Strebungen der Menschen zu verstehen und die Konflikte lösen zu helfen, und dies in einem Maße, das weit jenseits dessen liegt, was die Psychoanalyse heute leistet. Ich würde gerne an jeder Bemühung teilhaben, um dieses Ziel zu erreichen.

Peter Dettmering

Psychoanalyse als Instrument der Literaturwissenschaft*

I.

Die Anwendung der Psychoanalyse auf Kunst und Literatur ist schon oft totgesagt worden, obwohl im Augenblick manches dafür spricht, daß sich dieser Forschungszweig wieder zu beleben beginnt. Es ist eine Reihe von Veröffentlichungen erschienen, in denen es um eine neue Annäherung von Literaturwissenschaft und Psychoanalyse und zugleich um die Würdigung des bisher Geleisteten geht. In diesem Sinne versuchen sich auch die folgenden Ausführungen an einem Überblick, einer Bestandsaufnahme, um von dem Vorhandenen auf künftige Möglichkeiten schließen zu können.

Wie die Psychoanalyse selbst hat auch dieser ihr Zweig, der sich die Anwendung psychoanalytischer Erkenntnisse auf Kunst und Literatur als Ziel gesetzt hat, eine Geschichte, innerhalb derer man zwei Phasen unterscheiden kann. In der Entdeckungs- oder Pionierphase wurde ein neues faszinierendes Gebiet rasch durchmessen, ohne zunächst den Fragen der Systematik und Abgrenzung besondere Beachtung zu widmen. Die zweite Phase hingegen, in der wir uns heute befinden, ist durch die Bemühung um Systematisierung und kritische Sichtung gekennzeichnet. So hat z. B. Kurt R. Eissler, einer Anregung von Harold Collins folgend, die Begriffe »exopoetisch« und »endopoetisch« eingeführt und damit zwei verschiedene Formen der Annäherung an das literarische Kunstwerk voneinander abgesetzt. Wie der Name sagt, nähert sich der exopoetische Interpret dem Kunstwerk von *außen;* er versucht die Entstehung des Werks zu rekonstruieren und bedient sich dabei aller ihm erreichbaren biographischen und sonstigen Details. Der endopoeti-

* Erstmals erschienen in *Psyche* (Jg. 27), 1973, S. 601–613. Abdruck mit freundlicher Genehmigung des Autors.

sche Interpret hält sich *innerhalb* der vom Kunstwerk gesetzten Grenzen; er bemüht sich, jedes Werkdetail im Lichte des Gesamtwerks zu sehen, ohne auf Faktoren zurückzugreifen, die nicht in ihm enthalten sind (Eissler, 1971, S. 459).

Wie so oft in der Psychoanalyse, findet sich dieser Gegensatz im Werk Freuds schon vorgebildet. Zwei seiner größeren Arbeiten, im ersten Jahrzehnt unseres Jahrhunderts nicht lange nacheinander entstanden, entsprechen ziemlich rein diesen beiden Interpretationsmethoden. Stellt ›Eine Kindheitserinnerung des Leonardo da Vinci‹ (1910) ein Vorbild exopoetischer Annäherung, so ›Der Wahn und die Träume in W. Jensens *Gradiva*‹ (1907) den Prototyp des endopoetischen Ansatzes dar. Dabei spielt hier keine wesentliche Rolle, auf welche Weise Freud zur Anwendung der endopoetischen Methode kam, daß er nämlich auf die Heranziehung äußerer Fakten verzichtete, weil die Person des greisen Dichters Jensen zu schonen und biographische Details nur spärlich zu erhalten waren. Entscheidend ist in unserem Zusammenhang, daß Freud in diesen beiden Arbeiten die Pole festgelegt hat, zwischen denen sich diese Anwendungsmöglichkeit der Psychoanalyse seither bewegt.

Daß die Unterscheidung von exo- und endopoetisch über die Grenzen der Psychoanalyse hinaus von großer Tragweite ist, braucht nicht eigens betont zu werden. Das Interesse am Kunstwerk und dasjenige an der Künstlerbiographie bilden Schwerpunkte, die zwar oft zusammenfallen können, aber keineswegs zusammenfallen müssen. So wie es immer Menschen geben wird, die sich entweder ganz für das eine oder für das andere interessieren, gibt es auch in der Geistesgeschichte extreme Betonung des einen auf Kosten des andern. So zitiert Eissler in seiner kürzlich erschienenen Hamlet-Monographie (1971, S. 460) als den Vertreter eines extrem endopoetischen Standpunktes Friedrich Gundolf, der aus der antipsychologischen Voreingenommenheit des George-Schülers dazu neigte, der Biographie nur vom Werk her einen Sinn, eine geistige Berechtigung zuzubilligen. »Aber das Leben des Menschen, und sei es das des Schaffenden, ist niemals das des Schöpfers«, sagt demgegenüber Walter Benjamin und verwahrt sich gegen die Versuche der George-Schule, die Biographie auf eine Stufe mit der Dichtung und den Dichter selbst in den Rang eines Halbgottes zu erheben (1961, S. 106).

Für die Psychoanalyse gilt im ganzen gesehen eher die umgekehrte Gefahr: daß der Interpret das Gedichtete auf die Stufe der Biographie »herunter«holt und gleichwertig mit Biographischem behandelt. Aber selbst innerhalb der Psychoanalyse existieren dem Dichterischen gegenüber zwei ganz verschiedene, ja gegensätzliche Einstellungsmöglichkeiten, von denen die eine auf eine Idealisierung des Dichters, die andere auf deren Gegenteil hinausläuft. Sofern nämlich der Analytiker jenes tiefe Wissen um Seelisch-Unbewußtes, das er in der Dichtung entdeckt, dem Dichter persönlich zuschreibt und erwartet, es auch in dessen Lebensgestaltung wiederzufinden, idealisiert und überfordert er ihn – jener Widerspruch, den Goethe in die Worte gefaßt hat, »daß die Muse zu *geleiten*, doch zu *leiten* nicht versteht« (Zahme Xenien, VIII).

Es ist dieses Wissen des Dichters um die eigenen innerseelischen Vorgänge, die Freud in seinem Gradiva-Aufsatz (1907, S. 78) mit dem Terminus »endopsychische Wahrnehmung« belegt hat; diese schließt offenbar auch die Möglichkeit ein, Verdrängtes wahrzunehmen. Seelische Konflikte und Vorgänge bilden sich auf einer inneren Bühne oder Szene gestalthaft ab und erreichen einen Realitätsgrad, der sie – wie sonst nur im Traum – den Phänomenen der äußeren Welt ebenbürtig oder überlegen macht. Die Arbeit des Dichters ist es nun, genau zu erforschen und zu beschreiben, in welcher Beziehung die beiden Welten oder Wirklichkeiten zueinander stehen. Das Kunstwerk entsteht so im Übergangsbereich zwischen innerer und äußerer Realität und gehört bald mehr dem einen, bald mehr dem anderen Pol an. Wenn z. B. ein Dichter wie Thomas Mann die in seinen Werken vorkommenden Konflikte vorzugsweise durch den Suizid seiner Figuren löst (Dettmering, 1969), so darf man annehmen, daß diese Reaktion, die der zu erwartenden Mannigfaltigkeit realer Konfliktlösungen widerspricht, auf Kosten der inneren Realität zu setzen ist. Die dichterische Phantasie fungiert als Organ oder Werkzeug, das die äußere Realität nach Maßgabe der psychischen Realität (und umgekehrt) bearbeitet. Ganz in diesem Sinne hat Heimito von Doderer (1951, S. 639) die Phantasie als »gestaltweises Erwägen« gekennzeichnet, um ihr dadurch das Odium des Ungenauen, gesetzlos Schweifenden zu nehmen. Desgleichen hat Freud um diese wichtige Rolle der Phantasie bei der Entstehung von Dichtung genau gewußt. Wenn er in seinem Aufsatz ›Der Dichter und das Phantasieren‹ (1908) Dichtung und Tagtraum auf eine gemeinsame Wurzel zurückführt, so trägt solche Reduktion dem Besonderen, Sublimen, Geistigen mancher Dichtung scheinbar nicht genügend Rechnung – und doch führt Freuds Betrachtungsweise zur Einsicht in Strukturgesetze der Dichtung bis in Technisch-Formales hinein.

Der moderne Dichter – so heißt es beispielsweise in diesem Aufsatz Freuds – zerspalte sein Ich durch Selbstbeobachtung in Partial-Ichs und personifiziere demzufolge die Konfliktströmungen seines Seelenlebens in mehreren Helden. Nicht minder wichtig ist die Einsicht in die »exzentrische« Position des modernen Romanhelden, der nicht mehr im Zentrum der Handlung steht, sondern außerhalb ihrer beobachtet und reflektiert: Man denke etwa an Hamlet oder Faust. Exzentrischer Einsatz, exzentrische Position sind auch Begriffe, mit denen der schon erwähnte Heimito von Doderer seine Romantechnik kommentiert; und so findet sich nicht zufällig bei diesem Schriftsteller ein besonders prägnantes Beispiel für die Übernahme eines psychoanalytischen terminus technicus: der Gebrauch des Wortes »Übertragung« in der »Strudlhofstiege« (1951, S. 97). Wichtiger jedoch als solche Übernahme im einzelnen ist die konsequente neue Fragestellung, welche die Literaturwissenschaft der Psychoanalyse verdankt: Was bedeuten die dichterischen Figuren in ihrer Beziehung untereinander und was in ihrer Beziehung zum Ich des Dichters?

Ein charakteristisches Beispiel für diesen Ansatz ist der Essay ›Das Unheimliche‹ (1919), der eine Analyse von E. T. A. Hoffmanns ›Sandmann‹ enthält. Der Student Nathaniel wird in dieser Erzählung von einer Kindheitserinnerung verfolgt: Die Kinderfrau hat erzählt, daß der Sandmann Kindern Sand in die Augen streut, bis sie zum Kopf herausspringen. Einmal hat er sich als Knabe im Arbeitszimmer des Vaters versteckt und erlebt, wie der Vater mit einem Advokaten Coppelius zusammen Versuche anstellte. Die Worte: »Augen her, Augen her«, mit denen Coppelius am Feuer hantierte, waren damals der Anlaß zu einem Angst- und Fieberdelir des Knaben. Jetzt als Erwachsener sieht sich Nathaniel in eine ähnliche Situation zwischen zwei Männern zurückversetzt. Das Mädchen Olimpia, das Nathaniel leidenschaftlich liebt und durch ein Augenglas in der gegenüberliegenden Wohnung beobachtet, ist eine von Professor Spalanzani geschaffene, vom Optiker Coppola mit Augen versehene Puppe. Dem Vater und Coppelius in der Kindheit entsprechen Spalanzani und Coppola in der Gegenwart. Es ist diese Entsprechung, mit der auch Jacques Offenbachs Oper ›Hoffmanns Erzählungen‹ arbeitet, die in den drei Episoden und der Rahmenhandlung das gleiche Grundmuster variiert.

Freud liefert nun in seinem Aufsatz eine Begründung dafür, was es mit diesem Männerpaar auf sich hat: Es ist die »durch Ambivalenz in zwei Gegensätze zerlegte Vater-Imago«. Der Sandmann ist der böse Aspekt des Vaters, von dem her dem heranwachsenden und sehend werdenden Knaben die Gefahr droht, daß er ihm etwas fortnimmt, was so kostbar ist wie der Augapfel; nicht umsonst klingt, wie Freud gezeigt hat, die leere Augenhöhle, italienisch coppo, in den Namen Coppelius und Coppola an. Nach Annahme der Psychoanalyse steht die Blendung symbolisch für die Kastration und ist die Strafe für den Wunsch des Knaben, den Vater bei der Mutter »auszustechen«. Diese Gefahr droht dem Knaben freilich auch, sofern er dem Vater gegenüber die unterwürfige, gleichsam weibliche Rolle einnimmt und so auf seine Männlichkeit verzichtet. Dies führt Freud zu seiner nächsten Deutung. Die Puppe Olimpia ist nach Freud nichts anderes als die »Materialisation von Nathaniels femininer Einstellung dem Vater gegenüber«. Nathaniel liebt in der schönen Puppe sich selbst, einen Teil von sich, weshalb es ihm dann in seinem Wahnsinnsanfall erscheint, als seien ihre Augen seine eigenen, die ihm einst Coppelius in der Kindheit entwendet hat. Freud nennt daher Nathaniels Liebe »narzißtisch«, so wie man andererseits auch das Objekt dieser Liebe »narzißtisch« nennen darf. Ein flüchtiger Überblick über den Bereich des Dichterischen überzeugt einen rasch, daß die Dichtung voll ist von solchen narzißtischen Imaginationen, wobei nur an Helena, Ottilie, Mignon im Werk Goethes erinnert sei. Nimmt man alle diese eben genannten Entdeckungen zusammen, so kann man mit gutem Recht behaupten, daß die Psychoanalyse nicht etwa – wie oft vermeint wird – undichterische Gesichtspunkte an die Dichtung heranträgt, vielmehr Möglichkeiten zur Verfügung stellt, Dichtung psychologisch adäquat zu erfassen.

Ganz in diesem Sinne hat K. R. Eissler in seiner Hamlet-Monographie darauf hingewiesen, daß es zu einfach wäre, zu sagen,

Freud habe das Phänomen des Ödipuskomplexes klinisch beobachtet und erst sekundär auf Dichtung angewendet (1971, S. 467). Eher verhielt es sich so, daß Freuds Kenntnis des ›Hamlet‹ oder des ›König Ödipus‹ von vornherein eine integrierende Komponente des psychoanalytischen Entdeckungsprozesses war. Der Dichter war »jederzeit der Vorläufer der Wissenschaft und so auch der wissenschaftlichen Psychologie« (Freud, 1907, S. 70). In Rudolf Borchardts 1929 erschienener Erzählung ›Der unwürdige Liebhaber‹ äußert eine der Gestalten Worte, die Freuds Konzeption des Todestriebes entsprechen: »Es muß wohl neben dem im Menschen, was leben will, etwas anderes sein, das will nicht leben; und die beiden sind Nachbarn.« (1957, S. 101) Das gleiche bringt Hermann Broch zum Ausdruck, wenn er seinen Vergil sagen läßt, es habe in seinem Leben keinen Augenblick gegeben, den er nicht hätte festhalten wollen, »aber auch keinen, in dem ich nicht zu sterben gewünscht hätte« (1965, S. 309).

Hier rücken Dichtung und Psychoanalyse nahe zusammen und sind in ihrer Aussage kaum zu unterscheiden, unabhängig davon, was der betreffende Dichter von der Psychoanalyse hielt, falls er sie zur Kenntnis genommen hat. Es gibt freilich auch Mißverständnisse und Gefahren in ihrer Verbindung. Wenn das Wesen der analytischen Therapie darin besteht, dem Patienten in einer Vielzahl kleiner und kleinster Schritte einen Weg zu zeigen, auf welchem sich die Diskrepanz von bewußt und unbewußt allmählich verringern läßt, so besteht im Umgang mit Dichtung leicht die Gefahr, diesen mühsamen und zeitraubenden Weg abzukürzen und ihr auf diese Weise das zu entreißen, was man ihre Es-Inhalte nennen könnte – die in ihr enthaltenen unbewußten Phantasien von triebhaftem Charakter. Aber auch in der Dichtung – wie im individuellen Patienten – gibt es den »Widerstand«: Er wird von der Summe ihrer Sachgehalte gebildet. Es gibt die Gefahr der positiven oder negativen Übertragung, daß nämlich der Analytiker die Dichtung mißversteht, weil die Problematik des Dichters der seinen zu ähnlich ist. Schließt man sich den Auffassungen Janine Chasseguet-Smirgels (1970) an und erblickt im Kunstwerk die Formwerdung einer bestimmten Objektbeziehung (des Künstlers zur Welt und damit zur *Umwelt*), so wäre es fast gerechtfertigt, statt von Übertragung von *Gegen*übertragung zu sprechen. Auch in der therapeutischen Situation gelingt es dem Psychoanalytiker ja nur approximativ, »reines Auge« zu sein und seinem Gegenstand voll gerecht zu werden. Und schließlich gibt es in der Dichtung etwas, das sich der Analyse entzieht, gemäß Susan Sontags Worten, psychologische Analyse weise der Handlung eine umschreibbare Bedeutung zu, »über die echte Kunst hinausgeht« (1968, S. 206).

II.

Auf seiten des Dichters selbst kommt noch ein weiteres Moment hinzu, das Mißverständnisse begünstigt. Man könnte es in Anlehnung an allergische Vorgänge in der Medizin als eine spezifische Sensibilisierung durch die Psychoanalyse beschreiben. Die Psychoanalyse erweitert zwar das Bewußtsein und das Blickfeld des Dichters und gibt ihm neue, faszinierende Techniken an die Hand; gleichzeitig muß es ihm jedoch erscheinen, als stelle sie mit ihrem Anspruch auf Bewußtmachung des Unbewußten seine Produktivität und damit seine dichterische Existenz in Frage. Rilke konnte sich die Wirkung einer psychoanalytischen Behandlung bezeichnenderweise nur unter dem Bild rot durchverbesserter Schulhefte vorstellen (14. 1. 1912) und fand die Formel von den Engeln, die bei der Vertreibung der Teufel durch die Psychoanalyse mitgeschädigt werden könnten (24. 1. 1912; beide Briefe an V. E. von Gebsattel). Ähnliches klingt in einem Brief Gottfried Benns an: Die Psychoanalyse habe vielleicht medizinisch, aber nicht geistig ihre Versprechungen erfüllt; sie sei nicht imstande, der produktiven Welt gerecht zu werden und ihr ihre tragische Problematik zu deuten (20. 6. 1947).

Im Falle Doderers führt die Idiosynkrasie so weit, daß er aus dem Munde einer seiner Figuren von einem »Seelenschlosser-Jargon« spricht (1951, S. 685) oder einen senil-vertrottelten Branntweinschenk in seinen »Dämonen« mit dem Namen Freud ausstattet, als wäre ihm kein anderer Name eingefallen. Im gleichen Roman beschreibt Doderer die Persönlichkeit einer Pianistin, von der es heißt, daß sie »einmal einem Psychoanalytiker in die Hände geraten war, noch dazu als Halbwüchsige, und obendrein: der Mann war imstande gewesen, ihr wirklich zu helfen. Hierdurch also war sie unheilbar geworden, denn sie erhielt nun für alles in der Welt, was immer ihr am Mitmenschen auffiel, einen gutpassenden Schlüssel, erschloß damit alsbald den Sachverhalt und fand richtig drinnen eine Benennung irgendwelcher Art sozusagen schon vorbereitet liegen ... Man kann sagen, sie war, statt aller früheren Übel, nunmehr endgültig und für immer an der Psychoanalyse selbst erkrankt; für eine Heilwissenschaft jedenfalls ein beachtenswertes Resultat.« (1956, S. 432 f.)

Sieht man davon ab, daß hier ein Aperçu von Karl Kraus abgewandelt wird, geht es bei Doderer offensichtlich um die Gefahr, es könne ein allwissendes Gegenüber geben, das in die geheimen – produktiv bedeutungsvollen – Winkel der Seele hineinspäht und darum durch *Wendung ins Lächerliche* depotenziert werden muß. Diese Abwehrhaltung, wie sie sich in ähnlicher Ausprägung etwa auch an Nabokov beobachten läßt, läuft letzten Endes darauf hinaus, daß der Künstler, um sich der Psychoanalyse zu erwehren, selbst zu einer Art Psychoanalytiker wird und ihre Erkenntnisse in »kryptischer«, verrätselter Form (L. R. Hiatt, 1972) in sein Werk einbaut.

In anderen Fällen kommt es jedoch zu einer offeneren, gleichberechtigteren Beziehung von Kunst und Psychoanalyse, die in Richtung dessen liegt, was Thomas Mann in seinem Briefwechsel mit Karl Kerényi »Mythos plus Psychologie« genannt hat (1945, S. 82). Im Grunde ist es die gleiche Formel, der auch Freuds Abhandlung ›Das Motiv der Kästchenwahl‹ von 1913 gehorcht: der Versuch, das Dichterische oder die Bewunderung für das Dichterische mit wissenschaftlicher Strenge zu verbinden. S. A. Leavy hat zu dieser Frage in seiner Arbeit über Lou Andreas-Salomés Freud-Tagebuch einiges Grundsätzliche ausgeführt: »Es ist ... vielleicht nur eine ganz leichte Wendung in der Entwicklung, daß aus einem Menschen ein Psychoanalytiker und nicht ein Schriftsteller wird, und in ihren besten Arbeiten greifen die Psychoanalytiker oft zu bildhaften Darstellungen, um ihre Gedanken zu illustrieren. Bald aber gewinnt der Kliniker in ihnen wieder die Oberhand, und das Bild wird den strengen Forderungen der Logik unterworfen.« (1965, S. 220)

Dieser Gegensatz läßt sich vielleicht noch etwas schärfer fassen. Der Psychoanalytiker, der sich in seiner Arbeit den »strengen Forderungen der Logik« unterwirft, will Einsicht in verborgene, nicht unmittelbar wahrnehmbare Zusammenhänge und Gesetzmäßigkeiten gewinnen; indem er von einem theoretischen Modell her das vorhandene Material strukturiert, gelangt er zu einer Abstraktion, die das Material für jene Gesetzmäßigkeiten transparent werden läßt. Der Begriff Struktur wird aber andererseits auch verwendet, um den Vorgang zu bezeichnen, daß ein Künstler verschiedene in der Realität vorgefundene Materialien in Beziehung zueinander setzt und auf diesem Wege einen »Text«, ein Gewebe, ein Muster schafft, dem nichts Abstrakt-Gesetzhaftes zu entsprechen braucht und das sich selbst zu genügen vermag. Was so entsteht, hat oft mehr den Charakter eines geheimnisvollen Gespinstes als den eines durchstrukturierten Gebildes; es ist der Versuch, in einem rein subjektiven Maschengitter dasjenige einzufangen, was das Vergängliche, Gleitende, Vorüberhuschende eines Vorgangs oder Eindrucks ausmacht.

Jenseits der »strengen Forderungen der Logik« stellt aber auch die dichterische Sprache ein solches Netzwerk dar, in dessen Maschen sich fängt, was sich direktem Zugriff entzieht. Eine indirekte, unsystematische, mit Beziehungen arbeitende Form der Annäherung steht so einer anderen gegenüber, die auf Erfassung von Struktur und genetischem Ablauf gerichtet ist. Beide Möglichkeiten schließen sich selbstverständlich nicht aus, doch kann man oft beobachten, daß sie vom Individuum konflikthaft erlebt werden. Das kann selbst für einen bedeutenden Schriftsteller die Gefahr des Scheiterns mit sich bringen (man denke etwa an Robert Musil); andererseits wird auf diese Weise verständlicher, warum Menschen mit »intuitivem« Zugang zum Unbewußten nicht unbedingt die fähigsten Psychoanalytiker sind: Ihre Art der Annäherung ist mit den Intentionen der Psychoanalyse nur schwer in Einklang zu bringen.

Blicken wir von diesen Überlegungen her auf die antipathographische Einstellung C. G. Jungs (1971), die für entsprechende Haltungen anderer repräsentativ ist, so stellt sie sich als Ausdruck des Wunsches dar, das vom Dichter ausgebreitete Oberflächengespinst nicht zu zerreißen und es lieber bei der *Ahnung* von Tiefe zu belassen. Konservativ-erhaltende und kritisch-sichtende Tendenzen sind so auch bei einem tiefenpsychologischen Interpretationsversuch in wechselndem Mischungsverhältnis beteiligt und können auf dieser Ebene erneut zu einem Konflikt führen, in dem bald der Wunsch nach Strukturerhellung, bald das Verlangen nach Erhaltung des »Gespinstes« den Sieg davonträgt. Auch dem tiefenpsychologischen Interpreten stellt sich ein Kunstwerk in zwei gegensätzlichen oder komplementären Aspekten dar, daß es nämlich auf der einen Seite narzißhaft auf sich selbst zurück, auf der anderen Seite über sich selbst hinaus verweist. Erlaubt der narzißhafte Aspekt dem Betrachter, sich in das Werk zu versenken und so einen frühen Erlebnismodus wiederzubeleben, der die Spaltung in Subjekt und Objekt vorübergehend aufhebt, so erscheint das Werk in anderer Sicht als Absprungbasis, Voraussetzung einer Persönlichkeitswandlung, wie sie das Werk selbst gebieterisch vom Künstler zu fordern scheint. Der »Engel« im Werk Rilkes beispielsweise entspricht dem Versuch, mittels des Werks einen Prozeß nachzuholen, der vom sinnlich gegenwärtigen Objekt (dem »Ding-Gedicht«) zur unsichtbaren Repräsentanz oder Imago führt; der Narziß-Charakter des Engels, wie ihn Erich Simenauer (1953) herausgearbeitet hat, wird so durch dessen transitive, zukunftsbezogene Funktion ergänzt.

Das Auftauchen »narzißtischer« Phänomene im Kunstwerk stellt daher unter Umständen schon einen Versuch der Objektivierung und Selbstüberwindung des Künstlers dar; wie in der analytischen Übertragungsbeziehung rückt das betreffende Phänomen (das »Symptom«) aus dem Bereich klinischer Deskription heraus und verlangt nach einer anderen Bewertung. Aus diesem Grunde erscheint die Tatsache, daß Janine Chasseguet-Smirgel den Terminus »Objektbeziehung« auf die analytische Kunst- und Literaturbetrachtung ausgeweitet hat, so außerordentlich fruchtbar: indem sie Form und Struktur des Werks als Ausdruck einer ihm eigenen Form der Objektbeziehung auffaßt, ersetzt sie den bisherigen *person*bezogenen Deutungsansatz durch ein *form*bezogenes Modell der Annäherung und zeigt Möglichkeiten, auch ein anonym oder in Teamarbeit entstandenes Kunstwerk psychoanalytisch zu erfassen. So wie in der analytischen Arzt-Patient-Beziehung in erster Linie das Wesen dieser Beziehung studiert wird, zwar unter Einbeziehung biographischer Fakten, notfalls aber auch unabhängig von ihnen, erscheint J. Chasseguet-Smirgel auch das Kunstwerk in seiner unmittelbaren Erscheinungsform wichtiger als die mittelbaren, objektiven Daten. Sie schlägt daher vor, den Stil des Kunstwerkes als seine ihm eigene, unverwechselbare Art der Objektbeziehung zu studieren und nicht im Kunstwerk selbst enthaltene Daten zunächst in Klammern zu setzen. Rückt sie damit zunächst in die Nähe der am Mythos orientierten, »ganzheitlichen« Betrachtungsweise C. G. Jungs, so hebt sie selbst den entscheidenden Unterschied hervor, daß Jung den Fragen des Stils, der Struktur und der verschiedenen Bewußtseinsebenen im Kunstwerk nicht genügend Rechnung trug: »Die mythischen Gestalten gehören einer vorgeprägten, archaischen, ewigen Welt an, während das Kunstwerk sich auf verschiedenen Ebenen ansiedeln kann.« (1970, S. 810)

Diese »verschiedenen Ebenen« sind es offenbar auch, die allmählich zu einer zunehmenden Differenzierung geführt haben, was die psychoanalytische Erforschung von Kunst und Literatur anbetrifft. Heinz Kohut (1960, S. 584) hat vorgeschlagen, in Fällen, in denen biographische Forschung mit psychoanalytischen Mitteln, aber nicht speziell pathographischen Absichten arbeite, von »Tiefenbiographie« beziehungsweise analytischer Kreativitätsforschung zu sprechen. Beides wird zum Beispiel von den Arbeiten K. R. Eisslers verkörpert, in denen der Schwerpunkt einerseits auf dem Biographischen, andererseits auf der Erforschung der Kreativität und ihrer Störungen liegt. Es hat etwas Faszinierendes, von Eissler Auskunft zu erhalten über die inneren Vorgänge Goethes während der ersten Weimarer Dekade (1963) oder über das »Ambiguose« in Shakespeares Hamlet-Drama. Die Auffassung etwa, in Fortinbras den wiedergeborenen, zur Autonomie erstarkten Hamlet zu sehen, »capable of action« (1971, S. 315), ist nur *ein* Beispiel für die Fülle von Einsicht, die sich in Eisslers Arbeiten niedergeschlagen hat. Freilich wird vom Leser verlangt, daß er sich dem episch anmutenden Fluß dieses Psychoanalytikers anvertraut, der in fast anachronistischer Weise einen universalen Gelehrten alten Stils verkörpert und seine Abhandlungen schreibt wie große Romanciers ihre Romane: unbekümmert um die Geduld des Lesers, nur bestrebt, seinen Gegenstand ganz auszuschöpfen. Bei genauerem Hinsehen stellt sich allerdings heraus, daß Eissler den Bedürfnissen des heutigen Lesers, den es nach einer aphoristischen, essayistischen Darstellungsweise, einer »Kunst des Weglassens« verlangt, insofern nahesteht, als man seine Bücher als eine Folge von Essays auffassen kann.

Fassen wir zusammen: Psychoanalytische Literaturforschung hat sich über ihre vorwiegend pathographische Epoche hinausentwikkelt und ein Spektrum von Darstellungsmöglichkeiten gefunden, das von der umfassenden Monographie zum Essay, von der Tiefenbiographie zur in sich geschlossenen Werkanalyse reicht. Man darf gespannt sein, wie sich Psychoanalyse und Literaturwissenschaft – einzeln oder gemeinsam – der geschaffenen Möglichkeiten in Zukunft bedienen werden.

Bibliographie

Benjamin, W. (1961): »Goethes *Wahlverwandtschaften*«, in: *Illuminationen*, Frankfurt a. M. (Suhrkamp).

Benn, G. (1957): *Ausgewählte Briefe*, Wiesbaden (Limes).

Borchardt, R. (1957): *Der unwürdige Liebhaber*, Hamburg (Rowohlt).

Broch, H. (1965): *Der Tod des Vergil*, München (dtv).

Chasseguet-Smirgel, J. (1971): »*Letztes Jahr in Marienbad*. Zur Methodologie der psychoanalytischen Erschließung des Kunstwerkes«, in: Mitscherlich, A. (Hrsg.): *Psychopathographien I*, Frankfurt a. M. (Suhrkamp).

Dettmering, P. (1969): *Dichtung und Psychoanalyse I (Thomas Mann – Rainer Maria Rilke – Richard Wagner)*, München (Nymphenburger).

– (1967): »Trennungsangst und Zwillingsphantasie in Heimito von Doderers Roman *Die Strudlhofstiege*«, *Psyche 26*, S. 549–580.

– (1973): »Der Dichter und der Traum. Neue Veröffentlichungen zum Verhältnis von Literatur und Psychoanalyse«, *Deutschlandfunk* (9. 7. 1973).

– (1974): *Dichtung und Psychoanalyse II (Shakespeare – Goethe – Jean Paul – Doderer)*, München (Nymphenburger)

– (1975): *Heinrich von Kleist. Zur Psychodynamik in seiner Dichtung*, München (Nymphenburger).

Doderer, H. von (1951): *Die Strudlhofstiege oder Melzer und die Tiefe der Jahre*, Roman, München (Beckh).

– (1956): *Die Dämonen*, Roman, München (Beckh).

Eissler, K. R. (1963): *Goethe. A psychoanalytic Study*, Detroit (Wayne State University Press).

– (1971): *Discourse on Hamlet and* Hamlet. *A Psychoanalytic Inquiry*, New York (International Universities Press).

Freud, S. (1907): »Der Wahn und die Träume in W. Jensens *Gradiva*, *G.W. 7*.

– (1908): »Der Dichter und das Phantasieren«, *G.W. 7*.

– (1910): »Eine Kindheitserinnerung des Leonardo da Vinci«, *G.W. 8*.

– (1913): »Das Motiv der Kästchenwahl«, *G.W. 10*.

– (1919): »Das Unheimliche«, *G.W. 12.*
– (1960): *Briefe 1873–1939,* Frankfurt a. M. (S. Fischer).
Goethe, J. W. von (1949): *Gedichte in drei Bänden,* Zürich.
Hiatt, L. R. (1972): »Nabokovs *Lolita:* ein kryptisches freudianisches Kreuzworträtsel«, in: Mitscherlich, A., *Psychopathographien I,* Frankfurt a. M. (Suhrkamp).
Jung, C. G. (1971): *Über das Phänomen des Geistes in Kunst und Wissenschaft,* Olten (Walter).
Kerényi, K. und Mann, Th. (1945): *Romandichtung und Psychologie. Ein Briefwechsel.* Neuausgabe, Zürich.
Kohut, H. (1960): »Beyond the Bounds of the Basic Rule«, *Journal of the American Psychoanalytic Association 8,* S. 567–586.
Leavy, S. A. (1965): »Lou Andreas-Salomés Freud-Tagebuch«, *Psyche 19,* S. 219–240.
Mann, Th. (1948): *Die Josephsromane,* Frankfurt a. M. (S. Fischer).
Rilke, R. M. (1950): *Briefe in zwei Bänden,* Wiesbaden (Insel).
Simenauer, E. (1953): *R. M. Rilke – Legende und Mythos,* Frankfurt a. M.
Sontag, S. (1968): *Kunst und Antikunst. 24 literarische Analysen,* Hamburg (Rowohlt).
– (1974): *Dichtung und Psychoanalyse II (Shakespeare – Goethe – Jean Paul – Doderer),* München (Nymphenburger).
– (1975): *Heinrich von Kleist. Zur Psychodynamik in seiner Dichtung,* München (Nymphenburger).

Kurt R. Eissler
Zur Notlage unserer Zeit*

Ein Schreiben an
Herrn Professor Alexander Mitscherlich
anläßlich seines 60. Geburtstages

Verehrter Herr Mitscherlich:

Als vor nicht allzu langer Zeit sich einige Freunde trafen, erstreckte sich das Gespräch bald auf das landläufige Thema der großen Krise, in der sich Amerika derzeit befindet. Diesmal wurde die Frage aufgeworfen, was wohl deren letzte Gründe seien.

Wie Sie sich vorstellen können, war einer da, der den gegenwärtigen Niedergang der Religion dafür verantwortlich machte, ein anderer, der sozial-politische Krisen wie Klassenkampf und imperialistische Tendenzen als die Triebfedern ansah. Sie kennen wahrscheinlich besser als ich die verschiedenen Kategorien, die von Intellektuellen zur Erklärung unlustvoller historischer Ereignisse verwendet werden. Wie so oft in der Wissenschaft und im Leben, ist man geneigt, sich angesichts der Komplexität des Problems einem Eklektizismus zuzuwenden und es bei einer Pluralität der Verursachungen bewenden zu lassen.

In der Tat fühlt man sich skeptisch, wenn Gelehrte gewaltige historische Ereignisse kausal auf einen Nenner reduzieren. Sie kennen die Theorie, daß die Metallkrise, das Abwandern des Silbers, den Untergang des Römischen Reiches verursacht habe. Neulich las ich durch Zufall, daß ein Forscher in der chronischen Bleivergiftung, der die Römer angeblich durch ihre Art der Wasserversorgung ausgesetzt waren, den Hauptgrund der historischen Katastrophe fand. Ich erinnere mich an eine Diskussion in der Wiener Psychoanalytischen Vereinigung über diesen Gegenstand, in der ein sehr bedeutender Analytiker die These aufstellte, daß der letzte Grund die Unfähigkeit des Ichs gewesen sei, Versagungen zu ertra-

---

* Erstmals erschienen in *Psyche* (Jg. 22), 1968, S. 641–657. Abdruck mit freundlicher Genehmigung des Autors.

gen. Es wäre notwendig gewesen, bestimmte Reformen durchzuführen, die von dieser oder jener sozialen Gruppe Opfer erfordert hätten, und deswegen nicht durchgeführt werden konnten. Es wäre dieser Theorie zufolge letztlich der Egoismus des Ichs gewesen, der die gewaltige Organisation des Römischen Reiches zu Fall brachte. Jede dieser Theorien leuchtet ein, und es wäre ganz logisch, da zumindest dem Laien der Erklärungswert der einen Theorie nicht größer erscheint als der andere, den Schluß zu ziehen, daß eben biologische, wirtschaftliche und psychologische Gründe zusammenwirken müssen, um stark kohäsive oder kohärente Organisationen zur Auflösung zu bringen. Mag sein; aber vielen von uns widerstrebt der Eklektizismus, und man fühlt sich von Konstruktionen angezogen, die, wenn man ihnen gegenüber auch ein Mißtrauen verspürt, eine universalere Erklärung versprechen.

Es ist das Problem des Krieges, das im Mittelpunkt der jetzigen Krise steht und uns in einen Abgrund zu reißen droht. Ich sehe von seiner Unsittlichkeit, seiner Barbarei, seiner Quelle unwiderruflichen Leidens ab und beschränke mich auf die Tatsache seiner regelmäßigen Erscheinung.

Ich denke gerade jetzt oft an 1938, als ich von Europa nach Amerika kam, und man verständlicherweise nach seiner politischen Meinung gefragt wurde. Ich kann Ihnen versichern, daß die leiseste Andeutung, Amerika werde sich an der Niederwerfung Hitlers beteiligen müssen, auf radikale Ablehnung stieß. Mit wem immer ich darüber sprach, ich hörte regelmäßig, daß die Erfahrungen in und nach dem Ersten Weltkrieg es absolut unmöglich machten, daß jemals wieder auch nur ein einziger amerikanischer Soldat einen Ozean überqueren werde. Kriege seien eine europäische »Unart«. Solche Ansichten waren nicht nur auf die reaktionären Kreise der Isolationisten beschränkt, sondern der Ausdruck der überwiegenden Majorität einschließlich der freiheitlich Gesinnten, deren Gegnerschaft zum Faschismus nicht bezweifelt werden konnte. Ich bin weiter ganz sicher, daß, wenn mein politischer Scharfsinn es mich hätte ahnen lassen und ich die zwei Bomben über Japan und die 500 000 Soldaten in Vietnam vorausgesagt hätte, ich keine Anstellung gefunden hätte, da man mich für einen verrückten Psychopathen gehalten hätte. Nun ist es doch höchst merkwürdig, daß innerhalb von drei Jahrzehnten sich der geschichtliche Ausblick einer zutiefst pazifistisch gesinnten Nation so radikal ändern kann, daß nicht nur die vielleicht vermeidbare augenblickliche Zerstörung ganzer Städte, sondern auch der sicher vermeidbare gegenwärtige Krieg überhaupt möglich wurden. Im Gegensatz zu dem Abwurf der zwei Atombomben, die im Feuer des Krieges von der Nation akzeptiert wurden, ist möglicherweise sogar die Majorität gegen den jetzigen Krieg. Dies soll uns aber bei der Untersuchung nicht behindern, denn in der Geschichte zählt ja nur das, was zum Ereignis wird. Man kann sich nicht des Eindrucks erwehren, daß es sich hier um tief verdrängte Kräfte handelt, die unbezwingbar periodisch zum Durchbruch kommen; und wehre sich eine Nation noch so sehr gegen Kriege, sie wird unvermeidbar in Kriegsschuld verstrickt, wenn sie die Macht hat, Kriege zu führen.

Wendet man sich dann der amerikanischen Geschichte zu, so sieht man, daß tatsächlich seit der Unabhängigkeitserklärung jede Generation ihren Krieg gehabt hat. Es möge sich um Kriege gehandelt haben, die rückblickend wie kleine Abenteuer aussehen, oder um tiefgehende Tragödien wie den Bürgerkrieg, jede Generation nahm an einem Krieg teil. Dies ist um so deprimierender, da ja die hiesige Gesamtlage, falls man eine kriegsfreie historische Entwicklung für wünschenswert hält, gerade auf diesem Kontinent die optimalsten Aussichten hatte. Hier waren keine absoluten Herrscher, die miteinander rivalisierten und aus dynastischen Gründen über schwächere Staaten herfielen; auch die bald errungene Religionsfreiheit entfernte einen Anlaß, der in Europa zu den entsetzlichsten Kriegen geführt hatte. Auch die Weite des unerschöpflichen Kontinents versprach, nach der Eliminierung der eingeborenen Bevölkerung, eine jahrhundertelange friedliche Entwicklung. Dem war aber nicht so, und gegen alle Erwartungen wurde die europäische Tradition der periodischen Kriege fortgesetzt.

Ich frage nun, ob dies ein allgemeiner Zug menschlicher Gruppenbildung ist, oder eine Eigenart jener Völker, deren Sittlichkeit letzten Endes auf der jüdisch-christlichen Überlieferung beruht. Die Historiker, die ich befragte, haben mir keine eindeutige Antwort gegeben. Es gibt sicher Völker, in deren Entwicklung Krieg eine geringere Rolle spielte als im westlichen Kulturkreis. Japan ist ein Beispiel dafür. Abgesehen davon, daß Japan im großen und ganzen seine kriegerischen Gelüste innerhalb seines eigenen Territoriums befriedigte, erreichte es schließlich einen kriegslosen Zustand, der über 150 Jahre anhielt (etwas, was doch in der Geschichte des Westens undenkbar ist), ehe es durch seinen Kontakt mit dem Westen mit dem westlichen Gift infiziert wurde.

Ich gehe nun von der Voraussetzung aus, daß die Häufigkeit und Regelmäßigkeit der Kriege bei christlichen Völkern besonders ausgesprochen sei. Wenn man sich nun umsieht und fragt, welcher der spezifische Grund für diese Eigenart sei, so wird man auf einen merkwürdigen Faktor in den Urtexten, die auf unsere kulturelle Entwicklung ja den größten Einfluß gehabt haben, aufmerksam. Ist es nicht auffallend, daß der Bund, den Gott mit einem Erzvater schließt, mit der Tötung eines Sohnes zusammenhängt? Die jüdische Nation, die jüdische Religion gehen ja auf jenen Augenblick zurück, als Abraham sich bedingungslos dem Gebote Gottes unterordnete und in idealer Gefügigkeit sich bereit erklärte, seinen Sohn zu opfern. Wie Sie wissen, hat diese Episode vielen Denkern zu schaffen gemacht. Es ist etwas Unheimlich-Unmenschliches in ihr. Wie kann etwas Göttliches ein solches Ansinnen an etwas Menschliches stellen? Ist es nicht gegen die Natur, gegen alle Sittlichkeit überhaupt, etwas derartiges bloß zu denken? Was aber am meisten überrascht, ist doch, daß Gott selbst angesichts dieser unvergleichlichen Opferbereitschaft, die ja symbolisch das denkbar »tatsächlichste« Opfer darstellt, der Menschheit die Erbsünde nicht verziehen hat. Abrahams Opfer ist von solcher Größe, daß sie Adams Sünde weit in den Schatten stellt. Was hat Adam schließlich verbrochen? Hatte Gott ihn schon in vermeidbare Versuchung geführt, indem er ein Verbot erließ, so fügte er noch sein Eigenes hinzu, indem er die Schlange gewähren ließ. Für die Anwesenheit der Schlange war schließlich Er verantwortlich, und es scheint, als ob Adam spontan gar nicht der Versuchung ausgesetzt war, die Gebote seines Herrn zu überschreiten. Daß Gott aber Adam der Gefahr der Verführung aussetzte, will mir gar nicht als ein Akt der Nächstenliebe erscheinen. Zumindest würden wir, die wir sogar mit der Erbsünde belastet sind, es für unmoralisch halten, wenn ein Vater, um seines Kindes Gehorsam zu prüfen, es größten Gefahren aussetzte.

Aber selbst wenn wir Gott Sinn und Zweck in solchen Verboten, Verführungen und Prüfungen zugestehen, so steht es jenseits aller

Gerechtigkeit, daß Abrahams Opfer nicht als eine Wiedergutmachung von Gott akzeptiert wurde und er darauf bestand, daß auch alle Nachkommen Abrahams mit dem Kreuz der Erbsünde belastet blieben. Sie werden es für reichlich kindisch halten, daß ich die Bibel so wörtlich nehme und mit Gott debattiere, als ob es sich um einen Zivilprozeß vor einem Bezirksgericht handelte. Sie hätten recht, mir dies entgegenzuhalten, wenn Sie sicher sein könnten, daß in der Art meiner Debatte mit Gott nicht etwas enthalten ist, das tatsächlichen Prozessen im Unbewußten entspricht. Wie grundlegend die Abraham-Episode ist, ersieht man aus ihrer Wiederholung im Christus-Mythus. Ich spreche hier vom Mythus, da ja für unsere Kultur die historische Wahrheit nicht von Bedeutung ist, sondern das mythische Element, das im Neuen Testament festgehalten ist, das psychologisch und kulturell Relevante ist. Wieder wird in diesem Mythus der gewaltsame Tod eines Sohnes verlangt, und in dem Augenblick, in dem er sich vollzieht, wird das Christentum geboren, wie das Judentum das Licht der Welt in demselben Augenblick erblickt, da Abraham zum Messer greift, um Gottes Gebot ohne Einspruch, ohne Ambivalenz in psychoanalytischer Terminologie, zu vollziehen. Die enorme Produktivität, die in dem Töten der Söhne an den zwei entscheidendsten Stellen der Bildung einer Religion liegt, die den westlichen Kulturkreis aufs tiefste bewegt hat, kann nicht ohne Folge für diese Kultur geblieben sein.

Ich wandte mich vor vielen Jahren an den besten Kenner der wissenschaftlichen Literatur über den Krieg und ersuchte ihn um einen Literaturhinweis auf eine Statistik über die Altersverteilung der vom Krieg Geschädigten. Wie mir versichert wurde, war, bis dahin zumindest, keine solche je hergestellt worden. Dies ist um so merkwürdiger, da Sie, wenn Sie eine Bibliographie über das Kriegswesen durchgehen, merken werden, daß die Statistiker in ihren Untersuchungen wirklich nichts ausgelassen haben, das irgendwie mit Kriegen zusammenhängt und sich statistisch erfassen läßt.

Ich sagte mir, wenn Statistiker etwas auslassen, dann muß es etwas Wichtiges sein. Mir scheint es für sich selbst zu sprechen, daß gerade die Altersverteilung ausgelassen wurde. Wir wissen, was das Resultat einer solchen Untersuchung wäre, und die Gesellschaft will offenbar nicht direkt daran erinnert werden oder nicht Schwarz auf Weiß sehen, was sie ohnehin weiß, aber im Zwielicht hält, daß nämlich die Folgen des Krieges junges Leben treffen und das alte verschonen. Da nun im Westen auch unter optimalen Bedingungen Kriege generationsweise in Erscheinung treten, schließe ich, daß die biologische Wurzel des Krieges spezifischer als die allgemeine Aggressionsneigung des Menschen ist und im Speziellen die Rache der älteren Generation an der jüngeren darstellt. Wenn nun dem Unbewußten durch den geoffenbarten Text eingeprägt wird, daß die Tötung des Sohnes unter bestimmten Umständen eine gottgefällige Tat ist, wenn es vorkommen kann, daß eine Gottheit die Tötung des Sohnes sogar verlangt, dann wäre es verständlich, daß Kriege in der Geschichte des Westens eine größere Rolle spielen als in anderen Kulturkreisen, deren Religionen möglicherweise dem Neid und der Eifersucht der Väter-Generation stärkere Schranken auferlegen oder zumindest die Rationalisierung dieser spezifischen Aggressionsbefriedigung erschweren.

Der umgekehrte Ödipuskomplex, die Ambivalenz des Vaters gegen den Sohn, der Todeswunsch gegen das Kind, ist oft in der Psychoanalyse beschrieben worden. In Freuds Schriften findet man ein erschütterndes Beispiel davon, das in diesen Zusammenhang paßt. Es ist eine kaum zu übertreffende Tat gewesen, daß Freud sich dazu bringen konnte, den eigenen Todeswunsch gegen den im Felde kämpfenden Sohn in seinem Traumbuch darzustellen.

Nun muß an dieser Stelle zugegeben werden, daß es vielleicht, oder sogar wahrscheinlich, Kriege gegeben hat, die kulturfördernd waren. Die Kriege Karls des Großen gegen heidnisch-germanische Stämme mögen dieser Art gewesen sein. Es ist ja fraglich, ob sich das Christentum ohne solche Gewaltmaßnahmen in Europa ausgebreitet hätte, und ich glaube, man braucht nicht zu zögern, die Christianisierung Europas als eine Kulturtat anzusehen. Es scheint aber, daß wir in unserer Zivilisation einen Punkt erreicht haben, an dem Kriege nur mehr kulturzerstörende und keine kulturfördernde Wirkungen zeugen, weswegen im Höchstfall reine Verteidigungskriege akzeptabel sind, wobei es sich noch herausstellen könnte, daß die Verteidigung eine Rationalisierung jenes Wiederholungszwanges ist, der westliche Völker generationsweise in Kriege stürzt. Wenn aber Kriege in unserer Kultur psychologisch nicht nur Folgen starker Aggressionen sind, sondern unbemerkt in der der kollektiven Sittlichkeit zugrunde liegenden Tradition, die durch das Charisma der Heiligkeit vor Kritik geschützt wird, verankert sind, dann stehen wir in unserem Kampfe um einen Dauerfrieden auf verlorenem Posten, und man müßte die derzeitige Unvermeidbarkeit des Krieges anerkennen. Ich glaube, daß unbewußte Überich-Forderungen oft schwerer abzuwehren sind als verdrängte Es-Impulse. Nun wird zwar Krieg sicher in keinem der Testamente als gottgefällig gefordert, aber die Tatsache, daß die Tötung eines Sohnes an zwei entscheidenden Wendepunkten der Religionsbildung geheiligt wird, bildet eine nicht zu unterschätzende, unbewußte Gutheißung des Krieges, die im Über-Ich verankert ist. Nun wird man vielleicht einwenden, daß es christliche Völker gibt, die wirklich dem Frieden ergeben sind, und in der Tat: Staaten wie die Schweiz, Holland und die skandinavischen Länder zeigen keineswegs die Generationsperiodizität, die man glaubt, in anderen Fällen beobachten zu können. Dazu muß man aber sagen, daß christliche Völker friedlich werden, wenn ihnen die Macht und Kraft zur Kriegsführung nicht mehr zur Verfügung stehen. Solange sie außenpolitisch stark sind, scheint ihnen die Weisheit des Friedens zu fehlen.

Nun, falls meine Konstruktion richtig ist, und nehmen wir für einen Augenblick an, sie sei richtig, was hätten wir mit dieser Einsicht gewonnen? Sie wäre eine, die aufzeigte, wie aussichtslos unser Kampf für den Frieden wirklich ist. Wenn das Evangelium der Liebe und sein Vorgänger versteckt, dem Ich unsichtbar, die unbewußte Grundlage zu immer erneuten Kriegen liefert, so muß man zugeben, daß hier eine Verschränkung von Ursachen vorliegt, die durch Belehrung und wissenschaftliche Forschung nicht aufgehoben werden kann. Es müßte ja erst die religiöse Grundlage des Kollektivs abgeändert werden. Es besteht aber doch keine Aussicht, daß eine Auseinandersetzung über die unsittlichen Einschlüsse im Christentum in absehbarer Zeit zu einem konstruktiven Ergebnis führen könnte. Man wird mir mit Recht entgegenhalten, daß die Religion (ich meine hier nicht die persönlichen religiösen Gefühle, die ja in jedem Menschen vorhanden sind, sondern die offizielle Religion) im Westen überhaupt geschwächt ist trotz des erheblichen politischen Einflusses der Kirchen, und deswegen eine Auseinandersetzung dieser Art durchaus möglich sei und konstruktive Folgen haben mag.

Ein Verfall des religiösen Glaubens ist außer Frage. Auch am Ausgang der Antike war der Aufschwung der Wissenschaft von einer Mißachtung der Religion und der religiösen Institutionen begleitet. Ciceros berühmte Frage, die angeblich von Cato stammt, *»quod non rideret haruspex, haruspicem quum vidisset«* [1], hat ihre Gültigkeit für unser Jahrhundert nicht verloren. Wenn es aber auch objektiv feststellbar ist, daß eine Religion ihre Wirkung auf die Gemeinschaft verloren hat, ja sogar einer sittlichen Fortentwicklung im Wege steht, so heißt dies noch lange nicht, daß Vertreter einer religiösen Institution dazu gebracht werden können, öffentlich die Unheiligkeit einer geheiligten Schrift zuzugeben. Dies wäre aber notwendig, um den schädlichen Einfluß eines Kulturdokumentes, in dessen Schatten wir alle aufgewachsen sind, auszumerzen. Denn so leicht es sein mag, Menschen zu verführen, religiöse Triebverbote zu durchbrechen, so schwer wird es sein, eine religiös gestattete Triebbefriedigung zu unterbinden. Die Stellungnahme mancher Kirchen gegen Kriege (in der Mehrzahl gar nicht so radikal und ausgesprochen) ist nicht ausreichend, solange nicht alle unbewußten Quellen kompromißlos aufgedeckt werden.

Wenn ich nun, wie so viele es bereits getan haben und auch jetzt tun, auf den Schaden der Religion hinweise, so berühre ich ein Thema, das im Augenblick auch für die Wissenschaft von Wichtigkeit ist, denn es mehren sich die Stimmen, die vor der Wissenschaft warnen.

Unter den vielen Einwänden, die gegen die Wissenschaft erhoben werden, befindet sich auch der oft ausgesprochene Vorwurf, daß sie dem Menschen ein trostloses Bild seiner Existenz biete. Freud hat indirekt zu dieser Frage einen Beitrag geleistet, indem er auf die tiefen Verletzungen des Narzißmus hinwies, die der Mensch durch die Entdeckungen der Wissenschaft erlitt. Nun glaube ich, daß die Wunden eigentlich tiefer gehen. Die Vorstellung, daß unsere Welt ein Sandkorn ist, das irgendwo in einem nicht bestimmbaren Punkt des Raumes dahinsegelt, eines Raumes, der augenblicklich sich im Prozeß der Ausweitung befindet, aber jederzeit wieder beginnen mag zu schrumpfen, daß das menschliche Seelenleben an Körperhaftes gebunden ist und es keine Möglichkeit der Fortexistenz von Seelischem in irgendeiner Weise gibt, sind Tatsachen, die jenseits einer Integrierungsmöglichkeit stehen. Wir wissen ja, daß im Unbewußten unser Planet der Mittelpunkt der Welt ist und der Glaube an die Fortexistenz der Seele bestehen bleibt. Der innere Konflikt zwischen dem, was die Struktur des seelischen Apparates erzwingt und was unerbittliche Tatsache ist, ist schwer und ganz dazu geeignet, große Spannungen im Menschen zu erzeugen. Wenn wissenschaftliche Entdeckungen den Narzißmus kränken, so gewährt die Wissenschaft als Kompensation durch eine Erweiterung des Machtbereiches großartige narzißtische Befriedigungen. Der innere Konflikt aber und die Spannungen, hervorgerufen durch die unvermeidliche Fortexistenz der ganzen magischen Welt im Unbewußten und die Einsichten des Intellekts, werden dadurch nicht beruhigt. Damit hängt es zusammen, daß mit dem Fortschreiten der Wissenschaft die Welt einen fortschreitend unheimlicheren Eindruck erhält.

Um aber auf etwas Konkretes zu sprechen zu kommen: Eine der wissenschaftlichen Großtaten ist zweifelsohne die moderne Medizin. Ich brauche kein Wort dazu hinzuzufügen, die Menschheit ist sich darüber einig. Obwohl die Meinungen über die Verursachung der gegenwärtigen Bevölkerungsexplosion auseinandergehen, ist es doch sehr wahrscheinlich, daß gerade die Großtaten der Medizin wesentlich dazu beigetragen haben. Wie Sie wissen, mehren sich die Stimmen, die vor einem Fortschreiten der Bevölkerungszunahme warnen und meinen, daß wenn nicht Einhalt geboten wird, die Zivilisation aufs stärkste gefährdet wird. Natürlich weist die Wissenschaft Wege, wie eine Bevölkerungszunahme eingeschränkt werden kann. Sie weist andererseits auch Wege, wie durch eine richtige Benützung der Erdoberfläche Nahrung für eine noch viel größere Anzahl von Menschen produziert werden kann. Die von der Wissenschaft ersonnenen Wege zur Verhinderung der Bevölkerungsexplosion und zur Versorgung großer Menschenmassen setzen aber, wenn sie begangen werden sollen, eine vernünftige Menschheit voraus. Die Maßnahmen, um die Probleme der dank der Wissenschaft ermöglichten Bevölkerungszunahme zu meistern, stoßen auf solchen Widerstand oder erfordern so tiefgehende Reorganisationen, daß mit ihrer Durchführung nicht gerechnet werden kann. Die Wissenschaft entwickelt sich also vom Standpunkt des Gesamtkollektivs her unharmonisch. Ihre Ergebnisse zeitigen Effekte, die heilsam sind und integriert werden können, gleichzeitig aber solche, die weit über die gegenwärtigen sozialen Möglichkeiten hinausgehen und erschreckende Destruktionsmöglichkeiten enthalten.

Mir ist aufgefallen, daß möglicherweise auch etwas entfernt Ähnliches mit der Psychoanalyse geschehen ist. Erlauben Sie mir, daß ich einen sehr komplizierten historischen Prozeß ungebührlich vereinfache. In der vor-Freudschen Zeit war die Einstellung zum Kinde zweifach: man sah in ihm einen kleinen Erwachsenen und erwartete von ihm erwachsene Miniaturleistungen, erwachsenes Miniaturbenehmen. Andrerseits wurde der Unterschied zwischen Erwachsenen und Kind aufgerissen und das Kind jedes individuellen Rechtes beraubt. Es wurde von ihm bedingungsloser Gehorsam und Annahme der Werte der erwachsenen Welt gefordert und erwartet. Das unbarmherzige Schicksal der Kinder war also eine Welt, in der sie die Pflichten Erwachsener zu erfüllen hatten, aber keine Rechte hatten. In der nach-Freudschen Zeit wird das Kind in jeder seiner Entwicklungsphasen als eine unabhängige Individualität studiert und behandelt. Seine jeweiligen Triebansprüche, seine Möglichkeiten der Triebbeherrschung werden automatisch in Rechnung gestellt, und die Erwachsenenwelt paßt sich dem Kinde in einer Art, die vor Freud einfach unvorstellbar gewesen wäre, an. Ich glaube gar nicht, daß diese humane Behandlung des Kindes eine von uns gewollte Einstellung ist, ganz abgesehen davon, daß sie ja nie völlig verwirklicht werden kann. Die Tendenz ist aber ohne Zweifel da. Das erhöhte Wissen um die kindliche Seele hat automatische Folgen. Tut es aber den Kindern gut? Ich glaube, daß durch unser Wissen und das dadurch erzwungene Verhalten die Atmosphäre geschaffen wurde, die letzten Endes die kindliche Integrierung des Realitätsprinzips geschwächt hat. Ein Kind, das in einer Welt aufwächst, welche die Tendenz hat, sich ihm fortlaufend anzupassen, wird eine Fortsetzung dieser dynamischen Gleichung erwarten. Die Erwachsenenwelt ist aber eine »unangepaßte«, wie wir jeden Tag erfahren müssen. Dabei bin ich nicht sicher, daß es sich bei den Erwachsenen, die als Kinder in solcher Atmosphäre aufgewachsen sind, notwendigerweise um eine Verminderung der Unlusttoleranz handelt. Was ich beobachtet habe, würde ich eher als ein Daraufbeharren beschreiben, daß nur die Versagungen, in die das Subjekt einwilligt, ertragen werden und nicht die, die eben das Schicksal mit sich bringt. Etwas davon ist sicher in allen von uns, aber im großen und ganzen besteht doch die Tendenz, sich in das, was als unvermeidbar erkannt wird, zu fügen, während bei jenen etwas Unvermeidbares nicht anerkannt wird und Versagungen nur akzeptiert werden, wenn das Subjekt innerlich seine Zustimmung gibt. Wenn meine Beobachtung richtig ist, würde dies eine wesentliche Einschränkung des Realitätsprinzips bedeuten, die nicht ohne Gefahr für das Kollektiv wäre. Ich mag hier schrecklich reaktionär klingen, möchte aber nicht mißverstanden werden. Ich mache keine Vorschläge zur Art und Weise, wie Kinder behandelt und erzogen werden sollen. Solche Vorschläge, glaube ich, haben ohnehin sehr wenig Effekt. Im Einzelfall mögen sie helfen; die Gefühlsatmosphäre, von der Kinder umgeben sind, hängt von Variablen ab, die planmäßig gar nicht erfaßt werden können. Es wäre aber wichtig zu wissen, ob auch die psychoanalytische Wissenschaft Nebenwirkungen hat, die bei dem jetzigen Zustand der Gesellschaft schädlich sind. Natürlich ist die Frage berechtigt, ob die Änderung in der Einstellung zum Kinde überhaupt von der Psychoanalyse komme, oder die Psychoanalyse und jene Einstellung aus einer gemeinsamen Matrix erwachsen sind. Der jetzige Zusammenbruch der Sexualmoral, der in Amerika beobachtbar ist, kann leicht der Psychoanalyse angekreidet werden. Es erscheint mir aber wahrscheinlich, daß eine so tiefgehende soziale Erscheinung von ganz anderen Kräften gesteuert wird und daß die Möglichkeit der Freudschen Entdeckung der überragenden Bedeutung des Sexualfaktors auch in gesellschaftlichen Bedingungen zu suchen ist. Hätte Freud ein halbes Jahrhundert früher gelebt, wäre es wohl denkbar, daß er die Psychoanalyse damals hätte erschaffen können?

Es ist aber in diesem Zusammenhang nicht von Wichtigkeit, ob ich mit meiner Vermutung einer schädlichen Nebenwirkung der Psychoanalyse Recht habe, denn die allgemeine Beobachtung, daß wissenschaftliche Entdeckungen unerwünschte schädliche Nebenwirkungen haben, wird kaum bestritten werden. Dies ist im Falle der modernen Atomphysik ja außer Zweifel. Aber möglicherweise gilt etwas ähnliches auch von der Medizin, und der Historiker, der einmal die Geschichte unserer Zeit schreiben wird, mag zu dem Schluß kommen, daß es für das menschliche Gesamtschicksal (sicherlich nicht für das der einzelnen) besser gewesen wäre, wenn manche medizinische Entdeckung verzögert worden wäre.

Die Stimmen werden lauter, die den Wissenschaftler für das Resultat seiner Forschung verantwortlich machen. Es wird der Idealtypus des Wissenschaftlers aufgestellt, der den Maßstab sittlicher Bewertung an die Folgen seiner Entdeckungen zu legen hat. Damit sind wir in die Gesellschaft der Künstler geworfen, die man ja seit jeher mit dem Makel der Sittenverderbnis belegt hat. Aber so wie der Künstler sich ganz der Schöpfung künstlerischer Werte hingibt und kein anderer Maßstab an sein Werk gelegt werden kann, so muß der Wissenschaftler ausschließlich dem Wahrheitswerte dienen. Er kann ja in den meisten Fällen gar nicht die Folgen seiner Wahrheitssuche abschätzen; ein jeder andere Maßstab als der der Suche nach Wahrheit würde ja, wenn er ein wahrhaft großer Wissenschaftler ist, die Dämonie seiner Besessenheit, die Wahrheit zu finden, behindern. Die Wissenschaft ist ja extrem. Nicht nur ist sie unvereinbar mit jeder Art von Denkbegrenzung oder Denkverbot, sie hat auch keine natürliche Grenze in der Objektwelt und in ihrer praktischen Anwendung. Es werden ihr in der Praxis künstlich Schranken auferlegt, und dies ist einer der Gründe für die schädlichen Nebenwirkungen. Wenn die Beziehungen der Völker untereinander einer wissenschaftlichen Regulierung unterworfen werden könnten, wenn dem Historiker, Soziologen und Psychologen erlaubt wäre, »wissenschaftliche Politik« zu betreiben, und Politik nicht mehr eine Sache irrationaler nationaler Machtkämpfe, die von Gefühlsmomenten gesteuert werden, wäre, dann könnte man ja den Folgen und Ergebnissen der modernen Atomphysik mit einiger Zuversicht entgegensehen.

Ich muß hier einer weiteren Eigentümlichkeit der Wissenschaft oder, besser, des Wissenschaftlers gedenken. Freud schrieb von der »konstitutionellen Untauglichkeit des Menschen zu wissenschaftlicher Forschung« – ein merkwürdiges Wort im Munde eines Mannes, der um die Wissenschaft so große Verdienste erworben hat. Aber ich glaube, Freud hat recht gehabt. Würden Sie mir zustimmen, wenn ich sage, daß der wahre Wissenschaftler um nichts anderes als um die Wahrheitsfindung bemüht ist? Es scheint nun aber doch so zu sein, daß es gar nicht die Einsichten in die Realität sind, gar nicht das Aufzeigen der Wahrheit ist, das die Wissenschaft so bekannt, so berühmt gemacht, ihr den hervorragenden Platz in unserer Kultur verschafft hat. Es ist sicher nicht ihr Wahrheitsgehalt, sondern etwas, was ich den metaphysischen Zufall nenne, daß Einsicht es möglich macht, die Wirklichkeit zu beeinflussen und zu ändern.

Ich kann hier ein berühmtes Beispiel zitieren. Als Moses und Aaron zu Pharao gingen, um ihm die Überlegenheit ihres Gottes zu beweisen und die Freilassung ihres Volkes zu erwirken, riet Gott der Herr Moses, zu Aaron zu sagen: »Nimm deinen Stab und wirf ihn vor Pharao, daß er zur Schlange werde.« So geschieht es auch, aber die Sache ging nicht gut aus, denn Pharao reagierte auf diesen »Schlangenbeweis« paradox, und er hatte dafür schwer zu büßen. Solange die Wissenschaft nicht über ähnliche »Schlangenbeweise« verfügte, gab man nicht zu viel auf sie. Bald aber vermochte sie, ähnliches zu tun wie Moses und Aaron vor Pharao, und erst dann wurde die Menschheit auf sie aufmerksam. Verfügte die Wissenschaft nicht über ihre Schlangenbeweise, ich bin sicher, die überwiegende Mehrheit der Menschheit würde noch den animistischen Erklärungen natürlicher Ereignisse frönen, ja es ist fraglich, wer von uns ohne die praktischen Resultate der Wissenschaft sich entschlossen hätte, aus reinem Wahrheitsdrange Wissenschaftler zu werden. Nun, man muß zugeben, daß die Befunde der Physiologie und Pathologie, der Physik und der Chemie ebenso wahr wären, völlig unabhängig davon, ob man damit Krankheiten heilen, Eisenbahnen und Flugzeuge bauen und Schießpulver herstellen kann.

Man hat den Wissenschaftlern vorgeworfen, daß sie eine isolierte Kaste bildeten. Wie könnten sie anders? Ihr Denken ist zwar nicht völlig frei von magischen Einschlägen, aber sie gebrauchen ihre Waffen gegen diese und kämpfen sehr erfolgreich. Ich sehe die Mathematik als eine solche Waffe an. Sie klopft in den exakten Wissenschaften dem Wissenschaftler sofort auf die Finger, wenn er sich magischem, wunscherfüllendem Denken hingeben will. In der Psychologie haben wir noch nicht einen solchen Regulator, und Sie wissen, was für Folgen dies hat. Jede Schule berichtet über ihre »Schlangenbeweise«, und diejenigen der Pharmakologie sind natürlich die überzeugendsten. Die moderne psychiatrische Pharmakotherapie ist ja nur ein Anfang, und man muß annehmen, daß sie im Lauf der Jahre noch viel ansehnlichere Erfolge aufweisen wird. Wie sehr dies auch zu wünschen ist, so werden solche Erfolge wahrscheinlich eine erhebliche Einschränkung der psychologischen Untersuchung der Psychopathologie zur Folge haben. Man wird nicht anerkennen, daß die vertiefte Untersuchung eines jeden Geisteskranken etwas allgemein Neues über das Menschentum zutage fördert, daß die Psychopathologie letzten Endes die Grundlage einer umfassenden Anthropologie bildet, die ja ihren Beitrag zur Verhütung seelischer Schäden durch die Zivilisation, zum friedlichen Zusammenleben der Menschen in einer Gemeinschaft und letzten Endes zur Verhütung der Kriege leisten sollte. Wenn man wirklich glaubt, daß das gestörte Seelenleben durch Chemikalien nicht nur geregelt, sondern auch geheilt werden kann, dann muß man auch annehmen, daß eines Tages eine Friedenspille gefunden wird, die, wenn jeder Mensch sie täglich zu sich nimmt, den Frieden unter den Völkern garantiert. Gerade in der Geschichte der Psychologie kann man die konstitutionelle Untauglichkeit des Menschen am besten beobachten, wie Freud es so treffend festgestellt hat. Die konstitutionelle wissenschaftliche Untauglichkeit und das mit ihr gegebene Beharren darauf, daß nicht der Wahrheitsgehalt einer Wissenschaft seine Geltung hat, sondern nur die handgreiflichen Schlangenbeweise zählen, sollte uns etwas pessimistisch über die zukünftige Beziehung der Wissenschaft zur Menschheit stimmen. Es wurde ja wiederholt gesagt, daß es die Soziologie, die Geschichte, die Psychologie sind, in deren Bereich die Lösungen für die gegenwärtige Menschheitsproblematik fallen. Sie selbst haben ja Vorstöße in dieser Richtung gemacht, und, ob man nun mit Ihnen übereinstimmt oder nicht, das eine scheint sicher zu sein, daß die Psychoanalyse potentiell einen gewaltigen Beitrag zur Lösung der jetzigen Weltkrise leisten könnte. Sie steht aber abseits und ist als Wissenschaft nur wenigen bedeutungsvoll. Hätte aber die Psychoanalyse als Therapie die Kraft, schwere Erkrankungen in kurzer Zeit zu heilen, der Menschheit also konkret ein verläßliches und bedeutendes Wirkungspotential *ad oculos* zu demonstrieren, dann erst würde ihr Wahrheitsgehalt zwar nicht anerkannt, aber *geglaubt* werden. Sie werden mir vorhalten, daß ich den Widerstand gegen die Psychoanalyse unterschätze. Ich glaube nicht, daß ich dies tue. Wir wissen, daß die Widerstände der Patienten durch kunstgerechte Analyse überwunden werden können, außer bei denen, die, wie Freud zugibt, nur für »Suppenlogik mit Knödelargumenten« zugänglich sind. Das gilt aber auch für die Menschheit, und ich glaube nicht, daß die Psychoanalyse je über die Knödelargumente verfügen wird, die anscheinend die einzig überzeugenden sind.

Durch den ungeheueren Vorstoß der Naturwissenschaften auf Kosten anderer Wissenschaften wie der Soziologie, Geschichte und Psychologie, ist es zu einer unharmonischen, einseitigen Entwicklung der Gesamtwissenschaft gekommen, und die schädlichen Nebenwirkungen der Naturwissenschaften müssen sich zwangsläufig vermehren. Was soll aus einer Menschheit werden, die so viel mehr über das Atom als über sich selbst weiß?

Wie früher die Epidemien, Überschwemmungen, Naturkatastrophen die Menschheit bedrohten, so ist es jetzt das »Böse«, das im Begriff ist, wissenschaftliche Ergebnisse für seine destruktiven Zwecke zu gebrauchen und den Untergang zu beschleunigen. Im Prinzip ist dies nichts Neues, denn dieses Böse nahm die Wissenschaft seit jeher in seine Dienste, aber die destruktiven Kräfte, die die Wissenschaft früher bereitstellte, waren ein Kinderspiel, und nur diesem Umstand war es zu verdanken, daß das Ausmaß der Destruktion ein begrenztes blieb. Wir lächeln ja, wenn man bei Montesquieu die Befürchtung und Prophezeiung liest, daß die jüngst erfundenen Kanonen zur Zerstörung der Menschheit führen werden. Im Prinzip aber hat er das Problem richtig gesehen.

Nun ist es ja bekannt, wie gerade Sie nicht in der Isolation des Wissenschaftlers bleiben, sondern sich mit bewundernswertem Mut in das Kampfgetümmel der Kollektivpraxis werfen und mit aller Kraft das sozial »Böse« bekämpfen. Aber wie weit sind wir imstande, das wirklich mit den Waffen der Psychologie wissenschaftlich zu tun? Ist es nicht auffällig, daß die Psychoanalyse solche Fortschritte im Verständnis der Neurosen und Psychosen gemacht hat und so weit in der Erfassung des Verbrecherischen und Verwahrlosten zurückgeblieben ist? Auch hier ist eine unharmonische Entwicklung zu beobachten. Die Schizophrenie ist sicherlich eine viel schwerere Erkrankung als die Soziopathie. Und doch hat ein Schizophrener, selbst wenn er die Chemotherapie ablehnt, wie es gelegentlich geschieht, und ausschließlich mit Psychotherapie behandelt werden will, eine recht gute Aussicht, wenn auch nicht geheilt, so doch lebens- und leistungsfähig erhalten zu werden, was man dem Soziopathen keineswegs versprechen könnte. Ich weiß eigentlich von niemandem, der eine leistungsfähige Psychotherapie oder Psychoanalyse des Verbrecherischen entwickelt hat. Aichhorn scheint da ein einzigartiger Zufall gewesen zu sein. Nun habe ich mir dies so zu erklären versucht. Die Einfühlung in den Schizophrenen ist uns durch unser eigenes Traumleben erleichtert. Wir werden im Traume psychotisch und wachen gesund auf. Die Einfühlung in den Schizophrenen ist daher möglich und vielleicht nicht so gefährlich. Mit dem Bösen können wir uns aber nicht im gleichen Ausmaß identifizieren. Wir haben uns daran gewöhnt, das Bakterium, das im menschlichen Organismus den Tod verursachen mag, mit Ruhe und Überlegenheit im Mikroskop zu beobachten. Wer hätte aber Hitler seelisch untersuchen und dabei automatisch eine objektive Haltung bewahren können? Denn wir uns zusammennehmen, um objektiv zu sein, so sind wir ja wissenschaftlich, zumindest in der Psychologie, bereits auf verlorenem Posten.

Die Art von Sittlichkeit, die eine Voraussetzung des Wissenschaftsbetriebs ist, spielt uns bei der wissenschaftlichen Erfassung des Bösen einen bösen Streich. Die Sittlichkeit des Wissenschaftlers erstreckt sich natürlich nicht auf seine ganze Person, denn Charakterdefekte, Störungen der Objektbeziehungen und allerhand andere Psychopathologie finden sich ja fallweise bei ihm vor, wie auch beim Künstler. Er ist im Durchschnitt nicht besser als seine Mitmenschen. Aber in dem begrenzten Bereich seiner Wissenschaftlichkeit ist er ein Idealist. Sie beruht auf einer bedingungslosen Kapitulation vor dem Objekt, auf einem sich ganz in den Dienst des Objektes Stellen. Je größer er als Wissenschaftler ist, desto mehr ist er besessen, bis schließlich das Objekt und sein Ringen mit ihm totalen Besitz von ihm ergreift. Können wir dem Bösen gegenüber je eine solche Einstellung entwickeln? Ich bezweifele es. Ich glaube, daß dem sittlichen Idealismus im allgemeinen eine Verleugnung zugrunde liegt. Wenn wir uns über das Böse empören, so liegt dieser Entrüstung eine Überzeugung zugrunde, natürlich tief verdrängt, daß dieses Böse in Wirklichkeit gar nicht existiert, gar nicht existieren kann. Die Folgen seelischer Verleugnung des Bösen, die, wie ich glaube, die psychologische Voraussetzung des sittlichen Idealismus ist, zeigt sich im praktischen Handeln des Idealisten. Er ist der unbrauchbarste Kämpfer gegen das Böse. In der Hitler-Zeit wurde das Wort eines Psychiaters geprägt: »Die Psychopathen sind immer da. Aber in den kühlen Zeiten begutachten wir sie, und in den heißen – beherrschen sie uns.« [2] Ich glaube, der Beitrag der Soziopathen in ruhigen Zeiten wird noch immer unterschätzt. Ich konnte Gruppen beobachten, die durch das geschickte Manövrieren von Soziopathen zersetzt wurden. Der Soziopath hat die Fähigkeit, eine fast hypnotische Wirkung auf Gruppen auszuüben, die dem Idealisten fehlt. Man wird nur Idealist, wenn ein geheimes Schuldgefühl die Triebhaftigkeit verriegelt, während der Soziopath wie der Rattenfänger von Hameln seine Triebhaftigkeit für das Manipulieren von Gruppen verwendet.

Es spricht vieles dafür, daß es dem Psychologen wohl noch lange nicht (oder nie? – es ist so riskant, zu prophezeien) möglich sein wird, jene wissenschaftliche Einstellung dem Bösen gegenüber einzunehmen, die für seine wissenschaftliche Erforschung notwendig ist. Das heißt aber, daß die Wissenschaft bei der Lösung des wichtigsten Problems, dem wir gegenüberstehen, auf lange Zeit hin versagen wird.

Ich mache mir Vorwürfe, daß ich beim Anlaß Ihres 60. Geburtstags meinen vollen Pessimismus zum Ausdruck bringe. Der Pessimismus gilt dem okzidentalen Kollektiv. Zu viel ist geschehen, um nicht an Spenglers Werk immer wieder erinnert zu werden, auch wenn man nicht einem Kulturbiologismus frönt, zu dem ich – ich gebe es zu – freilich etwas neige. Der Anlaß, Ihr Geburtstag, hätte mich das Kollektiv vergessen lassen sollen, aber wenn Sie sich an die Themen erinnern, die bei den wenigen Malen, da sich unsere Wege kreuzten, zwischen uns aufkamen, so ist der Zusammenhang gegeben. So sehr ein Pessimismus, wenn man das Schicksal des Kollektivs diskutiert, am Platze ist, so wenig ist er es, wenn man sich dem Individuellen zuwendet. Und da möchte ich mit einem Gedankengang schließen, der mir oft in Ihrer Gegenwart durch den Kopf ging, aber nie ausgesprochen wurde.

Im Mittelpunkt der analytischen Ich-Forderung steht die Angst, ein Affekt, der sicher schon bei der Geburt seine Rolle spielt und der wichtige Funktionen bei der Lebenserhaltung und der Über-Ich-Bildung erfüllt. Kinder, die an einem Defizit an Angst leiden, sind in größerer Gefahr als diejenigen, deren Leben sogar durch ein Übermaß verbittert wird. Ohne Angst gäbe es kein Gewissen, kein Über-Ich, keine Kultur. Dies ist aber nur genetisch wahr. Je älter und reifer wir werden, desto mehr tritt die Angst in den Hintergrund. Nur bei ganz außerordentlichen Anlässen sollte sie später überhaupt in Erscheinung treten und dann nur, wenn es sich um die Gefährdung anderer handelt. Denn je reifer wir werden, desto ruhiger können wir dem eigenen Tode in die Augen sehen. Das Leben wird ja mehr und mehr eine Wiederholung von einst Erlebtem, und der Tod ist nur eine Katastrophe, wenn er ein Kind ereilt, und eine erschütternde Tragödie, wenn ein junger Mensch sterben muß.

Was ist aber der Nachfahre der Angst? Auch der reife Mensch braucht einen Kompaß, der Handeln und Denken durch das Wirrsal der Gefahren steuert. Nach der gegenwärtigen Theorie wird Angst im Laufe der Reifung zum Angstsignal reduziert. Ich bin aber nicht sicher, daß es beim reifen Menschen bei einer Reduktion der Angst zum Angstsignal bleibt. Das Angstsignal wäre ja nur ein Regulator unmittelbarer Gefahren. Der reife Mensch ist hauptsächlich zukunftsbezogen. Das Angstsignal mag ihn auf die Existenz plötzlicher oder unmittelbarer Gefahren aufmerksam machen, aber was dann? Gefahren sind ständige Wolken am Horizont der Zukunft. Das Individuum muß lange Perioden der Spannung ertragen können, ehe Denken und Handeln Lösungsmöglichkeiten finden. Ja, in manchen Fällen mag Einsicht in die Realität den Schluß erzwingen, daß es kaum eine Lösungsmöglichkeit gibt, und trotzdem führt diese Einsicht beim reifen Menschen nicht zum Angstausbruch. Ich glaube, daß beim reifen Menschen aus der kindlichen Angstbereitschaft Sorge wird. Sorge und Angst sind etwas Verschiedenes. Natürlich gibt es eine Pathologie der Sorge. Aber häufige Angst ist beim reifen Menschen immer ein pathologisches Zeichen, während dies für Sorge nicht gilt. Ja, fühlte sich gegenwärtig ein Erwachsener frei von Sorge, man müßte seine Gereiftheit bezweifeln. Was die Pathologie der Sorge betrifft, so läßt sie sich leicht umreißen. Je mehr die Sorge bei ihrer psychologischen Zergliederung sich als ein Äquivalent der Angst erweist, desto näher steht sie dem Pathologischen. Sorge ist im gereiften Menschen ein Dauerzustand, der ich-synton ist und das Ich im Handlungsvollzug nicht stört wie die Angst, sondern viel weitreichender als das Angstsignal zu fortwährender, konstruktiver Tätigkeit anregt. Im sorgenden Menschen kommt es zu einer Synthese zwischen Ich und Über-Ich. Der Sorge des reifen Menschen scheint keine Abwehrfunktion zuzukommen. Im Gegenteil, sie erweitert den Kreis der bedeutungsvollen Umwelt und verfestigt die liebevolle Beziehung zur Umwelt.

In seiner Lebensweisheit läßt Goethe sie als die einzige der vier grauen Weiber in den Palast des alten Faust eintreten. Goethe betont aber die pathologische Seite, die zermürbende Wirkung der Sorge. Erst nach seiner Blendung, wenn die Sinnenwelt mit ihrem Tand ihn nicht mehr von seinen großen sozialen Plänen abziehen kann, streift Faust die letzten Reste der Ambivalenz ab und wendet sich ohne Hemmung der Vollendung seines Lebenszieles zu. Die Sorge ist nun verschwunden, aber Faust wird ein Opfer seiner Illusionen. Der Symbolismus dieser großartigsten Szene ist mir stellenweise unklar, aber er scheint doch zu sagen, daß die Sorge der notwendige Führer ist, um uns vor Illusionen zu schützen. Sie hat die Funktion, die Angst und Angstsignal dem Kinde leisten. Heidegger hat dann die Sorge zu einem Zentralbegriff erhoben.

Obwohl dem Tod in dem Lehrgebäude Freuds und Heideggers verschiedene Bedeutung zukommt, muß man Freud doch die Priorität lassen, die Todesproblematik zu einem Zentrum der Psychologie gemacht zu haben. Bei der Sorge ist, ohne Zweifel, Heidegger, wenn er sie auch ontologisch faßt, die Priorität zuzusprechen. Die Problematik der Sorge wäre ein weiterer wichtiger Kreuzungspunkt, an dem die beiden Denkgebäude sich treffen.

Nun, die Sorge wäre ein unlustvoller Affekt, der entsteht, wenn die Existenz einer zukünftigen Gefahr wahrgenommen oder gedacht wird, wobei dem Ich keine verläßliche Lösungsmöglichkeit zur Verfügung steht. Sie ist das Gegenstück zur Hoffnung, die dem Ich die Wahrscheinlichkeit oder Möglichkeit einer zukünftigen Wunscherfüllung vorspiegelt.

Wenn Goethe Jarno im Wilhelm Meister sagen läßt: »Die Sorge geziemt dem Alter, damit die Jugend eine Zeitlang sorglos sein könne«, so ist darin viel von dem enthalten, was ich im Auge habe. Gleichzeitig kommt einem zum Bewußtsein – was Sie wohl an allem Gegenwärtigen am meisten bedrücken mag –, wie schrecklich unsere Generation versagt hat, indem gegenwärtige Jugend und Sorglosigkeit sich kaum zusammen denken und vereinen lassen. Der sorgende Mensch wendet seine Für-Sorge dem zukünftigen

Wohle der Objektwelt zu. Diese mag die nächsten Liebesobjekte, die Gemeinschaft, die Menschheit, schließlich eine Idee umschließen. Der für-sorgende Mensch ist nicht auf die eigene Person, sondern auf die Welt der Objekte gerichtet. Wenn die Für-Sorge zur Eigen-Sorge wird, dann tritt Angst, Hypochondrie und Zwanghaftigkeit auf. Der gereifte, objektbezogene Mensch ist aber halbwegs frei von der narzißtischen Überschätzung des Selbst. Je mehr er sich für andere sorgt, desto angstfreier wird er. Er braucht das Angstsignal viel weniger, da das Wohl der anderen ihm ständig vor Augen schwebt. Nun sind mir jene Gedanken über den angstfreien, sich sorgenden Menschen gerade im Kontakt mit Ihnen gekommen. Erstreckt sich doch Ihre Sorge auf alle Gebiete, auf denen Gefahren drohen, und sorgen Sie sich gleichermaßen um den kranken Leib, die kranke Seele und die kranke Gemeinschaft.

Und weil Sie der sorgende Mensch sind, schuldet Ihnen Deutschland und seine Jugend großen Dank. Mögen Ihnen viele Jahre der Sorge beschieden sein.

In Ergebenheit
Ihr
K. R. Eissler, M.D.

Anmerkungen

1 Cic. Div. 2, 24, 51. Cato fragt sich, »wie zwei Auguren einander ansehen könnten, ohne zu lächeln« – das berühmte Augurenlächeln.
2 Ernst Kretschmer: *Geniale Menschen*. Berlin 1929, S. 20.

Bio-Bibliographie

Benedek, Therese wurde 1892 in Ungarn geboren. Den medizinischen Doktorgrad erwarb sie 1916 an der Budapester Universität. 1920 verließ sie Ungarn mit ihrem Mann und eröffnete als erster Psychoanalytiker eine Praxis in Leipzig. 1936 emigrierte sie zum zweiten Mal, in die Vereinigten Staaten. Sie wurde Mitglied des »Institute for Psychoanalysis« in Chicago, wo sie der Lehr- und Forschungs-Gruppe angehörte. Ihre Aufsätze erschienen 1973 unter dem Titel »Psychoanalytic Investigations: Selected Papers« (Quadrangle Books, New York). Außerdem schrieb sie über »Insight and Personality Adjustment« (Ronald Press, New York 1946) und »Psychosexual Functions in Women« (Ronald Press, New York 1952).
Ihr Beitrag »Die Lehranalyse in der Vergangenheit, Gegenwart und Zukunft« erschien 1969 im »International Journal of Psycho-analysis« (Jg. 50), S. 437–445, unter dem Titel: »Training analysis – Past, Present and Future«. Aus dem Amerikanischen von Dr. Robert Bergmann.

Dettmering, Peter, Jahrgang 1933, studierte in Hamburg Medizin, wurde an der Universitätsnervenklinik in Tübingen zum Psychiater ausgebildet, promovierte zum Dr. med. und ist seit 1971 Leiter des Sozialpsychiatrischen Dienstes Berlin-Charlottenburg. Seit 1975 affiliiertes Mitglied der Deutschen Psychoanalytischen Vereinigung (DPV). Er publizierte zahlreiche Arbeiten zur Angewandten Psychoanalyse und zum Thema Sozialpsychiatrie sowie die drei Bücher »Dichtung und Psychoanalyse I« (1969), »Dichtung und Psychoanalyse II« (1974), »Heinrich von Kleist. Zur Psychodynamik in seiner Dichtung« (1975) (alle: München, Nymphenburger Verlagshandlung). Seit 1973 ist er Mitglied des PEN.
Sein Beitrag »Psychoanalyse als Instrument der Literaturwissenschaft« erschien erstmals 1973 in der »Psyche« (Jg. 27), S. 601–613.

Eissler, Kurt R. wurde 1908 in Wien geboren. 1931 promovierte er in Wien zum Doktor der Philosophie, 1936 zum Dr. med. Er emigrierte dann in die USA, leistete 1944–1946 als Psychiater Dienst in der amerikanischen Armee und hat seitdem in New York eine psychoanalytische Privatpraxis. Neben einer Reihe von Aufsätzen zu psychoanalytischen Themen, die u. a. in »The Psychoanalytic Study of the Child« und in der »Psyche« veröffentlicht wurden, hat er einige bedeutende psychoanalytische Biographien geschrieben, darunter »Goethe – A psychoanalytic Study« (zwei Bände, Detroit 1963, Wayne State University Press), »Leonardo da Vinci – Psychoanalytic Notes on the Enigma« (New York 1961, International Universities Press), »Discourse on

Hamlet and *Hamlet*« (New York 1971, Intern. Univ. Press) und »Talent and Genius – the fictitious Case of Tausk contra Freud« (New York 1971, Quadrangle Books). 1955 erschien »The Psychiatrist and the Dying Patient« (Intern. Univ. Press). 1949 gab er einen Sammelband »Searchlights on Delinquency« heraus (New York, Intern. Univ. Press). Sein Beitrag »Zur Notlage unserer Zeit« erschien erstmals 1968 in der »Psyche« (Jg. 22), S. 641–657.

Gitelson, Maxwell (1902–1965) wurde im russischen Vitebsk geboren. Als er sechs Jahre alt war, emigrierte die Familie in die USA. An der Syracuse University graduierte er in Forstwissenschaft und in Medizin, wo er sich auf Psychiatrie spezialisierte. In Chicago wurde er Direktor des »Institute for Juvenile Research«. Seit 1946 Psychoanalytiker in eigener Praxis, wurde er 1955 zum Präsidenten der »American Psychoanalytic Association« gewählt; von 1961 bis zu seinem Tod war er Präsident der »International Psychoanalytic Association«. Seine wichtigsten Arbeiten wurden in dem Buch »Psychoanalysis, Science and Profession« gesammelt (New York 1960).
Sein Beitrag »Zur gegenwärtigen wissenschaftlichen und sozialen Position der Psychoanalyse« war die Eröffnungsansprache als Präsident des 23. Internationalen Psychoanalytiker-Kongresses in Stockholm im Juli 1963; erstmals veröffentlicht 1963 im »Journal of the American Psychoanalytic Association« (Jg. 8), S. 5[illegible]; deutsch erstmals 1964 in der »Psyche« (Jg. 18), S. 1–13. Aus dem Amerikanischen von Käte Hügel.

Heimann, Paula wurde 1899 in Danzig geboren. Sie studierte Medizin in Königsberg, Berlin, Frankfurt a. M. und Breslau, spezialisierte sich auf Psychiatrie und Neurologie, promovierte zum Dr. med. und machte daneben die psychoanalytische Ausbildung in Berlin. 1933 emigrierte sie nach London, wo sie seither als Psychoanalytikerin und Lehranalytikerin tätig ist. 1966–1967 war sie Vorsitzende der Medizinischen Abteilung der »British Psychological Society«. Sie ist Mitglied des »Royal College of Psychiatrist«. Sie publizierte eine Reihe von grundlegenden Arbeiten über psychoanalytische Themen, u. a. über die »anale Phase« (»Psyche« 1962, Jg. 16, S. 420–439). Ihr Beitrag »Gedanken zum Erkenntnisprozeß des Psychoanalytikers« erschien erstmals 1969 in der »Psyche« (Jg. 23), S. 2–24.

Klauber, John wurde 1917 in London geboren. Er ist Master of Arts und promovierter Mediziner. In London führt er eine Praxis als Psychoanalytiker. Seit 1970 ist er Honorary Scientific Secretary und seit 1971 Vorsitzender des »Scientific Committee« der »British Psychoanalytic Society«. Er hat eine Reihe von Aufsätzen über psychoanalytische Themen publiziert, u. a. über die Rolle der Religion (»Freuds Ansichten zur Religion aus heutiger Sicht«, Psyche Jg. 16, 1961; »Notes on the Psychical Roots of Religion, with particular Reference to the

Development of Western Christianity«, International Journal of Psychoanalysis, Jg. 55, 1974).
Sein Beitrag »Der Psychoanalytiker als Person« ist die erweiterte Fassung einer Ansprache vor der Medizinischen Sektion der »British Psychological Society« am 25. Januar 1967 und erschien in deutsch erstmals 1967 in der »Psyche« (Jg. 21), S. 745–757. Aus dem Englischen von Käte Hügel.

Klüwer, Rolf wurde 1925 in Köln geboren. 1953 promovierte er in Psychologie in Köln, war 1955–1960 wissenschaftlicher Mitarbeiter an der »Psychosomatischen Beratungsstelle für Erwachsene« an der Medizinischen Poliklinik in München und ließ sich 1960 in München als Psychoanalytiker in eigener Praxis nieder. Seit 1965 ist er wissenschaftlicher Mitarbeiter im Sigmund-Freud-Institut in Frankfurt. Zu seinen Veröffentlichungen gehören Arbeiten über die therapeutische Gesprächs-Situation und über die psychoanalytische Kurz(Fokal)Therapie.
Sein Beitrag »Anmerkungen zum Selbstverständnis des Psychoanalytikers« erschien erstmals 1973 in der »Psyche« (Jg. 27), S. 1077–1089.

Kohut, Heinz wurde 1913 in Wien geboren, wo er Medizin studierte und zum Dr. med. promovierte. Er wirkt heute in Chicago als Psychoanalytiker in eigener Praxis und als Lehranalytiker am Chicago Institute of Psychoanalysis. Er lehrt Psychiatrie/Psychoanalyse an den Universitäten von Chicago und Cincinnatti. 1964/65 war er Präsident der »American Psychoanalytic Association«, ab 1965 Vizepräsident der »International Psychoanalytic Association«. Neben tiefenpsychologischen Studien zu Musik, Kunst und Literatur sowie über die psychoanalytische Ausbildung sind vor allem seine Arbeiten zur Psychologie des Selbst und über den Narzißmus von Bedeutung (»Narzißmus«, Frankfurt a. M. 1973). Seine gesammelten Aufsätze werden zur Zeit ins Deutsche übersetzt.
Sein Beitrag »Der Psychoanalytiker in der Gemeinde der Wissenschaftler« ist die Ansprache, die Kohut anläßlich der Verleihung der Ehrendoktorwürde an ihn in der Universität von Cincinnatti am 16. November 1973 hielt (»The Psychoanalyst in the Community of Scholars«). Aus dem Amerikanischen von Elke Kamper.

Redlich, Fritz C. wurde 1910 in Wien geboren. Er studierte in seiner Heimatstadt Psychologie und Medizin und promovierte dort 1935 zum Dr. med. Später wurde er Professor für Psychiatrie in den USA, u. a. an der Yale University School of Medicine. Seit 1973 ist er Direktor des Behavioral Sciences Study Center der Yale University. Er gehört einer Reihe von Wissenschaftlichen Gesellschaften an, darunter der »American Academy of Arts and Sciences« und der »American Psychoanalytic Association«. Neben mehr als 80 Aufsätzen zu psychiatrischen und psychoanalytischen Themen schrieb er ein populäres Buch über

Psychiatrie (»The Inside Story«), gab den Band »Psychotherapy with Schizophrenics« heraus und ist Autor bzw. Co-Autor von weiteren Fachbüchern.
Sein Beitrag »Psychoanalyse und soziale Verantwortung« erschien erstmals 1968 in der »Psyche« (Jg. 22), S. 569–671. Aus dem Amerikanischen von Peter Below.

Rodrigué, Emilio M. wurde 1924 geboren. Nach medizinischem Studium und Promotion in Buenos Aires erhielt er seine psychoanalytische Ausbildung in London bei der Gruppe von Melanie Klein. Zurück in Buenos Aires arbeitete er in Einzeltherapie mit Kindern und gründete die »Argentinische Gesellschaft für Gruppentherapie«. Ab 1960 verbrachte er vier Jahre in Stockbridge/USA und studierte die Therapeutische Gemeinschaft von Austen Riggs. Danach wurde er in Buenos Aires Lehranalytiker und Präsident der »Argentinischen Psychoanalytischen Gesellschaft«. 1964 erschien seine »Biografia de una comunidad terapeutica« über seine Zeit in Austen Riggs, 1969 »El contexto del proceso analitico« über psychoanalytische Theorie und 1971 der psychologische Roman »Heroina«. Zusammen mit seiner dritten Frau beendet er gerade einen weiteren Roman, »Antiyoyo«. Mit Leon Grinberg und Marie Langer schrieb er »Group Psychotherapy«, das auch ins Deutsche übersetzt wird.
Sein Beitrag »Der Fünfzigtausend-Stunden-Patient« erschien 1969 im »International Journal of Psycho-analysis« (Jg. 50), S. 603–613, unter dem Titel »The Fifty-thousand Hour Patient«. Aus dem Englischen von Dr. Robert Bergmann.

vom Scheidt, Jürgen wurde 1940 in Leipzig geboren. Nach dem Studium der Psychologie, Soziologie und Psychopathologie schloß er 1967 als Diplompsychologe ab. Die Doktorarbeit über seine Arbeit mit Drogenabhängigen erscheint Ende 1975 (»Der falsche Weg zum Selbst. Studien zur Drogenkarriere«, Kindler-Verlag München). Neben seiner Praxis als klinischer Psychologe und Psychotherapeut publiziert er über psychologische Themen: »Handbuch der Rauschdrogen« (zus. mit W. Schmidbauer, 5. Aufl. München 1975, Nymphenburger), »Innenwelt-Verschmutzung« (München 1973, Droemer-Knaur), »Freud und das Kokain« (München 1973, Kindler). Außerdem zeichnet er als Herausgeber mehrerer wissenschaftlicher Anthologien (»Drogenabhängigkeit«, 1972; »Der unbekannte Freud«, 1974; »Die Behandlung Drogenabhängiger«, 1974) und schreibt Science Fiction (»Der geworfene Stein«, ersch. Herbst 1975).

Thomä, Helmut wurde 1921 in Stuttgart geboren. Nach dem Studium an den Universitäten Berlin, Würzburg und Tübingen promovierte er zum Dr. med. Es folgte fachärztliche Ausbildung und 1961 Habilitation für Psychosomatische Medizin und Psychoanalyse an der Universität Heidelberg, wo er bis 1967 Oberarzt der Psychosomatischen Klinik war.

Seitdem ist er ordentlicher Professor für Psychotherapie und Leiter der entsprechenden Abteilung an der Universität Ulm. 1973 erhielt er den Wissenschaftspreis der Stadt Ulm für Arbeiten auf dem Gebiet der psychoanalytischen Verlaufsforschung. 1961 erschien sein Buch »Anorexia nervosa – Geschichte, Klinik und Theorie der Pubertätsmagersucht« (Bern und Stuttgart, Huber/Klett). Außerdem hat er an die fünfzig Aufsätze über psychosomatische und psychoanalytische Themen publiziert.
Sein Beitrag »Zur Rolle des Psychoanalytikers in psychotherapeutischen Interaktionen« erschien erstmals 1974 in der »Psyche« (Jg. 28), S. 381 bis 394.

Waelder, Robert (1900–1967) wurde in Wien geboren. Er studierte Philosophie, promovierte 1922 und begann seine psychoanalytische Ausbildung. 1938 emigrierte er in die Vereinigten Staaten, wo er zuletzt in Philadelphia als Professor der Psychiatrie und Psychoanalytiker in eigener Praxis wirkte. Neben seinen vielen Aufsätzen zu psychoanalytischen Themen ist vor allem sein Buch »Basic Theories of Psychoanalysis« von Bedeutung (deutsch: »Die Grundlagen der Psychoanalyse«, Frankfurt a. M. 1969, Fischer Bücherei).
Sein Beitrag »Psychoanalytische Gesellschaften – ihre Aufgaben und Gefahren« erschien erstmals 1955 im Mai-Heft des »Bulletin of the Philadelphia Association for Psychoanalysis« (Jg. 5) unter dem Titel »The Functions and Pitfalls of Psychoanalytic Societies«, deutsch erstmals 1957 in der »Psyche« (Jg. 10), S. 677–687. Aus dem Amerikanischen von Käte Hügel.

Ziferstein, Isidore wurde 1909 in Bessarabien geboren und erhielt seine Schulausbildung in New York City. Er ist Dr. med und Psychoanalytiker in eigener Praxis in Los Angeles sowie Professor für Psychiatrie an der University of California und Lehranalytiker der »Los Angeles Group Psychotherapy Society«. Seine Hauptinteressen gelten der Gruppentherapie, Gruppendynamik und transkulturellen Psychiatrie; über diese Gebiete hat er eine Reihe von Aufsätzen geschrieben. Von 1955–1965 arbeitete er mit am Forschungsprojekt »A Study of the Psychotherapeutic Process« im Mt. Sinai Hospital in Los Angeles. 1963/64 studierte er 15 Monate lang die psychotherapeutische Arbeit in der Sowjetunion (»Die Arzt-Patient-Beziehung in der sowjetischen Psychotherapie«, Psyche 1966, Heft 6). Außerdem hat er sich mit Themen der politischen Psychologie befaßt (»Die psychologische Gewöhnung an den Krieg. Eine sozialpsychologische Fallstudie«, Praxis der Kinderpsychologie, November-Dezember-Heft 1968).
Sein Beitrag »Der Psychoanalytiker vor den Problemen der Gesellschaft« wurde am 25. März 1970 beim Jahreskongreß der »American Orthopsychiatric Association« in San Francisco vorgetragen und erschien auf deutsch erstmals 1970 in der »Psyche« (Jg. 24), S. 541–552. Aus dem Amerikanischen von Manfred Schneider.

Namenregister

Sachregister

Weitere Werke zur Psychologie in der Nymphenburger Verlagshandlung

---

sammlung dialog

Peter Dettmering

Dichtung und Psychoanalyse

Shakespeare – Goethe – Jean Paul – Doderer

»Das Resultat einer originellen Untersuchung legt uns Peter Dettmering in seinem Buch ›Dichtung und Psychoanalyse‹ vor. Diese Veröffentlichung widerlegt aufs Schönste den Einwand, der oft der Psychoanalyse gegenüber gemacht wird: das Erforschen der Hintergründe, die ein Kunstwerk hervorgerufen habe, mindere dessen unbefangenen Genuß.«

Frankfurter Rundschau

---

ntw nymphenburger texte zur wissenschaft modelluniversität

Herausgeber Wolfgang Beutin

Literatur und Psychoanalyse

Aufsätze zu einer psychoanalytischen Textinterpretation.
Texte von Rank/Sachs/C. G. Jung/Pongs/Weiß/Winterstein/Bergler/Freud/F. J. Hoffmann/Lesser
nymphenburger texte zur wissenschaft Bd. 7. 320 Seiten.

Herausgeber Christina Rohr

Verhaltensänderung

Psychologische Theorien der Veränderung menschlichen Verhaltens.
nymphenburger texte zur wissenschaft Bd. 6. 312 Seiten.

Herausgeber Karl H. Bönner

Die Geschlechterrolle

Texte von Schopenhauer/G. Jung/Weininger/Simone de Beauvoir/Kilian/J. P. Guilford/Mischel/Kohlberg/Anger/Treiner/Brothun
nymphenburger texte zur wissenschaft Bd. 11. 291 Seiten.

